旅順博物館学苑
LUSHUN MUSEUM

（2022）

王振芬　主编

上海古籍出版社
上　海

图书在版编目（CIP）数据

旅顺博物馆学苑. 2022 / 王振芬主编. —上海：上海古籍出版社，2023.6

ISBN 978-7-5732-0730-2

Ⅰ. ①旅… Ⅱ. ①王… Ⅲ. ①博物馆学–文集 Ⅳ. ①G260-53

中国国家版本馆CIP数据核字（2023）第109124号

旅顺博物馆学苑 · 2022

王振芬 主编

上海古籍出版社出版发行

（上海市闵行区号景路159弄1-5号A座5F 邮政编码201101）

（1）网址：www.guji.com.cn

（2）E-mail：guji1@guji.com.cn

（3）易文网网址：www.ewen.co

启东市人民印刷有限公司

开本787×1092 1/16 印张18.25 插页2 字数379,000

2023年6月第1版 2023年6月第1次印刷

ISBN 978-7-5732-0730-2

K · 3391 定价：98.00元

如有质量问题，请与承印公司联系

编辑委员会

主　　编：王振芬

执行主编：刘立丽

编　　委：（以姓氏笔画为序）

王卫平　王振芬　刘立丽　刘兆程

刘宝卫　刘冠缨　闫建科　孙传波

杨雪飞　杨　煜　宋艳秋　徐媛媛

郭永军　韩晓洁

目　录

地方历史与考古研究

大连中心区考古发现拾零……………………………………………………………刘俊勇 / 3
绥中地区海洋文化遗产探析………………………………………………………孟　玲 / 11
朝阳凤凰山瘗窟考…………………………………………………王世宇　刘　艳 / 19
查海龙为“猪龙”考…………………………………………………………………刘德刚 / 27
GIS技术支持下的旅顺牧羊城遗址聚落考古研究 …………………………………韩一夫 / 32
甘井子煤码头及周边建筑…………………………………………………………秦　岭 / 42
李鸿章定见经营旅顺口原因考……………………………………………………孙海鹏 / 48
浅谈近代营口的卫生检疫…………………………………………………………李玉颖 / 59
《元景造像记》所见北魏“太和改革”对营州地区影响探析 ………殷浩萱　吴科鑫 / 66

典 藏 研 究

东汉《马姜墓记》是伪刻吗？…………………………………………赵振华　王振芬 / 77
旅顺博物馆藏梵字大钟及其铭文解读……………………………………………张丽香 / 90
完颜娄室墓出土佩饰研究…………………………………………………………孙传波 / 104
画吾自画
——旅顺博物馆藏齐白石作品浅析………………………………………………宋艳秋 / 111
董邦达《隶书〈御制麋角解说〉并图》赏析………………………………………闫建科 / 117
大连地区出土汉代陶灯浅析………………………………………………………刘立丽 / 127
大士像及其手持物
——旅顺博物馆藏清代四天王组像及其手持物初探……………………………徐媛媛 / 133
晏少翔工笔人物画的两位传人……………………………………………………宋　红 / 145
清宫珐琅器与传统制器工艺
——以沈阳故宫院藏文物为例……………………………………………………于　颖 / 153

近代学术与文物收藏研究

一封伪造的王国维致王季烈书信……………………………………………梁 帅 / 165
关于罗振玉旧藏吕方鼎的几个问题…………………………………………刘述昕 / 171
伪满皇宫与松北联立中学……………………………………………………宋绍红 / 177

西域文物与历史研究

新疆出土文献整理与研究的新进展
——《丝绸之路与新疆出土文献》读后 …………………………………姚崇新 / 187
盐城历史与今地考……………………………………………………徐东良 邓永红 / 193
旅顺博物馆藏吐鲁番写本《天公经》………………………………………吕媛媛 / 200

文物科技保护

考古现场多视角三维重建技术应用的新探索
——以西丰城子山山城考古项目为例……………………………刘 宁 褚金刚 / 209
文物保护检测数据的可视化探索
——以旅顺博物馆藏虢文公子鼎XRF检测为例 ………………宋成春 韩一夫 / 217
沈阳故宫展陈与多媒体嫁接工程的发展和应用……………………………李晓丽 / 223

博物馆工作与研究

试谈引进展览的再创作
——以旅顺博物馆引进“古韵茶香——镇江博物馆藏历代茶具精品展”
为例………………………………………………………………………韩晓洁 / 233
浅谈博物馆文物征集与展示利用
——以沈阳故宫博物院为例…………………………………………………付 博 / 240
“后疫情时代”博物馆教育的新思路
——以旅顺博物馆为例………………………………………………………刘 芳 / 249
合理利用文化资源加快构建文化旅游链的思考……………………………夏晨光 / 254
博物馆年鉴编撰的实践与思考
——以《旅顺博物馆年鉴》为例……………………………………………王卫平 / 261
博物馆优秀传统文化教育的探索
——以旅顺博物馆“传统节日节气海报”系列海报为例…………………高 玉 / 267

争 鸣 选 登

旅顺“万忠墓”研究新解二则…………………………………………………王珍仁 / 277

地方历史与考古研究

大连中心区考古发现拾零

刘俊勇

辽宁师范大学

内容提要：大连中心区烈士山积石冢的发现，将中心区的历史至少向前推进了1000年；黑嘴子和烈士山贝丘遗址是双砣子三期文化的两处聚落；大连铁道学院燕国刀币窖藏见证了秦统一的历史进程；大连劳动公园东门前汉墓是中心区首次考古发现汉墓，具有重要意义。上述考古发现表明至迟在小珠山五期文化时期，大连中心区就有先民在此生息劳作，有着悠久的历史和文化。

关键词：大连中心区　考古发现　历史

本文所称中心区是指大连解放以来传统意义上的中心区域，即今天的中山、西岗、沙河口三区。解放以来，这一区域几乎没有做过考古发掘，故“大连是文化沙漠”之说，很大程度上出于此因。笔者试以既往考古发现的两汉之前的遗迹遗物，力图证明大连中心区也和其他地区一样有着悠久的历史。

一、黑嘴子遗址

黑嘴子为大连的一处港口，建于20世纪初，时为大连重要的海运杂货码头，现为大连重要的水产品集散地和东北地区海产品海陆流通的主要中转站，隶属于大连港集团公司，地属大连市西岗区。

据缠头生（岛村孝三郎）所记[①]黑嘴子遗址位于海边的一座小山（砣子）上，为一处贝丘遗址（图1）。1909年，日本“满铁”在修建黑嘴子码头总务科仓库时即

图1　黑嘴子遗址位置（采自《羊头洼》图版五四：上）

① ［日］岛村孝三郎（缠头生）:《大连滨町贝塚记》，金关丈夫、三宅宗悦、水野清一:《羊头洼——关东州旅顺鸠湾内における先史遗迹》附录第三，1942年，第157—162页。

发现了这处贝丘遗址，地面上可见以牡蛎为主的浅海软体动物贝壳和陶器、石器残片。1915年进行了试掘，1916年3月3日，缠头生（岛村孝三郎）报道了试掘和出土遗物的情况，并做了相关研究。

出土遗物中石器异常丰富，主要有石斧34件（包括残件，下同）、锛18件、刀10余件、剑21件，还有网坠、锤、锥等。

斧（钺）其中有一部分应是钺，典型器如下：a. 变质石灰岩磨制，扁平长方形，刃部略宽于顶部，刃略斜，长8寸①（图2–1）；b. 闪绿岩磨制，扁平长方形，体薄，弧顶，刃部明显宽于顶部，刃略斜，近顶部有对钻圆孔（图2–2）；c. 闪绿岩磨制，选料考究，较之前两者体略厚，顶部略弧，弧刃，近顶部有管钻圆孔（图2–5）。此3件石钺，应作为石礼器使用。其他石斧多为变质石灰岩，弧顶，斜刃或弧刃，横剖面呈长方形或椭圆形，应作为生产工具使用（图2：3–4，图3：1–2，图4：4–7、15）。

图2　黑嘴子遗址出土石器（采自《羊头洼》图版五五）

其他出土石器情况如下：

戚为闪绿岩磨制。扁平长方形，一端有用以缚柄的凹槽，一端磨制出刃部（图2–6），应作为礼器使用。

剑为闪绿岩磨制，尾部略收呈弧形，有锋，近尾部有对钻圆孔。典型器如下：a. 柳叶形，锋部锐利（图5–6）；b. 体宽厚重，锋部残（图5–7）。

棍棒头为闪绿岩磨制，体略薄。可分为两类：a. 石磙状，中间有贯通的对钻大圆孔以利插柄（图3–4）；b. 平面呈方形，

图3　黑嘴子遗址出土石器（采自《羊头洼》图版五六）

① 日本一尺合30.3厘米，一寸合3.03厘米。

中心有对钻大圆孔以利插柄（图3–5）。

环刃器为闪绿岩磨制，体略薄，平面呈圆形，周边有刃（图3：6–7）。

纺轮为泥质板岩磨制，呈扁平圆形，中心有对钻圆孔（图3–3）。

锛的情况大同小异，变质石灰岩磨制。平面呈长方形，单面刃，背面上翘或平齐。典型器如下：a. 背面上翘，长约1尺（图4–1），在迄今大连地区发现的石锛中当属翘楚；b. 背面上翘，长约5寸（图4–2）；c. 背面上翘，长约3寸（图4–3）；d. 体小，背面平齐（图4：12–14、16–18）。

锥为变质石灰岩磨制，一端磨出锐尖（图4：10–11）。

匕为变质石灰岩磨制，长条状，一端有对钻圆孔，一端有弧刃（图4：12）。

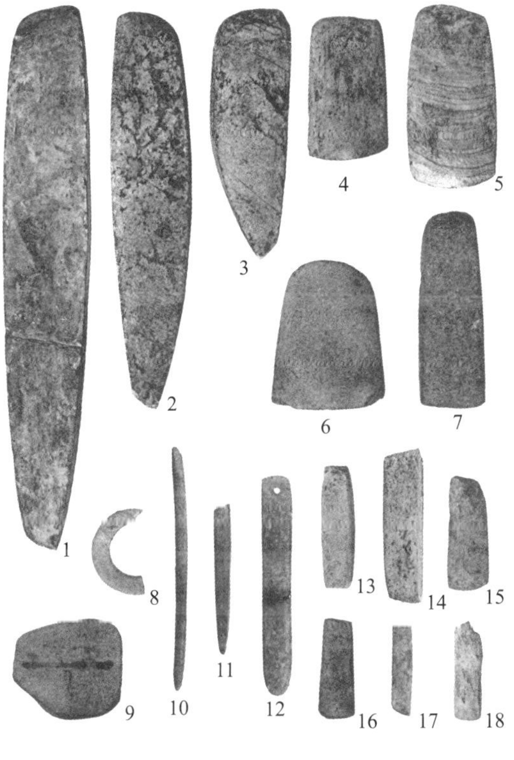

图4　黑嘴子遗址出土石器（采自《羊头洼》图版五七）

环为变质石灰岩磨制，残，仅存一半（图4–8）。

刀为泥质板岩磨制，多为直背弧刃，靠背部有对钻双孔。典型器如下：a. 舟形，双孔距离较小（图5–1）；b. 近长方形，双孔距离略宽（图5–2）；c. 两端略残，双孔不在一条平行线上（图5–3）；d. 半成品，双孔未钻透（图5–4）；e. 毛坯，较宽，仅经琢制和粗磨，已钻出的双孔距离甚远（图5–5）。

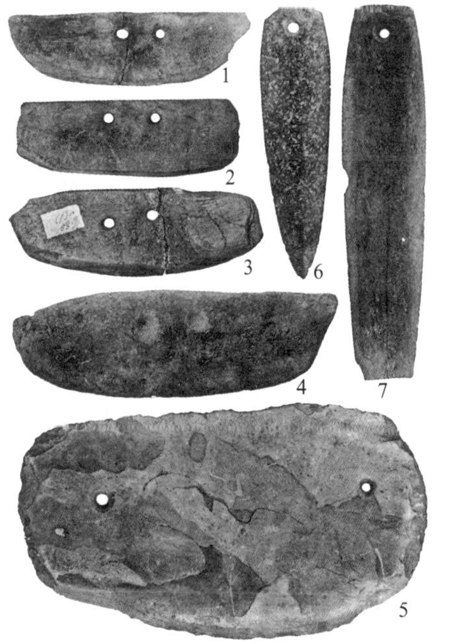

图5　黑嘴子遗址出土石器（采自《羊头洼》图版五八）

陶器仅见彩绘陶片、刻划纹陶片、凸棱纹陶片和4件完整器、1件残器。

彩绘陶片由白、黄、红三种颜色所绘，为几何形图案，不辨器形（图6：1–7、10）；刻划纹陶片可见各式斜线纹（图6：8–9、11–12、14–15），凸棱纹陶片器形为壶之颈部（图6–13）。

完整陶器4件，包括罐1件，侈口，

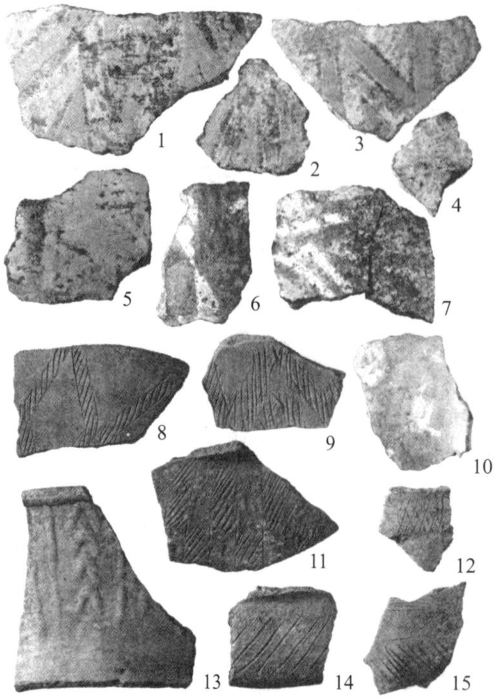

图6　黑嘴子遗址出土陶片（采自《羊头洼》图版五四：下）

图7　黑嘴子遗址出土陶器（采自《羊头洼》图版五九）

最大腹径在中部，底微凹（图7-1）；壶1件，直口，球腹，凹底，颈和肩部饰凹弦纹和刻划几何纹（图7-2）；舟形器1件，椭圆形口，一侧捏出舟艏，平底（图8-2）；豆1件，盘作敞口碗状，粗柄中空且矮，近底座处饰凹弦纹和刻划几何斜线纹（图8-3）；残器1件，腹上部饰纵向凸棱纹和刺点纹，器形为高足罐（图8-1）。

图8　黑嘴子遗址出土陶器（采自《羊头洼》图版六〇）

要说明的是，此次试掘非由专业人员实施，也不是按地层进行的科学发掘，出土遗物大多是从参加修筑码头总务科仓库防波堤的中国劳工手中收购所得的。即使如此，所获遗物仍不失为研究大连历史的重要资料。从缠头生（岛村孝三郎）的记述中，可知遗址中发现有人骨和猪头骨、牛肋骨、鹿角等，特别是人骨的发现，表明遗址中可能存在墓葬，故出土的石钺、石戚等石礼器和完整的陶器可以得到合理的解释。

结合双砣子[①]、于家村[②]、大嘴子[③]、大王山[④]和既往貔子窝[⑤]、羊头洼[⑥]、望海埚[⑦]等遗址的发掘和研究，黑嘴子遗址应为一处双砣子三期文化聚落。

另据缠头生（岛村孝三郎）所记，在大连市内伏见台中央试验所（今一二九街原中国科学院大连化学物理研究所址）属地内发现有贝丘遗址，地面可见石斧、石球、砥石等遗物；在常盘桥苗圃（今胜利广场周围）发现有角镞等遗物；在农事试验所（今胜利广场周围）属地内发现有石斧半成品，缠头生（岛村孝三郎）推测有可能是从伏见台搬运而来的。至于他提到的从星ケ浦（今星海公园）到凌水苗圃拾到的完整石斧，旅顺、大连间发现的贝丘遗址等，已不属于本文所说的中心区范围之内，此不赘述。

二、烈士山遗址和积石冢

烈士山位于大连人民广场南，海拔97.5米，地属大连市西岗区。

遗址最早发现于1939年[⑧]，个别遗物现藏于北京大学。1948—1949年，时任旅大行政公署文物保管委员会主任的廖华先生和大连劳动人民历史文化陈列所的孙守道先生也在此做过调查[⑨]，所采集的陶器、石器现藏于旅顺博物馆。1961年夏，中国科学院（今中国社会科学院）考古研究所的安志敏先生利用休假的机会，来到烈士山遗址进行考古调查。[⑩]

遗址为贝丘堆积，海产贝壳以长牡蛎最多，蛤仔次之，也有少量玉螺。分布在山顶和南、北坡，由于地势陡峭，更加上几千年来的雨水冲刷，大部分已遭到破坏，安志敏先生1961年夏调查时，仅在山坡的凹处残存有极少文化遗存。山顶和南坡已见不到文化堆积，仅可见零星贝壳和陶片；北坡东部沟谷可见的文化堆积为黑灰色，包含有贝壳和陶片等。此次仅采集到1件石刀半成品和少量陶片。采集陶片以夹细砂黑褐陶最多，可辨器形有碗、豆、敛口罐等，从底部观察，有平底、圈足、凹底等，而以平底最多，其中一件碗底的边缘被刻成锯齿状（图9）。

1948—1949年，在烈士山遗址采集到

① 中国社会科学院考古研究所：《双砣子与岗上——辽东史前文化的发现和研究》，科学出版社，1996年，第3—56页。

② 旅顺博物馆、辽宁省博物馆：《旅顺于家村遗址发掘简报》，《考古学集刊》第1集，中国社会科学出版社，1981年，第88—103页；旅顺博物馆、辽宁省博物馆：《大连于家村砣头积石墓地》，《文物》1983年第9期，第39—50页。

③ 大连市文物考古研究所：《大嘴子——青铜时代遗址1987年发掘报告》，大连出版社，2000年。

④ 辽宁省文物考古研究所、大连市文物考古研究所：《辽宁大连市大王山青铜时代遗址发掘简报》，《东北史地》2014年第2期，第25—33页。

⑤ ［日］滨田耕作：《貔子窝——南满洲碧流河畔の先史时代遗迹》，1929年。

⑥ ［日］金关丈夫、三宅宗悦、水野清一：《羊头洼——关东州旅顺鸠湾内における先史遗迹》，1942年。

⑦ ［日］岛田贞彦、森修：《望海埚——亮甲店附近の先史遗迹》，金关丈夫、三宅宗悦、水野清一：《羊头洼——关东州旅顺鸠湾内における先史遗迹》附录第二，1942年，第103—154页。

⑧ ［日］鸟居龙藏：《中国石棚的研究》，《燕京学报》第31期，第130—132页，1946年。

⑨ ［日］紫实：《关东史前文化之我见》，《关东时报》（增刊号），1949年3月31日。

⑩ 安志敏：《记旅大市的两处贝丘遗址》，《考古》1962年第2期，第76—81页。

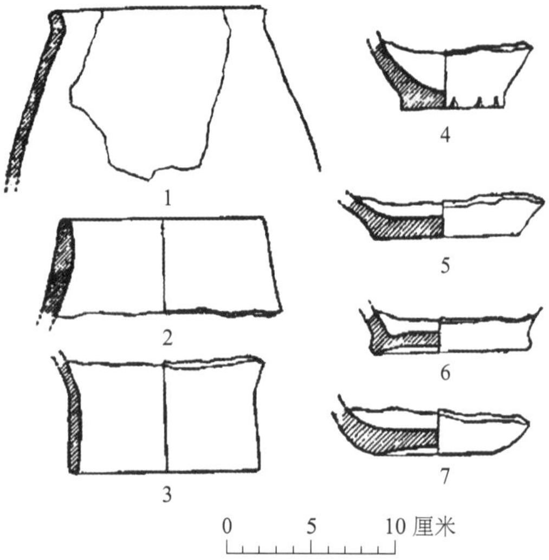

图9　烈士山遗址出土的陶器（采自《记旅大市的两处贝丘遗址》图一）

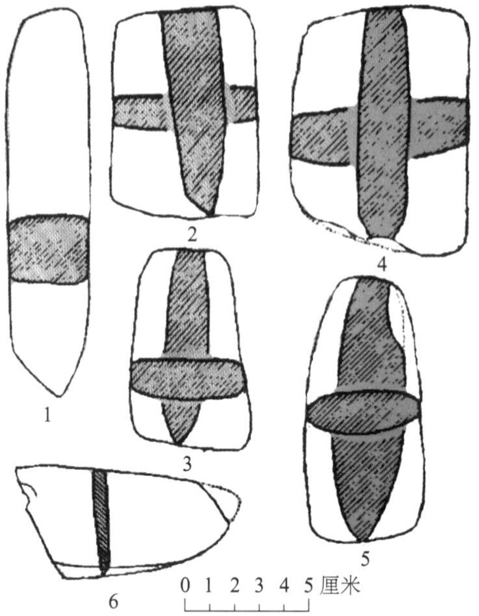

图10　旅顺博物馆藏烈士山遗址出土的石器（采自《记旅大市的两处贝丘遗址》图二）

石斧3件、石锛1件、石凿1件和残石刀1件（图10）。陶片有弦纹和刻划方格纹两种，还有1片彩绘陶片，绘红、黄彩。安志敏先生着重指出：据鸟居龙藏所发表的一片彩陶[①]观察，有别于辽东半岛一带常见的彩绘陶。过去在旅顺文官（家）屯也曾发现过两片彩陶[②]，说明辽东半岛一带是有少量彩陶的，而他们的出现也可能代表了一定的意义，因为最近在山东半岛的栖霞杨家圈和蓬莱紫荆山都发现过花纹简单的彩陶，或者可以说明两地之间是有一定联系的。

安志敏先生在《记旅大市的两处贝丘遗址》文中分析了大连烈士山和小磨盘山（今属大连市高新区，此前属甘井子区）两处贝丘遗址的地理特点和分布规律，指出古代和现代的海岸线是否有过剧烈的变迁还需要从地质学上进行研究；贝丘遗址的人们过着以采集渔猎为主的生活；辽东半岛不但有“烧后绘彩”的陶器，也有类似于山东半岛栖霞杨家圈和蓬莱紫荆山发现的花纹简单的彩陶。同时，安志敏先生还否定了鸟居龙藏烈士山石棚之说。

综合分析，烈士山贝丘遗址为一处双砣子三期文化聚落。

烈士山有没有早于双砣子三期文化的遗存？终于有了答案。1994年春，就职大连石油化工公司的考古爱好者路军先生怀着对烈士山遗址的强烈兴趣，对烈士山进行了考察[③]。此时的南、北坡文化层已荡然无存，山顶虽然平坦，但因在此处修建停车场和公路，也看不出任何遗迹和遗物。

---

① ［日］鸟居龙藏：《中国石棚的研究》图九，《燕京学报》第31期，1946年。

② ［日］梅原末治：《东亚考古学论考第一》，1944年，第333页。

③ 路军：《大连烈士山积石墓发现记》，《大连文物》（内部资料）1996年第1、2期合刊，第39页。

路军在山脊东部的一处突兀而起的天然台地上，发现有多处大石块堆积，因有人在此取土建现代墓，将一处石壁挖塌，在坍塌淌出的土和石块中暴露出少量的陶片和石器。路军采集到了可以复原的陶钵、蛋壳黑陶片和石纺轮等。陶钵作敛口状，鼓腹，平底、口沿下和腹部饰弦纹。蛋壳黑陶片仅厚1—2毫米，是山东龙山文化陶器的典型代表。对于这一重要发现，路军担心自己判断属于小珠山三期文化（今小珠山五期文化）不一定准确，便于1996年11月初将采集的上述遗物送到了办公址在旅顺的大连市文物考古研究所研究室（当时借用旅顺日俄监狱旧址博物馆库房办公），引起了专业人员的重视。随后，路军陪同著名考古学家许明纲先生和笔者再次对烈士山进行了实地考察。

这次考察中发现，在烈士山公墓（今英雄公园）背面的山脊上分布着东西走向的大小不一的数处积石冢，而山脊顶部的积石冢规模最大，背面利用天然石块层层垒砌，东侧被人为拆毁数处，现存石壁较低矮，陶片大都发现于表土之下墓葬的黑色填土中，可辨器形有豆、壶、器盖等。修筑积石冢所用的石块与山石的石质相同，当为就地取材。

烈士山积石冢的发现至少将大连中心区的历史向前推进1 000年。

烈士山积石冢先民的居住址在哪里？一般说来，小珠山五期文化先民的居住址都在距离积石冢不远的平缓地带或丘陵上，未见山顶之例。考察中发现积石冢的南面是三面环山的大山坳，有平缓的坡地，背风向阳，适宜先民居住，或许此处就是烈士山积石冢先民的居所。

最后还要说到鸟居龙藏发表的那片烈士山遗址采集的彩陶。因1976、1977年发掘郭家村遗址时，上层文化（小珠山五期文化）已有彩陶出土①，故烈士山采集的彩陶片当出于墓内填土中。

三、大连铁道学院战国刀币窖藏

大连铁道学院（今大连交通大学本部）地属大连市沙河口区。

1979年11月20日，在大连铁道学院大院西边施工挖地基时，于距地表约60厘米深处挖出刀币10余斤②。据了解，刀币出土地周围未见其他遗迹、遗物，故可确定为一处战国刀币窖藏。

这批刀币均为燕国匽刀币，为战国时期的燕国铸币。正面铸“匽”字，背面应铸不同的文字。因这批匽刀币未进行整理，故不知具体背文。据经过整理的大连其他地区出土的匽刀币，可知背文分别有“左”“右”“内”“外”“行”等单字，以及由这些单字为首组成的“左一”“左二”“左廿”“左千”“左上”“左下”“右二”“右六”“右廿”“右日”“右人”“右土”“右上”“右乙”“内一”“内二”“内卅”“内五一”“外丑金”等，大连铁道学院的这批匽刀币当有上述背文。

大连铁道学院发现的这批战国刀币属战乱窖藏性质。公元前230年，秦王嬴政

① 辽宁省博物馆、旅顺博物馆：《大连市郭家村新石器时代遗址》，《考古学报》1984年第3期，第287—329页。

② 许明纲：《大连市出土战国货币综述》，《辽宁金融·钱币专辑》（内部刊物）第7辑，1991年，第2—6页。

开始了统一六国的战争。公元前227年，燕太子丹派荆轲行刺秦王未成，秦遂起兵攻燕。次年，攻下燕国都城蓟城。燕王喜、太子丹等尽率其精兵，东保于以襄平（今辽阳）为中心的辽东。公元前222年，秦灭燕。大连铁道学院战国刀币窖藏的年代当在这一时期，即公元前222年或稍早，见证了秦统一的历史进程。

四、劳动公园东门前汉墓

大连劳动公园始建于俄国侵占大连时期。日本侵占大连时期更名为西公园、中央公园。苏联军事管制时期于1947年改为列宁公园。1949年2月，人民政府决定改称劳动公园，地属大连市中山区。

1956年4月，旅大市（今大连市）劳动公园管理处在修整花坛时发现了一座古墓，旅大市文化局接到报告后即派员调查，于4月17日至18日对古墓进行了发掘。

据报道[①]，墓由长方形绳纹青砖筑成，平面呈正方形，边长2.6米，存高1.9米，四壁砌法是三卧一丁。东壁处筑有宽32厘米、高32.5厘米的明器台。出土的器物有陶盘、樽（奁）、仓、水井、灶、盆等，还有铜顶针、琉璃耳瑱、漆器（已朽）等10余件。报道者于临祥先生据出土器物推测此墓为夫妻合葬，并根据墓葬结构和出土器物，推测此墓的年代可能为汉代。

报道者推测这是一座汉代夫妻合葬墓无疑是正确的。据20世纪70年代以后的考古发掘和研究，这座墓的相对年代应为东汉中期至后期。不可否认，由于时代的局限，当时只能采用报道的形式，没有条件发表墓葬和随葬器物的照片、实测图等，因而无法从陶器特征进一步准确判断其年代。另外，由于此次发掘属于抢救性质，或发掘之前墓已遭到一定程度的破坏，墓门方向等均不清楚。但这毕竟是大连中心区第一次发现和发掘的汉墓，无疑具有重要意义。

以上考古发现证明，大连中心区至迟在小珠山五期文化时期，即距今4200年前就有先民在此生息劳作，同大连其他区（市）县一样有着悠久的历史和文化。

附记：感谢王诗宇、杨煜的友情帮助！

① 于临祥：《旅大劳动公园东门前发现古墓》，《文物参考资料》1956年第6期，第76—77页。

绥中地区海洋文化遗产探析

孟　玲

葫芦岛市博物馆

内容提要： 绥中地区地处辽西走廊的西段和环渤海翼的中心地带，是东北地区进入关内的主要门户，其地理位置重要，历史积淀深厚，考古成果丰硕。本文力求在海洋考古学视野下对绥中海域及滨海地区的历史文化遗产进行归纳整理，并根据文献史料与考古发现对本地区的海港海湾、水下遗存、航路开辟和海陆联防进行初步探究，阐释其内在的关联，以期引发更多的关注和新的思考。深入开展绥中地区海洋文化研究，不但可以推进文物遗产资源的有效保护与合理利用，还对于地域经济、文化建设具有重要的现实意义。

关键词： 绥中　海洋文化遗产　海港海湾　水下遗存　海陆联防

绥中地区位于辽宁的西大门，地处辽西走廊的西段和环渤海翼的中心地带，是东北地区进入关内的主要门户，素有“关外第一县”之称。千百年来，在农耕文化、草原文化和海洋文化的碰撞中，绥中地区遗留了许多丰厚且富有特色的历史文化遗存，无论是田野考古还是海洋考古工作，在这里都取得过令人瞩目的成绩。其中，位于绥中县万家镇南渤海之滨的“碣石宫”秦汉建筑群址，是目前国内发现保存最好，而且经过大面积考古发掘了解最多、研究最深入的秦始皇、汉武帝所建的行宫遗址。其规模宏大，气势雄伟，将人文建筑与自然景观融为一体，是秦、汉帝国大一统的象征与见证。绥中三道岗元代沉船的调查、发掘和研究是海洋考古学传入我国以来首批开展的重要实践项目。过去，我们关注的是“碣石宫”秦汉建筑群和绥中三道岗沉船各自独立的考古成果；现在，海洋考古学拓宽了我们的研究视角，从海洋文化研究的角度来看这两处遗迹，秦始皇东巡碣石促进了古碣石地区海陆交通的空前发展，而绥中三道岗元代沉船正是这条古老航道上的“时间胶囊”。作为考古学发展一个新的领域，海洋考古学更为重视人类海洋文化物质遗存中所蕴含的关于海洋社会经济与文化形态的研究[①]。本文力求在海洋考古学视野下对绥中海域的历史文化遗

① 贝武权：《海洋考古与海洋文化建设——以舟山群岛为例》，《浙江海洋学院学报（人文科学版）》2008第3期，第37页。

产进行归纳整理，并根据文献史料与考古发现对本地区的海港海湾、水下遗存、航路开辟和海陆联防进行初步探究。

一、地理位置与港湾

绥中县昔称中后所，原为重镇，南临渤海，北接凌朝，西通滦渝，东屏辽沈。交通便利、地处冲繁，诚东省之门户，河北之藩篱焉。国防、省疆，咸占重位，军事、商业，俱属咽喉①。地处辽西走廊的西端，位于辽宁省的西部沿海地区，东与兴城市相邻，西与河北省秦皇岛市海港区、山海关区、青龙满族自治区毗连，其境内的六股河为渤海辽东湾的西面起点，海岸线东起六股河口，西至万家镇孟家屯村红石礁，长约75公里。海岸线平直，除各河口处有沙洲、沙堤外几无岛屿。海岸以沙石岸为主，泥质海岸较少，止锚湾以西有少量岩岸。

（一）碣石故址

碣石是东北古代地理交通史上最为著名的历史地名，是鸟夷入贡中原的“天然航标”。在战国时期，碣石与雁门并为燕国的富庶地区，盛产鱼盐，又为方士聚居之地。《史记》载“夫燕亦勃、碣之间一都会”说明了以碣石港为中心的环渤海西北岸在发达的海上交通带动下的经济繁荣。环渤海湾沿岸航路是最古老的海洋通道，据专家考证，早在先秦时期，九夷、孤竹、燕等早期实践者就已经开拓了环渤海沿岸近海航行及交通朝鲜半岛的海路，碣石是这一早期沿岸航线的重要据点②。绥中万家碣石宫遗址③的考古发现，明确了碣石故址就在今辽宁与河北交界的渤海北岸滨海走廊地带。1982年，辽宁省文物普查队在辽宁绥中万家镇墙子里村海岸旁，发现了一组高等级秦汉行宫遗址，占地面积近25平方公里。早期定名为“姜女石”遗址，后因确定“姜女石”即古碣石，故称之为“碣石宫”遗址。碣石宫所属的6处建筑遗址功能各不相同，石碑地遗址是具有宫城性质的主体建筑，黑山头、止锚湾建筑应与祭海有关，周家南山、瓦子地、大金丝屯为附属设施。石碑地遗址秦代建筑遗迹保存较好，通过独具特色的建筑布局与合理有序的建筑配置体现其建筑规划与设计的缜密；从遗迹中的筑基、台基、墙体和冰窖、井窖、水池等可以发现其规范且成熟的建筑技术；变形夔纹半瓦当、夔纹大瓦当（图1）、夹贝卷云纹瓦当（图2）、巨型空心砖等富有特色的建筑材料，其烧制技术与艺术均达到了一定水平。这些发现，使人们对秦代行宫建筑有了更深入的了解，其宫殿建筑强烈的象征性开启了后世皇宫建筑礼制之先河。石碑地遗址是我国考古界第一次在关中以外的地区发现的秦代行宫遗址，是中国秦汉时期考古的又一项重大发现。这组建筑基址与河北省秦皇岛市金山嘴沿岸一线的秦代建筑址共同组成了秦汉行宫遗址群。考古学家苏秉琦先生认为，从绥中姜女石到河北北戴河金山嘴沿渤海北岸绵延百余华里的

① 王堃聘：《绥中县志》，辽宁人民出版社，1988年，第639页。

② 吴春明：《“北洋”海域中朝航路及其沉船史迹》，《国家航海》2011年第1期，第139页。

③ 辽宁省文物考古研究所：《姜女石——秦行宫遗址发掘报告》，文物出版社，2010年，第2—3页。

建筑群为一体建筑，规模和形式近阿房宫，《史记·秦始皇本纪》有“秦始皇三十二年（前215），刻碣石门”的记载，这里应该就是秦始皇统一中国后所选择的“国门”所在，以辽东半岛旅顺到山东长山列岛之间的渤海为大门，以姜女石——金山嘴一线宫殿为屏障，这是何等宏大的气魄，以它作为中华统一多民族国家形成的象征，是当之无愧的。碣石宫遗址为秦始皇统一中国后以渤海湾一带为基地，继续开拓海东的历史事实提供了实证。考古资料显示，黑山头遗址是一处西汉建筑遗址，参考文献记载汉武帝“并海上，北至碣石，巡自辽西，历北边至九原”，黑山头建筑群很可能是汉武帝东巡碣石的“汉武台”。秦始皇、秦二世和汉武帝数次出巡碣石，此后曹操、司马懿、唐太宗等多代帝王停驻碣石，显示了碣石在这一地区海陆交通网中的重要性和关键地位。

图1　夔纹大瓦当

图2　夹贝卷云纹瓦当

（二）港湾

止锚湾位于辽东湾西部海岸，在绥中镇西南51公里处，西面24公里有秦皇岛商港，东面60公里有葫芦岛军港。港湾坐落于海拔20米的海蚀地带，西南倚山，东北环岸。整个港区呈半岛状伸入海面，水深浪静，宜于抛锚避风。止锚湾旧称“芝麻湾”，曾经是重要的海港要地，因为多有舟船在此地避风止锚，后被称为“止锚湾”。碣石宫秦汉建筑址中的止锚湾遗址就建于此海岸高地上。

1988年出版的《绥中县志》记载清康熙三十二年（1693）任山海关钞官的三泰，因中后所口岸地方官私自收税，入囊肥己，奏请朝廷，增开锦州、中后所等海口，由此商船踊跃，货财流通，中后所的商业更为发达。参考清康熙三十二年（1693）的《沈故》记载：“盛京环海可泊大船者，在宁远境曰止锚湾……”又据《绥中县志》（民国18年版）：“止锚湾南面据海，北有长港小湾，火轮不能直达口岸，惟有商船运货可以入港”。由此推断，当时三泰奏请开放的海口中可能就有止锚湾。

二、航路航线

商周时期，大致分布于河北东部至辽宁西部一带的孤竹国和海滨诸侯，开辟了沿渤海西北岸的海上交通，绥中海域就处于商周王朝联系东北的主要通道上。东周以后，燕人东渐，以碣石为中心的海上交通日益发展繁茂。早在燕文公时（前361—前333）就开始重视环渤海的海上交通，到燕昭王时期（前311—前279）燕国已经建立了比较成熟的水路交通网，沿渤海湾近海航行，进入内河，可以联系中原地区的韩、魏、晋、秦，沿辽东湾东行，通过大凌河、辽河可以伸入东北腹地①。

汉至隋唐时期，碣石——秦皇岛地区不断发展，成为塞内外军事、商业交通的枢纽。曹操于东汉建安十年（205），命令开凿两条漕运，“凿渠，自呼沲入泒水，名平虏渠；又从沟河口凿，入潞河，名泉州渠，以通海（渤海）”，为征讨乌桓做运粮和军事物资准备。曹操原计划走辽西傍海道进击乌桓，但受天气影响，道路受海侵影响导致大军不能通行，只能绕道卢龙（今河北喜峰口）至柳城。曹操大获全胜后又至碣石，写下名篇《观沧海》。贞观十九年（645）唐太宗充分利用了交通优势海陆并行东征高句丽，陆路大军过渝关沿辽西走廊奔赴战场，舟师乘运粮船，沿渤海北岸航行，经碣石港进入到辽西白狼水（今大凌河）和辽水（今辽河），通过水路提供补给、协同作战。唐朝为了属地镇戍和加强对奚、契丹、渤海等部族的管理，在营州（今朝阳市）设平卢军节度使，供给平卢军的粮食、军需要通过海路经青州、莱州等地转运，“云帆转辽海（渤海），粳稻来东吴”是唐代诗人杜甫对辽东湾海上运粮情形的生动描写。

辽金时期，绥中海域近海航线受北方战事的影响，几近中断，而辽、金两代随着辽西走廊陆路通道的贯通与繁荣，海运被陆运完全取代，海面一片孤寂。直至元末明初，绥中海域再度繁茂。

明末，旷日持久的明清战争在辽东打响，辽东海岸线海运成为辽东战场物资供给的主要途径。明万历四十七年（1619），为保障辽东战场的粮食、军需，津辽海道正式开通，津辽海道的开通使绥中海域再次成为南粮北运的必经之地。具体行程如下：从天津海口出发，沿海岸线，依次经曹妃殿、月沱、姜女坟、桃花岛，到达广宁右屯大凌河岸②。天启元年（1621），随着辽东沿海重要港口的相继陷落，登莱二府的海运无以为济，被迫停运。津辽海道成为了辽西主战场军事补给唯一的海运通道，长达二十余年。

三、沉 船 考 古

（一）绥中三道岗沉船

大元帝国统一疆域后，古碣石的沿海交通迅速恢复并发展，连通了由直沽港进入渤海湾，驶向东北沿岸港口的入辽航线，绥中三道岗沉船的考古发现，为此航线提供了实物研究资料。

绥中三道岗沉船③发现于1991年，绥中县文管所在获知当地渔民在三道岗海域

① 黄景海：《秦皇岛港史》，人民交通出版社，1985年，第32页。

② 《明史》，卷二五六，卷八六，中华书局点校本，1974年。

③ 张威：《绥中三道岗元代沉船》，科学出版社，2001年，第2页。

打捞到古代瓷器和船板的消息后，立即开展走访、调查和上报工作，并征集了584件出水瓷器。国家文物局根据绥中大南铺村发现出水瓷器的线索，委派中国历史博物馆水下考古研究室到绥中三道岗海域进行调查，由此也拉开了中国水下考古大规模独立开展工作的序幕。1992年至1997年，在国家文物局的领导下，中国历史博物馆水下考古研究室开始组织全国水下考古人员与航海运输、海洋救捞、遥感物探等相关部门联合攻关，利用现代科学手段，进行了定位、测量、采集、摄影摄像等系列工作，共进行了5次正式的水下调查和发掘，探明了沉船的位置、船体、埋藏物情况，并对其内涵进行了研究。三道岗沉船的调查发掘，是中国水下考古工作者有能力独立开展较大规模水下工作的标志，被评为“1993年中国十大考古新发现”之一。三道岗沉船遗址在历年的表面采集和探方发掘中，共出水613件标本，包括瓷器、陶器、铁器和零星的船体构件等。铁器是该沉船遗址水下埋藏的数量最大的货物遗存之一，但由于铁器自身的锈蚀和海洋软体生物硬壳的污损附着，铁器遗存之间大规模成片凝结，在现有的技术、力量条件下难以发掘出水，仍大量埋藏于水下。出水遗物中数量最多的是瓷器，标本599件，以磁州窑的白釉褐花瓷器、白釉瓷器为主，并有少量黑瓷、翠蓝釉瓷。参考船板的测年数据（距今740±80年）和出水瓷器特征，推断三道岗位沉船的年代应为元代晚期。绥中三道岗沉船的船货显示出其商船性质，作为北方沿海地区为数不多的水下遗址之一，其始发港口、目的地和航线对研究元代海上贸易、环渤海西岸航线、磁州窑销售等具有重要意义。

（二）二河口一号沉船

2016年辽宁省文物考古研究所联合国家文物局水下考古文化遗产保护中心开展了辽宁绥中海域水下遗存调查工作，根据葫芦岛绥中海域历年来的水下考古工作实践和2010年“三普”以来获得的各类线索，结合渤海湾北部海域海洋的底质特性、洋流、海浪、潮汐等水文状况，确认了一处新的水下沉船——二河口一号沉船，并完成了绥中二河口海域两处水下线索点物探调查和潜水探摸工作。沉船遗址位于二河口外约11海里处，在南、东北、西北三个区域发现了部分船体构件以及船材等。南面为一块大木头，表面有明显加工过的痕迹，长2.8米，东南端较粗，最宽0.6米。西北部发现有2根圆木和2块木板，东北部亦发现有4根圆木和2块木板。从初步调查的情况来看，二河口一号沉船的保存情况较差，由于未发现可判断年代的遗物，沉船年代尚未确定。

四、海陆联防

明清时期，辽西走廊地带成为中原农耕王朝和游牧政权重点防御及至争夺的焦点。绥中地区是蓟镇长城与辽东镇长城的交汇处，闻名遐迩的水上长城——九门口长城就位于绥中县李家乡新台子村境内，距山海关15公里，是明代重要的军事关口。绥中地区为明代辽东镇长城的西端起点，分布在出山海关向东一线的卫（兴城宁远卫）、路（绥中县前卫乡的前屯路城）、所（绥中县前卫所镇的广宁中前所、绥中镇的广宁中后所）、堡（蓟镇长城与辽东长城衔接处及附近的铁厂、永安诸堡）、台

（绥中三台子烽火台）等，大多被整体保存下来了，它们类型不同、等级依次，与驿站、海防设施相间相辅，兼具陆防和海防的双重军事功能。绥中海域东部的兴城觉华岛也是明清战争中重要的囤粮之处与海路节点之一，海防工程与海运之间存在着不可分割的紧密联系。明末，以卫城、所城、堡城、沿海岛屿烽堠、墩台等军事聚落与海运航道组成的海陆联防成为明王朝最后的军事防御隘口，绥中地区遗留的较为完整的明代长城系列建筑群，是对明代军事防御体系最典型的展现，更是一段连贯关内外，反映明清战事的文化线路。

图3 元磁州窑白釉黑彩云雁纹罐

图4 元磁州窑黑白釉小碗

五、出 水 遗 存

近年来，随着绥中三道岗沉船水下考古调查、发掘、研究、宣传工作的不断开展，本地沿海居民对出水遗存有了更多的关注和新的认识，在渔民的积极配合下，绥中海域时有遗存出水，为海洋考古工作提供了新的资料与线索。

1. 元磁州窑白釉黑彩云雁纹罐（图3）和黑白釉小碗（图4）

葫芦岛市博物馆在绥中三道岗海岸的二河口村征集过一组出水瓷器，包括一件元白釉黑彩云雁纹罐，内装黑白釉小碗29件。云雁纹罐，立口，鼓腹，下腹渐收，小底，内挖足。粗胎，表面施白釉，黑褐色彩绘双雁和祥云纹，颈部饰三道弦纹，下腹部饰两道弦纹。器物从口部到内部施满酱釉，底未施釉，可见轮制痕迹。元磁州窑黑白釉小碗，敞口，圆唇，斜弧腹，底凹圜，矮圈足。粗胎，上腹部及内部施白釉，外腹部以下施酱黑色釉，外底及足部露胎。云雁纹罐与黑白釉小碗造型古朴，纹饰简洁、豪放，具有元代磁州窑产品的典型特点，但无论纹饰还是釉面都与三道岗元代沉船出水的瓷器有明显区别。

2. 元磁州窑铁彩玳瑁纹碗（图5）

小碗，敞口外撇，圆唇，斜弧腹，挖足，足心鼓起。胎体较厚，口沿施褐黄釉，碗内壁的底釉呈放射毫纹，上施酱黄釉点彩玳瑁纹，外壁施酱釉，腹下部至底露胎。这件出水瓷器是移交给绥中县文管所的涉案文物，据举报人描述，当时打捞上来一个罐子，罐内装有这种小碗二十余只，这是其中的一件。这种玳瑁纹小碗在历年征集的绥中海域出水瓷器中尚属首次发现。

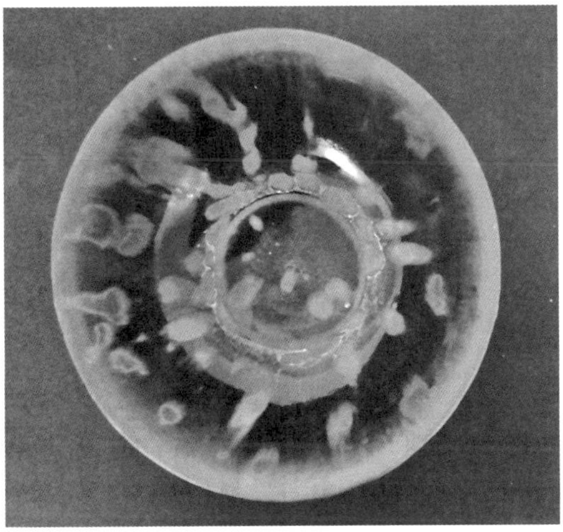

图5　元磁州窑铁彩玳瑁纹碗

3. 金白瓷六脊碗

出水于觉华岛以西海域，侈口，圆唇，斜弧腹，外部口沿之下为凝结物所覆盖，足部形态不明。通体施乳白色釉，内壁为六条筋线等分，筋线为白色呈脊状，内底微凹，有5枚支钉烧制的痕迹。宋辽金时期，北部边塞的割据和战争，严重阻碍了沿渤海北岸地区海陆交通的发展，这一地区的海上交通几近中断。这只碗的出现为当时这片海域的海事活动提供了证据。

4. 明铁弹丸（图6）

图6　明铁弹丸

渔民上交给绥中县文管所的出水遗物，弹丸呈圆形，铁质，分实心和空心两类，大小不均，最大直径为15厘米，最小直径为5厘米，共计55个。出水地点为“贺港刘大刀”海域，应是明代铁炮中所使用的铁弹丸。

5. 铁锚

绥中海域曾相继出水过两个古代铁船锚。这两个铁船锚在铸造工艺、锚型、体积等方面极为相似，均为四齿铁锚，重近千斤。一号船锚（图7）的锚杆、锚齿、锚环基本完整，锈侵严重。二号船锚，锚杆长4.6米，锚齿长1.2米，四个锚齿有一齿已锈断，锚环也已经锈断。绥中县文物保护办公室专业人员进行了初步鉴定，认为此类铁船锚可能是明中叶以后所使用的船锚。参考史料，绥中海域发现的铁船锚应为明代海防运粮船所用，也为津辽航线提供了实物证据。

图7　一号船锚

六、结 语

绥中地区是连接关内外的重要枢纽，环渤海地区重要的海运航线之一，也是辽西地区重要的海路节点，地理位置重要，历史积淀深厚，考古成果丰硕。若能全面梳理相关文献资料，综合水陆考古成果，有针对性地持续开展海洋考古学调查和海洋文化研究，将单一的考古单元置于更大的历史背景、文化场域和地理空间下去思考，阐释其内在的关联，引发更多的关注和新的讨论，不但可以在海上丝绸之路、辽西走廊与海洋文化、长城文化（辽东镇海防）等方面取得新的研究成果，也同样有利于推进绥中地区海洋文化遗产的有效保护与合理利用。将历史传承与时代发展完美融合，让深藏于海底、埋藏于地下、散落于民间、书写于古籍的各类海洋文化遗产真正地“活起来”，赋予千年文脉新的时代价值。

朝阳凤凰山瘗窟考

王世宇[1]　刘　艳[2]

1. 朝阳师范高等专科学校　2. 朝阳县博物馆

内容提要：瘗窟（yì kū）作为掩埋僧人尸骨的洞窟，是一种特殊的石窟。朝阳凤凰山中被称为“摩崖佛龛”的景观实为一处瘗窟群，其规模之大、数量之多在全国同类洞窟中亦属少见。据其形制和遗物调查，凤凰山瘗窟的凿刻历史可溯源至东晋十六国时期，其使用则历经三燕、北魏、隋唐并延续至辽，其间蕴藏着诸多的历史信息和文化内涵。此处瘗窟的发现和被确认，将会为辽西及中国北方的佛教历史、地方文史及民俗研究提供一份新的实证资料和研究素材。

关键词：凤凰山　辽西　石窟　瘗窟

辽宁省朝阳市城东凤凰山西麓藏着一面大体呈环形的崖壁，崖壁距地面约百米，其下有陡坡，坡上石壁高约20米、宽约60米，其上有古代洞窟群。1996年前后，朝阳市凤凰山旅游局应一些佛教信众的请求，在部分石窟内安放了一批大众捐献的石雕佛像，并名之曰“摩崖佛龛”。实际上，这些“佛龛”最初并不是供佛和礼佛之所，因为崖壁上没有其他建筑及登临通道，崖壁下也没有可供祭拜的空间。关于这处洞窟群及其功能，朝阳的旧方志也没有载录和说明，加之洞窟较小、山下观瞻视距高远，所以这些洞窟平时也很少被人注意。据当地文史工作者的调查记录得知：当年凤凰山景区因置佛像之需，由管理处处长谭树带领员工刘占礼等人悬索架梯对部分积土洞窟进行过清理，并在3个窟内发现有红褐色及灰色陶盆，陶盆直径约30至40公分、高约10公分，皆放置在窟内的两块青砖上。其中有两个盆被掏出，另一个因位置较高不易登临而得以存留。据当事人回忆，两个泥盆内皆有烧骨、灰烬和铜钱两三枚，但均遭毁弃。关于此事，《朝阳凤凰山摩崖佛龛考证》①《2009年朝阳凤凰山古迹调查》②及《龙城宝笈·朝阳博物馆馆藏佛教造像精品》③之“概论”皆有著录。也正是当地文史工作者关于凤凰山石窟古迹的这几份考古调查记录，为

① 董高：《朝阳凤凰山摩崖佛龛考证》，《朝阳社会科学》2006年第1期。

② 周亚利、王世宇、张海波：《2009年朝阳凤凰山古迹调查》（手稿）。

③ 朝阳博物馆：《龙城宝笈·朝阳博物馆馆藏佛教造像精品》，辽宁人民出版社，2013年。

我们重新定义朝阳凤凰山“摩崖佛龛”，尤其是定位这些洞窟本有的功能提供了较为可靠的学术依据，我们也因此断定，此处名曰佛龛的洞窟正是石窟考古中不常见的类型——瘗窟。

因为凤凰山瘗窟群的这些洞窟个体规格相对较小，《龙城宝笈·朝阳博物馆馆藏佛教造像精品》亦名之曰“灵龛”。但此龛不同于一般供奉神位及佛道造像的小阁子，其功能与后世的神龛也有很大不同，本文遵从既往考古文献的一般叫法，在此仍称之为“瘗窟”。学界一般将洞窟划分为礼佛窟、禅窟、瘗窟三种类型，其中礼佛窟和禅窟比较多见，而瘗窟作为掩埋僧人尸骨的一种冢墓，在多地虽然也有发现，但从目前的考古记录看，如此大规模的瘗窟群被发现在东北地区尚属首次，即便从整个中国北方来看，其数量也可以排在同类石窟的前列。不过，此洞窟内外暂时都没有发现雕塑和绘画，也没找到刻字，这也给凤凰山瘗窟的凿刻时间、背景指向等解读带来了不少问题。本文在实地调查的基础上，结合国内瘗窟考古的有关报告，现对朝阳凤凰山瘗窟的调查情况做一些简要梳理并尝试着做一点解读。

一、凤凰山瘗窟群的调查分析

今人对凤凰山瘗窟群的关注可溯源至20世纪80年代，但瘗窟的数量却至今都没有一个确数。因洞窟形制较小、山下眺望视距高远、崖壁裂隙较多以及树木遮掩等因素，导致查数存在诸多困难，多年来先后出现了55个（张洪波）、60个（王世宇）、61个（董高、周亚利）、72个（孙国平）等几种说法。2021年3月，本文作者选择在对面山崖利用相机拍摄、标记并亲自登临瘗窟崖壁核对，查得当前洞窟数量为60个（但不排除还有因崖壁坍塌及土石掩埋而被隐藏的）。

根据洞窟在石壁上的大体位置以及其间的疏密关系，多数调查者都倾向于将其分为东、西两大区域，笔者根据崖壁的自然裂隙又进一步将之划分为4个单元（见附2），并按照从东至西的顺序依次标记为D2（东二）、D1（东一）、X1（西一）、X2（西二）。其中，X2有洞窟20个，从上到下又可分为6排；X1有洞窟11个，共有5排；D1有洞窟22个，大体可分为7排；D2有洞窟7个，因考虑到D2的崖壁小、裂隙多且断裂面向口不一等情况，又可将之分为3组，从东到西洞窟数量依次为1、2、4个，总体看无明显的层位关系。关于洞窟的标记格式，本文暂记为D/X（单元）-P（横排）-N（位序）。

通过实地勘察，笔者发现瘗窟的形制大体有四种：正方形、长方形、拱洞形和个别不规则形状。西区的瘗窟造型多以规范的正方形和长方形为主，除了正方形和长方形以外，拱洞造型只有X1-P2-N2，近拱洞造型有X2-P4-N3、X2-P4-N5、X2-P4-N6。东区的瘗窟造型较之西区复杂，层位关系也较难分辨，方形和拱洞形及不规则形状间杂（见图3）；以D1单元为例，共22窟，拱洞形、近拱洞形几乎每一排都有，数量多达10个，而且还出现了两个外方内拱的形式。

这些洞窟，除了X2-P1、X2-P3-N1、X1-P5、D1-P2-N1、D1-P2-N1总 计5个长方形窟的规模稍大外，其余洞窟大小基本相近。2021年3月5日，笔者亲自登临，实测X2-P5-N1的数据为65厘米（纵）×60厘米（横）×60厘米（进深），X2-P6的数据为60厘米（纵）×60厘米（横）×52厘米（进深），X1-P5的洞窟数据为横90厘米（纵高及进深未知）；D1-P7未完成洞窟的数据为58厘米（横）×40厘米（横）×20厘米（进深）。

从文献调查看，瘗窟作为佛家的一种葬俗并不适用于历史上佛教传播的所有时期、所有地区以及所有的僧人。纵观各地洞窟考古，可知敦煌莫高窟迄今发现洞窟735个，瘗窟仅为23个[①]；而龙门石窟东西两山现存洞窟2345个，瘗窟并瘗穴为94个，而单纯的瘗窟仅41个[②]。以这样的一种比例看，瘗窟绝非普通僧人的坟墓，而应该是为那些有一定社会地位及宗教影响力的高僧提供的寄存舍利的圣地。如在我国南方的门巴族中，只有那些有地位的人或活佛才可以进行崖壁洞窟葬；再如，朝阳华严寺的瘗窟也只安放本寺创寺祖师的灵骨。如此看，朝阳凤凰山今存瘗窟60座或更多，这个数字不仅令其在同类文物考古数据中排在前列，也可以让我们从另一个侧面窥见到当地历史上佛教发展的盛况。

凤凰山瘗窟群分两大区域四个单元，从方位布局和层位关系角度看，明显可以让人觉察到其间内含着一种伦理意义上的设计。首先，我们注意到每个单元的洞窟数量似乎与其所在崖壁的大小并不完全对应。其中D2面积不小但洞窟数量却少且无序；D1数量较多，但布局却显得有些紧凑而且层位交代也不是特别清楚；X1数量不太多但层位非常明显；X2不仅数量多而且层位也非常清楚。也正是因为顾及到了一种层位关系，所以其间的凿刻似乎也很有原则，有时平整的崖面没有被利用反而坏的崖面却被优先使用了。其次，我们还注意到D1和X2的洞窟数量相对较多，分别为22个和20个，次之为X1，而且这三个单元的瘗窟差不多都是以一个相对较大的长方形洞窟为第一排的领起，其下位的凿刻也有明显的错落和空位。再次，就是在每个单元最后一排的洞窟下面与耸出崖壁的陡坡之间，还有高约3至5米左右的平整崖面未被利用，应为当时的预留。由此可见，凤凰山瘗窟是有明显的时代或宗派区分的，那么，它们与当地历史上的佛教发展是否也存在呼应关系，此还有待于进一步的发现和研究。

二、凤凰山瘗窟群的断代讨论

朝阳凤凰山瘗窟的雕凿时间，史志无载，崖壁及洞窟内至今也没有发现文字题款。民间多言凤凰山摩崖佛龛凿刻于北魏，此乃因90公里外的义县万佛堂石窟凿刻于北魏[③]，目前公认为辽西最早，加之万佛堂石窟与古代朝阳的密切关系（由营州刺史主持建造，朝阳旧称营州），所以凤凰山瘗窟的建造年代便被贴上了北魏的标签。

今参考敦煌瘗窟的形制，即平面近方

① 彭金章、沙武田：《敦煌莫高窟北区洞窟清理发掘简报》，《文物》1998年第10期，第12页。

② 李文生、杨超杰：《龙门石窟佛教瘗葬形制的新发现——析龙门石窟之瘗穴》，《文物》1995年第9期，第72页。

③ 刘建华：《辽宁义县万佛堂石窟考古报告》，《考古学集刊》第13集，2000年，第213—214页。

形的覆斗顶洞窟为北周作品、近方形人字披顶洞窟为隋及初唐作品、方形或长方形且平顶的洞窟为盛唐和中唐作品的有关说法[①]，推测凤凰山瘗窟群东区的凿刻时间主要为北魏前后并延续到隋唐，而西区应为盛唐或中唐以后开凿和使用的。另据龙门瘗窟晚唐作品空间显著增大、几可等屋[②]的发展情况看，凤凰山瘗窟群应该不会有晚唐作品，但是考虑到辽代佛教承袭于唐的一些做法，当不排除西区瘗窟于辽代以后开凿的可能性。

测算莫高窟北区瘗窟的凿刻年代，目前主要还是依据石窟内的遗迹，如壁画、棺床、草垫子等[③]。比之敦煌瘗窟的多源性，凤凰山瘗窟的来源相对简单，似为专门为瘗埋死者而开凿，大小与敦煌同类瘗窟相仿，一般高约1米左右，皆为单室。从1996年取出的两个陶盆看，凤凰山瘗窟应为骨灰葬，埋葬时以两块青砖为棺床且有随葬品铜钱（佚不能考）。2005年6月，北塔博物馆董高与朝阳市博物馆周亚利在今凤凰山摩崖佛龛下的山坡上采集到古代绳纹砖标本3块、陶片若干；2008年7月，周亚利与朝阳市前文管局局长孙国平和凤凰山风景管理处的张海波，在摩崖佛龛下又采集到绳纹砖3块；2021年4月，朝阳师专王世宇在崖壁下采集到灰陶瓦片2片。董高于《朝阳凤凰山摩崖佛龛考证》（见前）一文中载记摩崖佛龛青砖标本长34厘米、宽17厘米、厚5厘米，一面有细绳纹并略呈弧形；陶片为泥质，有灰色及红褐色，外表有刺窝或细划纹。董高先生据标本断定陶盆为斜直腹大口小底器，并由细绳纹青砖等信息综合推断，凤凰山瘗窟的雕凿时间可能开始于十六国时期的前燕或后燕，并延续至北魏及隋唐[④]。朝阳市文博及考古专家孙玉铁等另据有关标本鉴定，某些摩崖下的陶片有辽代特征。

综上各种文物信息及鉴定并结合洞窟形制的演变，今推断凤凰山瘗窟群的凿刻时间最早可溯源至三燕时期，其开凿和使用可能历经北魏、唐并延续至辽，时间跨度超过600年。

“三燕”即田立坤先生所定义的十六国时期定都龙城（今朝阳市）的前燕、后燕和北燕三朝[⑤]，时间从慕容皝十二年（337）至慕容泓泰兴六年（438），统治者除了慕容家族外还有高云和冯跋。在慕容家族及冯跋统治龙城一个世纪的时间里，凤凰山瘗窟的雕凿最有可能的开始时间当在龙翔佛寺（见后文介绍）的僧人出现灭度之后，即四世纪六七十年代以后，这当与敦煌莫高窟的开掘时间（苻秦建元二年即公元366年）相仿，这种吻合当与那时北方各民族间因战争而发生的频繁交流不无关系。诚如佛教史家汤用彤先生所说“考上列（凉、燕）诸僧南游之年，均在宋之初叶”[⑥]。如此说来，凤凰山瘗窟的开

① 彭金章、沙武田：《敦煌莫高窟北区洞窟清理发掘简报》，《文物》1998年第10期，第10页。

② 倪润安：《敦煌隋唐瘗窟形制的演变及相关问题》，《敦煌研究》2006年第5期，第58页。

③ 彭金章、王建军：《敦煌莫高窟北区石窟》（第1卷），文物出版社，2000年。

④ 阳博物馆：《龙城宝笈——朝阳博物馆馆藏佛教造像精品》，辽宁人民出版社，2013年，第10、19页。

⑤ 田立坤：《采铜集》，文物出版社，2016年，序第2页。

⑥ 汤用彤：《汉魏两晋南北朝佛教史》，昆仑出版社，2006年，第431页。

凿时间可能要比北魏早了一百多年。

凤凰山瘗窟群中没有出现大型的几乎等同于屋宇的巨制，参考龙门瘗窟的考古可知，凤凰山瘗窟的开凿和使用可能中断于中唐，这与中唐以后营州（治所为今朝阳市）实际控制在奚和契丹人手里的历史情形是相呼应的。奚和契丹是中唐以后活跃在营州一带的少数民族，学界认定契丹接受佛教的历史为晚唐天复二年（902），以辽太祖始置龙化州开教寺为标志。此前契丹还以信奉萨满教为主，所以，当时的营州被契丹占据之后，佛教在一段时间内自然就衰落了，这也正是今日凤凰山瘗窟较多却不见大型窟室的原因之一。但是，契丹在占据了幽燕地区之后，随着契丹人不断汉化则又很快地继承了唐人的精神信仰，佛教发展不仅后来居上，而且在兴中府（今朝阳）地区还表现出了异常繁荣的局面。如佛塔一项，朝阳市现存辽塔14座、另存辽塔基遗址62处[①]，现有佛塔占比达到了辽宁省的54%、全国的20%。凤凰山瘗窟西区两个单元相对于东区，总体来看洞窟数量多而且层位清晰，它们很有可能是辽代兴中府地区佛教兴盛的一种写照。

三、凤凰山瘗窟群的选址初探

凤凰山瘗窟所在的崖壁约1200平方米，规模不是很大，石壁也不很平整，裂隙较多，其下更是缺乏作业空间，但古人为什么要在这样一个地方选址建造瘗窟，通过调查和研究，笔者就其中的一些发现略陈于下。

1. 当与附近史上佛教发展盛况相伴生

根据唐宋以来佛教建筑所展示出来的塔、窟、寺一体的规律，窟当是相伴于塔寺而存在的佛教建筑的一部分，朝阳凤凰山上有这么多的瘗窟，附近必有塔寺而且数量当不在少数。

据不完全统计，朝阳地区古今共建造佛寺698所[②]，其中近600所皆为清及以前所建，以此可见该地区的佛教文化底蕴，而凤凰山及附近城区的古塔寺遗迹相对也最多。其中，始建于东晋永和九年（345）的“龙翔佛寺”为凤凰山地区最早并有《水经注》《晋书》等文献可查；紧承其后，先有北魏冯太后于山下龙城和龙宫旧址起“思燕佛图”（《魏书·皇后列传》有载），继有隋于思燕佛图旧址改建砖塔并建梵幢寺[③]葬释迦佛舍利两颗[④]，唐则改称开元寺及开元寺塔（同前），辽又更名为延昌寺及延昌寺塔并重新葬释迦佛舍利（“北塔天宫石匣物账记石”[⑤]），塔寺建造几乎600年没有间断。至辽时，凤凰山及附近地区的佛教塔寺更是多达几十处，仅山上当代可见的遗迹就有华严寺、灵霄塔、天庆寺、摩云塔、大宝塔、朝阳洞等。

① 《辽宁古塔志》，辽宁大学出版社，2019年，第147—158页。

② 董高、刘万更：《朝阳佛教史》，社会科学文献出版社，2008年，第260—315页。

③ 朝阳北塔考古勘察队：《辽宁朝阳北塔天宫地宫清理简报》，《文物》1992年第7期，第17—21页。

④ 游自勇：《隋文帝仁寿颁天下舍利考》，《世界宗教研究》2003第1期，第24—30页。

⑤ 刘大志、王志华：《古塔梵韵》，辽海出版社，2018年，第70—71页。

有寺必有僧。汤用彤先生说“晋末宋初，北方佛法三宝兴隆之地，当推凉、燕”，“考上列诸僧南游之年，均在宋之初叶，可见当时幽燕辽西一带，佛法颇盛”[①]；南朝梁僧慧皎所著《高僧传》，其中专门立传或提及的黄龙（今辽宁朝阳）高僧就有25位。隋唐以后，龙城不仅成为佛教由内地向辽东和朝鲜半岛传播的重要中转站[②]，也出现了一些名垂史册的僧人，如昙无竭等。辽时，凤凰山（时称和龙山）上的寺庙不仅僧人众多，而且佛事及文化交流活动也非常频繁。如主峰峭壁上的华严寺，兴盛时曾有“八百上堂僧”（《和龙山石幢记》[③]）；山中的天庆寺也留下了辽代兴中府及辽中京地区的僧侣与名宦的酬唱事迹，如寺中刊于寿昌五年（1099）的“玉石观音像唱和诗”碑就录诗人25位、诗歌26首（内容见于《塔子沟记略》《钦定热河志》《承德府志》《全辽文》《全辽金诗》等），辽诗留存下来的作品总数不到百首[④]，凤凰山天庆寺的碑记就占了四分之一还要多。

古代的凤凰山及附近地区可谓塔寺林立、僧人众多。三燕时期的黄龙高僧去向可辨，辽代和龙山的僧人也曾在天庆寺的石碑上留下了历史的笔迹，那么，其余的僧人是否可以追踪，特别是当时的高僧是否会有遗迹存世，凤凰山瘗窟群可谓是一种回答。恰如少林寺的塔林一直为历代少林祖师的安葬地，凤凰山中隐藏的瘗窟大有可能是历史上龙城及龙山或和龙山上那些住持或方丈们的最后安息之所。当然，这些瘗窟也就成为了该地区历史上佛教昌隆的又一佐证。

2. 山川地貌所呈现出的堪舆内涵

将瘗窟设置在凤凰山山麓，于古代龙山（和龙山）上下以及三燕龙城、隋唐营州、辽代兴中府的高僧们埋骨确有一种地利之便，这当是其选址建设的一个重要参考。但是，类如此地的崖壁在凤凰山上不止一处，甚至有些岩面比今摩崖佛龛所在的崖壁更规整，地理位置更好，观瞻也更醒目，但凤凰山瘗窟之所以会选在一处位置相对隐蔽，岩面也不怎么平整的山崖之上，而且在600年的时间里僧人们一贯钟意于此，应该还有另外的考量。在实际勘察中，笔者发现了关于此处峭壁在地理形貌上的非同寻常之处，即整体造型上呈现出来的与众不同的风水表征意义。

实地考察或摄影图片皆可见，凤凰山瘗窟群所在的峭壁从半山处向上生出，瘗窟群所在的石壁下则是一处十几米高的陡坡，陡坡初向前方延伸，十数米后则收于一块突出的巨岩，岩下又成陡崖；巨岩略呈三角形，三角岩横向居中处有深浅两道裂隙，远看恰如龟首及唇吻；而龟首的左侧稍后及右下稍前位置，岩石后置或外凸并见明显弯曲，又状如龟之粗壮的前腿。而以此形之石为底座，瘗窟群所在的崖壁又恰似龟的负重，如此造型在外观上极易

① 汤用彤：《汉魏两晋南北朝佛教史》，昆仑出版社，2006年，第431、第444页。

② 董高、姚海山：《朝阳凤凰山在东北佛教史上的独特地位》，《辽宁省社会主义学院学报》2006年1期，第73页。

③ 陈述辑校：《全辽文》，中华书局出版社，1982年，第348页。

④ 袁行霈：《中国文学史（第三卷）》，高等教育出版社，1999年，第177页。

令人联想到某些驮碑赑屃，因此可以说凤凰山瘗窟群所在之背景山石简直就是一个天然的龟趺座。

然而不同于一般龟趺之驮负，凤凰山瘗窟群所在的崖壁从外形上看不是一块条形的“碑”，而是一朵盛开的“莲花”。从宏观上看，崖壁因为造山运动的挤压及风雨剥蚀，形成了几道比较大的裂隙，今根据洞窟所在石壁上的大体方位，凤凰山瘗窟群从总体布局上可以划分为东、西两区，在此基础上根据崖壁的自然裂隙及其上石窟间的疏密关系，进而又可以将其划分为四个单元（见前）。四个单元并两大区域之间，则是一块没有洞窟的净版，四个单元外加一块净版皆从根部向上渐次内收，形成了五组不太规则的“圭”状图，“圭”状图因其与背景山石又呈现出一种层次上的叠加，便形成了一个巨大的仰莲造型。诚如五台山之于《佛说文殊师利法宝藏陀罗尼经》《大方广佛华严经》中某些内容的巧妙谙合，亦如庐山香炉峰之于慧远和尚的禅意观照，凤凰山瘗窟所在崖壁所呈现出来的巨大的莲花构造，亦恰如《华严经》《阿弥陀经》《无量寿经》《妙法莲华经》中有关章节所描述的极乐世界里专门为已成就者打造的往生安魂之所。此“龟趺”“莲花”组合亦堪称天造地设，而于此为那些高僧树碑立传、立命安魂，应该极为契合僧侣们的意愿，故而也就一度成为龙山或和龙山以及龙城、营州、兴中府的高僧们瘗埋尸骨的理想所在了。

综上，凤凰山瘗窟的建造可以说是一项非同寻常的工程，其选址、规划都蕴藏着丰富的历史信息和特别的宗教及民俗内涵。它的存在当是古代朝阳乃至辽西地区佛教兴盛繁荣的重要物证，对它的关注和研究也会为当地的历史文化解读和某些题材的考古，提供一些新的角度和思路。相信随着考古工作及相关研究的进一步开展，朝阳凤凰山瘗窟将会有更多的疑点被翻出，也会有更多的真相被揭秘。

图1　瘗窟群所在位置

图2　瘗窟的分布及造型

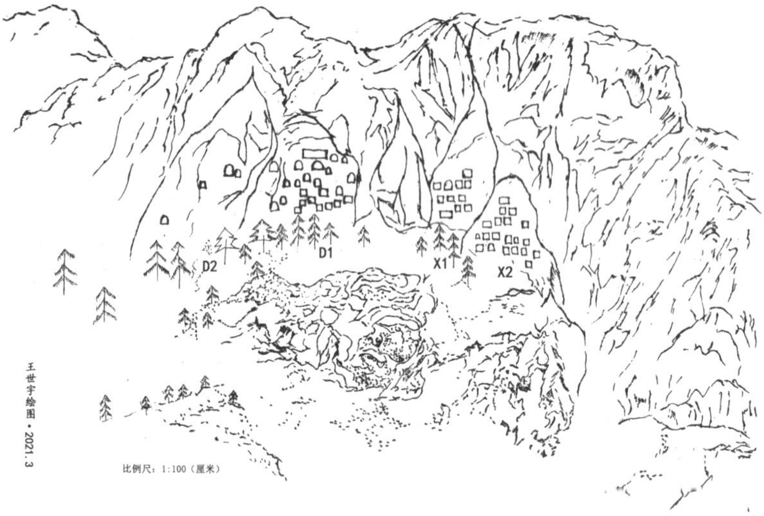

图3　瘗窟的分布及造型手绘图

图4　瘗窟近景（D1）

查海龙为“猪龙”考

刘德刚

阜新市博物馆

内容提要： 关于查海龙的形态和认定。通过将“类龙纹”与蛇衔蟾蜍雕塑中的蛇做比较研究，个人认为将“类龙纹”认定为蛇更准确。龙形堆石是查海遗址中最为重要的考古发现。设置祭祀区，说明查海人经常举行祭祀活动祭奠逝去的先人以及氏族的图腾——龙。个人认为查海龙的性质是猪龙。查海龙头部较大，吻部突出、与野猪的头部特征十分相似，与兴隆沟遗址的猪龙特征相同，据此可认定查海龙也是猪首龙。兴隆洼文化猪龙崇拜的产生既有物质基础，也有精神基础。西辽河流域的猪龙崇拜一脉相承，经历了从猪龙到猪首蛇身龙的演变过程。

关键词： 查海龙　猪龙　考证

龙是中华民族的图腾和特有的精神标识，也是中华文明最为重要的文化符号，龙文化的形成经历了一个漫长的孕育发展过程。考古资料表明，最迟到新石器时代早期龙崇拜已经出现，辽河流域多个遗址中都发现了龙的踪迹，其中年代最早、最引人关注的就是查海龙。

查海遗址是中国北方时代较早、保存较完整、文化内涵特别丰富的新石器时代早期聚落遗址（经C14测年，确定其年代接近距今8000年），“玉”和“龙”两个中华文明最具代表性的文化符号同时出现于此遗址中，足以证明辽河流域同黄河流域、长江流域一样，同为中华文明的发祥地。查海遗址因位于辽宁省阜新市查海村而得名，遗址内出土了数量较多的“真”玉器（透闪石和阳起石软玉）和珍稀的龙文化遗存，因而备受各方关注，被考古学界誉为“中华第一村”，查海龙与其他新石器时代遗址出土的龙相比年代较早，被赞誉为“中华第一龙”。

岁月的风尘掩埋了聚落，也掩盖了真相，房屋坍塌，遗物损毁腐朽，为我们文博工作者揭示远古文明制造了困难。查海遗址发掘至今已三十余年，研究成果汗牛充栋，《查海——新石器时代聚落遗址发掘报告》业已出版，但是围绕着“查海遗址”仍然有很多问题没有解决，比如查海龙的性质，有何深层内涵等等，本文仅就此问题展开探讨。

一、查海龙的形态和认定

学界一般观点认为查海龙文化遗存有两

类，一为龙形堆石，一为“类龙纹”陶片。

龙形堆石是查海遗址中最为重要、最为惊人的考古发现。这条石龙由红褐色小石块堆垒而成，全长达19.7米、最宽处1.8—2米。龙头朝向西南方向，尾朝向东北，龙头部石块堆积最多，经身体至尾部逐渐减少，弓起的身体下方局部也摆放着一些石块，从远外看龙头、颈、腹、尾、四肢鲜明。龙形堆石位于聚落的中心区域，南侧紧邻墓地和祭祀坑（H36有火烧痕迹，被认定为祭祀坑），祭祀坑中还遗留着烧过的猪骨。龙形堆石、墓葬、祭祀坑均未有被扰动的迹象，而居住区遗迹之间的打破现象较多，这说明龙形堆石、墓地、祭祀坑是被重点保护的区域，是特别设置的祭祀区。设置祭祀区，显然说明查海人经常举行祭祀活动祭奠逝去的先人以及氏族的图腾——龙，他们希望龙和先人的灵魂能够佑护族人，保佑族人衣食充足，族群壮大。龙形堆石因形象较为明确，所处位置特殊，象征意味明显，被学者认定为中国最早的龙形象之一。

类龙纹，顾名思义“类似龙的纹”，查海遗址中共出土了两件这种陶片，其一为蜷曲的动物尾部，其二为盘旋的动物躯干。二者均缺失了动物头部，身体上都压印着月牙状的窝点，颇似鳞片。因这两个动物具备了中国龙形象的基本特征（修长的身体和鳞片），学界模糊地称其为“类龙纹”。

对于“类龙纹”的认定，著名考古学家郭大顺先生有过比较谨慎的论述，他认为“浮雕龙纹又见于房址内的陶器上，似与生活用具未完全分化出来有关，或不为‘类龙纹’。”[①]显然，郭先生是从遗存的使用功能分析，谨慎地否定了对于“类龙纹”的认定。综合分析现有的考古材料，笔者认为郭先生的观点是比较客观和准确的。那么，既然不是“类龙纹”，这两块陶片上雕塑的到底是什么动物呢？我的观点是，“类龙纹”所塑造的是蛇。查海先民造像水平很高，能够真实地表现动物形象，如已发现有蛇衔蟾蜍雕塑（陶罐局部），蛇、蟾蜍造型都十分准确生动，蛇身较长，身上同样装饰着多排窝点纹象征鳞片。两块“类龙纹”陶片因残损缺失了对于动物头部、脊背和四肢的表现，但是以窝点纹表现鳞片的技法却与蛇衔蟾蜍雕塑中蛇的处理方式完全相同。不同的是“类龙纹”身体姿态皆呈盘曲状，与蛇衔蟾蜍雕塑上伸长身体的蛇有明显的区别，但是世人皆知蛇最常见的姿态恰恰是盘曲。结合上述原因，笔者认为将“类龙纹”认定为蛇是合适的，也更为客观合理。另外，我想强调对“类龙纹”缺失部分作过多臆想是不科学和不严肃的，“类龙纹”的叫法也有待商榷。

二、查海龙的性质是猪龙

查海龙形象明确，但不够精细清晰，又缺乏其他证佐材料证明其性质，因而学者们对此争议颇多。

龙是被艺术化的形象，但艺术终究来源于真实生活。大家普遍认为龙的形象来源于人们生活中的动物形象。那么，查海龙是来源于哪一种或几种动物形象呢？查海龙形

① 郭大顺：《龙出辽河源——辽河文明巡视之二》，《阜新辽金史研究》第5辑，中国社会出版社，2002年。

象是较为明确的，同时又不够精细清晰：吻部突出，身体较长，四肢粗短，这个形象一定程度地类似猪、熊以及蜥蜴鳄鱼等爬行动物。因而猪龙说、熊龙说甚至鳄龙说，各种解释纷纷出现。由于缺少佐证材料，出现了各执一词、各说各话的状况。

笔者认为查海龙是猪龙，理由如下：

对于这个问题，借助比较研究就不难厘清它的真实面貌。距阜新市约200公里的内蒙古敖汉旗兴隆沟兴隆洼文化遗址①的一处灰坑中出土了两条由野猪头骨、陶片、残石器、石块摆放而成的猪首龙。这两龙一条呈S形，一条呈C形，已被学界认定为时代最早的猪首龙。其中那条S形龙身体修长，四肢粗短，与查海龙形堆石形象相似度极高。可以看出，兴隆沟遗址中猪首龙的形象已经十分明确，猪首、长身、四肢粗短，明显是对猪的艺术性塑造。比较而言，查海龙（龙形堆石）形体巨大，身体颀长，显然具备更强的神格和图腾性质。查海龙头部较大，吻部突出，与野猪头部的特征也十分相似，而兴隆沟遗址与查海遗址文化的内涵极为相似，长期以来学界也认定二者同属于兴隆洼文化。相似度高，又属于同一个文化类型，据此，笔者推断查海龙也是猪首龙，这也应该是最为合情合理的结论。

三、兴隆洼文化猪龙崇拜产生的社会基础（根源）

推断查海龙是猪首龙，那前提是猪一定要在查海人的生活中占据重要地位，一定要有成为“龙”的物质基础和精神基础。

1. 物质基础

查海的考古发掘出土了大量动物标本，猪骨、鹿骨和牛骨占比例大，尤以猪骨出土频率最高。对已发现的共482件猪骨遗存（来自灰坑、房址、墓葬和地层）进行研究，表明其年龄均超过一岁。猪骨的大量出现说明猪是查海人的主要肉食来源之一，但猪龄都超过一岁是不合常理的。查海人在捕猎过程中不可避免地会捕捉到猪仔或是孕期的母猪，毫无疑问，这些猪仔更美味、口感更好，但人们却没有将猪仔杀食。出现这种反常情况的原因，笔者认为这可能源自某种约定俗成的饮食禁忌。这种禁忌要求人们必须要将猪养大才可以食用。很显然，在查海文化时期，猪是相对容易得到的最为重要的肉食来源，猪仔肉少，等到养大后再吃更实惠，同时，猪是杂食动物，也比较容易饲养。可能就是基于这样的考虑，查海人约定俗成不宰杀猪仔。如果这个推断成立，那还可以得出另一个结论，就是查海人此时已经开始饲养和驯化野猪。查海的发掘报告中对于猪骨的研究表明这些猪骨仍是野猪骨，无法证明其是驯养的家猪。我们推测，查海人是处于驯化野猪的初始阶段，这种驯化尚不能导致野猪出现明显的种属上的变化，这样一切问题就很容易解释了。

2. 精神（思想）基础

查海人生活的年代，生产力低下，他们通过采集、狩猎、捕鱼和原始的农业生

---

① 兴隆沟遗址位于内蒙古赤峰市敖汉旗东部，地处大凌河支流上游左岸，属于新石器时代遗址。遗址分为三个地点，分别属于兴隆洼文化、红山文化和夏家店下层文化聚落。

产来维系生活。不稳定的食物来源与时常发生的自然灾害使他们显得渺小而无助。他们希望得到祖先的庇护，更希望有一种超自然的力量来保护他们，因而，祖先崇拜与图腾崇拜产生了。简单地说，龙在查海社会中就是充当“崇拜物”的图腾。“图腾崇拜是原始人群为了促进物质生产与人自身生产发展而创造”[①]。大自然是人类社会存在和发展的基础，新石器时代早期，原始农业萌芽，自然崇拜、图腾崇拜等宗教意识也在不断的发展和变化过程中。兴隆沟遗址祭祀坑中发现的以两个猪头骨、陶片、残石器、石块摆放的躯体，显然是精心为之，修长的身体显然与真实的野猪差异较大，这正是他们心中的猪龙形象，具有鲜明的宗教意义。

同样，在查海遗址的祭祀坑H36中也发现了猪骨遗存。“H36为一方形祭祀坑，出土的动物遗存为猪的臼齿残块和部分中型哺乳动物的骨骼（可能也属于猪的遗存），大多被火烧过。以猪的牙齿和骨骼进行祭祀，说明先民与猪的关系比较特殊”[②]。

在兴隆沟遗址和查海遗址中，对于猪龙的祭祀都较为常见。这表明查海人经历了最初对猪肉的依赖，衍化出崇拜猪龙这个想象中的神灵的发展过程，从物质上升到精神层面，最终，猪龙走上了神坛，成为氏族的图腾。查海龙形堆石的位置处于聚落中心、居住区与墓葬区之间，这暗示查海人是把龙作为在世族人与祖先灵魂的共同佑护者来看待的，其图腾的性质已经十分明确。因而，可以说查海龙崇拜居于比祖先崇拜更加重要的位置，查海先民在祭祀龙的同时，也祭祀祖先，希望龙能在冥冥之中保佑族群以及祖先的灵魂。

四、同地域内猪龙崇拜一脉相承

兴隆洼文化之后，西辽河流域又有赵宝沟文化[③]兴起，同样也出土有龙文化遗存。在小山遗址中出土了一件刻划了猪、鹿和神鸟的“灵物图像”陶尊。猪的形象为猪首蛇身，猪首尖牙长吻，蛇身呈盘曲状，图案清晰，线条准确，这个图案与猪首龙的形象也较为类似，学者也一致将这个猪首蛇身的灵物认定为猪首龙。同时，这件陶尊上还绘有飞鹿、神鸟的图案，文化内涵十分丰富。红山文化时期是西辽河流域龙文化的繁荣期，很多遗址都发现了龙文化遗存，其中最具代表性的龙形象遗物是玉雕龙，分为C形玉龙、丫形玉龙和玉玦龙三种造型，其形象特征基本相同。红山文化的玉雕龙造型与赵宝沟文化的龙形象极为相似，是猪首长身而无足。

纵观上述西辽河流域三种史前文化，时间跨度超过三千年，同样都有猪龙崇拜信仰。显然，赵宝沟文化陶尊上的猪龙形象最为明确清晰，为猪首蛇身龙，与另两种文化的龙形象存在差异，而且同时出现

---

① 丘振声：《图腾崇拜与审美意识》，《民族艺术》1994年第4期。

② 辽宁省文物考古研究所：《查海——新石器时代聚落遗址发掘报告》中册第六章第四节《查海遗址动、植物遗存研究》，文物出版社，2012年。

③ 中国新石器时代文化之一，因发现于内蒙古赤峰市敖汉旗高家窝铺乡的赵宝沟村而得名，距今7350—6420年。

三种以上的神灵形象，这无疑说明赵宝沟文化期是一个多神崇拜的时期。但三种文化同时存在猪龙崇拜却是一个明确的事实，其继承关系一目了然。另外，红山文化的猪龙形象是猪与蛇的结合还是与其他动物的结合一直存在争议。如果说是猪蛇结合，已发现的各类玉龙身上均未发现象征鳞片的斜线纹或其他代表符号。鉴于在玉器上刻划细部纹饰的高难度，认为是技术上难以做到也是可以的。因此，个人认为将红山文化玉龙认定为猪首蛇身龙也未尝不可。综上所述，西辽河流域龙的演变方式是由猪龙（特征是与猪高度相似，有四肢但身躯略长）演变为猪首蛇身龙。

查海遗址在考古学分类上就存在争议，有学者称其为兴隆洼文化①，也有学者认为“兴隆洼遗址内涵不能囊括查海全部遗存”②而将其定名查海文化，也有部门称其为查海——兴隆洼文化③。不论如何定名，它代表的是西辽河流域新石器时代文化发展的第一个繁荣期，诸多文化基因被赵宝沟文化、红山文化所继承，影响远及俄罗斯、朝鲜半岛、日本列岛等地区，对它的研究意义重大，影响深远。

因为历史久远，很多文明的载体已经湮灭，文明的线索已经中断，一些关键信息即便使用目前最先进的技术设备也难以获知。因此，在研究史前文化的过程中不可避免地要通过推断来得出结论，只要是建立在考古发现的基础上，逻辑紧密，合情入理，这样的推论是可信的。

① 中国社会科学院考古研究所内蒙古工作队：《内蒙古敖汉旗兴隆洼遗址1992年发掘简报》，《考古》1985年第10期。

② 辽宁省文物考古研究所：《辽宁阜新县查海遗址1987—1990年三次发掘》，《文物》1994年第11期，第19页。

③ 辽宁省文物考古研究所：《查海——新石器时代聚落遗址发掘报告》，文物出版社，2012年出版。

GIS技术支持下的旅顺牧羊城遗址聚落考古研究

韩一夫

旅顺博物馆

内容提要： 旅顺老铁山矗立于辽东半岛的最南端，与山东半岛隔海相望。老铁山西麓的丘陵山坡上有一战汉时期的城址，名为牧羊城。考古调查及发掘成果表明，该城址始建于战国后期，是迄今为止旅顺地区保存最为完好的汉代城址。本文通过使用GIS技术，从遗址选址区位优势和文化景观的角度，对旅顺牧羊城遗址进行聚落考古研究。

关键词： 牧羊城城址　GIS　聚落考古　景观考古

一、遗 址 概 况

旅顺牧羊城遗址位于大连市旅顺口区铁山镇刁家村西侧，刘家村东北的丘陵山坡上（图1）。东距海岸400米。城址南北长约130米，东西宽约80米（图2）。城壁底部以石砌成，上部以土夯筑。据地面踏查，现西壁保存较好，夯土层和夯窝清晰可见。

由于地表仍保有部分城墙残留，牧

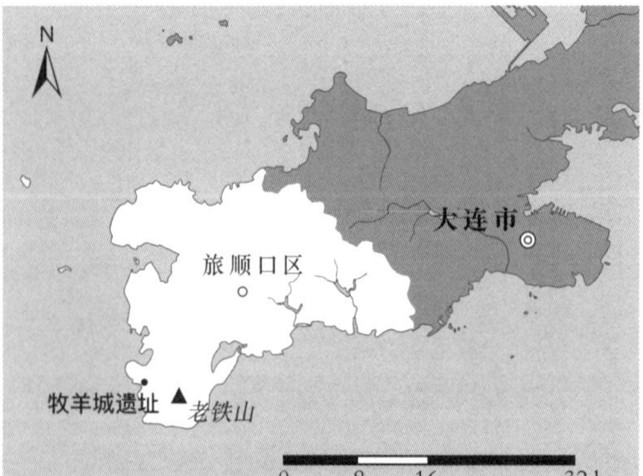

图1　牧羊城遗址位置示意图

图2　牧羊城遗址航拍图（上为北）

羊城遗址屡见于地方史志的记载中。据雍正四年（1726）《钦定古今图书集成方舆汇编职方典》第一百六十五卷《盛京城池考》记载："木羊城，（金州）城西南一百五十里，周围二百五十四步，东一门，城坏。"①

日俄战争后，日本学者曾多次开展针对旅顺地区的考古调查及发掘活动。鸟居龙藏曾于1895年至1909年三次来华考察旅顺及大连地区的古代遗迹。调查并发掘了旅顺双岛、老铁山郭家村以及柏岚子地区的贝丘、积石冢遗址，并发现了牧羊城城址②。1910、1912年，日本京都帝国大学教授滨田耕作两次亲赴牧羊城考察，调查采集的收获有铜镞、铁斧残片等③。1927年，东京大学助教授原田淑人同滨田耕作一起对牧羊城进行了再次调查。翌年9月，日本东亚考古学会与关东厅博物馆共同组织了对于牧羊城遗址的考古发掘（图3、4）。参加发掘的有滨田耕作、原田淑人、内藤宽及北京大学助教庄严等人。发掘自10月1日正式开始，至10月25日结束④。发掘所获部分运往日本东京大学考古学研究室收藏，其余出土器物收入关东厅博物馆（现旅顺博物馆）。1931年出版有《牧羊城——南满洲老铁山麓汉及以前遗迹》考古发掘报告。

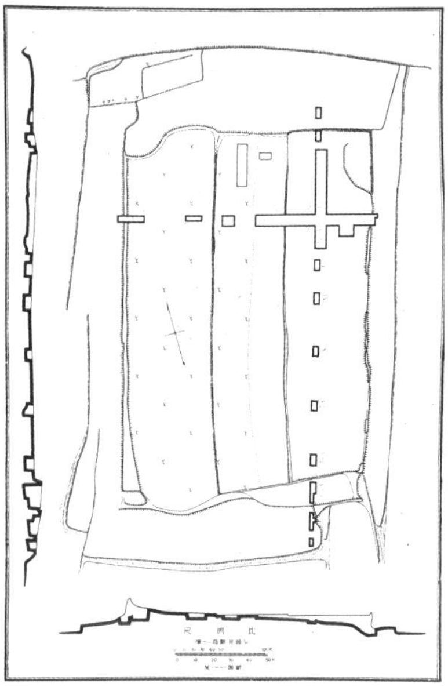

图3 牧羊城遗址实测图

图4 1928年牧羊城遗址发掘现场

建国后，各级单位也极为重视该城址。1951年，辽宁省博物馆派遣工作组对牧羊城遗址进行了考古调查⑤。1960年后，又多次对该城址及周边地区进行调查和发掘。1979年，该城址被列为旅大市（今大连市）市级文物保护单位。1988年12月20日，辽宁省人民政府印发《关于公布第四

① 〔清〕陈梦雷纂辑：《（钦定）古今图书集成·职方典》第076册，第165—178卷，中华书局，民国23年，第5页。

② ［日］德岛县立鸟居龙藏纪念博物馆：《鸟居龍蔵の再发现讲演要旨集》，2016年，第54页。

③ ［日］滨田耕作：《南满洲に于ける考古学的研究》，东洋学报2卷3号，1912年9月30日，第340—362页。

④ ［日］东亚考古学会：《牧羊城：南满州老铁山麓汉及汉以前遗迹》，《东方考古学丛刊》第2册，1931年。

⑤ 沈文：《辽宁省博物馆十年来的考古工作简介》，《考古》1959年第3期，第131、132—134页。

批省级文物保护单位的通知》，将其确立为省级文物保护单位（图5）。[1]

图5　牧羊城遗址文物保护碑

自上世纪二十年代以来，学界出现了各类对牧羊城的研究与探讨。关于该城名称的由来，部分日本学者曾猜测“牧羊”乃是“慕容”一词的谬误，该城原名为“慕容城”，并根据出土遗物猜测其年代大致为汉魏时期，由鲜卑族所筑。随着考古发掘收获资料的进一步整理，遗物的整体年代不晚于汉代，因此该城系魏晋时期“慕容城”的猜想基本被推翻，大部分学者倾向于认为该城系战汉时期建造使用，在筑城前也存在一定的新石器时代人类活动痕迹。

关于该城的性质，1928年主持发掘的原田淑人坚持认为：牧羊城为汉代的沓氏县。八木奘三郎[2]、王钟翰[3]等人也持相似观点。佟柱臣[4]等人则认为该观点缺少有力的证据支持。张翠敏认为：牧羊城位于辽东半岛最南部，是汉代辽东郡最南的一个城，邻近渤海，附近有汉代港口大坞崖遗址，战略地位十分重要，应为海防城兼该地区的经济中心，可能为乡级城，同时又设有亭。[5]

二、地理信息数据库建设

1. 地理信息系统与聚落考古

地理信息系统（Geographical Information System，以下简称GIS）是上世纪60年代开始迅速发展起来的一项地理研究技术系统。该技术是基于计算机数据库的信息技术，通过对数据库中的各项信息赋予空间位置属性，为地理研究提供技术支持。

聚落考古是以聚落遗址为单位进行田野考古操作和研究的一种方法。张忠培先生认为聚落考古是以聚落为单位进行的考古学研究，目的是探讨聚落社会结构、聚落社会之间的关系与聚落社会的时空变异，以及聚落社会同自然环境的关系。[6]

近年来随着计算机科学的飞速发展，GIS逐渐应用于聚落考古研究之中，为聚落考古的研究与应用提供了新的思路与方法。代表成果有：刘建国《GIS支持的聚落考古研究》、李静《GIS支持下的辽东半岛地区新石器时代至青铜时代人地关系浅析》、付一豪《阔腊遗址调查研究》等。这

① 中国国家文物局：《中国文物地图集·辽宁分册（下）》，西安地图出版社，2009年，第67页。

② ［日］南满洲铁道株式会社庶务部调查课：《满洲旧迹志·续》，南满洲铁道，1929年。

③ 王钟翰、陈连开：《战国秦汉辽东辽西郡县考略》，《社会科学辑刊》1979年第4期，第81—95页。

④ 佟柱臣：《考古学上汉代及汉代以前的东北疆域》，《考古学报》1956年第1期，第29—42页、第145页。

⑤ 张翠敏、姜宝宪：《大连地区汉代城址考辨》，《辽宁省博物馆馆刊》2012年，第171—178页。

⑥ 张忠培：《聚落考古初论》，《中原文物》1999年第1期，第29—31页。

些成果主要是基于GIS搭建遗址资料的统计和空间展示平台，通过对古代人类生活的地理分布和空间变化进行深入探讨，将考古遗存信息与空间信息联系起来建立数据库，进而运用定量分析的方法诠释社会文化因素与自然环境因素之间的相关性。

2. GIS数据库建设

本文所使用的数字高程模型（Digital Elevation Model，以下简称DEM）为30米分辨率的ASTGTM2 DEM数据。地质构造数据来源于全国地质资料馆。遗址相关信息来于《中国文物地图集·辽宁分册》《牧羊城——南满洲老铁山麓汉及以前遗迹》及地面踏查所获。需要说明的是，本文所使用的数字高程图、地貌图、地质图等均为现代环境资料。

基于以上DEM数据，使用GIS提取区域内地面的高程、坡度、坡向等地形因子，生成区域内的地形渲染图、坡度图、坡向图等数据。

在坡度图计算生成时，考虑到遗址分布与土地利用模式及生业方式之间的关系，因此采用了《土地利用现状调查技术规程》及《TD/T 1055—2019第三次全国国土调查技术规程》中对于耕地坡度的划分，将老铁山西麓地区划分为2°以下、2—6°、6—15°、15—25°以及大于等于25°五类地区。

在坡向图计算生成中，通过对DEM进行运算处理，对每个栅格像元的坡向数据进行运算得出结果，再将其按照方位划分为北（337.5—22.5°）、东北（22.5—67.5°）、东（67.5—112.5°）、东南（112.5—157.5°）、南（157.5—202.5°）、西南（202.5—247.5°）、西（247.5—292.5°）、西北（292.5—337.5°）共8个方位。

将以上全部数据采集进入数据库后，统一进行地理配准，转化为2000国家大地坐标系（China Geodetic Coordinate System 2000，又称CGCS2000），保存于GIS当中。

三、自然地理环境及历史气候分析

1. 地形单元分析

牧羊城遗址位于老铁山西麓的海岸二级阶地上，海拔高度约为32米。老铁山西麓北侧海岸为典型的岬角海岸，从北侧的长咀至南侧的老铁山西角共有十个岬湾。距离牧羊城最近的尹家村湾口门宽约750米，系口门最宽的岬湾。整个老铁山西麓地区由西北向刁家沟冲断带和北东向大沟村冲断带交错控制，形成了一片三角形低地。北侧为刁家村北山，东侧及南侧为将军山及老铁山（图6）。

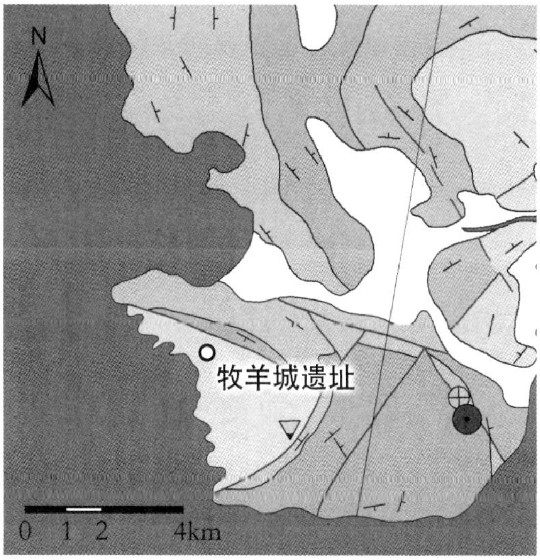

图6　老铁山西麓地质图

由尹家村湾出海，向南航行约4 km即为老铁山西角，该段水深较浅，平均深度低于20 m。过老铁山西角后，继续向西南方向航行41 km即可到达山东半岛侧的北隍城岛，该航线即为著名的渤海海峡老铁山水道，平均水深约为50—60米。自新石器时代以来，山东半岛便与辽东半岛通过海上航线保持着紧密的沟通。[①]

2. 数字地形分析

本节使用30米分辨率的地形数据（图7），分析生成老铁山西麓地区土地的坡向及坡度图（图8、9），并对不同坡向坡度的土地面积占比进行统计，绘制面积占比图（图10、11）。

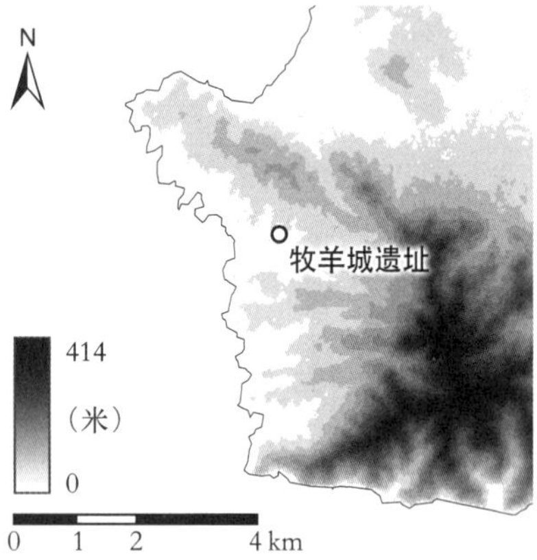

图7　土地高程分布图

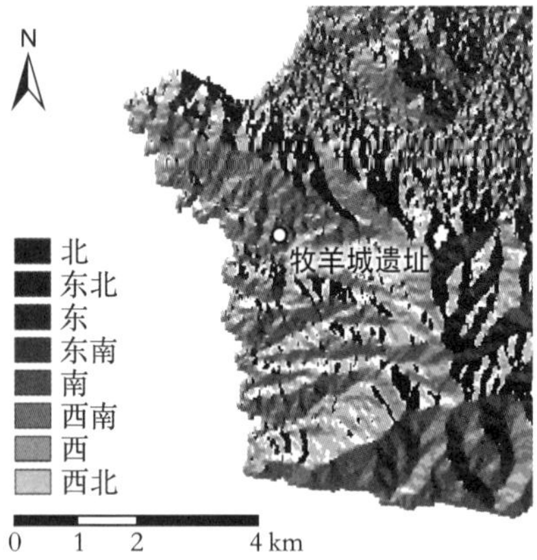

图8　土地坡向图

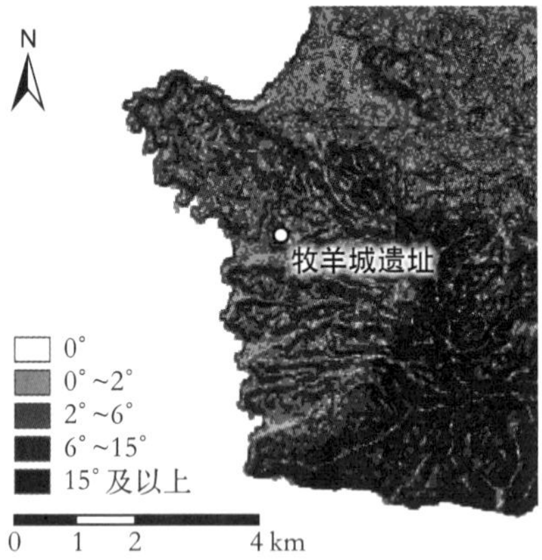

图9　土地坡度图

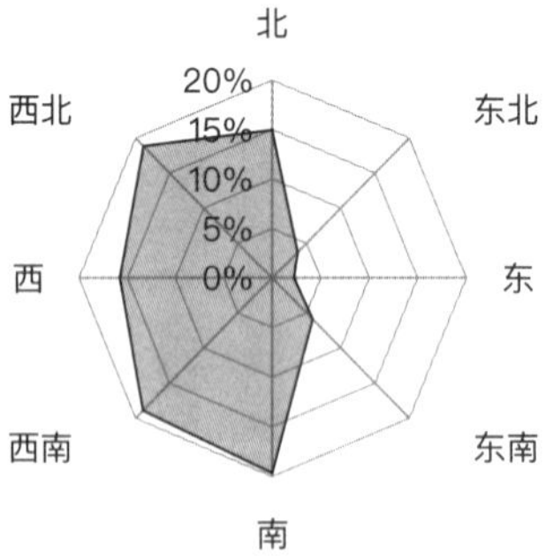

图10　土地坡向面积占比图

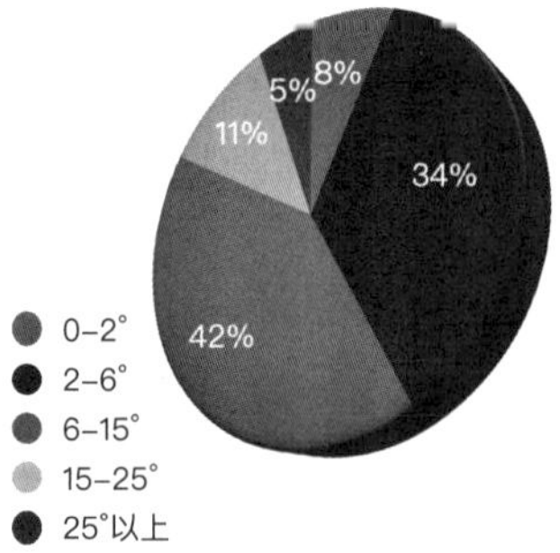

图11　土地坡度面积占比图

① 段天璟：《胶东半岛和辽东半岛岳石文化的相关问题》，《边疆考古研究》第2辑，科学出版社，2004年，第125—145页。

牧羊城遗址的坡度约为0—5，坡向大致为240—300。结合坡度坡向的土地面积占比可以分析得知，牧羊城遗址的选址较老铁山西麓地区的平均地形而言，具有一定的特殊性，表明在选址决策过程中具有一定的主观因素。

结合前一节的地形单元分析，牧羊城遗址的选址区位优势十分明显，古代先民刻意选取了一处较为平坦，略向西偏南倾斜的海岸阶地。从区域优势上看，该地距离海岸线直线距离仅为300米；即使按照历史文献中“东一门”的相关记载，自城东侧出发步行前往尹家村湾海岸也仅需700米，且步行路线全程坡度小于5°（图12）。同时，30米左右的海拔高度也足以应对小幅度的海侵或海退变化。

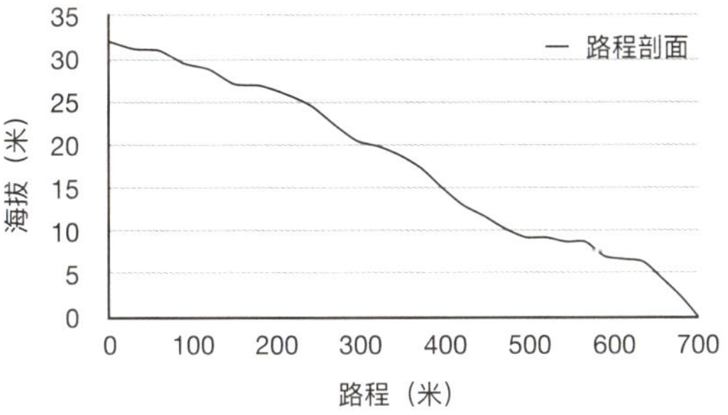

图12 步行路程剖面图

3. 太阳辐射分析

对于遗址而言，太阳辐射是极为重要的自然资源。古代人类的生产生活均依赖于光照。太阳辐射不仅是一切地表生产活动的根本能量来源，也是极为重要的照明资源。本节使用30 M分辨率的ASTGTM2数字高程模型，生成区域内的年综合太阳辐射统计图（图13），对牧羊城遗址的太阳辐射情况进行分析探讨。

通过年太阳辐射统计图可以看出：由于老铁山西麓地区地势较为崎岖，区域内的太阳辐射分布水平极为不均。少数北向高坡度地区几乎无直射辐射，而东南向山坡的年太阳辐射量往往可达平均水平的两倍以上。

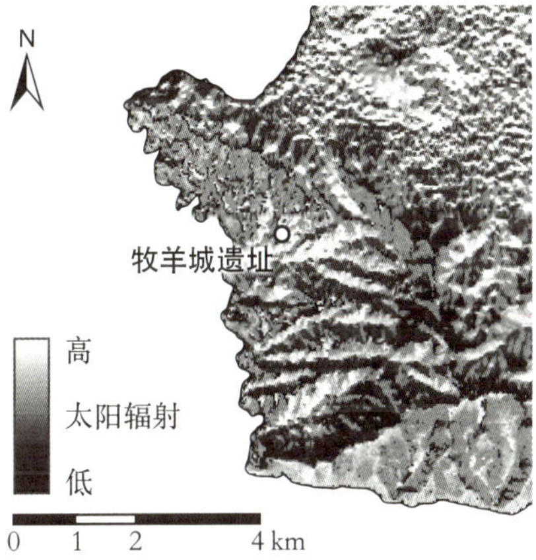

图13 太阳辐射统计图

结合牧羊城的实际辐射水平来看，大致处于老铁山西麓地区极高值的1/4—1/2处，略低于平均水平。值得注意的是，由于太阳辐射水平与坡度关系密切，在遗址选址的过程中，若对于坡度的考量较太阳辐射更为优先，则有可能做出类似的选址决策，即选择一处地势较为平坦但太阳辐射水平一般的地区。

4. 历史气候

在探讨遗址选址的背景条件时，一般也要考虑其使用时期的历史气候条件。王子今先生在《秦汉时期气候变迁的历史学考察》一文中，从历史学研究的角度论证了秦汉时期历史气候的变迁[①]，基本可以

① 王子今：《秦汉时期气候变迁的历史学考察》，《历史研究》1995年第2期，第3—19页。

代表学界目前的主流观点，即战国时期较现代气候略暖，至西汉中期开始出现寒冷的趋势，两汉之际开始频繁出现气候异常，至东汉末年气候急剧转冷。

因此，在牧羊城选址建立的时期，辽东地区的平均气候较现代更为暖湿。因此前文所得结论——牧羊城遗址的选址决策中并未表现出对太阳辐射的旺盛需求得到了历史气候数据的支持，即该遗址选址于一处太阳辐射较低的区域是相对合理的。

结合前文的地理环境相关分析，牧羊城的气候优势则更加明显：该处北侧依靠海拔近百米的刁家村北山，可以抵挡冬季寒冷的北向季风；东侧及南侧的老铁山则可以抵挡夏季炎热潮湿的东南季风，使得其较辽东半岛的大部分区域更加凉爽舒适。因此，牧羊城的选址是时人基于地理、气候等多方面因素做出的综合考量。

四、景观考古分析

景观考古（Landscape Archaeology）从定义出发就是一门研究人类如何改造其周围环境的过程考古学研究。与考古学的其他分支不同的是，景观考古着重研究古代人类与景观（Landscape）之间的相互关系，既包含景观对于古代人类遗址选择的影响，也包含古代人类对于景观的人为改造。本节主要是通过可视域计算，从聚落考古的角度分析遗址同周边景观的相关关系。

1. 遗址周边景观分析

图14为1928年牧羊城遗址发掘时拍摄的图片，图15系笔者于2022年前往进行地面踏查时拍摄的全景图片。由于现代该区域居住人口大量增加，以及近年来环境保护的力度加大，地表的建筑高度及植被覆盖情况较1928年及更早有了极大的变化。因此，为了更清晰地说明遗址所处的地理环境，该照片使用无人机距离地表30 m进行拍摄，旨在说明周边的文化景观概况。

牧羊城整体坐北朝南，角度略向西偏12度。北侧依靠刁家村北山山梁，步行沿缓坡向北越过山脊即为羊头洼，通行距离不足2千米。东南侧为老铁山及其支脉将

图14 1928年景观

图15 文化景观

军山。山下自远及近分别为郭家村、尹家村、刁家村，该区域经考古调查发现分布有大量战国至汉代的石墓、土坑墓、瓮棺墓、贝墓及砖室墓①，可能与牧羊城遗址当时居住的人群存在一定的联系。南侧为多道东西向山梁，远处的老铁山西角由于山梁遮挡不可见。西侧临海，距离最近的尹家村湾口处有大坞崖遗址，系汉代港口遗址，出土有陶井圈、铁镞、“河阳令印”封泥等，出土文物表明其年代应与牧羊城遗址大致相当。同时两者步行距离小于500米，表明其之间存在密切的关系。

从基于文化景观的分析中不难看出，牧羊城作为一座汉代城址，并不是孤立存在的。相反，该城周边分布有大量汉代遗迹。结合考古材料可知，这一时期在老铁山西麓地区，已经形成了一片以牧羊城为中心的聚居区，依靠大坞崖港口，与辽东半岛、山东半岛乃至内陆地区保持着密切的联系，周边分布着密集的墓葬，呈现出一片繁荣的景象。

2. 可视域分析

可视域分析是近年来景观考古分析常用的技术手段，是通过GIS的计算功能，分析从一个或多个观察点可以通视观察到的区域范围。张海认为：“景观可视性研究首先与人类的视觉感知有关，视觉是人类的第一感官，某个空间位置对于人类感官上的重要性首先表现在视觉方面，并由此而赋予该位置以重要的文化和象征意义。”②

由于牧羊城具备一定的面积，因此本节使用多视域（Multiple Viewshed）分析法，即以栅格为单位，在牧羊城内的每个栅格平均分布一处观察点，对老铁山西麓及周边海上区域进行通视分析，生成可视性二元变量栅格，其中属性值为1的栅格表示该点能够被至少一个观察点直接观察到，而属性值为0则表示该点不能被任何一个观察点观察到。需要说明的是：由于人眼的观察能力有限，普通人类的人眼分辨角约为1角分，5 km外人眼已经无法对直径小于1.5米的点进行分辨。因此在本节中取5 km作为可视域的最大距离限制，生成图16及表1。

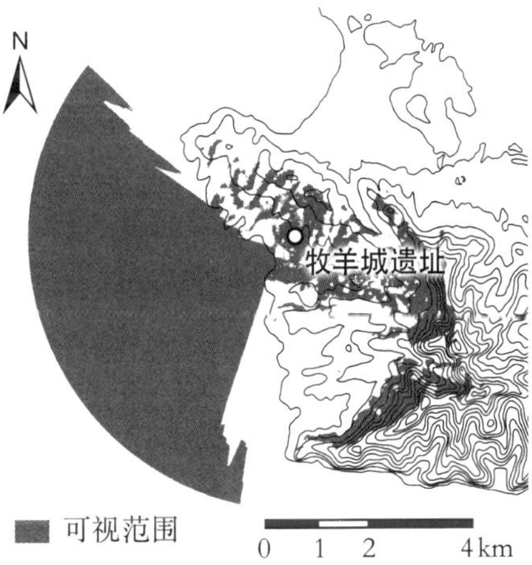

图16 可视域分布图

由可视域分析结果可知，牧羊城遗址的可视域范围可以覆盖老铁山西麓陆地区域面积的约1/3，主要分布于鲍鱼台以北区域，鲍鱼台以南的波螺咀子地区几乎

① 许玉林、苏小幸：《大连市郭家村新石器时代遗址》，《考古学报》1984年第3期，第287—329页，第402—409页。

② 张海：《GIS与考古学空间分析》，北京大学出版社，2014年。

被遮挡而不可见。该结果与现代地面踏查的结果基本一致。而海面的可视域分布情况则十分优良，八成以上的海面可以由牧羊城直视观察。尹家村湾口及大坞崖遗址也均处于可视区域之中。因此，牧羊城的选址体现出了对于海洋可视范围的极高需求，因此该城可能具备一定的海防职能。

表1　牧羊城遗址可视域面积统计表

	区域总面积	可视区域面积	面积占比	不可视区域面积	面积占比
老铁山西麓（陆地）	16.23平方千米	5.39平方千米	33.21%	10.84平方千米	66.79%
渤海海域（海面）	25.58平方千米	21.19平方千米	82.85%	4.39平方千米	25.58%

结　语

通过以上分析可知，牧羊城遗址的选址体现出了极强的主观意志：其建造者选择了一处地势相对平坦，海拔适中，气候冬暖夏凉，距海岸线距离适宜，海面视角宽阔无遮挡的地区筑造城池，反映出古代先民已经对于地理环境具备了充分的认知。关于该城的等级，笔者赞同张翠敏的观点，即该城无论从形制规模还是出土遗物上，都无法与大连地区的其他汉城——如张店汉城或陈屯汉城相比。因此可能为乡级城或亭、邮性质的城。功能上，该城应当与大坞崖港口具有紧密的联系，二者相互合作发挥海防、船舶停靠、海运补给等功能。作为辽东半岛最南端的汉代城址，山东半岛沟通东北地区的第一站，牧羊城无疑在辽东地区的发展历史中做出了重要贡献。有学者甚至将其赞为“辽东半岛第一城”。①

另外，大部分学者在讨论牧羊城时，会将其与北侧的羊头洼港联系起来。笔者认为该观点有三处不合理之处值得商榷。其一，根据现有的环境考古成果，战汉时期的海平面高度较现今应高2—3米②。羊头洼地区本身地势就相对低洼，通过模拟淹没分析（图17），若海平面上涨3米，则

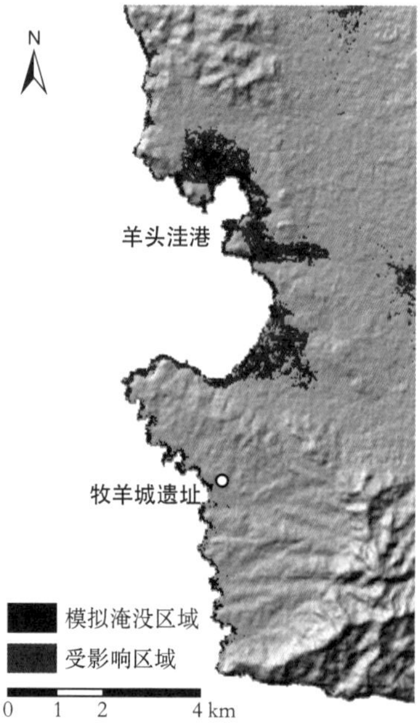

图17　羊头洼地区模拟淹没图

① 刘美晶：《辽东半岛第一城——旅顺牧羊城城址》，《东北史地》2007年第3期，第59—60页。

② 《辽宁省南部一万年来自然环境的演变》，《中国科学》1977年第6期，第603—614页。

近半区域都会被淹没于水下或成为海岸泥沼。以汉代的生产力水平而言，不论是交通还是生产生活都会受到极大的影响。其二，羊头洼港附近海岛林立，在海平面退至现代水平以前，二羊头、三羊头等山丘均以岛屿形态矗立于海中，远非现今可以看到的羊头洼港，反而是岛礁遍布，海岸陡峭，并不具备为船舶提供停靠避风的优良条件，相比之下牧羊城——大坞崖所处的尹家村湾口为岬角海湾，港阔水深，避风效果优良。其三，羊头洼与牧羊城距离较远，徒步用时超过2小时，且中途需翻越多座山梁，交通极为不便。

综上，笔者认为以现代的自然地理条件以及船舶航行技术推论汉代的海港未免有失偏颇。牧羊城与其北侧的羊头洼是否存在沟通联系，还需确凿的考古证据予以证明。

甘井子煤码头及周边建筑

秦　岭

大连艺术学校

内容提要：甘井子煤码头是大连港的专业货运码头，由日本南满洲铁道株式会社建于1926年。建成后成为当时东亚规模最大、机械化程度最高的煤码头，主要任务就是把中国东北的矿产资源尤其是抚顺煤炭源源不断地运往日本，满足其不断壮大的工业和军事发展需要。甘井子煤码头的建设直接促成了周边区域的工业布局和都市形成，成片区的1930年代住宅及同时期的公共建筑保留至今。

关键词：甘井子煤码头　煤炭运输　周边建筑

大连地处欧亚大陆东岸，中国东北辽东半岛的最南端，东濒黄海，西临渤海，南与山东半岛隔海相望，北依辽阔的东北平原；与朝鲜、日本隔黄海相望，与朝鲜仁川港的距离约为288海里，与日本南端的长崎港相距约577海里。大连是京津门户，处于环渤海地区的重要节点，海岸线绵延2000余公里，海上交通极为便利。

大连港历经清末的旅顺军港、大连湾海防建设；沙俄强租为远东不冻港、“经营满洲之基础”，作为东北乃至西伯利亚货物的出海口；日本满铁大力修复与扩建后，成为“工业日本，原料满洲”的殖民地贸易港；苏军进驻时期的军事管理等等。如此复杂的历史进程和独特的地理位置，大连“因港兴市、因港立市”，大连港的兴盛与繁荣直接影响着城市的规划、布局与扩张。由于制海权的沦丧，俄日强占、殖民时期，大连港的建设与城市发展皆是非主权的国家战略，其中，甘井子煤码头的兴建与运营，便可见一斑。

一、甘井子煤码头的兴建与运营

1. 计划与筹备

沙俄将大连港定为自由贸易港，远期目标是要建成世界贸易中心。凭借的就是东清铁路全线通车后，通过西伯利亚大铁路，将大连港与中国东北腹地、沙俄远东地区以及欧洲大陆连接起来，贯通太平洋和大西洋，形成横跨欧亚的海铁联运大动脉。沙俄通过规划、投巨资建设，到1902年底，大连湾商港一期工程基本完成；1903年，大连湾商港及其配套设施进一步完善。同时沙俄模仿旧金山、芝加哥、温哥华等北美城市，兴建铁路和港口，欲将大连打造成港、城、铁一体的繁华都市。

沙俄殖民统治旅大不足7年时间，日

俄战争战败，旅大的一切地上之物，皆成为日本的战利品，包括欲炸毁又不舍得弹药的大连港。1906年9月1日，日本当局宣布大连港为自由港，向各国商船开放。1907年，大连港只有两处大码头和四处小码头，停船不过十余只。同年4月开始，大连港的建设和经营由日本军方移交满铁负责。满铁“对拥有满蒙物资吞吐优势的大连港，加大了港湾设施的改造力度”。到1926年之前，满铁“在甲号码头新货栈门前添设大小起重机多架，计大者十架，小者二十四架，以备运货入栈之用，约费日金一百万元。此外又建新货栈四座，专备存储出口货物之用，新筑第四号码头，已修成三百米，现在该埠泊船地方，可容三十九艘”。①

大连港依托优越的地理位置和纵横交错的铁路网跃居东北第一大港，东北大量的煤炭资源通过大连港运往世界各地。1920年代后期，日本国内用煤量急速增长。1908年从大连港运往日本国内的煤炭不足3千吨，1918年增长为近18万吨，1924年超过100万吨②。大连港的煤炭装卸，在1921年以前主要依靠人力来完成。面对迅猛激增的煤炭出口量，满铁想以升级煤炭装卸设备来解决加速向日本输送煤炭的问题，先后购置了带式输送机、搬运车等，1925年又从荷兰购进了900吨级、装船效率每小时250吨的自航装煤船“抚顺丸”，1924—1926年完成了装船效率每小时900吨的一码头煤炭输送设施工程。但是，终未解决“各处码头拥挤之患”，于是在“大连海湾对面、甘井子界内，拟新筑码头”。

2. 兴建与运营

1926年1月，满铁调查部编制了《关于甘井子煤炭装运设备各方案比较研究报告书》，同年3月23日，经过衡量比较，满铁做出“立即动工修筑（甘井子）防波堤”，即修建甘井子煤码头的决议。1926年9月1日，甘井子煤码头工程正式动工。

2.1 建造规模宏大

甘井子煤码头包括防波堤、自动装卸的高架栈桥和18万平方米的贮煤场三部分。防波堤建在高架栈桥东侧约300米处，阻挡海浪对码头的冲击，自北向南往海中延伸700米，然后再以25度角折向西，阻挡东、南两方向海浪对码头的冲击和破坏。防波堤长973米，上宽3.7—7.5米，为方块重力式结构。防波堤内的水域面积为365400平方米，港内水深9米。高架煤栈桥用来装运煤炭，为沉箱钢梁高架式结构，桥长328.8米（有效长度为302.8米），上宽17.6米，下宽34米，栈桥两侧的泊位水深9米，可同时靠泊万吨级船舶4艘。贮煤场用来贮存煤炭，位于高架煤栈桥后方，以铁路和栈桥相连接，便于装运。贮煤场的有效堆存面积为14万平方米，煤炭堆存能力为30万吨。③

2.2 投入巨额资金

甘井子煤码头用地分两次进行收买，第一次收买331024坪，花费593157.32

① 中国第二历史档案馆、中国海关总署办公厅整理：《中国旧海关史料：1859—1948》第106册《中国海关民国十八年华洋贸易报告书》，京华出版社，2002年，第71页。

② 苏崇民：《满铁史》，中华书局，1990年，第138、139页。

③ 大连市史志办公室编：《大连市志·港口志》，辽宁民族出版社，2004年，第181页、185页。

日元；第二次收买239950坪，花费838230.41日元。1930年6月末，甘井子煤码头完成了一期工程建设，7月1日投入使用。同年11月末，完成了原计划的设备工程，工程费用为13647730日元（1930年度决算额）。①

2.3　自动化程度高

为了便于装运，甘井子煤码头安装了大量的机械设备，有些是从美国进口的。高架煤栈桥前沿安装的4台装煤机，每台时效率可达600吨；翻车机1台，时效率可达1000吨；贮煤场安装了桥式抓煤机、贮煤机各2台，每台时效率可达500吨。此外，在连接贮煤场与栈桥之间的铁路线上，还配有电力运煤车6台，每台容量65吨，电力机车2台，每台可牵引30吨货车40辆，称量130吨轨道衡2台②。竣工后的甘井子煤码头采用直取作业、倒载作业，效率为400—600吨每小时。整个作业过程除少量卸车（卸车通过翻车机、运煤车实现机械化）外，已基本实现了机械化作业。

2. 4　煤炭运量迅速提升

甘井子煤码头的建成投产极大地提高了煤炭的出口能力，其煤炭装载能力每天按15小时计算可达到1.4万吨；每年按350日计算可达到490万吨。自1930年7月1日开始作业至1931年3月31日，甘井子煤码头到港船舶250艘，总吨位991540吨，出口煤炭1246280吨，日装船记录最高为13688吨。“甘井子煤码头的建成使用，使大连码头半数以上的煤船转移到甘井子。”③统计显示，1933年后，从甘井子煤码头掠走的中国优质煤炭占日本年进口煤炭总量的60%—70%。因为高效节能，甘井子煤码头运输成本低至0.434日元每吨，而大连港是0.658日元每吨，节省了30%的成本。

旅顺港也被满铁用来作为大连港的煤炭输出辅助港。早在1909年，满铁总裁中村是公向旅顺要塞司令官税所笃文请求拆毁旅顺港内的仓库，作为装船用的储煤场。当时旅顺港仍作为军港，满铁的请求未通过。1923年8月，满铁在旅顺设立办事处，开始经营码头业务，这昭示着旅顺港正式成为大连港的辅助商港。1927年11月，办事处撤销，码头业务移归满铁旅顺站经营。1926年4月，满铁开始对码头岸壁及其他设施进行修建，1930年11月完工。旅顺港的输出入货物量并不大。1924年的输入货物不足1万吨，输出货物35万余吨，1930年输入增为2.9万余吨，输出增为56万余吨。该港的输出货物主要是煤炭，1930年输出煤炭51万余吨，占输出总量的90%强，同甘井子码头一起，解决了大连港输出煤炭拥塞的问题。④

二、促进甘井子工业区形成

1. 煤码头的建设体系

码头内建设的两座发电厂和中央指挥塔是保证煤码头效率提升的关键，直到现在，中央指挥塔的所有元器件仍能正常使用。码头的配套建筑有埠头事务所，原为

---

① 大连市史志办公室编：《大连市志·港口志》，辽宁民族出版社，2004年，第181页、185页。

② 周永刚主编：《大连港史》，大连出版社，1995年，165—166页。

③ 周永刚主编：《大连港史》，大连出版社，1995年，165—166页。

④ 苏崇民：《满铁史》，中华书局，1990年，第138、139页。

"共同事务所"，建筑面积为2175平方米的两层楼房，含埠头事务所、邮局、水上署、海务局、大连汽船等办公场所，保留至今，仍用于码头和海事管理。还建有1000平方米的二层海员俱乐部，内设社交室、台球室、餐厅和洋寝室等，现已无存。其他还有贮煤场事务所、修理工场、机关库、检车区咨询所、社宅等建筑物[①]，已然是一个完整的社区。

2. 与甘井子煤码头配套建设的铁路线

为了配合满铁的筑港进程，关东厅于1927年1月17日发布公告征收东起甘井子、西至周水子一带约188.4万平方米的土地，用于甘井子煤码头和南甘（南关岭——甘井子）铁路建设。1928年12月29日，铁路的先期工程南关岭线分支——甘井子支线通车，全长11.9公里，建有14条厂矿铁路专用线，连接铁路线、煤码头及厂矿专用码头。在区域内陆续修筑了城乡公路。1930年11月，港区内的铁路建设完成，从港区入口至煤码头栈桥末端长3.7公里，拥有抵达线、分区线、重车线、空车线、发车线、滑行线、煤场线、装载线、修车线等50条，港区内铁路总长32公里。[②]

3. 促进甘井子周边地区的发展

随着人口的增加，煤码头周边地区被纳入大连城市规划，很快便开始了道路交通规划。随着甘井子工业区的建成，煤码头附近又陆续修建了两个工业码头，即满洲化学码头和满洲石油码头。随之与军工生产密切相关的满洲化学工业株式会社、满洲石油株式会社、进和商会、大华电气冶金株式会社等大型工厂、企业相继在甘井子建成投产。逐渐形成了以重化工、军工为特色的工业区。

表1 1928年至1934年大连港扩张工程情况

名称	工期	规模	类型	用途
寺儿沟码头建设	1911.8—1931.4	填海面积76万平方米，修筑护岸2500多米，护岸背后为罐区，至1935年建有各种油罐56座	两座栈桥组成	装卸豆油、石油和危险品货物
甘井子煤码头建设	1926.9—1930.10	栈桥长329米，两侧可同时停靠7000吨—10000吨级船舶4艘	高架式栈桥	机械化煤炭专用码头、装卸出口煤炭
寺儿沟第二栈桥建设	1929.12—1931.4	长192米，2个泊位	沉箱钢梁结构	装卸豆油、石油和危险品货物

① 南满洲铁道株式会社临时甘井子建设事务所编：《甘井子埠头建设写真帖》，1931年。

② 大连市甘井子区地方志编纂委员会编：《甘井子区志》，方志出版社，1995年，第319页、350页。

续　表

名　　称	工　期	规　模	类　型	用　途
满化工业码头（全称满洲化学工业株式会社码头，也称甘井子第二码头，硫铵栈桥，今大化码头）建设	1934年9月建成	长125米，宽12米，岸壁延长262米，东侧可停靠5000吨级船舶	凸堤码头	进口原料硫铁、海盐和出口产品硫铵、纯碱作业
满石工业码头（全称满洲石油株式会社码头，也称甘井子石油栈桥，今石化码头）建设	1934年10月建成	利用甘井子防波堤建造的3座码头，泊位长度84米	混凝土海豚式码头	进口原料原油和出口产品成品油作业

（资料来源：蒋耀辉《大连开埠建市》，第107页，大连出版社，2013年）

三、煤码头输出煤炭的影响

甘井子煤码头建成后，有日本媒体报道称之为大连港的辅助港，大连又一“名所”。煤码头因其机械化、自动化带来的新兴工业技术客观促进了港口和铁路的建设；间接促使抚顺煤矿应用新设备、新技术以提升产量；更重要的是，东北煤炭资源的大量流失，使得日本国力增强，而中国国力在削弱；甘井子煤码头的吞吐能力仅次于大连港，码头只有装船设备，没有卸船设备；无论是煤炭来源、出口地还是航路都把持在日本手中，而且大连港煤炭出口贸易的发展状况深受国际政治经济形势的影响，中国也因而被迫卷入世界资本主义市场。

四、1945年之后的煤码头

苏联代管时期，大连港未建设新堆场，仅对部分堆场进行了修复、改造。1951年大连港（黑嘴子、香炉礁除外）移交中国政府时，堆场总面积为65.54万平方米，其中可长期堆存货物的面积为44.08万平方米，可短期堆存货物的面积为9.47万平方米，尚可堆存货物的面积为11.99万平方米。甘井子贮煤场的面积为15万平方米。

1951年，周恩来总理特地来甘井子煤码头视察。1953年，煤码头改称甘井子装卸区，1961年改称甘井子作业区。1950年起逐渐恢复煤炭出口运输，1959年完成吞吐量271.6万吨，1969年完成吞吐量237.8万吨。到七十年代初期每年完成的吞吐量为80—120万吨，1975年后吞吐量大幅度下降，一直在50万吨左右徘徊①。为适应国家改革开放形势的需要，1983年，通过技术改造，增添机械设备等方式，煤码头从单一经营煤炭出口，逐步转为经营煤炭、粮食、水泥、沥青等多种散装货物出口的生产新格局。2000年前后，吞吐量一直维持在160—200万吨之间。

五、转型后的煤码头得到保护

煤码头标志性的设备高架桥式抓煤机，被老大连人俗称为“倒煤架子”。后来“倒

① 大连市甘井子区地方志编纂委员会编：《甘井子区志》，方志出版社，1995年，第319页、350页。

煤架子”就成了甘井子煤码头的代名词，也泛指老甘井子，而甘井子本来因为井水甘甜而得名，两者形成了文化上的反差。1983年，自重500多吨的“倒煤架子”被台风刮倒报废。倒煤架子的倒塌似乎也预示着煤码头的转型，此后，煤码头以散粮、水泥和少量煤炭运输为经营格局。2005年4月，大连港散粮码头公司组建，甘井子港务公司建制撤销，设甘井子作业区。随着技术的不断革新，煤码头的泊位水深及机械设备都不能适应时代的需要了，大连港的煤炭运输改以大窑湾港为主，2010年以后，甘井子煤码头彻底结束了煤炭运输的历史。

在煤码头即将被遗忘的时候，2019年中国科学技术协会因甘井子煤码头保存得完整系统而将其公布为第二批“中国工业遗产保护名录”，这给了煤码头第二次生命。2020年5月，由于大连海底隧道工程的施工，甘井子煤码头的装船机要被拆除。随着民间文保志愿者、学者、政协委员、政府官员、市政协相关部门一起努力呼吁，并辗转通过美国通用电气公司的档案查询，确认装船机为美国制造，满铁于1920年代后期采购并安装。最后，建议得到了市委书记批示：停止拆除，保住工业遗产。

甘井子煤码头从1930年建成使用，到2010年结束运输煤炭功能，80年间的数据表明：1930—1940年代煤炭运输达到设计峰值，此后不断下降，直至废弃。甘井子煤码头是二战日军的能源生命线，持续不断的抚顺煤炭输出到日本，被大量用于军需燃料，直接服务于战场；在太平洋战争爆发前，甘井子煤码头输出量虽有所降低，但是被掠夺的能源资源并未减少，彼时甘井子围绕煤码头已经形成了服务于战场的化工、石油、军需品产业链，部分能源就地用于甘井子重工企业。煤码头的建设与运营带动了周边铁路网、重工业区、军工区、生活区的布局和发展，而这些缘于非主权背景下的城市规划，正是为了满足殖民掠夺的需要。因此，甘井子煤码头具有独一无二的“历史教科书”般的价值，即使使用功能完全消失，也要完整地保留下来。

六、煤码头周边建筑

从煤码头动工建设开始，甘井子便进入了城市化进程，周边工厂先后建成，配套住宅成片地建设起来。到1945年前，甘井子、椒房北山、山中街一带共建1037栋（25万平方米）庭院式住宅[①]。在山中街两侧，有成片的日式庭院建筑，间距适当，采光条件好，建造式样美观，房屋具有供气、供电、供水、排水设备。这些较高档的日本房是“满石油”“满化”等日本高级职员和技工的住宅。现在大部分由石油公司的职工居住，红瓦灰砖，错落有致。

老甘井子的日式住宅多为普通日式民居，是当年“满化”“满石油”“进和商会”等企业的日本工人宿舍，多为一层或二层建筑，窗户小，房间小，一般都有单独的厨房、仓库、卫生间，适用性强。现在北山和甘北路还能看到。大多数已经在城市开发中被拆除。

近年来，大连正在申报国家级历史文化名城，制定了《历史文化名城保护规划》，对于对城市有价值的历史建筑和历史街区进行系统的普查和保护。规划明确指出甘井子地区有4个历史风貌区，需要积极保护。

① 刘连岗等编：《大连港口纪事》，大连海运学院出版社，1988年。

李鸿章定见经营旅顺口原因考

孙海鹏

大连图书馆

内容提要：在清廷两次海防筹议期间，以拱卫京师为防御核心目的，北洋开始选取利于水师舰船停泊的海防基地所在，辽东半岛大连湾和旅顺口两地均成为备选之地。李鸿章从多方面展开讨论，听取各种意见，参酌相关查勘数据，最终决定以旅顺口为北洋水师辽东半岛老营所在，开始兴工修建。

关键词：李鸿章　旅顺口　拱卫京师　水陆联防

一、李鸿章海防观念的转变

清末先后发生过两次海防筹议，也被后来研究者称之为“海防大讨论”。第一次是在日本侵略台湾之后。光绪元年（1875），光绪皇帝在上谕中指出“海防关系紧要，既为目前当务之急，又属国家久远之图，若筑室道谋，仅以空言了事，则因循废弛，何时见诸施行？亟宜未雨绸缪，以为自强之计。惟事属创始，必须通盘筹画，计出万全，方能有利无害。”[①]李鸿章、李宗羲、沈葆桢、都兴阿、李鹤年、李瀚章、刘坤一、王文韶等重臣参与筹议。第二次是在中法战争爆发之后。马尾海战中南洋水师全军覆没，光绪十一年（1885），光绪皇帝发布上谕中有“船厂应如何增拓，炮台应如何安设，枪械应如何精选，均需破除常格，实力讲求。至于遴选将才，筹画经费，尤应谋之于预，庶临事确有把握”之语[②]，李鸿章、左宗棠、彭玉麟、穆图善、曾国荃、张之洞、刘铭传、吴大澂等重臣参与筹议。两次海防筹议都是在国家安全受到外敌侵犯，国家利益受到强烈侵蚀之后所做出的及时又带有太多无奈的应对。时间相隔十余年，光绪皇帝上谕中所反映出的理念、举措有所区别。从表面上看，第二次海防筹议似乎更为务实，实则两次海防筹议在本质上只是一个“唤醒”海防意识的过程，当时国家的财政实力，朝臣们对海防的认识程度，

---

① 张侠等人合编：《清末海军史料》第一章《着李鸿章沈葆桢分别督办南北洋海防谕》，海洋出版社，1982年，第12页。

② 《东华续录（光绪朝）》第七十卷，上海古籍出版社，2008年，第3页。

海防人才培养与购买先进舰船，修建现代炮台等问题均未得到根本解决。故此，从客观上讲，两次海防筹议虽然有效地推动了当时海防意识的觉醒，但是并没有从根本上扭转当时海防弱国的态势。

李鸿章参与了两次筹议，从中可见其在清末海防筹议过程中所处的重要地位。作为清末海军的缔造者，将李鸿章称为“北洋海军之父，亦非为过”[①]，因此，李鸿章的海防思想，尤其是对海防基地的选择、营建和水陆各军的配备问题成为众多学者竞相研究的课题，观点纷呈，多有阐述。《近代中国海军》一书中提出以下观点：

> 李鸿章海防战略思想是其海防思想的重要组成部分。他的海防战略思想的形成，大致可以分为两个阶段。从同治九年至光绪五年（1870—1879）是第一阶段。这个阶段的特点是以陆为主，重点设防。李鸿章虽然是近代海军的创办者，承认制造轮船，创办海军是自强之策，但仍然受传统的“重陆轻海”的国防战略思想的束缚。同治十三年（1874），他在《筹议海防折》中说，外敌“从海道内犯，自须亟练水师。惟各国皆系岛夷，以水为家，船炮精练已久，非中国水师所能骤及。中土陆多于水，仍以陆军为立国根基，若陆军训练得力，敌兵登岸后尚可鏖战。炮台布置得法，敌船进口时尚可拒守。”[②]

这一观点值得重视，即便是有的研究者对李鸿章海防战略思想的分期问题尚存商榷，但是置身于两次海防筹议之时代，即1875年至1885年之间的十余年，在此期间的李鸿章是将自己的海防战略目标即“以陆为主，重点设防”总体规划并付诸实施的时期。一方面，李鸿章强调“我能自强，则彼族尚不致妄生觊觎。否则后患不可思议也。”[③]另一方面，李鸿章认为“目前固须力保和局，即将来器精防固，亦不宜自我开衅。彼族或以万分无理相加，不得已一应之耳。”[④]由此不难看出李鸿章内心的矛盾与动荡不安。故此，在两次筹议海防过程中，李鸿章形成了“决胜海上不足臻以战为守之妙”[⑤]的战略观点，片面侧重于“海防”，以防为首，以战为次，强调以陆防为主导，海防为震慑的策略。李鸿章并没有对“海权”概念进行全方位认知，这无疑是导致后来清朝海军最终覆没的重要原因之一。

作为海防战略思想的提出者，李鸿章的角色始终是“缔造者”“指导者”，而海防究竟如何从战略理论转化为战略实践，从“空谈”转化为“务实”，从一段段长篇大论虚空文字转化为舰船、炮台、船坞、

---

① 王家俭：《李鸿章与北洋舰队》，三联书店出版社，2008年，第124页。

② 海军司令部《近代中国海军》编辑部编著：《近代中国海军》，海潮出版社，1994年，第647—648页。

③ 李鸿章：《李文忠公全集·朋僚函稿》卷三，海南出版社，1997年，第2416页。

④ 李鸿章：《李文忠公全集》奏稿卷二十四，《近代中国史料丛刊》续编第70辑，文海出版社，1980年，第828页。

⑤ 李鸿章：《李文忠公全集》奏稿卷三十五，《近代中国史料丛刊》续编第70辑，文海出版社，1980年，第1123页。

军械所、制造局等问题就显得万分紧迫了，当然，最为关键的还是拱卫京师的战略任务。北洋所在的防务范围极为辽阔，范围囊括渤海全部，黄海北部广大海域及其港口，北自鸭绿江口开始，向南一直延续到青岛胶州湾地区，包括大连湾、旅顺口、营口、锦州、山海关、北塘、大沽口、烟台、威海卫、胶州湾等重要口岸。十年之间，经过反复讨论，朝臣各抒己见，委托洋员进行实地测量，并数次派遣北洋僚属赴各海口进行查勘，汇总各方意见，最终达成共识，以天津为核心，以大沽、北塘为前沿，以山东半岛和辽东半岛互为犄角之势为天然屏障，在两半岛处各建立一座海防基地，再辅以一支以欧洲新式铁甲舰组成的水师，陆防则由淮军各大劲旅驻扎，港口配置大炮、鱼雷、水雷，形成环绕山东半岛、辽东半岛的战略防卫体系，从而形成京畿门户。山东半岛的烟台、威海卫、胶州湾，辽东半岛的旅顺口、大连湾甚至包括小平岛均进入了李鸿章的视野。在辽南濒海一地选择最为恰当所在设为海防基地，这成为了李鸿章必须要做出的决策。

二、李鸿章定见经营旅顺口

旅顺口形胜天然，明清两代均有水师于此驻扎设防，巡弋海面，以操演巡逻为主，并未起到实质意义上的防御功能。至清廷两次筹议海防之时，旅顺口方才真正进入李鸿章视野。同治十三年（1874）底，李鸿章在《筹议海防折》中曾经有过简单论述，“窃谓北、东、南三洋须各有铁甲大船二号，北洋宜分驻烟台、旅顺口一带。”[①]也就是说，从外洋订购的铁甲舰需有两艘拟分别停泊于山东半岛之烟台，辽东半岛之旅顺口一带，以达到在洋面游弋游击的作用。这是李鸿章在海防筹议过程中的一个设想而已，其对旅顺口战略属性和功用的全面规划尚未展开。自道光、咸丰年间开始，魏源、郭嵩焘、华世芳等人均认为旅顺口地理位置重要，亟应早日筹备海防。光绪元年（1875），李凤苞随同丁日昌至天津拜会李鸿章，李凤苞向李鸿章建言：

> “关外旅顺一口，为京师东北要害，宜早为备。”今于旅顺口驻重兵，自君发之也[②]。

这段文字出自俞樾给李凤苞撰写的墓志铭。李凤苞也就在此时受李鸿章之命渡海，周历辽东半岛各海口。虽然李凤苞此时建议应当重视旅顺口的战略地位，但是并未引起李鸿章的太大关注。光绪二年（1876）9月，薛福成在日记中写道“新闻纸云，大连湾在锦州之东，系一要当泊船善澳，缘烟台北风发时，大船不能停泊故也。”[③]薛福成应当没有到过大连湾，所以对此地并无太多概念，只是根据新闻报道而产生的初步印象而已，且坐标对比地竟然是以“锦州”为例，实则是“金州”，即便如此，大连湾尚是“泊船善澳”，相

---

① 张侠等人合编：《清末海军史料》第二章《李鸿章奏筹议海防折》，海洋出版社，1982年，第106页。

② 张文苑整理：《李凤苞往来书信》附录二《皇清诰授荣禄大夫二品顶戴三品卿衔记名海关道李公墓志铭》，中华书局，2018年，第917页。

③ 薛福成著，蔡少卿整理：《薛福成日记》，吉林文史出版社，2004年，第166页。

对于烟台来说，冬季北风强劲之时比较适宜停泊。李鸿章在光绪五年（1879）之前，真正关注的是面临黄海的大连湾，认为大连湾海面宽阔，宜于停泊多艘舰船，而不是位于黄海、渤海交界处的旅顺口。这一初期决策，在李鸿章写给总署和沈葆桢等人的函稿中屡有提及，为此，李鸿章先后派遣道员许钤身及洋员葛雷森、哥嘉等人专程赴辽东半岛等地区进行海口测量，反复论证其地作为未来水师泊船港口的可能性。

光绪六年（1880）6月，薛福成日记中记录了许钤身禀报的大致内容。

许钤身等禀报，所历各口，水势除牛庄口拦港沙上退时，水止九尺，旅顺口门上潮退时，水止十二尺外，其余葫芦山、黄牛尾、蚂蚁岛、皮岛、大二三羊头、小平岛、大连湾、海洋岛、烟台各口，水深均在五托以上。曾与哥嘉、葛雷森详细酌商，蚊船宜驻旅顺口，铁甲船可驻小平岛，与大连湾相距最近。设有缓急，来往梭巡，声援立至。

皮岛无口门，水深三十尺。大、二、三羊头水深二十四尺，内有小洼名羊头洼，水极浅。旅顺口口门水深十五尺，口内水深三十六尺。小平岛口门水深一百十四尺，口内水深二十四尺。大连湾口门水深九十尺，口内水深二十七尺。海洋岛口门水深四十八尺，口内水深二十一尺。烟台水深百六十尺至五六十尺不等。①

哥嘉、葛雷森的测量给李鸿章决策提供了重要的参考因素，这一因素主要是自然地理环境和海水深度，也就是“地利”因素，这一因素深深影响了李鸿章的判断与抉择，李鸿章最终选择了旅顺口，而将大连湾至于辅助地位。主要是因为大连湾地区海岸线曲折延展，口门过于宽阔，且以金州、南关岭地区为辽东半岛南端最为狭窄之处，如果来敌自渤海内登岸，则大连湾难以驻守，极其需要大支陆军驻扎，辅以高山炮台，方才能够解决布防空虚问题，否则很难能够担当得起水师舰船护卫海疆以及停泊养护修理的任务。这些理由对当时的北洋来说很难做到。光绪六年（1880）7月，李鸿章在写给总署的信中说：“先择著名险要之旅顺口屯扎，以扼北洋门户。”②此时，李鸿章并未彻底放弃对大连湾的战略设想，只是将辽东半岛的水师停泊之地改为旅顺口，在此后十多年的时间内，一系列海防工程均是围绕着以旅顺口为核心，以大连湾为辅助而展开的。

同年秋，李鸿章派遣知县陆尔发随同来自德国的洋员汉纳根、英国人柯克等人前往旅顺口，再一次进行实地测量与查勘，不过此次的中心议题是为了兴建炮台和船坞，为即将回国的铁甲舰营造栖身所在。同年11月，汉纳根开始兴建黄金山炮台。自此开始，旅顺口成为了北洋重要的海防基地，与威海卫遥相呼应，以期达到拱卫京师的战略目的。

① 薛福成著，蔡少卿整理：《薛福成日记》，吉林文史出版社，2004年，第321、322页。

② 李鸿章著，顾廷龙、戴逸主编：《李鸿章全集》卷三十二《复总署议造铁舰并留戈登》，安徽教育出版社，2007年，第504页。

光绪七年（1881）春，在德璀琳邀请之下，马建中自天津乘船往旅顺口一观，陪同者则是已经受李鸿章之命开始在旅顺口黄金山修筑炮台的德国人汉纳根。马建中在《勘旅顺记》一文中对当时的旅顺口有如下描述：

> 三月二十八日晨六点一刻，舟抵旅顺口外。大沽距旅顺口一百七十迈，合五百一十里，舟行十八点三刻，缘雾缓轮者数刻。海口向南，其门两山对峙，右鸡冠山高十六丈而西陁，左黄金山高四十丈，新垒踞其巅。工匠见轮舟至，缘脊瞭望，望若列螺。两山皆童，峰牙矗立。七点入口，口深二丈至三丈有差，内横亘浅沙，深丈二尺。复进水深处，正对白玉山下碇。山麓有旧垒遗址。七点二刻，与汉纳根驾舟舣三官庙下，汉纳根自往料理，余独上庙后之塔下瞰口内全形。见东西长约六七里，宽无逾二里，自口门入，白玉山宛如人胸，东西两湾隐然两臂：右臂长伸，泊大舟可数十艘，鸡冠山蔽之，陆游士谓鸡冠山低，敌弹或能及我，我弹不能及彼。左臂短缩，潮退可涉，若挑浚亦可容大舟十数艘，黄金高山蔽其前，敌弹断无可及之理。惟闻其泥糁石，难施疏凿。午后，偕汉纳根陟黄金山。山峻削，汉纳根以石甃磴道，铲石填谷，盘旋曲上，宽平可辙，利运重焉。新垒之基已立，中有石峰嵯岈，业以火药轰去三分之二。跻巅四眺，则口内外之形势，口左右前后之群山毕呈目前，若掌上观也。南望有山屹然峙于中流者，城隍岛也。北望白玉山后浩然无际者，金州湾也。东西浅沙浮屿，若隐若现。口内潮涸，左臂之湾椭形，浮鹭成群，啄食其上；右臂之湾如半月形，绿波微绉；中界一泓水色较碧如着色图犁然可别者，湾中之深水也。余问汉纳根曰：敌舰来攻垒，炮及远几何？曰：拟置二十四商的后膛炮于垒角，可左右前三向，四迈而遥，使重建一垒，枕鸡冠山麓为犄角，则敌舰入口，左右垒炮可交攻焉。再于白玉山旧垒排列巨炮，适当口门，敌舰断难飞越。曰：设或敌舰鼓轮驶入，我弹猝难命中，彼进口内，势必东冲西突，为舍命之攻。将来船坞厂局渐次营造，不几轻于一掷乎？况山巅之垒无水，敌断汲道，垒溃可计日待矣。曰：敌舰冲入我口，口内容地无多，我炮下攻，准船若的，竭一日之弹，敌舰必成齑粉。垒中虽无水源，而一二日之水可先贮也。且船坞厂局既设，则三垒之外又宜多储水雷。富巨百万者以千金置备，不亦宜乎？曰：湾内惟右臂能泊舟，而鸡冠山低，敌炮或能及我，若何？曰：敌弹远者无逾四迈，我二垒之炮亦及四迈，是彼弹及我，口内之舰已先受我垒中之弹矣。曰：敌舰或乘黑夜来袭，则如之何？曰：是宜置电灯以烛之。曰：若乘雾以逼我，则如之何？曰：口门窄难容二舰，若二舰并驶，雾不能窥，左右但差数丈，舟必触礁，敌人断不肯冒险深入。然则雾虽我害，亦非敌利也。曰：口之左右湾屿栉比，设使敌人舣舟他湾，暗渡以袭我后，则如之何？曰：口内防御既备，黄金山之炮可反顾，而舰上之炮亦可远攻。敌

若掩袭，势必运巨炮，运巨炮则山路崎岖，即由至近口岸，断非一朝一夕可至。试思所筑磴道平坦如砥，运炮亦需骡五十匹，敌人仓卒来攻，何能猝办？纵或搜掠民间骡马，然我垒我舰之兵岂同石之难转，匏之已系，不可先发以制乎？因观其炮垒之图，为五角暗垒之式，所置大炮二尊外向左右旋施，位置得所。遂下山周视，所拟造船坞处在黄金山麓，山障其后，颇得形势。惟左臂浅滩浚深不易，且地多卵石，未知土性寙密，下掘有无水源。至坞陂可凿山石以甃之，价廉工坚，有无虞其倒塌者。阅毕上船，已报六点钟矣。①

这段文字是对当时旅顺口自然环境最为翔实的记录，此时马建中所见的旅顺口海防基地仅为草创阶段，虽然经过陆尔发、汉纳根等人的努力，亦尚未具备近代海军军港之雏形，距离李鸿章的战略设想相去甚远。马建中在记述中比较详细地记录了和汉纳根之间的对话，马建忠始终存有质疑之意，故此连珠发问，汉纳根则对旅顺口黄金山炮台设计以及其他工程的规划一一对答，此种回答带有强烈的主观性与片面性，只能够作为一种带有演练性质的模拟方式看待。而马建忠对旅顺口所占据的“地利”是持肯定意见的，同时也指出施工难度极大以及不确定性等问题。同年，李鸿章在给船政大臣黎兆棠的信中两次提及“英厂碰快船月内启行，将来拟在旅顺口扼扎老营，非多得数船并成一小枝不足张海上声势。”②“鄙意北洋各船到齐，聚扎旅顺口为老营，派人统率训练，稍壮声势。惟该口虽甚扼要得势，凡筑炮台，添陆军，建军械库、煤厂、船坞，至少须费百万以外，一时未易就绪”③。李鸿章给出了旅顺口海防基地的根本属性是北洋“老营”。

光绪七年（1881）夏，张佩纶至天津，与时在李鸿章幕府的薛福成就北洋水师章程展开讨论。以此讨论为基础，薛福成拟就《酌议北洋海防水师章程》，其中有多处涉及旅顺口、大连湾。

创设北洋水师一支，全军须用铁甲船二只，碰快船三只，新式木壳大兵轮船四只，二等兵轮船四只，师丹式蚊船八只，根钵小轮船八只，水雷船十只。以津沽为大营，酌量分布辽海旅顺、大连湾，东海烟台、威海卫等第一重要口，不时巡哨操练。

旅顺、大连湾等处添设一镇，与大沽镇、登莱镇均归提督统辖。提督亦兼受北洋大臣节制。

大沽已有电线，应再接至大连湾及烟台等处，由海底置设，需费似不及十万两。将来水师各船无论停泊何口，可以呼吸灵通，指挥如意。

登州北面群岛错杂，自长山岛、庙岛以至北隍城岛，绵延约百余里。再自北隍城岛以北至旅顺口外，至旅顺山、海毛（猫）岛，海面不过六十

---

① 马建中：《马建中集》适可斋记行卷一，中华书局，2013年版，第96—98页。

② 李鸿章著，顾廷龙、戴逸主编：《李鸿章全集》卷三十三《复船政黎召民京卿》，安徽教育出版社，2007年，第29页。

③ 李鸿章著，顾廷龙、戴逸主编：《李鸿章全集》卷三十三《复船政黎召民京卿》，安徽教育出版社，2007年，第51页。

余里，舟行过此，往往触礁，则其中经行之通道不过数处。北洋水师成军以后，似可分拨数船在此测量沙线，创设水寨。其群岛之间，轮船如可绕越，或拨炮船、或布水雷、或设浮炮台以守之。一旦有警，则以铁甲及大兵轮船分排横亘于旅顺、北隍城岛之间扼截敌船，不使北上。即有一二闯越者，彼接济既断，又惧我师之袭其后，心孤意怯，必且速退。如此则大沽、北塘不守自固。燕齐辽碣之间，周围洋面数千里竟成内海，化门户为堂奥，莫善于此。不然者，烟台口外之崆峒岛既为洋船所泊，去岁德人又觊觎大连湾一埠，若中国不自经理，必尽被其占踞，后虽欲设水师，恐无可驻之地矣。①

从节选的以上文献中看出，薛福成贯彻了李鸿章的主导意见，将旅顺口的地位抬高到主导之位，而以大连湾为辅助，从舰船部署到管理规格设置，海上防卫系统建设和在海底铺设电报线等一系列设想，主要考量是基于不使外来入侵军舰北上进入渤海湾，以保证完成拱卫京师的核心任务。还设想在山东半岛和辽东半岛之间的海面上借助浅水区建立“水寨”，起到扼截入侵舰船的作用，这些设想初看起来并无不妥之处，但是以当时国力及高层官员的识见而论，薛福成的设想不可能成为现实。在此文中，薛福成还特意提到当时德国对大连湾的觊觎情况，虽然李鸿章等人定见经营旅顺口海防，而对于大连湾却并未完全放弃，这一点在后来刘盛休主持修建大连湾海防防御体系中有所呈现。

光绪八年（1882），曾任内阁中书的项城人袁保龄受李鸿章之命勘察北洋各海口。

是年冬，赴奉天旅顺口督海防工，兼办水陆军防务。先是奉檄履勘沿海，通筹形势，无以易旅顺者。跨金州半岛，突出大洋，水深不冻，山列屏障。口门五十余丈，口内两澳。四山围拱，形胜天然，诚海军之要区也。于此浚浅滩，展口门，创建船坞，分筑炮台，广造库厂。设外防于大连湾，屯坚垒于南关岭，与威海各岛，遥为声援。远驭朝鲜，近蔽辽沈，实足握东亚海权，匪第北洋要塞也。至是规划建筑。

九年，李鸿章奏饬驻工督率，称北洋防务以旅顺最为繁巨。西国遇此天险可为水师窟穴，必以全力注之。北洋岁收经费有限，只可就现有财力逐段竭蹶经营。开山浚海，工大费巨，购料运器于西洋，派员雇夫于直省，与内地工程迥异。②

袁保龄认为旅顺口为“地扼渤海咽喉，得人而为之，可以屏蔽全辽，策应直北，使环海群邦不敢以片帆轻窥沽上。”③袁保龄与马建中对旅顺口军事地位重要性的评价一致。自此，袁保龄总负其责“驻

---

① 张侠等人合编：《清末海军史料》第一章《酌议北洋海防水师章程》，海洋出版社，1982年，第26、29页。

② 袁保龄：《阁学公集》卷首《国史列传》，宣统辛亥夏清芬阁编刊，1911年，第9—10页。

③ 袁保龄：《阁学公集》书札卷二《复李赓伯》，宣统辛亥夏清芬阁编刊，1911年，第6页。

工督率”“开山浚海”达5年之久，工程浩大艰巨，困难重重。

袁保龄在光绪九年（1883）五月二十九日《亲视炮台及船坞阡（扦）试情形禀》中论及已经建成并陆续提升防御能力的黄金山炮台和即将修建的鸡冠山炮台。

> 黄金山炮台大炮二尊置设齐后，职道于月之十五日，同宋军门、王提调仁宝、李令竟成等亲至台顶周视，其地襟山带海，允为控扼形胜。若鸡冠山炮台早日建成，双峰对峙，门户天然，敌船虽极坚大，自无敢闯越其下。以视大连湾、威海卫、烟台各处口门不可同日而语。①

从上述文字中不难看出，袁保龄将旅顺口海防体系视为京津锁钥总体战略中的一部分，且颇不以北洋其他各海口为然。即便如此，从袁保龄的海防设想来看，尚没有找出真正能够护卫海疆，拱卫京师的策略，从这一点上来说其海防思想无疑是存在着时代的缺陷。袁保龄在《建海防衙门议》中的设计完全是从海防管理职能角度出发，有其务实之处，从理论上讲有效地回避了人浮于事、官多于民的情况，建立详细的考核制度，督察与考核相结合，奖励与惩罚制度分明，强调用人过程中的程序化、公平化问题。在袁保龄海防思想中始终贯彻着务实、自强、能战等关键词。因此，在贯彻以上三个关键词的基础之上，对于此时身处旅顺营务处工程局总办职位的袁保龄来说，有必要向世人强调旅顺口至为重要的海防战略地位，在《建海防衙门议》中则单独列出旅顺口与其他诸海口在海防战略意义上的根本不同，从而奠定了百数年以来旅顺口在中国海防战略层面上的重要地位。例如，袁保龄在论述中做出如下表述：

> 论者谓西国水师建阃择地，其要有六。水深不冻，往来无阻，一也。山列屏障，可避飓风，二也。路连腹地，易运粮粮，三也。近山多石，可修船坞，四也。口滨大洋，便于操练，五也。地出海中，以扼要害，六也。合此六要者，海北则旅顺口，海南则威海卫耳。两地相去海程二百数十里，扼渤海之冲，而联水陆之气，此固天所以限南北也。若举数百万之费经营两口，筑堤浚澳，建船坞，营炮台，设武库，数年以后，规模大备。以旅顺口为海防大臣建牙，水师各船归宿之地，以威海卫为海防大臣校阅水师各船操练之地，此固至当不易之法也。②

旅顺口完全合乎水师驻防的客观要求，也就是说合乎“地利”。袁保龄在《建海防衙门议》中的前三部分是在讲“人和”的问题，将“地利”“人和”二者结合，展现出袁保龄海防思想中的“自强”特点。选址旅顺口并非是袁保龄的创建，在其贯彻执行李鸿章海防战略方针过程中，既考

---

① 袁保龄：《阁学公集》公牍卷二《亲视炮台及船坞阡（扦）试情形禀》，宣统辛亥夏清芬阁编刊，1911年，第14页。

② 袁保龄：《阁学公集》文稿拾遗《建海防衙门议》，宣统辛亥夏清芬阁编刊，1911年，第33页。

虑到旅顺口的自然地理优势，又顾及与威海卫的海防战略配合问题，“两地相去海程二百数十里，扼渤海之冲，而联水陆之气，此固天所以限南北也。”袁保龄以其独特的海防战略预见性，“务实”的作风，“能战”的海防设想，综合考察之后得出与李鸿章完全一致的结论，并且将李鸿章的海防战略设想一一付诸行动，最终通过旅顺口海防工程的修造，展示了其作为中国第一代海防工程建设者的历史风貌。

光绪十年（1884）初夏，李鸿章派遣津海关道周馥率人将北洋沿海各要隘炮台、营垒绘图呈送，其在《遵呈海防图说折》中很坚定地表达对旅顺口重要战略意义的看法：“中间以旅顺口为首冲，大沽、北塘及山海关内外为要冲，尤关系畿疆要害。”①并在此折中详细描绘了旅顺口海防水陆各军的布防情况。至光绪十二年（1886），旅顺口海防工程建设已经初具规模，水师与陆防布置也渐趋完善。此年正月，李鸿章在《致总署 论旅顺布置》中说：

> 再，承示摘录《申报》内中国勿受欺于人一节，所论铁甲两艘先泊旅顺，复因水浅改泊威海，及旅顺东西两面受敌等语，似未深悉底蕴。铁舰到沽验收后，经鸿章坐往旅顺试驶，因冬令严寒，北洋操巡不便，即饬丁镇汝昌带往厦门一带操练，威海乃其必经之路，非因旅顺水浅而改泊威海也。且“镇远”铁舰曾进泊旅顺口内拆卸鱼雷艇，鸿章目所亲睹，未有水浅胶舟之虞。惟旅顺浚澳之工，前因法事吃紧专顾防务，以致澳工尚未告竣。现在西澳已浚之处可以泊多船，尚嫌进出路窄，转掉不能宽绰。东澳本是浅滩，现正集夫开浚船池，约周三里，深二丈五尺，将来可停铁舰快船多艘，因连澳之船坞甫经兴工，不便开坝放水，故铁舰尚不能驶入澳内，此外人谣称水浅所由来也。查西国水师章程，兵船虽多，大半终年藏泊船池之内，随时更调出洋，以节饷力。北洋兵船本少，亟宜更番操巡，以练胆技而壮声威，不敢停歇致惰士气。此又彼此情势不同，而外人未识其所以行而不泊之故也。至旅顺口系奉天南界大岛，南向有口如门，久经淤浅，近年用导海机器船挖淤浚深，止此一口可进轮舟，其东南西三面环海，群山矗立，南距登州只二百里，西距大沽五百余里，实为渤海之门户，北洋之首冲。敌若据之，直、奉两省皆不能安枕。鸿章综览北洋海岸水师扼要之所，惟旅顺口、威海卫两处进可以战，退可以守，而威海卫工巨费烦，故先经营旅顺，以为战舰收宿重地，兼以屏蔽奉省，控制大沽。年来腾挪饷力，在旅顺口择要筑大炮台七座并调四川提督宋庆毅军八营，及提督黄仕林、吴兆有、王永胜等八营驻守，非徒保护船坞，亦因要害所在，须预为不可拔之计也。《申报》所言东西两面皆有可进之路，后面海道横亘三十余里，不能处处严防，前者英兵侵逼，即由东边而入等语。查旅顺后

① 李鸿章著，顾廷龙、戴逸主编：《李鸿章全集》卷十《遵呈海防图说折》，安徽教育出版社，2007年，第532页。

面陆路直达金州，别无海道横亘。咸丰十年，敌船来攻大沽，以大连湾为退泊之所。大连湾在旅顺之东、金州之南，所谓英兵曾由东边而入即指此事，然其时英船并未由大连湾进入旅顺也。上年，鸿章曾虑及此，故调庆军三营驻守金州，现仍饬毅军拔营分防。旅顺口三面临海，自然三面当敌。南口炮台林立，布置已严。东西两面山路较长，然岸上有险可扼，岸下亦有浅滩多处，私度敌船少来则不敢近岸，敌船若多，环伺而攻，非棹小舟不能登岸，我有得力游击之师伏岸狙击，彼亦未易得手。旅顺能固守不失，彼必不敢宿师船于大沽口外与我久持，即大连湾亦不敢随意停泊。盖咽喉要地，势在必争。所谓我得之为利，敌得之为害，而不敢以其难守遂置而不图也。至铁舰收泊之区，必须有大石坞预备修理，西报所讥有鸟无笼即是有船无坞之说，故修坞为至急至要之事。察度北洋形势，就现在财力布置，自以在旅顺建坞为宜。西国水师泊船建坞之地，其要有六：水深不冻，往来无间，一也；山列屏障，以避飓风，二也；路连腹地，便运糗粮，三也；土无厚淤，可浚坞澳，四也；口接大洋，以勤操作，五也；地出海中，控制要害，六也。北洋海滨欲觅如此地势，甚不易得。胶州澳形势甚阔，但僻在山东之南，嫌其太远；大连湾口门过宽，难于布置。惟威海卫、旅顺口两处较宜，与以上六层相合；而为保守畿疆计，尤宜先从旅顺下手。船坞既为水师根本，自不得不设炮台卫护。台上所置巨炮以数十计，总期远近合度历年以来，鸿章几经勘度，几经谘访，而后敢如此措注。洋人参谋固常有之，然亦各执是非，而不能惟彼之言是听也。惟《申报》中所论洋人时献筑台购炮之策，以冀售其术而用其本国军械，洋官与洋商联为一气，中国所购枪炮混杂不一，皆为切中时病之论。北洋各营后门枪皆用德之毛瑟、美之哈乞开司，因毛瑟价稍贱，尚未全换。各台大小炮位皆用德之克虏伯。前膛枪炮偶资操演，临敌不用，各省未必能如此一律也。现蒙将海防经费改归海军衙门收发，以后饷需稍裕，凡有应添船炮器械，更当从容筹布。《申报》谓西人妄肆讥评，中国正可借以警觉，洵属见理之言。谨将来信录件钞示在事文武，以期共相砥砺，仰副荩廑。①

李鸿章此文全面论述了旅顺口的战略重要地位，为自己的定见具体罗列出了六方面的理由，这些理由与袁保龄《建海防衙门议》中的文字如出一辙。旅顺口自然条件优越，山海相连，陆路连接腹地，便于粮草运输，不必忧虑军事补给问题，似乎占据天时地利，并且与大连湾进行了综合性的优劣比较，李鸿章对水陆布防有着同样的重视程度，并不偏倚于某一方。与此同时，也明确认识到了自外洋购买枪炮品种芜杂，未能精专，势必会导致炮弹子

① 李鸿章著，顾廷龙、戴逸主编：《李鸿章全集》卷三十四《致总署论旅顺布置》，安徽教育出版社，2007年，第11页。

弹供给不足问题，由此而引发实弹操练演习不足，对西方进口的枪炮舰船等武器的熟悉度、使用精准度等问题自然显现出来。造成这些问题的根本原因是国力不足，军饷筹措困难，然而，经过两次海防筹议，在李鸿章的主导下，最终形成了北洋海防体系中天津、大沽、北塘，山东半岛威海卫刘公岛，辽东半岛旅顺口所构成的三角状态，完成了拱卫京师的战略布局。

李鸿章定见经营旅顺口的目的性极其明确，而且态度相当坚定，并不在乎中外各种议论，在李鸿章看来，从自然地理环境构成的角度，其他地域均无法与旅顺口相提并论。当然，李鸿章的综合考量范畴不仅仅局限于自然地理环境，他所关注的高度与视角远超过一般朝臣。同时，李鸿章在以最大的努力构建北洋的防御体系，这一防御体系由静态的炮台、营垒构成，佐以陆军各营，各海口内密布水雷，外加鱼雷营和由动态的在外洋水面巡航的水师构成，而旅顺口海防基地只是该体系中的一枚关键棋子。

三、结　语

李鸿章对北洋海防的总体设想是紧密围绕着拱卫京师这一核心主体展开的，大连湾海防的战略设想目的是预防来自日本的威胁，终因为自然条件问题而导致成为了备选方案，且一时无法筹得巨饷，北洋综合军力不够，难以维持建设炮台防御工程和海陆军队布防，所以不得不选择放弃。姜鸣在论及天津、威海卫、旅顺口等北洋三处海防基地选址及建设问题时说："就中国的漫长海岸线而言，洋务派对海军基地的考虑尚在较低层次。他们对军港本身的自然条件考虑较多，对其他制约因素和宏观战略方面考虑较少。"①这一论断在李鸿章定见经营旅顺口之时即已存在，诸如朱一新、陈本植、袁保龄等人均有所顾虑，且直白表达出此种担忧。袁保龄于光绪十一年（1885）四月十一日在写给李鸿章的《遵筹庆军移旅分扎情形禀》中说："查旅顺一岛，峙立海中，三面受敌，大小口岸不下一二十处，几有防不胜防之势，而后路十余里外，在在可以登岸抄袭，设有疏虞，不可思议。"②袁保龄这段论述中的核心词是"后路"，没有任何一座海防基地是一劳永逸的，更不可能永远固若金汤，水陆兼顾的协同作战才是旅顺口海防基地需要顾及的。及至光绪二十年（1894），在甲午战争期间，李鸿章以十数年心力"汲汲经营旅顺口"③，其海防系统存在的战略问题方才彻底显现出来。

---

① 姜鸣：《龙旗飘扬的舰队：中国近代海军兴衰史》上册，凤凰出版社，2021年，第304页。

② 袁保龄：《阁学公集》公牍卷七《遵筹庆军移旅分扎情形禀》，宣统辛亥夏清芬阁编刊，1911年，第17页。

③ 李鸿章著，顾廷龙、戴逸主编：《李鸿章全集》卷三十三《复船政黎召民京卿》，安徽教育出版社，2007年，第76页。

浅谈近代营口的卫生检疫

李玉颖

营口市西炮台遗址陈列馆

内容提要： 营口不仅是近代检疫制度的发源地，开创了中国近代最早的检验检疫事业，现今仍留存的具有国际知名度的营口海口检疫医院和伍连德先生防疫业绩的史存，更成为营口近代检疫历史的珍贵财富。

关键词： 卫生检疫　营口　海关关医　伍连德

从人类历史进入文明社会开始，对于疾病的检验、预防和疗治便成为人类生存和发展不可回避的巨大考验。在漫长的人类社会发展中，泽被苍生的历代先贤留下了永不磨灭的探索足迹，为人类的生存和发展作出了巨大的努力。1840年鸦片战争后，我国延续了两千多年的出入境检验检疫萌芽宣告结束，逐渐开始了有意识地接纳和吸收西方近代检验检疫制度的过程。

一、营口在中国近代史中的重要历史地位

19世纪上半叶，西方列强的坚船利炮撞开了大清王朝的红墙大门，以1840年为标志，中国进入近代社会，但近20年间，由于清政府长期闭关锁国，特别是对东北长期实行封禁政策，列强尚未染指东北这块大清王朝的"龙兴之地"。第二次鸦片战争后，1858年中英签订《天津条约》，营口作为东北唯一对外开放的通商口岸，于1861年正式开埠，从此打开了东北通向世界的大门。也就是从这时开始，营口迅速崛起，发展成为近代东北地区商品经济的发源地和商业中心、贸易中心、金融中心、航运中心。这时的营口，帆樯林立，轮机轰鸣，商贾云集，南北交融，中外文化荟萃，中外交流频仍，成为整个东北地区近代文明第一缕曙光升起的地方。吉林大学历史文化学院教授、英国伦敦大学亚非学院博士后赵欣从国际视域的角度对近代营口的战略地位进行了定位，指出"营口（牛庄）是19世纪英俄远东博弈的竞技场和争夺焦点；是西方人考察中国东北的补给站和首发地，也是西方人获取东北亚时政情报、历史地理信息的窗口；是西方实业家商业理念的实践地，也是向中国东北

播撒西方文明的窗口”[①]。正是在这样的历史背景下，营口的近代卫生检疫事业悄然兴起并逐渐发展，成为中国近代国境检疫制度的诞生地，而出入境检疫制度的诞生，更是首开了中国近代海口卫生检疫的先河。

二、营口近代检疫历史的开端

1861年营口以牛庄的名义开埠以后，成为国内外商贸沟通的重要渠道和中西文化碰撞、融合的实验场。在近代风起云涌的大潮中，营口被推上了这个时代的浪巅。西方各国在这里设领事馆，起教堂，开洋行，许多外国的人、物、事漂洋过海而来，各种近代文化理念应运而生，客观上促进了营口的近代化发展进程。特别是奉锦山海关兵备道移驻营口和山海关税务司公署（图1）的设立，是营口近代史上的一个重大事件。在近代中国，海关是唯一能够持续不断发挥影响力且影响遍及全国的机构，其职权不断扩大，除征收关税、监管贸易、稽查走私之外，还兼办航政、盐政、港务建设、医疗检疫等。1864年5月9日，

图1　山海关税务司署

山海新关在没沟营（营口旧称）正式设立，英国人捷·马吉任首任税务司（相当于现海关关长），隶属总税务司署，税务司直接向北京的总税务司负责。营口检疫防疫的产生和发展，便得益于这种历史机遇。

1863年，在英籍海关总税务司赫德的主持下，总税务司署成立海关医务处，并在各通商口岸设置关医，营口作为东北地区唯一的通商口岸，山海新关亦在其列。中国近代海关医官作为一个特殊群体，在早期全球化进程中直接或间接地起到了一个文化传播者的作用。海关医官负责检查船只的卫生状况，检疫检查港埠卫生状况，担负海关和各洋行的医疗保健工作，由传教医生担当海关医务官，负责对港口进出的船只做传染病和流行病的检查。这些医官在照顾当地居留的欧洲人与欧洲船员的健康并对中国人行医的同时，还从医学的角度对中国的风土环境、种族体质、种族免疫力等加以记录、研究与讨论。他们还在各通商港埠成立医疗服务机构，开展检验检疫工作，可以说，海关医疗机构的设立为近代中国检疫事业的发展打下了基础。

山海新关的第一任医官是苏格兰人詹姆斯·沃森，他是奠定近代东北检疫检验理念的第一人。他出生于苏格兰中洛锡安地区，1863年8月毕业于爱丁堡大学医学院并获得医学学士学位，后在爱丁堡皇家医院实习。在实习期间詹姆斯·沃森对狂犬病和天花等传染病进行了深入的研究和解析，详细讨论和提出了具有前瞻性、新想法和新思维的四个治疗新方法。1865

① 赵欣：《国际视域下的中国东北首个约开口岸牛庄（营口）研究》，《历史教学》2017年第10期，第24—32页。

年，詹姆斯·沃森加入中国通商港埠海关的医疗服务机构，与妻子玛格丽特·弗格斯来到中国并被派往山海新关工作而来到营口，成为中国近代海关的第一位关医（医官）和中国东北地区出现的第一位西方医生。詹姆斯·沃森在营口工作了近19年的时间，他深入营口民间，在总税务司署主办的《海关医报》中报告了大量牛庄（营口）口岸的奇闻轶事和风土人情，讲述了营口当地的自然条件、气候及其对疾病的作用和影响、卫生环境以及在营居住的外国人的健康状况，而且详细汇报了进出口商船检疫以及为船员体检等情况。这些海关检验检疫的实施，是营口近代最早的公共医疗活动。尤为可贵的是，作为大清皇家海关的雇员，他首先将先进的西方医学和检疫防疫理念带到了东北，客观上也起到了西方文化的传播作用。

山海新关从1865年设立关医，一直持续到山海关（东西海关合并后的营口海关）被日本制造“九·一八”事变侵略东北武力接管前的1931年，山海新关关医存在了60余年。60余年间，多位医官任职山海新关，对营口检疫防疫工作的开展、医疗卫生事业的发展包括积极参与红十字运动等，都发挥了重要作用。他们在营口的医疗实践不仅推动了西医在东北的传播，也间接传播了西方的公共卫生理念和思想理念。他们也见证了检疫防疫在营口的建立和发展。

在近代中西方文化的交流中，海关的设立起到了巨大的作用，它不仅将西方国家严谨的科学合理的文官制度引入到中国海关管理体系，还在自然科学和人文学科方面起到了推动作用。此外，海关举办近代邮政，基本完成了中国邮政的近代化；举办海务，引进当时世界上的先进技术，在沿海沿江兴建助航设施；还建立了气象、检验检疫、商标注册制度及代表清政府组织参加世博会等，为中国取得了良好声誉。

每一种历史现象都产生于历史的机遇，而这种机遇又往往演变成一种历史辉煌。营口是中国近代早期建立新式海关的港口之一，也是东北最早接触西方文明的城市，在中西方文化的碰撞中，历史选择了营口。营口有幸出现了近代中国第一位海关关医并最早开始在海口实行卫生检疫，在后来的历史进程中书写出了检疫检验的灿烂篇章。

三、营口近代检疫历史的见证

自1861年开埠以来，随着国际、南北交往的扩大，各种烈性传染病也随之而至，给营口人民的生命财产造成了巨大损失。从1890年至1920年的30年间，营口就发生了三次大的疫情。1892年营口流行霍乱；1899年流行鼠疫；1910年10月，由俄国西伯利亚传入我国东北三省的肺鼠疫流行病毒传播，很快便蔓延至营口，造成营口港埠3000多人被传染疫症而亡，成为20世纪初营口的一场重大灾难。

鉴于世界严峻的防疫形势，1911年4月，美国、俄国、英国、法国、德国、日本、意大利、荷兰、奥地利、墨西哥和中国11个国家的医学专家召开了万国鼠疫研讨会，伍连德因在哈尔滨防治鼠疫的重大贡献，当选为大会主席。会上，伍连德系统地介绍了中国这次防治鼠疫的成功经验，与会的各国专家交流了研究成果，商讨了防治鼠疫的办法，决定于哈尔滨设立防疫总处和防疫医院，并于满洲里、海拉尔、齐齐哈尔、营口等处设立防疫医院。

1919年，辽沈道尹荣厚派伍连德博士在营口埠内调查疫情，并筹办设立海口检疫医院事宜。同年，中国政府批准在营口设立检疫医院，成立后，隶属于山海关税务司公署管理，防疫业务归属东北防疫事务处。医院平时按普通医院开诊，遇有疫情则以检查进口船舶疫情为主要职责。检疫医院每月经费关平银1250两，由山海关税务司署关税项下拨给"东三省巡阅使张作霖氏捐助该院洋七千元，拨作购地费。前任山海关税务司伟克非在任四载，会同辽沈道尹尽力筹办，始达目的。""中国政府在营口新建之海口检疫医院，于民国九年六月告竣。该院在辽河南岸，靠近常关（俗称西海关），适在京奉路线营口车站对岸。凡进口船只，必经该院。如遇疫症流行，即由此院医官随时检验。中外政商各界，盼望此项医院之建设有年矣。经营四载，始克告成。"并曰："营埠当南北之冲，行旅往来，传染（瘟疫）甚易，生命堪虞，当事者责任何等重大。为未雨绸缪计，其将何以防备耶？该医院适落成于此时，为三省民生一大保障，幸何如之。"①

1919年动工兴建的营口海口检疫医院选址在习艺所旧址，紧邻辽河南岸，西接外皮沟，房屋80余间。1919年10月，一座二层红砖近代建筑矗立于现营口市西市区境内的辽河岸边，具有国际知名度的近代医疗检疫机构——营口海口检疫医院正式落成（图2）。

图2 营口海口检疫医院

当年海口检疫医院规模之盛大和设施之完备，《中华医学杂志（上海）》做出了详细的描述："该医院之建筑，计正房、消毒房、隔离房各一座，其正房建以红砖，洋灰铺地，东西长一百六十二英尺，左右配房各宽八十英尺。中间楼上建有卧室、休息室、储物室、洗澡室、厨房、厕所等处，医官住宿于此，冬天取暖置有蒸气管。后面铺有石道二，一则引至大厨房、仆役室、吃饭间、两澡室，一则引入消毒间及洗衣室。购有英国制造蒸气高压力消毒锅炉，举凡病人衣服床褥等件，悉归此器施以最新消毒法。第三座为隔离室，均系洋灰地，附有看护人住室以及厨房浴室厕所等处，专为患传染病者居住。院西另有洋铁房两座，对岸有洋铁房一座。设遇疫症盛行之际，可容患者四五百人。"②

营口海口检疫医院隶属于山海关税务司公署，防疫业务附属于东北防疫事务处，以检查进口船舶疫情为主要职责。营口道尹史纪常任检疫医院名誉总办，海关税务司伟克非兼充会办，东北防疫总处处长伍连德博士任总办兼总医官、院长。营口海

① 中华医学会：《中华医学杂志（上海）》1920年第6卷第3期，人民卫生出版社，第163—164页。

② 中华医学会：《中华医学杂志（上海）》1920年第6卷第3期，人民卫生出版社，第163—164页。

口检疫医院得到了国内外的高度关注，医院落成时，东三省巡阅使、奉天督军兼省长张作霖特命辽沈道尹史纪常代表致辞祝贺。国际卫生联盟对营口海口检疫医院给予了高度评价："牛庄（营口）能有精致之隔离（医）院，实能增益该海口之光荣，堪称无匹。"由此可见，营口港的检疫水平已经达到了相当高的水平。世界知名防疫专家罗马维铁博士考察远东时曾到该院，盛赞营口港的检疫工作达到了一等水平。

《营口海关志》记载：地址在习艺所旧址，……占地11741.7平方米，建有房舍：（1）水泥瓦顶红砖二层楼房2栋50间，面积738.5平方米；（2）铁顶水泥砖平房5栋32间，面积1131.54平方米；（3）水泥瓦顶红砖平房2栋18间，面积392.47平方米；（4）仓库平房3栋7间，面积135.65平方米。上述建筑先后于1920年7月、1924年9月、1928年分三期竣工，全部建筑费用约关平银11.2万两[①]。主楼北侧外墙壁上方镶嵌有"海口检疫医院"横额。在主建筑西南侧曾有一小三层楼房，俗称"望海楼"，起到瞭望和查看船舶进出辽河口情况的作用。

营口海口检疫医院是营口近代医疗卫生事业的代表性建筑，已有百余年的历史。它伫立于辽河岸边，见证了近代营口检疫防疫的历史，承担着近代营口检疫防疫的重任，犹如忠诚履职的卫士，守护着辽河岸畔的家园。而且它还与我国20世纪伟人的医学博士、公共卫生学家、中国检疫防疫事业的先驱、20世纪初期中国防疫第一人、也是中国第一个口罩的发明者伍连德的名字联结在一起，成为营口历史永远的记忆。

伍连德先生祖籍广东广州府新宁县（今广东台山市），生于马来西亚槟榔屿。毕业于英国剑桥大学伊曼纽尔学院，医学博士。1907年后接受清政府邀聘回国任教。中国卫生防疫、检疫事业的创始人，中国现代医学、微生物学、流行病学、医学教育和医学史等领域的先驱，中华医学会首任会长，北京协利医学院及北京协和医院的主要筹办者，1935年诺贝尔生理学或医学奖候选人，华人世界的首位诺贝尔奖候选人。

1910年12月东北地区爆发大鼠疫，这是一场百年不遇的烈性传染病，给东北人民带来了巨大灾难。在鼠疫大流行的危急关头，伍连德临危受命，被清政府任命为东三省防鼠疫全权总医官，他告别爱妻和刚满四岁的儿子，毅然奔赴数万生灵涂炭的东北疫区。他通过科学的调查、考证和实践，做出了疫情是经过飞沫传播的论断，采取了断然的隔离措施并焚烧染病尸骸，迅速控制了疫情的传播。在国外专家的质疑和反对声中，他发明了最早的医用口罩，让口罩走上了防疫的主战场，从而挽救了亿万国人的生命，被称为"伍氏口罩"。在1919年哈尔滨霍乱、1920年东北鼠疫大流行以及1926年全国性霍乱大流行等重大疫情中，伍连德不避艰险，为疫情的控制作出了巨大贡献，被誉为"国士无双""鼠疫斗士"。鸦片战争以来，中国港口的检疫权一直控制在外国人手里。时任东北防疫总处总办的伍连德多次吁请收回检疫权，通

① 郭宝藩：《营口海关志》2002年第31号，第220页。

过20年的努力，终于从洋人的手里收回了国境检疫权，建立了全国国境卫生检疫系统，并担任海港检疫处处长。伍连德在重大灾难面前拯救了无可计数的生命，还将“防疫”“公共卫生”的概念第一次引入中国，为中国的公共卫生事业奠定了基础。梁启超在20世纪20年代回顾晚清到民国50年的历史时，发出这样的感慨：“科学输入垂五十年，国中能从学者资格与世界相见者，伍星连（即伍连德）一人而已！”

1918年，辽沈道尹荣厚呈请北洋政府内务部及税捐督办，会商解决辽沈收回港口检疫权的办法，伍连德受命创办营口海口检疫医院，医院分三期建成，时任北洋政府中央防疫处处长、北京中央医院院长、东北防疫总处处长的伍连德任总办兼总医官、院长。伍连德因肩负东北防疫总处总办的重任，常住哈尔滨，由杨廷晃（医学博士）代理院长。1920年7月，营口海口检疫医院一期工程竣工，医院正式投入使用。伍连德无比欣喜，兴奋地携妻子和两个儿子来到营口参加开业典礼。1931年秋，伍连德回到东北巡视，又一次亲自参加了正式接收安东和营口卫生检疫站的仪式。

四、营口近代检疫历史的业绩

营口开埠后，港口贸易的繁荣，中外交流的广泛，城市人口的激增，卫生检疫成为了营口的迫切之需，中国最早的船舶检疫应运而生。

营口的港船舶检疫始于1872年2月，由山海关税务司负责管理实施。同年2月9日，由山海关副税务司赫政（总税务司赫德之弟）制订、港务长托斯·爱得金公布实施的《牛庄口港口章程》共计十一条，其中第十条规定：“凡带有天花和其他疫病患者的船只，必须在港口停泊界以西一英里外下锚，并应自日出至日落时于船桅上悬挂检疫旗。在港务长与检疫官未同意装卸货物之前，船上任何人不得离船上岸”[①]。第十一条还规定，违反第十条者，将处以100银两以下罚金。此外还有对营口港进出口船舶实施检疫的规定。上述对营口港进口船舶实施检疫的规定措施，标志着中国近代国境卫生检疫制度的诞生，这是中国近代的首创之举。

1873年，南亚和东南亚等地相继暴发霍乱，并向外传播。为了防止霍乱传入，各口海关采取措施，予以应对。1873年7月，江海关（上海）拟定了检疫章程，共4条。8月，厦门关根据江海关的检疫章程，拟定了《厦门口岸保护传染瘟疫章程》，共3条。1874年，厦门关又同各国领事商定了卫生条例。

在江海关和厦门关制定的检疫章程和条例中，大部分与《牛庄口港口章程》中的检疫条款类似或相同，如悬挂检疫黄旗、来自疫区的船舶在指定地点停泊、不准擅自移动等规定，可见借鉴了山海关制定的章程内容。与《牛庄口港口章程》中罚则不同的是，上海、厦门两关规定，在检疫过程中，违犯检疫规定的，中国人送清廷地方官处罚，外国人送领事馆查办。而山海新关实施的《牛庄口港口章程》则规定

① 郭宝藩：《营口海关志》2002年第31号，第218页。

违犯检疫规定的统由海关予以处罚。这样的规定更充分地体现了海关国境执法的严肃性和权威，更有利于检疫章程的执行，有效地督促相关各方遵守检疫章程。

虽然《牛庄口港口章程》不是一个专门的检疫章程或条例，但它对检疫应注意的事项和罚则都做出了明确的规定，山海关从此开始管理和实施船舶检疫（图3）。《牛庄口港口章程》中检疫条例的制定比上海、厦门两地海关拟订防疫简章并开始检疫的时间均早大约一年半，开创了中国近代国境检疫事业的先河。

图3　牛庄海口检疫院检验由上海来之轮船状况

从1872年山海新关制定《牛庄口港口章程》，实行国境检疫开始到1931年的60年间，山海关税务司署曾多次修改港口船舶检疫章程。1900年5月28日，山海关署税务司包罗主持制定了《牛庄口检疫章程》，并于同年6月1日起由营口港港务长公布实施。1907年和1914年，山海关税务司先后两次修改和完善营口港检疫章程，全面管理和施行港口进口船舶检疫事务。1919年，中国政府批准在营口设立海口检疫医院，由营口海关管理，经费由山海关税务司署关税项下拨给。19世纪20年代，在第一次全国卫生会议上，东北防疫总处总办兼总医官伍连德等人提出了从海关收回检疫权的要求，1929年12月，世界卫生组织应中国政府的要求，派出调查团来华调查中国检疫后，向有关各方提交了收回检疫所的报告，经中国政府批准后，达成相关协议。1930年7月1日，全国海港检疫总管理处在上海成立。虽然山海关税务司管理的海港检疫交由地方政府部门管理，但实际上仍由山海关负责检疫，只是山海关税务司不再担任海港检疫所长。1931年，伍连德被委管理营口海港检疫事务，但由于“九·一八”事变，接管事宜被迫中断。

纵观营口近代检疫历史，它是中国最早设置海关关医并实行检疫的城市，是中国最早制定港口检疫章程的城市，也是中国近代实行检疫制度时间最长的城市，因此，营口成为了中国近代港口检疫的先驱。

以营口为开端的近代检疫检验已经过去150多年了，历史的沧桑掩不去它在中国检验检疫事业中的开拓之功和耀眼的光华。它是中国近代国境检疫制度的诞生地，是中国近代史上首先实施国境卫生检疫的口岸，开创了中国人掌握海口检疫权的先河，为中国海口检疫工作树立了典范。营口海口检疫医院见证了营口乃至中国近现代的医疗、检疫、防疫事业的历史发展，在今天仍具有重大的意义。

《元景造像记》所见北魏“太和改革”对营州地区影响探析*

殷浩萱[1]　吴科鑫[2]

1. 西北师范大学历史文化学院　2. 大栗子伪满博物馆

内容提要： 北魏“太和改革”是研究中国古代多民族文化交融的一个重要角度。由于前辈学者多依靠传世文献高屋建瓴地从国家层面对相关问题进行阐述，而“太和改革”对边疆地区影响的相关研究较少。《元景造像记》又名《太和碑》，公元499年（孝文帝“太和改革”末期）由北魏皇族命人书丹镌刻于营州地区。借助《元景造像记》，可以一窥北魏孝文帝“太和改革”对于北魏北疆营州地区的些许影响。

关键词： 元景造像记　太和改革　营州地区

北魏太和时期的改革历来是学界研究的热门话题。前辈学者研究太和时期的改革主要是对其进行综合性的理论研究，专题研究中以孝文帝“太和改革”最具代表性。目前北魏“太和改革”的研究成果丰硕，但研究的视角多是基于政治局势角度和对北方中原地区的文化影响角度。如王仲荦的《魏晋南北朝史》①《北魏初期社会性质与拓跋宏的均田、迁都、改革》②，肖黎的《试论魏孝文帝的改革》③，董省非的《北魏统治中原的几个问题》④，逯耀东的《从平城到洛阳——拓跋魏文化转变的历程》⑤，胡阿祥、刘志刚的《北魏孝文帝：师法先进，厉行改革》⑥等。

---

* 基金项目：西北师范大学研究生科研资助项目“地域差异背景下魏晋题记文献思想内涵对比研究”（2021KYZZ02012）阶段性成果。

① 王仲荦：《魏晋南北朝史》，上海人民出版社，2003年版。

② 王仲荦：《北魏初期社会性质与拓跋宏的均田、迁都、改革》，《文史哲》1955年第10期。

③ 肖黎：《试论魏孝文帝的改革》，《历史教学》1980年第4期。

④ 董省非：《略论北魏统治中原的几个问题》，《浙江学刊》1986年第6期。

⑤ 逯耀东：《从平城到洛阳——拓跋魏文化转变的历程》，中华书局，2006年。

⑥ 胡阿祥、刘志刚：《北魏孝文帝：师法先进，厉行改革》，《唯实》2020年第4期。

《国史大纲》[①]《两晋南北朝史》[②]《秦汉魏晋南北朝史》[③]《太和十五年：北魏政治文化变革研究》[④]等书也对“太和改革”前后的政治局势和文化影响多有讨论。目前研究北魏“太和改革”对其统治北疆地区的影响情况，尤其是东北边疆营州地区影响的专题文章还比较欠缺，这正是本文的研究意义所在。

一、“太和改革”终焉的《元景造像记》

《元景造像记》又名《太和碑》，1921年学者周肇祥应邀前往沈阳进行学术访问，途经辽西义县，于万佛堂石窟考察时发现一方题记，其上明确镌刻有“唯大魏太和廿三年岁次己卯四月丙午朔八日”一句，北魏孝文帝统治末期，“太和改革”的终焉时期所书丹镌刻的《元景造像记》由此问世。《元景造像记》是因鲜卑民族祖先崇拜、灵魂崇拜之旧俗，平东将军营州刺史元景于北魏孝文帝太和廿三年四月佛诞日，在鲜卑前燕旧都大棘城（今义县万佛堂石窟附近），为时任统治者北魏孝文帝进行祈福、为自身及其眷属向上苍祈求免除灾祸而敬献功德，凿窟造像时所摹刻的题记。

1949年后经相关领域专家学者的进一步考证，义县万佛堂石窟是目前现存于东北地区的、规模最大的北魏佛教石窟遗存。现存石窟壁画、造像、题记与北魏同时期修筑的云冈石窟、洛阳龙门石窟在壁画风格、题记书丹等诸多方面均存在极高的相似性，都是对北魏中原石窟艺术的继承与发扬，在中国佛教石窟艺术史上占有很重要的地位，具有极高的艺术价值。《元景造像记》作为万佛堂石窟目前现存最早的壁画雕刻题记，对研究北魏“太和改革”对北魏营州地区的影响具有很高的史料价值。由于自然的风化侵蚀和人为的破坏，根据第三次全国文物普查工作人员的实际测量，现存的《元景造像题记》石刻残高90—140厘米、宽100厘米。碑额与碑身现存阴刻文字22行，每行文字最多的有18字，总计304字[⑤]。

由于《元景造像记》现存残碑的文字缺失较为严重，这就对学界辑录、识读碑文造成了极大的困难，致使多年来学界对该碑的研究情况总是难以取得突破性的成果。残碑文字的缺失虽与造像记自身“石质（糜）松，历年岁，更剥泐”有关，但与造像记发现之初，“（时）官顾恶工狂拓数千通，以为市”不无关系。而现存的30余份《元景造像记》碑文拓片分散于全国各地，大多字迹不清。导致对其辑录的过程中，部分研究者受限于自身学识，繁简

① 钱穆：《国史大纲》，商务印书馆，1996年。

② 吕思勉：《两晋南北朝史》，上海古籍出版社，2020年。

③ 高尚志、冯君实：《秦汉魏晋南北朝史》，辽宁人民出版社，1984年。

④ 周建江：《太和十五年：北魏政治文化变革研究》，广东人民出版社，2001年。

⑤ 学界目前对于《元景造像记》残部的字数问题争议较大。中州古籍出版社出版的《北京图书馆藏中国历代石刻拓本汇编》、1999年义县文物保管所影印本以及1991年锦州市文物博物馆学会影印本，对这一问题的记述都存在较大分歧。经过多方考证和实地考察，笔者认为《辽宁碑志》对于造像记残部字数问题的说法较为准确。

转换不当，甚至存在误认魏碑异体字的情况。最终使具体碑文的意思与句式理解出入较大，《元景造像记》辑录版本众多。

综合众多学者的已有研究成果①，通过与朝阳博物馆、金州博物馆的碑刻领域专家的探讨论证，本文大胆辑录《元景造像记》如下：

唯大魏太和廿三年岁次己卯四月丙午朔八日癸丑

诸军事平东将军营州刺史元景为……

皇帝陛下敬造石窟一区

大灵觉冲虚非像无以答其形妙门潜寂非唱……

生灭昧识于慧旦将以轮回尘网缠服辜弊……

释迦如来契慈心于因初达妙致于遐劫……

揖慧舟以拯溺夷俎济艰人天仰德功盖……

我皇代受命光□□□日新景福增崇圣……

皇帝陛下诞禀□□□高振古游神虚宗……

兴援及州镇靡不□□况景藉荫洪基根……

上虽丽岂同岩石之固于州城东北一百……

左暨浩沧右带龙川临清流以藻秽背修峦……

明可以轨瞩东民信之威训穆然存道久……

皇帝陛下资化无为一同率土享祚齐……

明元皇帝栖神常住降及一切普沾……

是诣速证大果又愿己身并诸眷属……

文靡述国之休祉可无称乎故于□……

玄觉体空真□□□公谁究竟悟兹……

空有同照无微□□□调风洒泽怀……

详陟太合想作□□雕岩镂馆……

建兹华窟投心请庆仰愿圣……

上愿明元神栖妙宫受道……

二、“太和改革”之果

北魏孝文帝即位所处时期，正是少数民族政权入主中原后，民族矛盾和社会矛盾最为激烈的时期。改革除弊势在必行。因此孝文帝积极推动“太和改革”，颁布政治、经济、思想、文化等多个方面的措施，力图推动统治“汉化”和“民族认同感”进一步增强。《元景造像记》作为“太和终焉”统治阶级官方书丹镌刻的佛教造像题

① 前辈学者碑文辑录研究成果主要见《北魏元景造像记碑拓本》，辽宁省义县文物管理所影印本，1999年版；金毓黻：《辽东文献征略》，吉林永衡印书局，1927年影印版；王鹤龄等编：《义县志》，长春市图书馆藏铅印本，1931年版；阎文儒：《辽西义县万佛堂石窟调查及其研究》，《文物参考资料》1951年第9期；刘建华：《义县万佛堂石窟》，科学出版社，2001年；曹汛：《万佛堂石窟两方北魏题记中的若干问题》，《文物》1980年第6期；王晶辰：《辽宁碑志》，辽宁人民出版社，2002年；曾晓梅：《碑刻文献论著叙录》，线装书局，2010年。

记，包含大量关于太和改革对营州地区影响的信息，展现了“太和改革”对营州地区的显著影响。

（一）题记所见太和官制改革

《元景造像记》残碑文字中第二行刻有：“诸军事平东将军营州刺史元景为……”。

由题记可知，在孝文帝“太和改革”终焉的太和廿三年，北魏东北边疆重地的辽西营州（今辽宁省朝阳市）的地方最高长官为都督“诸军事”、将军号为“平东”、主管营州民政、军政、官职为营州刺史的元景。

公元398年，少数民族鲜卑族建立北魏政权后，便效法汉族政权的官制。中央通过采取广设中书台省及百官，分封宗室为公侯、将军的方式；地方通过设晋制行政机构，且行政职务多用汉族文人的方式巩固统治。上述措施使北魏政权的性质由早期的游牧部落制国家形态开始逐步向完善的封建制国家形态过渡。由此，地方州、郡、县三级行政组织在北魏统治疆域内开始确立，州府、军府等地方军政统治机构开始形成。

根据清代江苏徐文范在其所著的地理学著作《东晋南北朝舆地表》中考证：公元401年，道武帝在北魏的统治区域内设置八个州作为地方军政统治机构，至公元479年，孝文帝在原来的基础上，进一步将北魏统治范围内设置的州，增至三十四州之多[①]。《魏书·官氏志》中也记载：“（孝文帝）又制诸州置三刺史，刺史用品第六者，宗室一人，异姓二人，比古之上中下三大夫也”[②]。如此大规模地设置地方军政统治机构，只会造成鲜卑贵族“身兼数任”，无暇理会“治民之政务”，地方行政多见汉人“对治”之向。这无疑会造成地方行政管理机构的“冗官”现象和职权划分不清的问题。

北魏建立初期，为了迅速稳定统治秩序，统治者效仿前朝晋的官制，为鲜卑贵族赏赐爵位之余，加拜专属的虚衔将军号，以显示个人品级、地位。《魏书·官氏志》中对此记载为：“旧制：诸以勋赐官爵者，子孙世袭军号”[③]。世袭的将军号主要有明显带有汉族政权统治色彩的骠骑将军、车骑将军、卫将军、辅国将军等，后带有明显鲜卑民族色彩的、用于安抚鲜卑贵族的都兵将军、晋兵将军、义兵将军、南统将军、万骑将军等将军号也逐步出现。《魏书·官氏志》对这一史实，有过这样的记载：“自太祖至高祖初，其内外百官屡有减置。或事出当时，不为常目，如万骑、飞鸿、常忠、直意将军之徒是也。”[④]由于北魏前期，地方行政长官州刺史为多人，难以都督诸军事。且孝文帝改革军制前，国家制度层面未规定北魏地方军政长官是否加领将军号。因此这就导致了地方州刺史的设置多存在“冗官”，军府设置也存在不

① 〔清〕徐文范：《东晋南北朝舆地表》，引自二十五史刊行委员会：《二十五史补编》（第5册），中华书局，1955年，第6774—6810页。

② 〔北齐〕魏收：《魏书》卷一一三下《官氏志》，中华书局，1974年，第2974页。

③ 〔北齐〕魏收：《魏书》卷一一三下《官氏志》，中华书局，1974年，第2976页。

④ 〔北齐〕魏收：《魏书》卷一一三下《官氏志》，中华书局，1974年，第2976页。

可控性。

针对这种情况，北魏太和十五年（491），孝文帝开始重点推动北魏官制变革，并实行“大定官品”的措施。先是通过前《职员令》初步厘清了北魏的官制，又在公元499年，进一步编定了后《职员令》。以国家政令的形式，孝文帝规范了地方州刺史加领将军号的规定，并明确规定了地方刺史和将军号的品级。最终将北魏政权的所属州县依据实际控制人口的数量多少，分为上州、中州、下州三等，并按照九品中正制确定上州刺史品级为正三品，中州刺史品级为从三品，下州刺史品级为正四品，从而改变了州刺史的官职人数结构。这从《魏书》记载“赵懿出为征虏将军、齐州刺史，寻进号平东将军”[①]中可见一斑。这说明，孝文帝官制改革后，州刺史定为一人，由皇权任命，明确了地方军府的设置规则，实现了北魏皇权对地方军府的有效控制，有效地加强了中央集权。

曹迅先生利用《汉魏南北朝墓志集释》中图版87《元则墓志》和图版93《陆孟晖墓志》所载墓志碑文结合传世文献，最终考释出元景在孝文帝统治末期，任实职营幽二州刺史、虚职持节平东将军、安东将军，这无疑与题记的记载不谋而合。

由此可知，营州地区在太和23年时，便已实现了孝文帝颁布后《职员令》所设想“州刺史由一人任职，州军府开始实现固定的设置，采用军号作为连接长官与下属的桥梁”的政治效果。这说明营州地区虽身处北魏的东北边疆，但太和改革中的“官制改革”，在营州地区得到了很好的落实与应用，有效地缓和了北魏前期当地固有的民族矛盾和社会矛盾。

（二）题记所见太和语言文字改革

《元景造像记》残碑文字中第十一、十二行刻有：“暨浩沧右带龙川临清流以藻秽背修峦……”“明可以轨瞩东民信之威训穆然存道久……”。

上述内容为现存《元景造像记》残碑题记中字体最为清楚、也最具艺术价值的两行，其充分展现了《元景造像记》书法的绝佳水平。学界对其评价甚高，梁启超称其书法“天骨开张，光芒闪溢”[②]；康有为盛赞此碑为“元魏诸碑之极品，字法隽永，不在海内名本下”[③]。已故的著名篆刻家、金石学家康殷先生认为该题记“文辞雅驯，《龙门廿品》当俯首称臣，有极特殊而高超的书法价值”。

北魏作为北朝初期对北方实行有效统治的鲜卑民族政权，在其入主中原地区前，在长期的游牧经济作用下形成了游牧部落制统治，语言文字长期落后于中原地区，其长期使用鲜卑语，没有形成相应文字。这种情况在《魏书》中多有记载，如北魏初期，译令史一职在朝廷中广为设置，《魏书·官氏传》记载：“天兴四年十二月，复尚书三十六曹，曹置代人令史一人，译令史一人，书令史二人。”[④]译令史，令史的翻译和辅助人员，具体负责与鲜卑贵

---

① 〔北齐〕魏收：《魏书》卷五六《列传四十四郑羲·崔辩》，中华书局，1974年，第1239页。

② 冀亚平、贾双喜：《梁启超题跋墨迹书法集》，荣宝斋出版社，1995年，第29页。

③ 金毓黻：《辽东文献征略》卷四《金石》，吉林永衡印书局，1927年影印版，第351页。

④ 〔北齐〕魏收：《魏书》卷一一三下《官氏志》，中华书局，1974年，第2973页。

族官员进行日常工作的沟通，并向书令史口头传达相关信息。书令史负责将其诉诸文字，传达各处。此外《隋书》还有“魏氏迁洛，未达华语，孝文帝命侯伏侯可悉陵，以夷言译《孝经》之旨，教于国人，谓之《国语孝经》”的记载。[①]唐代史学家刘知几针对北魏前期统治者对语言文字的使用情况，有过如下评论：“妄益文彩，虚加风物，援引《诗》《书》，宪章《史》《汉》……华而失实，过莫大焉。”[②]综上，北魏孝文帝“太和改革”对语言文字进行“汉化”前，北魏政权的语言文字应用水平可以用“自上而下，粗通汉语，言辞粗朴，俗而不雅”来形容。

孝文帝为了更好地适应统治需要，太和十九年（495），开始进行文字语言改革，在中央统治机构要求不得说北俗之语（鲜卑语），违者，罢官免职。虽统治阶级内部多“雅爱本风……禁绝旧言，皆所不愿”之言，但改革成果斐然。

观《元景造像记》文字，其所处的营州地区虽地处北魏政权的东北边疆地区，远离太和十七年（公元493年）迁都所形成的新的文化中心洛阳地区，但观其刻文所使用的书体，为孝文帝汉化改革后，新在洛阳地区流行的“洛阳体”楷书。由此，便能清晰地感受到在“太和汉化改革”下，“书风北传”这一中国书法史上的重大变革，对营州语言文字的显著影响。

通过前辈学者[③]长期研究和比对万佛堂石窟与同时期中原地区石窟题记的书法风格，学者们一致认为《元景造像记》的书法，具有明显的北魏鲜卑皇室贵族碑志特征，是“斜画紧结”式的新体北朝楷书的典型代表，文辞雅驯、书法隽美、刻字精致。其笔画具有同时期其他“铭石书”所不具备的清劲峻拔，笔势也极尽舒展飞动，结构颇有东晋“王派”书法的谨严周到。《元景造像记》残碑的字体雄伟遒劲、俊拔“可与张猛龙诸碑相颉颃……为魏碑中稀有之宝也”[④]。这也符合现存魏碑书体大多以鲜卑皇室贵族的碑志为基准，以摩崖、造像、写经等确立其基调的特点，佐证了《元景造像记》是现存较早的具有明显魏碑特征的石刻题记。

河北省文物事业管理局刘建华老师在北大考古系马世长教授的委派下，于1996—1998年对万佛堂石窟进行了详细的考察与测绘，证实了《元景造像记》的雕刻手法为北魏中原地区石窟镌刻的“双刀复刻法”，书丹技法精湛，镌刻手法熟练，达到了与山西云冈石窟、河南龙门石窟一般无二的“无意于佳乃佳”的绝佳境界。最终得出题记书丹之人必然不是初次接触改字体，必然浸淫已久，已熟练掌握该字体的观点。

《元景造像记》的文字是由于“太和改革”大力推动文字语言“汉化”，加速

① 〔唐〕魏徵：《隋书》卷三二《经籍志一》，中华书局，1973年，第935页。

② 〔唐〕刘知几撰，赵吕甫校：《史通新校注》，重庆出版社，1990年，第362—363页。

③ 关于《元景造像记》书法特征的研究较多，在此仅列举部分较有代表性的研究者。如曹汛：《万佛堂石窟两方北魏题记中的若干问题》，《文物》1980年第6期，第66—69页。又见张俊：《〈元景造像题记〉书法艺术管窥》，《职业时空》2007年第7期，第48页和《〈元景造像记〉书法艺术探源》，《职业时空》2007年第5期，第49页。

④ 赵兴德修，邸德惠等再刊：《义县志·文物志》，沈阳出版社，1992年，第1629—1631页。

了“书风北传”至北疆营州。营州早于北朝时期其他地区开始“书法隶变”，率先“书风”成熟，这一地区的语言文字艺术在“自觉南风北渐”的发展黄金时期中占据了一席之地，借此有效地缓和了北魏前期本地固有的民族矛盾和社会矛盾。

（三）题记所见太和尊儒改革

《元景造像记》中有这样几句：“揖慧舟以拯溺夷阻济艰人天仰德功盖……”“左暨浩沧右带龙川临清流以藻秽背修峦……”“明可以轨瞩东民信之威训穆然存道久……”“文靡述国之烋祉可无称乎故于□……”。

上述几句清美、华丽的骈文题记，虽因剥泐过甚，遗失部分文字，但细读之仍觉其思想内涵之广博。《元景造像记》是万佛堂石窟西区第5窟的佛教石窟造像题记，但“揖慧舟以拯溺”“临清流以藻秽”“轨瞩东民”“文靡述，国之烋祉”几句，不难品出其所蕴含的“儒教”所行的治国安邦之道。

孝文帝太和尊儒改革起始于太和七年（483），以“教随时设，治因事改”为原则，尊儒崇经，借助“后仁之政，思易质旧，式昭惟新”，巩固北魏在北方中原地区的统治。孝文帝云：“礼乐之道，自古所先，礼乐事大，乃为化之本……厘革时弊，稽古复礼，务从简约”[①]，并以此复兴儒教“礼乐制度”教化民众，革除鲜卑族政权“缺礼少乐”的弊端，缓解民族矛盾，以期确立北魏鲜卑族政权入主中原地区的正统合法地位。最终，在太和尊儒改革下，以孝文帝为代表的北魏统治阶级，多有“才藻富赡，好为文章，诗赋铭颂，任兴而作。有大文笔，马上口授，及其成也，不改一字”[②]之人。

根据前辈学者曹讯的考证，题记所书的都督“诸军事、平东将军、营州刺史元景”，其身份是北魏明元帝拓跋嗣之曾孙、孝文帝拓跋宏之族叔。且《魏书》记载，其曾任孝文帝的“守常侍”一职，负责管理皇室图书典籍、草拟孝文帝圣谕、传达孝文帝言语。在北魏《孝文帝吊比干文碑》中亦记有“散骑常侍领司宗中大夫元景”[③]的题名。由此，不难推测出元景此人必然长期接触儒家经典，深受太和尊儒改革的影响，其封疆营州，必然为营州“尊儒之风”的形成起到了积极的促进作用。

营州地区深受太和尊儒改革的影响与营州所处的战略位置也不无关系。《元景造像记》所处的营州地区历史悠久。秦时，在营州地区初设辽西郡，治府便设在营州（今辽宁义县）；西汉时，复设辽西郡，治所不变；东汉时，撤辽西郡，改为辽东属国，治府仍在营州；三国至晋，设昌黎郡。地处辽西的交通要道，自营州南下可至辽东湾，向东可达辽东半岛，向西可直抵北魏政权的腹地。其战略要地的地理位置和四通八达的交通，决定了营州地区必然要通过儒教思想，稳定社会秩序、稳固统治。因此，太和尊儒改革所带来的思想转变，在营州地区广泛传播，最终体现在

① 〔北齐〕魏收：《魏书》卷一〇九《乐志》，中华书局，1974年，第2829页。

② 〔北齐〕魏收：《魏书》卷七下《孝文帝纪下》，中华书局，1974年，第187页。

③ 王昶：《金石萃编·孝文皇帝弔殷比干墓文》，1921年扫叶山房本影印本。

《元景造像记》中便不足为奇。

《魏书》记载，北魏时期，营州地偏，“领郡六，县十四，户一千二十一，口四千六百六十四。”[①]营州以北、以东地区自古便是少数民族聚居之所（具体见表1）。

表1 营州地区归属[②]

时 期	归 属
秦	（营州）为东胡地，后并入匈奴
西汉	（营州）为匈奴左地，武帝时，为塞地，后入乌桓，在辽西郡外
东汉	（营州）后汉为乌桓地，后入鲜卑东部
曹魏	（营州）时为鲜卑地
两晋	（营州）为鲜卑宇文氏地，后并入慕容氏为前燕地
南北朝	（营州）符坚时，为秦（前秦）地，属幽州，后属平州。后燕改营州，后为北燕地

北魏营州地区邻近高丽、地豆于、库莫奚、契丹等多个少数民族部族，柔然也不时入寇。其中，契丹与库莫奚都居于营州以东、以北的松漠之地。北魏道武帝拓跋珪在其统治期间，为了安定北疆，多次亲征契丹部落。契丹部落因此分裂，有部分几经辗转定居在了营州以西的山地丘陵之间。孝文帝太和三年（479），少数民族柔然与高句丽政权联合，准备合谋夺取并瓜分契丹部落占有的土地，契丹部落无力抵抗，便向北魏政权请求内附，称臣于白狼水东。其所居留的位置，便在营州附近。后契丹部落遭遇饥荒时，《魏书》也记载“（孝文帝）矜之，听其入关市籴”[③]，这里的关也是营州。由此，在营州地区利用太和尊儒改革之成果，对营州附近居留的契丹等少数民族进行“羁縻”便顺理成章，《元景造像记》中的“援及州镇，靡不□□”“轨瞩东民”等句都能体现这一观点，利用隐藏在《元景造像记》下的儒教思想达到安抚营州地区其他少数民族的目的，有效地缓和了北魏前期当地固有的民族矛盾和社会矛盾。

三、结　语

北魏孝文帝的“太和改革”是历史上少有的落后民族统治者为了政权巩固，摒弃民族偏见，坚决厉行的革新，在中国历史上具有重要的地位。“太和改革”不仅促进了北魏政治、经济、文化中心的北方中原地区经济发展、政治稳定、民族复兴，也对营州等东北边疆地区造成了多方面的积极影响。在此情形下，义县万佛堂石窟的《元景造像记》自20世纪发现以来，学界对其研究之成果便层出不穷。其绝佳的史料价值、艺术价值和精妙绝伦的魏碑书法都是北魏“太和改革”对北魏边疆营州地区影响最好的见证。尽管本文在专家老师的帮助下，竭尽全力地进行资料搜集，但文章所用资料仍仅是沧海一粟。所书见解，自觉仅是“管中窥豹”之语，“太和改革”对东北边疆地区的影响仍有未书之意。浅薄之见，未免疏漏，谨以此文，略抒己见，以为后来研究者鉴。

---

① 〔北齐〕魏收：《魏书》卷一〇六《地形志上》，中华书局，1974年，第2494页。

② 表格内容根据周铁铮修，孙庆璋、沈鸣诗等纂：《朝阳县志》卷三《建置沿革表》，辽宁省图书馆影印本，1930年，第287—288页整理得出。

③ 〔北齐〕魏收：《魏书》卷一〇〇《契丹列传》，中华书局，1974年，第2223页。

典藏研究

东汉《马姜墓记》是伪刻吗?

赵振华[1]　王振芬[2]

1. 洛阳师范学院　2. 旅顺博物馆

内容提要：民国年间洛阳出土的东汉《马姜墓记》，为郭玉堂《洛阳出土石刻时地记》收载，罗振玉购置著录，现藏于旅顺博物馆。民国至今各家将其定为汉代故物，墓志之滥觞，书法也有古隶特点。近有具名文章多角度分析其为伪刻，经辩驳申论后可知，是作者对这件文物没有足够的认识而造成的误解。

关键词：《马姜墓记》　东汉石刻

近读《东汉〈马姜墓记〉辨伪》①（后文简称《辨伪》），文章引经据典，以六节篇幅将墓记之“伪”似乎辨别得很扎实。兹就其分析重作研判，虽个别问题或不易申辩，然而多数非议却站不住脚。

一、原石考察

郭玉堂《洛阳出土石刻时地记》有关于这件石刻的发现记录：“民国十八年（一九二九年）阴历六月，洛阳、孟津、偃师三县接壤处王窑村出土，有冢。质为红沙石，甚大，形似黄肠石，字刻石端，工人剖取刻字一端，而弃其余。”②不久，由罗振玉购去，数度撰文记事、录文并研究。其记云：“叶氏《语石》言：世传墓志始于《颜延年》，晋以前无有也。然洛中近年出汉新息侯马援女胶东侯贾武仲妻马姜志石，立于东汉殇帝延平元年，凡十五行，记事甚详，虽无墓志之名，实墓志也。”③其《汉袁安袁敞碑并碑文》云：“近三十年来洛阳新出袁安、袁敞二碑，敞碑虽已残，而字之存者，刻画如新，予以重值购之，与《贾武仲妻马姜墓记》同列寓斋。”④现袁安碑在河南博物院陈列，袁敞碑藏于辽宁省博物馆，而马姜墓记藏于旅顺博物馆，

---

① 邱亮、王焕林：《东汉〈马姜墓记〉辨伪》，《书法研究》2021年第3期，第187页。

② 郭培育、郭培智主编：《洛阳出土石刻时地记》，大象出版社，2005年，第3页。

③ 罗振玉撰述、萧文立编校：《雪堂类稿》，甲《笔记汇刊·石交录》：《近出土马援女志石为传世墓志之祖。其石为予购得并录其文》，辽宁教育出版社，2003年，第153页。

④ 罗振玉撰述、萧文立编校：《雪堂类稿》，甲《笔记汇刊·石交录》：《汉袁安袁敞碑并碑文》，辽宁教育出版社，2003年，第156页。

这几件东汉石刻文字为世人宝重。

马姜墓记入藏旅顺博物馆的时间是1951年，由当时的大连历史文化陈列所拨交。大连历史文化陈列所是1948年前后成立的、用于接收接管本市文物资源的政府临时机构，我们所知的罗振玉旧藏文物及图书资料除了流失民间之外的，包括大库档案、古籍善本在内都曾经短暂存放在该所。1951年该所合并给旅顺博物馆，带来了人员和藏品的合并入藏，马姜墓记即在其列。

关于罗振玉何时开始收藏马姜墓记，在1928年至1929年成书的《辽居稿》中罗振玉首次考释，从其叙述来看应该已经见过："石质颇粗，磨砻未平，即刻字其上，远不逮后世之精好"，但只字未提已经得到该石。鲍鼎在《抱残守缺斋藏器目》中有一篇《汉贾夫人马姜墓石刻考释》中说："继此石归上虞罗雪堂先生，由洛经沪，留蟫隐庐二月，摩挲辨识，行字愈明"。《抱残守缺斋藏器目》成书于1933年，至迟1933年罗振玉已经购得。此时罗振玉已经移居大连旅顺，墓记一直存放在其位于旅顺的居所里。

墓记呈立方体，红砂石质，有字面高47、宽59、厚42.9厘米（图1）。石面上比较均匀地分布着大大小小的凹坑麻点和斧剁造成的排列密集的线段痕迹，比较粗糙。凹坑麻点是铁錾子打凿石面的錾道孑遗，线段痕迹就是剁斧刃部的长度。大多是纵向剁痕，刻字方向与之相同，左下角有横向剁痕。顶部刻一横道略粗，横道下有16条纵线略细，将石面均分为15根窄长条，犹如当时所用的竹简，显然为事先据字数和平阙排行布局，然后书写镌刻。其书写时注意行距，写于左右界格的中间而不考虑字的间距，如各书15字的第三行下有羡余而第四行已经布满。正面刻字15行，隶书。行距相等，行字多寡不等，多者16字，少者2字。正面上部中间，第8、9两行的首字之下；下部偏左，第11行"春秋"2字之上，各有1个近似椭圆形的凹坑，刻字时避让，还隔过了末行首字"能"前的几个集中的麻点，使文能通读。此面曾经遭遇外力打击碰撞而局部损坏。右下角掉落，平面痕迹略呈方形，横向距离占3行；纵向毁了首行之末的"胶东侯"2个半字。左边下部呈不规则形掉落，毁了最后2行的几个字。右上角遭击较轻，右侧边现存一个明显的受力凹点，凹点左侧的石表面被揭取略呈辐射状半圆形的一小片，剥落首行开头的"惟永平"2个半字。有字面虽受本身质地粗粝所限，但显然经过打磨，由于多次墨拓，整体颜色偏灰暗。围绕文字面的上、下、左、右四面，所呈现的石质样貌基本相同，因为表面粘了许多泥土而呈土白色。最重要的是与文字面相对的底面，无泥土粘连，无墨色污染，呈现出了该石石质的自然样貌，浅红色的沙石与郭玉堂所记红砂石吻合。石面有明

图1　马姜墓记原石

显的斜向凿痕，规律性地分为三到四组，在凿痕的另一侧，还有明显的局部石层因外力断裂的痕迹（图2）。按照郭玉堂的记录，这应该是墓记出土后为起运方便，人为切割而形成的。墓记的这个底面，因断开后不齐整，便将外凸部分凿平，过去从未公示于人，这也可能是方家对其产生怀疑的原因之一吧。

图2　马姜墓记出土后的凿断面

贾武仲青年早逝，没有官禄，无可述记。马姜的皇亲国戚身份显赫，地位高隆。辞世后，皇上赐东园秘器以葬，建造黄肠石垒砌的墓室，覆土起高冢。贾武仲应与马姜合葬，在墓室内壁的一块黄肠石端刻下了以马姜为中心人物的墓记。

二、墓记释文

墓记专门为颂扬墓葬主人马姜的妇德母仪而作，旁及先人后裔和夫家，以及殁后的荣宠，像一篇简略的墓碑（图3）。为方便讨论，依据《汉碑集释》的释文[①]，按原墓记15行书写格式照录于后：

1. 惟永平七年七月廿一日，汉左将军、特进、胶东侯
2. 第五子贾武仲卒，时年廿九。
3. 夫人马姜，伏波将军新息忠成侯之女，

图3　马姜墓记拓本

① 高文：《汉碑集释（修订本）》，河南大学出版社，1997年，第20页。

4. 明德皇后之姊也。生四女，年廿三而贯

5. 君卒。

6. 夫人深守高节，劬劳历载，育成幼媛，光□

7. 祖先。遂升二女为

8. 显节园贵人。其次适鬲侯朱氏，其

9. 次适阳泉侯刘氏，朱紫缤纷，宠

10. 禄盈门，皆犹

11. 夫人。夫人以母仪之德，为宗族之覆。春秋

12. 七十三，延平元年七月四日薨。

13. 皇上闵悼，两宫赙赠，赐秘器，以礼殡，以

14. 九月十日葬于芒门旧茔。□□子孙，惧不

15. 能章明，故刻石纪（下阙）。

三、切割复原

《辨伪》第二节利用各种材料力图恢复《马姜墓记》的发见、搬运、购藏过程，考察刻字面的残损变化和前后拓本的字数差异等。引用郭玉堂《洛阳出土石刻时地记》的原始记录，抄录罗振玉的相关记载和跋文，对照分析。因郭、罗二人之说难以连缀，于是《辨伪》驰骋"想象空间"，借口说郭玉堂本人参与制贩伪刻，有关《马姜墓记》的记载不可轻信，然而所列否认的理由却并不坚实。

《辨伪》说："由于石面切割和文字损毁，前后期拓本也当同时存在两种差异，一是首行完整与否，二是切痕的有无。然而比较以上所见各期拓本，首行文字或全或残，确有不同，然而四周边缘可以完全重叠，并无法见出切割之痕，何以如此，令人费解。郭玉堂言墓记曾经切割，但是否造成志面残损，不得而知，之后墓志的流向，也未有交代。"这里，《辨伪》认为石刻表面有切痕是错误理解郭氏的记录。而"郭、罗往来密切，墓记去向不难得知"云云，认为以记载出土时间地点为主的《时地记》须记载墓记的售卖与收藏情况，显然是苛求古人。《辨伪》还说："因此墓志出现于何时，志石是否经历过切割，志面因何受损，各家都存在着不同的表述，至于今日，仍疑云遍布。"言过其实。

郭玉堂的记录很明确：墓记刻在红砂石制作的黄肠石的一头，由于石头比较重大，为了便于搬运，当地盗墓人把石头断开，留下有字的一头，弃去另一头以减重。显然不是切割的有字面。洛阳东汉帝陵和贵族墓冢多以黄肠石垒砌地宫，有题铭的黄肠石标出自身的"广厚长"尺寸。"广三尺"是立方体黄肠石必备的，这个尺寸确定了地宫墙壁厚度的一致。东汉一尺约合今23.5厘米，三尺约合今70.5厘米；其厚度有"一尺五寸"（约合今35厘米）和"二尺"（约合今47厘米）两种尺寸；其长度就石材长短取值，从二尺多至四尺余不等[①]。旅顺博物馆所藏《马姜墓记》原石"纵59.00、横47.00、厚42.90厘

---

① 赵振华：《洛阳东汉黄肠石题铭研究》，北京图书馆出版社，2008年。

米”①。复原其东汉尺寸是厚二尺（47厘米），长二尺五寸（59厘米），一如罗振玉所推算②。原石广三尺为70.5厘米，现存42.9厘米，则被裁去了27.6厘米，约为总体积的40%，减重不少。

断开后的墓记近似立方体，藏家一般将物品有字的面朝上放置，则截断面朝下看不到，罗振玉可能专注于文字而以为是方石，故叙购得的《马姜墓记》云："其制为方，石重数百斤，亦不类六朝以后之墓志为薄石而加以盖，此实墓志传世之祖。"③

洛阳邙山和万安山帝陵茔域出土的黄肠石一般用万安山的青石制作，用黄砂石、红砂石制作的甚少。邙山为土质丘陵，不产青石。孟津区的黄河小浪底水库大坝就建在两岸的红砂石和黄砂石崖间，以取其牢固。其东位于偃师区的首阳山又称红石山，也以产紫红色砂石而得名。相较于坚硬细密的青石，红砂石质地相对粗糙疏松，表面易于风化掉沙和起层剥落。马姜墓址东北邻近首阳山西端的凤凰山，是就近取材，以红砂石制作黄肠石营造地宫。红砂石沉重脆弱，盗墓人须将垒砌墓室的黄肠石自上而下一块一块拆卸下来，才能将砌于墙上刻有《马姜墓记》的黄肠石取下、搬出。

四、许鼎臣跋

中州大儒许鼎臣（1871—1933），字石衡，号渔岑，河南孟津人，清末举人。

《辨伪》第二节引用张士恒刊于《孟津文史资料》的两点内容来说明《马姜墓记》的发现早于1929年。《"中华第一志"出土于孟津》说道："而许鼎臣先生所作的汉马姜墓志跋，则是他在1924年主持续修《孟津县志》时，为该志所载的汉、北魏、隋、唐、武周等朝代的七十五方墓志所写的考跋之一。这些考跋是他从自己所撰著的《津邑金石录》中，移入《孟津县志稿》的，其写作时间在1924年之前。因此，罗（振玉）先生所言的马姜墓记于1929年出土，当是他误听谬传，失之详考之故。另外，据传今孟津县朝阳镇游王村一位清末秀才，生前曾说，民国初年，在洛阳的文化界中，有过关于这方墓志的出土和转卖的议论。"④《辨伪》继续说道："由此推断，许鼎臣或许早在数年前便已收藏该墓记拓片，墓志流转的过程恐较为复杂，在出土时间上与郭玉堂所记分歧不小。"

今人张士恒在文章的关节处未说明来历依据，使可靠性大打折扣。据高佑著《嵩洛草堂遗编》第一卷⑤，《高佑年表》第582页："1923年（民国十二年）癸

① 王振芬主编：《旅顺博物馆概览》，上海古籍出版社，2015年，第80页。

② 罗振玉撰述、萧文立编校：《雪堂类稿》，甲《笔记汇刊·石交录》：《近出土马援女志石为传世墓志之祖。其石为予购得并录其文》："石高建初尺二尺，广二尺五寸。"辽宁教育出版社，2003年，第154页。

③ 罗振玉撰述、萧文立编校：《雪堂类稿》，甲《笔记汇刊·石交录》，辽宁教育出版社，2003年，第153页。

④ 张士恒：《"中华第一志"出土于孟津》，中国人民政治协商会议孟津县委员会文史资料委员会：《孟津文史资料》第12辑，内部资料，1999年12月，第94—95页。

⑤ 高祐著、范西岳编注：《嵩洛草堂遗编》第一卷（散文），中州古籍出版社，2014年。

亥。许石衡、梁曰璞于陕督府讲学。刘立卿家居。”第583页:“1924年(民国十三年)甲子。刘立卿因人命事被拘,高佑赴郡代为申雪,许石衡亦赴汴相助,事后携眷赴秦。”第584页:“1925年(民国十四年)乙丑。秦军败,许石衡归故里,梁曰璞入天津。刘立卿授徒临汝。”1925年至1932年,许石衡资料缺。第590页:“1933年(民国廿二年)癸酉,许石衡卒。许自乙丑归洛后,曾在孟津龙嘴山馆设教,筹建河洛国学专修馆,组织豫西救灾会,纂修《河南通志》《孟津县志》等。”《孟津县志》记载他的相关活动:“许鼎臣……1928年,豫西因兵祸遭饥荒,许在洛阳联系他的友好捐办豫西救荒会,向当地人募捐,后来又亲自到北京筹集赈款……”[①]由上可知,许鼎臣于1925年由陕西归故里,曾在孟津龙嘴山馆设教;1928年筹建河洛国学专修馆,组织豫西救灾会。因此,他纂志在1928年之后,决不会在1925年之前。

民国《孟津县志》稿由许鼎臣主持编纂,然而始于何时呢?兹据史料作一推测。许鼎臣撰《征修孟津县志小启·附采访凡列》,启示正文约400字,采访凡列13条。启示由18人署名发布,本人名列其中[②],惜无发布时间。清末孟津籍举人吕乃斌撰《征求采访员启》有云:“当经县长详请,乃斌为筹备处长、照藜为采访主任、鼎臣为编辑主任,业已分别照会……”[③],亦未署年月。然而河南改县知事为县长的公事在1927年6月[④],吕《启》中的吕乃斌、(刘)照藜、(许)鼎臣,均见于许的《小启》,说明两《启》是撰写《孟津县志》稿的启动信号,应当同时发布于改县长事之后。

《孟津县志·大事记》载:“民国十年(1921),河南省长张凤台通令各县成立县志局。1924年,吴佩孚促省长李济臣又令各县设县志局,限二年编纂成志。1921年县成立编志机构,1930年1月22日,省再次令各县成立县志局,由县知事主持修志,虽三令五申,但《孟津县志》终未编成。”[⑤]《孟津县志》又载:“民国十九年(1930),曾再行补叙,草成一稿,但未及复印,即人亡稿失,卷帙无存。”[⑥]综上,许鼎臣担纲纂修县志、撰《征修孟津县志小启》也是1930年的事情了。他所撰《汉马姜墓志跋》的标题后特别注有“以下孟津县志稿”[⑦],显然是《孟津县志》项目启动后为该志金石卷所撰。

《马姜墓记》发现的具体时日对于辨别其真伪没有实际意义。《辨伪》对罗振玉关于墓记的相关记载多所采信,却利用1999年张士恒的无举证的叙述,否认民国

① 孟津县地方史志编纂委员会:《孟津县志》,河南人民出版社,1991年,第643页。

② 许鼎臣:《龙嵴山馆文集》卷四,1935年刻本,第11—13页。

③ 政协孟津县委员会:《孟津文史资料》第8辑,内部刊物,1995年,第35页。

④ 周樟主编:《孟津县志·大事记》:“民国十六年(1927)6月,冯玉祥任河南省政府主席,改县公署为县政府,县知事为县长,且设国民党县党部。”河南人民出版社,1991年,第36页。

⑤ 《孟津县志·大事记》,第35页。

⑥ 《孟津县志纂修始末·附录》,第895页。

⑦ 许鼎臣:《龙嵴山馆文集》卷三《汉马姜墓志跋》,1935年刻本,第26页。

当事人郭玉堂、罗振玉关于1929年发现的记载，有本末倒置之嫌。

五、武仲卒年

《辨伪》第三节说："关于墓志出土的情况众说纷纭，但都无法合理地解释墓志何以残缺这一问题，恰是残缺的数字，又牵涉到志文前后的牴牾，不免令人疑窦丛生。"

罗振玉《贾武仲妻马姜墓石记跋》云："'惟永平'，以上三字出土时有之，起石石已损。……'东侯'，此二字起石石亦损。"①盗掘出土的沉重墓记在人力搬动、截断和运输过程中包括有字面在内的方边与直角很容易遭遇磕碰而缺损。

就公布的拓本看，赵万里的《汉魏南北朝墓志集释》著录的最为完整，是"郭君玉堂所贻初拓本，除末二行外，犹未损一字也"②，同于北平图书馆藏首行"惟永平"未损之出土初拓本③。即仅左下边断裂，失落末两行各数字。实则拓本右上角的"惟永平"三字周围有圆形裂痕，右下角有弧形裂痕，根据经验，这两处是掉落后粘合于原位的，可见墓记在洛阳时已受损伤。

经陈淮生出面为罗振玉代购之墓记原石因首行的首尾各损三字，于是陈氏又为之购得掉落的"胶东侯"残石，买下存有"惟永平"三字的墓记拓本，使整篇可通读，弥补缺憾④。既然拓本和录文的首行一字不缺，何来"疑窦"？而"惟永平"残石概因既小且薄而难以保存下来。诚如《辨伪》所言，《碑帖鉴定》所谓"以后陈淮生为罗振玉代购，运时不慎，将首行永平二字损坏，无法复原"的晚期之说⑤，不如当事人的记载平实。

《辨伪》此节还分析了贾武仲卒年的矛盾。他殁于永平七年（64），年二十九，是年妻马姜二十三岁。马姜卒于延平元年（106），享年七十三。则夫妇去世相隔50年，以妻卒年逆推，则夫亡故于光武帝中元元年（56），那么墓记所述就错了。罗振玉、许鼎臣等均注意到这一问题，虽有解释，但终难以圆融。诚如杨树达所言："记文言年二十三而贾君卒，殆缘于以后推前误数之故，非事实也。"⑥《辨伪》还说："碑志干支不符的情况其实不少，但一般发生在当月之内，往往由于误记或误推导致，仅凭这点尚不能作为赝鼎的决定性依

---

① 罗振玉：《辽居稿·汉贾夫人马姜墓石记跋》，《罗雪堂先生全集初编》第3册，1968—1977年台北文华出版公司、台北大通书局影印，第1323页。

② 赵万里：《汉魏南北朝墓志集释》卷一，《石刻史料新编》第3辑第3册，（台北）新文丰出版公司，1977年，解说第35页，拓本第273页。

③ 北京图书馆金石组编：《北京图书馆藏中国历代石刻拓本汇编》第1册，中州古籍出版社，1989年，第36页。

④ 罗振玉撰述、萧文立编校：《雪堂类稿》，甲《笔记汇刊·石交录》：《近出土马援女志石为传世墓志之祖。其石为予购得并录其文》："石出土后，首行之首损'惟永平'三字，末损'胶东侯'三字……出土后，予即以重值得之，亡友陈淮生学部，复为予购得首行脱下'胶东侯'三字残石，及在圹中时'惟永平'三字未损时拓本，于是全文乃可读。"辽宁教育出版社，2003年，第154页。

⑤ 马子云、施安昌：《碑帖鉴定》，广西师范大学出版社，1993年，第30页。

⑥ 杨树达：《积微居小学金石论丛》，科学出版社，1955年，第304页。

据，然而《马姜墓记》情况有所不同，月日俱全，而前后相隔八年之久，显然悖于常理。”

罗振玉说："碑称夫人延平元年薨，年七十三，逆数之，是生于建武十年。”这是以马姜卒年为基点推算的。又说："碑载贾武仲以永平七年卒，年廿九，夫人时年廿三，以夫人卒年推之，则永平七年夫人年已卅一，非廿三，殆由秉笔者之误。”[①]这是以贾武仲卒年为基点推算的。墓记主要为辞世不久的马姜而作，也许所记夫人与诸女的情况不错，而把几十年前贾武仲的亡故年记错了。这个自相矛盾的记载反而证明了墓记的真实，倘若是民国伪作，利用清代齐召南《历代帝王年表》、李兆洛《纪元编》等书的相关述记去编排，就不会产生此类“漏洞”，更不会为“永平”碰落而质疑。

六、贵人数量

《辨伪》第四节谈“贵人”问题，贵人的身份地位仅次于皇后。墓记记叙马姜的长女次女贾氏为“显节园贵人”。显节园为明帝陵，显节园贵人则当为明帝嫔妃。史书关于陵园宫女制度的记载并不完备，关于陵园贵人究竟情形如何，目前认识尚比较模糊，大致可分为两种情况。一种情况是陵园主人生前已被封为贵人，一种情况是陵园主人死后复尊为贵人。不论是二者之何种情况，陵园贵人的封赠都是郑重其事，数量寡少。

所述有一定道理，然而贵人的数量不会太少。《后汉书·皇后纪》载，西汉的嫔妃制度复杂，妃嫔称号繁多，“至乃掖庭三千，增级十四”。东汉光武帝大力删减为："六宫称号，唯皇后、贵人。贵人金印紫绶，奉不过粟数十斛。又置美人、宫人、采女三等，并无爵秩，岁时赏赐充给而已。”[②]正是由于妃嫔称号甚少，又无员额的记载，故皇后只有一位，而贵人、美人等必众。如明帝崩，“肃宗即位，尊后曰皇太后。诸贵人当徙居南宫”[③]。离开北宫，为新皇帝腾空；暂时居于南宫，俟陵园建成，迁居园省。和帝永元七年，护羌校尉邓训之女邓绥（和熹邓皇后）与诸家子俱选入宫，以身高貌美于八年冬“入掖庭为贵人，时年十六”，快速上位。朝廷“每有宴会，诸姬贵人竞自修整，簪珥光采，袿裳鲜明”[④]，展美亮丽。明帝封贾氏两女为贵人，岂无可能？

《后汉书·礼仪志》李贤注引《皇览》曰："以后宫贵幸者皆守园陵”[⑤]。元兴元年，和帝崩。“和帝葬后，宫人并归园”，包括周贵人和冯贵人“以旧典分归外园”。邓皇后采取系列措施为国家节约开支，其中一项是："又诏诸园贵人，其宫人有宗室同族若羸老不任使者，令园监实核上名，自御北

---

① 罗振玉：《辽居稿·汉贾夫人马姜墓石记跋》，《罗雪堂先生全集初编》第3册，1968—1977年台北文华出版公司、台北大通书局影印，第1324—1326页。

② 《后汉书》卷一〇《皇后纪》，第400页。

③ 《后汉书》卷一〇《马皇后纪》，第410页。

④ 《后汉书》卷一〇《和熹邓皇后纪》，第419页。

⑤ 《后汉书》志第六《礼仪下》，第3144页。

宫增喜观阅问之，恣其去留，即日免遣者五六百人。”[①]由执政皇后决策将困居于光武帝、明帝、章帝、和帝四座帝陵茔域的数量庞大的宫女团体中符合条件者，免除封号并遣散回家。安帝建光元年“二月癸亥，大赦天下，赐诸园贵人、王、主、公、卿以下钱布各有差。”下注：“谓宫人无子守园陵者也。”[②]贵人地位尊崇，其称号是成年皇帝生前所封，而在其驾崩后，贵人和其他宫女则迁往帝陵侧傍的封闭院落“园省”度日[③]。马皇后的两个外甥女贾氏是明帝显节园陵的守陵贵人，和众多宫女一样，皇帝生前悉心服侍于周围，天子崩后终身守陵于荒原。然而《后汉书》没有关于洛阳的以十一座帝陵的陵园为名的贵人[④]，墓记首见的“显节园贵人”，益显其真。

婕妤在西汉宫中嫔妃十四等名号中位列第二。《后汉书·明德马皇后纪》说，马援姑姑两姐妹“皆为成帝婕妤，葬于延陵。”贾复的孙女两姊妹并为明帝贵人，也是事实，身后必然葬于显节陵茔域。桓帝多内幸，“博采宫女至五六千人”。永康元年冬，以所宠采女田圣“等九女皆为贵人”[⑤]，皇帝将宠爱的诸宫女封为贵人是后宫常态。

七、朱紫词义

《辨伪》第五节说，马姜四女，婚配皆为高门贵第。墓记云：“遂升二女为显节园贵人，其次适鬲侯朱氏，其次适阳泉侯刘氏，朱紫缤纷，宠禄盈门，皆犹夫人。”此处满门“朱紫”，乍看寻常，实则有待商榷。高文《汉碑集释》认为“朱紫”是王侯之家，这种意见是对的，但解释却是东拼西凑。之所以如此，其实也是无奈之举，因为《舆服志》并无“朱紫”一词的明确说法，穷尽性地查检《后汉书》后，“朱紫”虽数见，亦无一与墓记所指相合。皆藉“朱紫”以判别是非、真伪、善恶、美丑、好坏等，主要强调朱紫有别，其他尚可表示颜色的丰富。“朱紫”表示地位尊崇的含义，出现得相对较晚。不论是史乘还是碑志，“朱紫”表示高贵的身份或门第，均是从六朝时期开始普及的，至于隋、唐而趋于极盛。“朱紫缤纷”出现于东汉的《马姜墓记》，又无同时期其他可靠语料佐证，显然孤证难立，因此《马姜墓记》一例，有执今御古之嫌，难以轻信。

《辨伪》引据文献解说“朱紫”基本是对的，《汉碑集释》的解释也比较牵强：“朱紫：《后汉书·舆服志》：列侯安车，朱斑轮倚鹿较，公侯将军紫绶。缤纷：盛貌。”[⑥]就文献所记择己之需截取片段。然而《汉书·楚元王刘交传》云：“今王氏一姓乘朱轮华毂者二十三人，青紫貂蝉充盈

① 《后汉书》卷一〇《和熹邓皇后纪》，第421—422页。

② 《后汉书》卷五《安帝纪》，第232页。

③ 严辉等：《洛阳孟津朱仓东汉帝陵陵园遗址相关问题的思考》，《文物》2011年第9期，第71页。

④ 《后汉书》卷一〇下，《皇后纪下》记载的桓帝刘志追尊父亲刘翼为孝崇皇，陵曰博陵，尊母匽氏为博园贵人；灵帝刘宏追尊父亲刘苌为孝仁皇，陵曰慎陵，尊母董氏为慎园贵人，与此无关。

⑤ 《后汉书》卷一〇下，《桓思窦皇后纪》，第445页。

⑥ 高文：《汉碑集释（修订本）》，河南大学出版社，1997年，第22页。

幄内，鱼鳞左右。”[①]扬雄《解嘲》云：“纡青拖紫，朱丹其毂。”师古曰：“青紫谓绶之色也。”[②]是西汉时期在一句话中以“乘朱轮”“佩紫绶”形容身居高官显位之文，故东汉墓记言简意赅地以“朱紫”喻地位尊崇的王侯之家，开词意之先，亦顺理成章，无可厚非。

八、书法平阙

《辨伪》的第六节主要谈墓记制作粗糙，与马姜的高贵身份不合。上面的字“其中很多都是缘于石质粗糙，磨砻未平，直接书刻而造成的字形残泐。”马氏的确倡导简朴之风，“然而朴略并不等于粗糙，墓记形制之简陋，刻写之草率，令人瞠目。”殡葬马姜之事受到皇帝及宫廷内外的特别礼遇。在此情形下，“墓记制作简率至此，令人难以置信”。而检魏晋六朝墓志，间有赐赠东园秘器者，墓志皆精好。“所见无不磨砻齐整，刊刻精善，两者同为宫中赙赠，相较而言，不啻霄壤之别。”是言无当。然而一是墓记并非镌于专门的载体上，二是滥觞期的墓记和定型期的墓志外貌异趣是时代的产物，要二者同样精致是主观强求。而且墓记直接刻在红砂石质建筑材料的端面，事前未加修饰磨平，尤为非赝刻之确证。

这里需要了解黄肠石的制作程序：开山取石，切凿毛坯，照尺錾剁。其毛坯石的表面净是匠人手工凿出的一条条粗糙錾道，深浅不等。然后用剁斧斩剁，使毛坯石表面平整，达到尺寸标准即是成品，从不磨平。故而黄肠石六面都是排列细密的斧剁痕迹，而且往往遗留有未剁掉的錾道底部的大大小小的凹坑麻点。当时尚无墓志石的概念，墓记刻于黄肠石一端的表面，一如墓记拓本所示，《辨伪》所述。可见东汉黄肠石墓记的粗糙和三四百年后北魏青石墓志的精致，没有可比性。

当时墓内记人事的刻辞，没有固定的载体，如新莽始建国天凤五年冯孺人画像石题记，刻于墓中主室的中央石柱上；东汉“永元十二年四月八日王得元室宅”画像石题记，刻于墓中主室后壁的立石上。东汉阳嘉元年的缪宇石刻，刻写在墓后室石门上方画像石的画像旁边；延熹八年□红夫妇墓记，刻写在墓后室石门的门楣上。说明当时可能还没有一种固定的石刻形制用于标志墓葬，而是随意为之[③]。马姜墓记也是同时期的新鲜事物，故《辨伪》第一节所谓：“一般认为，严格意义上墓志的产生，始于建安十年（205）曹操禁碑之后，转而将墓记幽埋地下……《马姜墓记》（106）下距曹操禁碑更达百年之久，此般情形，可无疑乎？”可以冰释。

对于墓记书法，《辨伪》说：“而从碑刻书法来看，其实《马姜墓记》写手不俗，如第九行‘朱紫缤纷宠’诸字，心手相通，神采奕奕。然而此为吉光片羽，通篇观之，则水平参差不齐……何以如此，笔者亦大为不解。”这种评论一件书法作

① 《汉书》卷三六《楚元王刘交传》，中华书局，1962年，第1960页。

② 《汉书》卷八七下《扬雄传》，中华书局，1962年，第3566页。

③ 赵超：《古代墓志通论》，紫禁城出版社，2003年，第41—44页。

品时，采取肯定局部艺术高明而攻讦整体水准低劣的手法有点儿草率。因墓记文辞以一人书丹，刻工亦由一人执刀，书法风格质朴首尾一致。

《中国书法》2020年第6期为《经典：汉隶及其流变特辑》，其《文丛》栏目以11篇、《论坛》栏目以7篇具名文章，以两汉石刻书法作品为依托，全方位多角度地探讨了汉隶与书法流变，并刊布具有代表性的两汉石刻拓本15幅为书法研究的蓝本，《东汉贾仲武妻马姜墓记拓片》赫然在列。观察拓本[①]，字底以纵向为主的斧剁痕迹丝丝可辨。判断书体，绝非赝迹。

其书丹时因书写习惯和毛笔的弹性，字体会有蚕头燕尾和撇捺波挑。因刻工怠惰，简易其事，铁刀并未完全依照字形外貌镌刻，虽笔画俱存而失却毛笔字的特点，故不能有同时代名作《张迁碑》的厚朴和《曹全碑》的清峻。由于其文字结体方正，线条细劲，笔画爽利而具有“古隶”的意味。笔道率意径直，劲健简捷，与洛阳出土的黄肠石题铭、刑徒砖铭和《汉张仲有修通利水大道刻石》（永元十年即公元98年）朴实自然的书体风格相同[②]。墓记古朴雄劲的隶书风范与洒脱自如的字体结构，非民国时人所能够仿造。许鼎臣说：“按汉墓志不经见，今见马姜文字形式皆与后代异，朴茂质实，确系汉人矩矱。”[③]赵万里说，《马姜墓记》的“字体宽博，与洛中所出黄肠石残字及吾浙余姚所出三老碑相似。”[④]南北书体息息相通，乃一个时代书法的总体风格使然。

简牍学者李均明在“简牍制度”中解释抬头与提行时指出：“提行乃指意义连贯的字句，出于尊敬他人等特殊原因，人为地分成两行书写”[⑤]，即平阙。诸女葬母所作墓记15行，有6次提行另写，分别是第3行“夫人”、第4行“明德皇后”、第6行“夫人”、第8行“显节园贵人”、第11行“夫人”、第13行“皇上”等，其中除过对皇室成员提行外，每遇母亲“夫人”即提行。而父亲贾武仲却没有这个待遇，如第2行的“贾武仲卒”，第4行之末、5行之首将“贾君”2字分开，在书写格式上不考虑对父亲的尊敬，因其既无官位又过早辞世，年少诸女成人后早已淡忘，亲情缺失。显然墓葬主要为马姜而建，而迁夫贾武仲之柩合葬。《马姜墓记》体现了汉代丧葬礼仪中文书的书写礼貌，开后世墓志平阙式的先声。

九、贾马墓茔

东汉皇帝分葬于东汉洛阳城北的邙山和城南的万安山两大茔域。中元二年（57）葬光武帝于邙山原陵之后，明帝、章帝、和帝、殇帝葬万安山北麓。殇帝延平元年（106）葬马姜时，邙山只有一座原陵，土

---

① 《东汉贾仲武妻马姜墓记拓片》，《中国书法》2020年第6期，第14页。

② 北京图书馆金石组编：《北京图书馆藏中国历代石刻拓本汇编》第1册，中州古籍出版社，1989年，第32页。

③ 许鼎臣：《龙背山馆文集》卷三《汉马姜墓志跋》，1935年刻本，第26页。

④ 赵万里：《汉魏南北朝墓志集释》卷一，《石刻史料新编》第3辑第3册，（台北）新文丰出版公司，1986年，第35页。

⑤ 李均明：《古代简牍》，文物出版社，2003年，第154页。

冢高大，在洛阳市孟津县送庄乡三十里铺村西南，当地称之为“大汉冢”[①]。王窑村位于原陵东北，直线距离约4.5公里，即位于邙山帝陵陪葬冢茔域的东北端。2008年3月18日，洛阳市文物考古研究院调查《洛阳出土石刻时地记》记载的出土《马姜墓记》的土冢，编号M872，摄影记录。土冢位于孟津区平乐镇新庄村6组王窑自然村西南50米，冢土遭群众取土破坏十分严重，呈不规则形，成为一个东西长10.15、南北宽11.50、高4.30米的土冢，村民呼为“胶东侯冢”（图4）[②]。2015年春，孟津县人民政府于冢上堆垒新土以恢复原貌，并于冢前建石亭，亭中央立“东汉贾武仲马姜之墓”碑，以为纪念。

图4 马姜墓土冢

墓记说马姜于延平元年薨逝，皇上怜恤伤悼。皇帝和皇太后赙赠财物，赏赐官造棺材，以隆重丧礼殡葬于北邙山贾府的家族故茔。由于贾马双方家族高贵，诸女出息，丧葬礼仪得到皇家赙赐而规格非同一般。就郭玉堂所记和墓记的复原尺寸看，新修建了一座黄肠石墓，夫妇合葬，覆土为冢。

东汉实行家族墓葬制度，墓记的“葬于芒门旧茔”，或谓：“芒门：指芒山，后作‘邙山’，在洛阳城北。其处是历代墓葬之所。”[③]释词不完整。芒指芒山，即邙山。门指家族，《左传·昭公十三年》：“晋政多门。”杜预注：“政不出一家”。《史记·孟尝君列传》：“将门必有将，相门必有相。”所谓“旧茔”，即从前的、原先的墓地。句谓葬于邙山家族故茔。检索文献，“门旧茔”的用例仅此一见，非民国时期能造之词。

贾武仲之父贾复可能葬于此处。贾复《后汉书》有传，刘秀麾下战将，以勇武见称，云台二十八将序第三，建武三十一年（55）卒[④]。他虽然比光武帝早亡两年，但光武帝于建武二十六年“夏四月，初营寿陵”[⑤]，彼时预作寿陵业已建成。功臣名将的陪葬墓冢分布于帝陵周围，陪葬墓中当也祔葬有陪葬者的子孙。贾复很可能享此殁后的荣宠。明年，早亡的贾武仲随葬于此。50年后就成为了贾府聚族而葬的“邙门旧茔”了。

考古学家黄展岳研究《马姜墓记》指出：“今存石高46、宽58.5厘米，石面琢磨

① 严辉：《洛阳东汉帝陵地望问题研究综述》，《中原文物》2019年第5期，第95页。

② 洛阳市文物考古研究院：《邙山陵墓群考古调查与勘测第一阶段考古报告》，文物出版社，2018年，第64、1110、1111页。此照片为“M872东——西”，由洛阳市文物考古研究院严辉先生提供。

③ 《贾武仲妻马姜墓记》，毛远明：《汉魏六朝碑刻校注》，线装书局，2008年，第76—77页。

④ 《后汉书》卷一七《贾复传》，第664页。

⑤ 〔东晋〕袁弘撰、周天游校注：《后汉光武皇帝纪》，《后汉纪校注》，天津古籍出版社，1987年，第220页。

仍存凿痕，字刻凿其上，已略呈风化。共15行，少数刻文模糊不辨，全文约200字左右。无标题。记死者姓名、家世、生平事迹及死葬日期甚详，用意与定型墓志相近。前人称此墓石为墓记，《中国大百科全书·考古学卷》沿用此称，以示别于后期墓志，这是妥当的。由志文知马姜系东汉伏波将军马援之女，胶东侯第五子贾武仲之妻，明德皇后之姊，贾贵人之母，位居贵戚，'赐秘器'以葬。王窑村一带系东汉帝陵区，曾多次发现黄肠石和黄肠石刻。马姜墓石为黄肠石刻无疑，马姜墓应是黄肠石墓。此墓石原来很可能是嵌在墓室壁的明显部位。"[①]石刻专家赵超说："这件墓记铭文首先记载死者丈夫的卒年，然后叙述死者的出身家世与子女情况，其中不乏赞美之辞，最后记载马夫人的卒年，葬地，并且特别说明是子孙害怕后世不知道这是夫人的墓，不了解夫人的德行，所以刻石记录，表明了专门用于纪念的礼仪作用。这些文章体例与内容，与后代正式定型的墓志十分相似。所以这些墓记可能就是最早的墓志，只不过当时不称作墓志罢了。"[②]其所著的《汉魏南北朝墓志汇编》，也将《马姜墓志》作为篇首[③]。

一般说来，史传之文经过选择以符合入书标准，传抄于今许有与原始文本相异之处。而墓记是当时的记录，相对可靠。关于《马姜墓记》与《后汉书》相关记载的龃龉之处，不能因史籍未载而简单否认，作为伪刻之证据。如罗振玉所谓："汉人墓记前人所未见，此为墓志之滥觞。"《贾复传》不见第五子贾武仲之名，"殆早亡未仕，故《传》不及耶？"[④]言其青年亡故，既无官位更无事迹而不书。对于一块出土时地明确、流传有序、公家收藏的东汉墓记，怀疑其为赝鼎之前，事先鉴定原石与刻辞、书法，很有必要。

以前曾经拜读过作者的《东汉"宣晓"刑徒砖真伪考辨》大作[⑤]，深感其证据充分，分析到位，抽丝剥茧，揭示真相。相信国家社科基金项目"乾嘉以来碑刻辨伪研究"定能不断取得成果。

① 黄展岳：《早期墓志的一些问题》，《文物》1995年第12期，第54页。各家著录的墓记尺寸，一般是丈量所见拓本的尺寸，因拓本的收缩和褶皱，往往较原石略小些。

② 赵超：《古代墓志通论》，紫禁城出版社，2003年，第43页。

③ 赵超：《汉魏南北朝墓志汇编》，天津古籍出版社，1992年，第1页。

④ 罗振玉：《辽居稿·汉贾夫人马姜墓石记跋》，《罗雪堂先生全集初编》第3册，1968—1977年台北文华出版公司、台北大通书局影印，第1323—1326页。

⑤ 邱亮、毛远明：《东汉"宣晓"刑徒砖真伪考辨》，《古籍整理研究学刊》2015年第6期，第40—44页。

旅顺博物馆藏梵字大钟及其铭文解读

张丽香

兰州大学敦煌学研究所

内容提要：旅顺博物馆今藏一件铸满梵字的大钟，来源不清，被今人误与朝鲜元代铸钟混淆。本文通过对梵钟形制的观察分析、对梵钟铭文的释读研究和与前人部分释读的对比分析，认为该钟源于明代以后北京地区寺庙。大钟铭文内容为兰札体梵文广本《心经》（Prajñāpāramitāhṛdayasūtra）和《坚牢不动金刚咒》《法身偈》《总佛菩萨咒》。该钟在形制方面独具特色，铭文的主体部分广本《心经》又有其字体、语法、文本内容方面的特点。其部分文字设计了特殊排序，造成解读困难，同时也体现了其独特的风格。

关键词：旅顺博物馆　梵字大钟铭文　心经

旅顺博物馆今藏一件铜质梵钟（图1），立于博物馆一层，通高2.2米，钟径1.35米，重1.67吨①，钟身铸满梵字铭文。其于2007年从大连劳动公园迁入旅顺博物馆，劳动公园原址有一今人所撰介绍性碑文，称其铸于“公元一三四七年（元顺帝至正六年间），元朝朝廷为在高丽国弘扬佛法，由皇家出资并派使臣在朝鲜铸造此钟。……该钟文字为兰查体梵文《阿罗尼咒》”。该介绍引发误解，目前据博物馆工作人员核查，这一内容并不可靠，其将该钟与朝鲜元代铸钟混淆，是错误的②。其文中所谓“阿罗尼咒”应当指陀罗尼（梵文dhāraṇī）。除此之外对于该种并无其他有关年代、来源和内容的说明。

本文作者受旅顺博物馆王振芬馆长委托③，对大钟的铭文进行解读，以探寻其来源。铭文中并没有提到年代、铸造捐资者或其他相关信息，现根据大钟的形制和梵文字体的特征，判断大钟的铸造年代应为明代或明代以后，对比同时代梵钟又有其自身特点。对其梵字铭文释读比对后可以明确，其内容

---

① 这座梵钟的质地高度等数据来自旅顺博物馆。

② 以上情况为博物馆方提供的资料。

③ 在此衷心感谢王振芬馆长和博物馆方提供的资料和实地考察中的友好接待和帮助，特别是馆长为本文作者提供了一部分关键信息和资料。

主体为兰札体所书梵文《般若波罗蜜多心经》广本,《心经》后为《坚牢不动金刚咒》《法身偈》(*ye dharmā* 偈颂)和《总佛菩萨咒》。该钟《心经》铭文有自己的字体、语法和内容特点。在对此梵文《心经》进行不同版本对勘时，发现此铭文与孔泽（E. Conze）所用版本中三个出自中国的梵文版本相同之处比较多，进而发现其中一个来自一件源于北京的梵钟铭文，这一铭文曾由米罗诺夫（N. D. Mironov）做过不完整的转写（米氏转写了19行铭文中的11行）。本文作者经过仔细比对研究，认为米氏曾做过部分铭文转写的梵钟即此旅顺博物馆所藏梵钟，而按照米氏所给信息，这件旅博藏梵钟最初是从北京一寺院迁至大连的。下文分别详细说明。

一、旅博梵钟的形制和年代地域归属

旅博梵钟是波形口钟，其钟壁波曲外敞，幅度克制，钟裙部分外敞相对明显，钟钮为圆雕蒲牢钮，非常明显属于明代以后的梵钟形制，且是北方特别是北京及其周边地区比较典型的造型。

具体如下。钟钮为双龙相背蒲牢钮，两龙相连的背部有锯齿状背鳞，上方没有火珠；八爪，其四爪抓于钟顶，另四爪分别叠于其上；龙头雕造精美，龙头抬起幅度较低；龙钮总体约与钟顶同宽。钟顶圆平，钟肩圆缓，没有常见的一周莲瓣纹装饰，而是布满三圈梵字铭文。钟体微微波曲外敞，波曲幅度和外敞幅度都很小，钟裙处相对明显；钟体铸满梵字铭文，与钟肩梵字连为一体，中间仅以铸范痕迹自然分为四部分，间隔较其他行间距为宽，但并无分隔线条或分隔纹样。钟肩三行字符外，钟体上部和下部各有八行字符，铸范痕迹在钟肩和钟体间、钟腰处以及钟体下部第七行和第八行之间。钟裙高度较高，约占整个钟身的四分之一；其上缘有一周凸弦纹，将其与钟体分隔；钟裙铸满水波纹，分别以粗细线条描绘波形和水纹，雕造细致，有八朵大浪花凸铸，分别位于耳处；钟耳八个，其波峰与波谷处宽度相当，钟口波曲，幅度适中，有一周宽唇边缘；撞座四个，为朴素圆形，在钟耳处，位置低，置于该处凸铸浪花偏低处，并叠在浪花之上。整个梵钟高宽比大约为1.63:1（依据馆方数据估算），整体造型谐调优美。

如上所述，就其形制总体特征来看，如圆雕蒲牢钮、波口沿、钟体波曲外敞、撞座的情况等等，在明清时期、特别是明代的北京地区比较多见。此钟的特殊之处在于，整个大钟除了钮部雕铸和钟裙图案外，钟身铸满梵字，此外别无其他语种文字、图案或装饰，非常罕见。古代中国有大量“梵钟”（指佛教寺庙的钟），其中颇有上面铭刻了咒语或者部分经文的情况，明清所铸者现存数量相对较多，但像旅博大钟这样从钟肩到钟体全部只刻梵文，没有任何其他文字及图纹装饰（纹饰除钟裙部分）者目前为仅见。铸刻铭文内容为《心经》的梵钟也有，但基本都是汉文《心经》略本，梵文广本此为仅见，更不用说其文本自身还有独特之处（具体文本见第二部分）。

可作比较者，一件是现存北京大钟寺的明代永乐大钟，其钟体铸满经咒[①]，但

① 其铭文解读见张宝胜《永乐大钟梵字铭文考》，北京大学出版社，2006年。

既有汉文也有梵文，同时钟体没有此钟的铸范分区，而且其形制在细节上与旅博梵钟还有差异（参见下文说明）。与旅博梵钟可在诸多方面做比较的还有一件明代万历年间所铸梵钟——弥勒庵钟（现存北京大钟寺博物馆）。该钟同样是从钟肩至钟体铸满佛教经文，文字细密齐整，且以铸范分区，而且其钟裙上部同样为平直分隔线（而非很多其他明清梵钟那样为波曲或有凹角的上边缘），但弥勒庵钟此处不是凸弦纹，而是以铸范线分隔；此外，其波口起伏幅度较为适中，口沿边缘有凸铸宽唇线，撞座为四个且为朴素圆形，这些特点都与旅博梵钟相类。但二者仍然有一些值得注意的不同之处，如弥勒庵钟钟裙完全没有其他纹饰，且钟裙高度较低；钟钮的龙头更为低垂，钟钮与钟顶的宽度比例稍小；铭文全部为汉字，且有四层若干格错落分区。这些异同不但有类型学方面的意义，而且对于年代地域区分也都有不同程度的意义。明代另有一座弘治年间道钟也有类似设计，钟体铸满文字，但一方面其全部为汉字，且并非完全横排竖列规律排布，另一方面钟体完全没有分区，既有相类之处又区别明显。

此外还需说明，旅博梵钟钟裙部分所饰水波浪花纹为明清以后多见的图案，类似图案在明代皇室及贵族的衣服下摆已有出现，但目前所见梵钟钟裙此图案为仅见，或可从图案方面做文化背景相关性探讨。上述这些情况说明旅博现藏梵钟与明代部分梵钟有部分特征重合，但又有自己的独特之处。

全锦云在《东亚梵钟文化研究》[①]一书中对大量现存中、日、韩古代梵钟在翔实考察的基础上进行了详尽描述、分析、分类、总结，尝试给出一个古钟谱系，以能将任何一座古代梵钟在年代和空间上定位于其所建立的体系之中。按其分类来看，旅博大钟从形制上整体可归属于其中的北方A类III型。A类钟根据作者是北方波形口钟中数量最多、质量最为精良、发展序列相当完整、最具主流地位的一型，肩部圆缓，口部微敞，钟耳较小，钟体多分为八格，钟钮多圆雕蒲牢，其中第III式钟体上部内收，钟壁呈曲线外敞，流行于明，其代表之一即为非常著名的永乐大钟[②]。作者对整个这类钟的概括描述细致准确，但根据笔者观察，被列为A型III式代表的永乐大钟在此类型中是相对独特的，包括今天所见永乐年间的另外两座钟，一为北京钟楼永乐大铜钟，另一为北京钟楼原永乐铁钟，均直壁短裙，有其共同特点而与该类型其他钟型相区别。全锦云先生所做工作非常有价值和参考意义，笔者认为可在其基础上继续进行探讨和完善，做更细致的研究。包括我们这里讨论的这件旅博梵钟，都将为此方面研究增添新的材料和启发。

以上是从梵钟形制特征方面观察所得，可以基本判断其为明代以后铸造的、来源于北方且最可能为北京及其周边地区一座有特殊意义的梵钟。下文第二部分对梵钟铭文进行解读，这一解读过程也是对

① 全锦云：《东亚梵钟文化研究》，文物出版社，2018年。

② 同上注所引书，第91—96页。

这座梵钟的来源进一步确认的过程。

二、梵钟铭文解读

旅博大钟梵文字体经过对比分析，与居庸关云台元代梵字铭文、飞来峰元代梵字铭文、明代永乐大钟梵字铭文和明代法海寺钟梵字铭文等字体比较一致，说明其应铸造于与之接近的年代，是比较典型的元明兰札体书写方式，与较晚的装饰性、风格性更强的部分清代所书兰札体字符有所区别。

大钟所铸梵字铭文以铸范痕迹分为三个或四个部分。上部包括钟肩及其与钟体的衔接部分，有3行铭文，每行56个字符，始于其中一个龙头正下方，从左至右，以“namo bhagavatyai śrī-ārya-prajñāpāramitāyai”（“礼敬尊圣贵般若波罗蜜多”）以及典型的佛经起始序分的“evaṃ mayā śrutam ekasmin samaye ...”（“如是我闻一时……”）句式开头，是包含了序分的广本*Prajñāpāramitāhṛdayasūtra*《般若波罗蜜多心经》开头的一部分。

中部，即钟体的上半部分，有8行铭文，每行64个字符，内容与上部的文字顺序相连。

钟体的下半部分，同样是8行铭文，每行64个字符，又可分为两个部分。一部分是《心经》其余部分以及《坚牢不动金刚咒》和《法身偈》。非常特别的是，这部分并不像上面两部分那样每行全部字符从左向右顺序排列，而是每8个字符成一组，每行共8组字符串，作为8个整体从右向左（即右绕而行的方向，与上面11行铭文逆序）排列，但每组8个字符内部又是按照从左至右的正常顺序排列的。也就是说第1行（即全部铭文的第12行）第1个字符在倒数第8个字符处开始，从左向右读8个字符后，再向左数16个字符处是第9个字符，再以此开始向右读8个字符，然后再向左16个字符处读第17个字符……以此类推（具体见下面的转写）。这给最初的解读造成了很大困惑。这一字符排列顺序的特别之处也很可能就是米罗诺夫当年的转写缺失这部分的原因，米氏当时可能没能破解这个顺序之谜，所以这部分内容无法读通也就没有进行转写。

该部分在《心经》结束之后，《坚牢不动金刚咒》在《法身偈》前后出现两次，并且首尾以一个特殊的daṇḍa符।标示，即其排布形式为“।-《坚》-《法》-《坚》-।”。《坚牢不动金刚咒》第二次结尾的raksa重复两遍，也可能是为凑足字符数。

下部的第二部分是最下一行的《总佛菩萨咒》，其在maṃgalaṃ bhavaṃtu 后加rakṣa，共8个字符，重复8遍，恰好一行64个字符，无论按照上部的正常字符顺序还是按照下部八字一组倒序的排序方式都可以同样通读。

此钟广本《心经》铭文与维迪雅编辑本（Vaidya 1961）[①]差别较大，与孔泽编辑本（Conze 1948）[②]对应更好，特别是

① ed. P.L. Vaidya, in: *Mahāyāna-sūtra-saṃgraha, Part 1*. Darbhanga: The Mithila Institute 1961 (*Buddhist Sanskrit Texts, 17*).

② Edward Conze, “Text, Sources, and Bibliography of the Prajñāpāramitā-hṛdaya”, in *The Journal of the Royal Asiatic Society of Great Britain and Ireland*, 1948, No. 1, pp. 33-51。后收于作者*Thirty Years of Buddhist Sutdies*, Oxford 1967, pp.148-167。

与孔泽用以校订的Ca、Cd、Ce三个文本有更多相同之处，Ca本是缪勒（M. Müller 1884）用过的一个中国木版印本；Cd是米罗诺夫于1932发表的一篇文章所附转写文本，Ce本为菲尔（L. Feer 1883）所出的一个多语种编辑本[①]。其中的Cd本，即米罗诺夫转写本特别引起了本文作者注意，米氏文章[②]说明其转写的是一件来自北京寺庙、当时存于大连的梵钟铭文，但是该转写不完整。

笔者在核对后认为米氏这一铭文转写就是旅顺博物馆今藏大钟铭文的不完整转写。原因如下：第一，米罗诺夫的转写共有11行，对应钟体前两部分铭文，即钟顶到钟肩的3行和钟体上部的8行，缺钟体下部的8行，在这11行中除了第5行结尾多了śi-（应在第6行开头）之外所有行的起止处均与现旅博大钟铭文一致；第二，前文提到，钟体下部文字排列顺序颇为特殊，八字一组倒序排列给解读造成了相当程度的困惑，这很可能就是当时米罗诺夫没有给出下面八行铭文转写的原因；第三，在米氏转写中很多拼写错误与现存旅博大钟铭文一致。这里特别是第一点和第三点笔者认为很难说是纯属巧合。可以确定，这就是同一件梵钟的铭文。

但这里还有一个令人困惑之处，米氏说明，该钟有大约5英尺高，也就是约1.52米，显然比我们看到的大钟要矮不少。笔者猜测有可能他没有算上钟钮和钟裙，如果去掉钟钮和钟裙部分这个高度就相当符合了。虽然在评估高度时不算钟钮可以理解，但钟裙也没有考虑进去还是让人疑惑。米氏原文是“the huge monument (about 5 ft. high) is covered with the Skt. *larger* text of the *Prajñāpāramitāhṛdayasūtra* in rather mordern characters.”（p. 75），那么覆盖铭文的部分确实并不包括钟钮和钟裙。根据当时米氏给出的信息，此钟本系北京一寺庙梵钟，被迁至大连，当时成为日人T. Kosugi的私人所有(p. 75)。原始寺庙信息及具体迁移过程，尚需有关方面进一步调查。

米罗诺夫的转写很通畅，但个别之处明显有误。另外需说明，现存钟体第6行至第9行有一部分坏损，大连劳动公园原址碑文说明古钟缺口于1957年被人为破坏，可能就是指这一部分，那么在米氏转写中此部分应为钟体原文而非重构；但在对照转写时发现中部第3行（M3，即米氏第6行）今破损处米氏转写从字符数上看缺失一个字符，而缺失该字符的转写与其他平行文本该句一致，由于钟体铭文每行字符数确定，此处留下疑问。

下文先给出铭文识读，然后给出完整的文本转写与米罗诺夫转写的对照，注释中给出部分异同说明。后续文章还将给出铭文编辑文本与其他不同版本的文本比较研究，包括孔泽本、维迪雅本和与此接近的汉译本，以考察广本《心经》不同梵文本的流传，特别是在明清之际的汉地，其与今天所存其他版本包括藏文本有所不同。

---

① 参见前引Conze文章末尾给出的Sources, pp. 49-50.

② N. D. Mironov, “The Prajñāpāramitāhṛdayasūtra as an Inscription”, in *Journal of Urusvati* 1932, pp. 73-78.

转写符号：

T1	表示上部第1行
M2	表示中部第2行
B3	表示下部第3行
[ ]	破损或难以辨识的字符
{ }	应删去的字符
( )	重构的字符
< >	原文缺失应补充的字符
+	由于破损缺失的字符
..	不可辨识的字符
.	一个字符不可辨识或缺失的一部分
a(ā̲)	表示原文为a，但为错误字符，应改为括号中的ā，并以下划线标示
斜体	并无缺损但明显有问题的字符，例如铸刻残错字符
’	元音连续中下一个词起始的a/ā的缩略/替代符号，铭文中为ꣻ
*	Virāma
II	咒/偈起止的daṇḍa，铭文中为॥
??	有问题的位置

铭文识读：

T1 na mo bha ga va ty[ai] śrī ā rya pra jñā pā ra ma tā yai e vaṃ ma yā śrū ta me ka smi nsa ma ye bha ga vā n* rā jā gṛ ha vi ha ra ti [sma] gṛ dhra kū ṭa pa va te ma hā tā bhi kṣu sa ṅgha na

2 sa rdhaṃ ma hā tā ca bo dhi sa tva ga ṇe na te na kha lu bu naḥ sa ma ye na bha ga vā nga mbhī rā va bhā saṃ nā ma dha ma pa ryā yaṃ bha ṣa ṇaṃ sa pa dhiṃ sa mā pa nnaḥ te na ca sa ma ye nā

3 ’ rya va lā ki te śva ro bo dhi sa tvo ma hā sa tvo ga mbhī rā va bhā saṃ nā ma dha rma pa rya yaṃ vya va *lo* ka ya *ti* sa a tha kha la ’ yu ṣmā nśā ri bu tra bu ddhā nu bhā ve nā ’ va lo

M1 ki te śva ra b[o] dhi sa tva ma hā sa va e ta ma tā ca t* va ṣka ści *tkuḥ* la bu drā va ku la du hi vā a syaṃ ga mbhī rā yāṃ pa jñā pa ra ni tā yā [c]i [ṭ]u?? [kā ma] nta na ka thaṃ śi kṣi ta vya m* e va mu kte a vā lā

2 [*k*]i te śva ro bo dhi sa tvo ma hā sa tv[o] ā yu ṣmā ntaṃ śā ri pu tra me ta da vo ca t* ya rk*a* śca cchā ri pu tra ku la pu *tr*ā vā ku la du .i .. + ...ṃ [ga] mbhī rā yaṃ pra jña pā ra mi tā yāṃ ca [r]tu kā mā sta nai vaṃ

3 śi kṣi ta vya m* ya du *ta* pa ñca ska ndhā sva bhā va śū nyāḥ ka thāṃ pe ñca ska [*ndhā*] ssva bhā va śū nyāḥ rū npa me va śū nyāḥ tā śū nya tai va rū [paṃ] + ... + .. kśū nya tā yāḥ nā pi śū nya tā pṛ tha grū pa t* e vaṃ ve

4 da nā saṃ jñā saṃ skā ra vi jñā nā ni e vaṃ śā ri pu tra sa va dha rmāḥ sva bhā va śū nyā tā lā kṣa ṇā a ja tā a nu tpa nnā a ni ru[ddh]. .. .. .. + + .. a nū nā a saṃ pū ṇāḥ ta smā tta rhi śā ri pu tra śū nya

5 tā yā na rū paṃ na va da na na saṃ jñā na saṃ skā rā na vi jñā na na ca kṣu na śro tra na ghrā ṇaṃ na ji hvā na kā yo na ma no na rū paṃ + ... + [ndho] na ra so *na* spra ṣṭa vya na dha māḥ na ca kṣu dhā tuḥ na rū

6 pa dhā tuḥ na ca [kṣu] vi jña na dhā tuḥ na śro tra dhā tuḥ na śa bdā dhā tuḥ na śro tra vi jñā na dhā tuḥ na ghrā ṇa dhā [t]uḥ na ga ndha dhā tuḥ na ghrā [ṇa] + .. [na] .ā tuḥ na ji hvā dhā tuḥ na ra sa dhā tuḥ na ji hvā vi jñā na dhā

7 tuḥ na kā ya dhā tuḥ na spra ṣṭa vyā

dhā tuḥ na [k]ā ya vi jñā na dhā tuḥ na ma no dhā tuḥ na dha rmā dhā tuḥ na [ma] no vi jñā na dhā tuḥ yā va nnā vi dyā nā [vi] dyā [kṣa] yo yā va nna ja rā ma ra ṇaṃ na ja rā ma ra ṇa kṣa yaḥ

8 na du ṣkha na sa [*m*]u da yaḥ na ni ro dhaḥ na mā rgaḥ na rū pa na jñā na[ṃ] na prā ptiḥ nā ' prā ptiḥ ta smā tta hi śā ri pu tra a prā pti [nā] prā p[t]iḥ yā va [tpra jñā] pa ra mi tā [*m*]ā śri tya vi ha ra ñci ttā la mba naṃ nā [st]i tvā

B1 djñā ta vyaḥ pra jñā [pā] ra ma bo dhiḥ saṃ prā ptā e ta smā taḥ a nu tta rā [ṃ] saṃ mya ksaṃ *pra* jñā pā ra mi tā mā śri ta ra pi sa mya ksaṃ bu ddhaḥ prā pto ti vya dhva vya va ..i ti krā nto ni ṣṭā ni [rvā]ḥ ṇaṃ t* a tra sto vi pa ryā sā

2 [te bo] dhi svā hā e .. .. pā ra ṅga [te] pā ra sa?? ṅga ntraḥ ta dya thā ga te ga te jñā pa ra mi tā [*mu*] ktā ma saṃ mya ktva[ṃ] na mi thyā tvaṃ pra d[u] ṣkha pra śa ma no ma ntraḥ a nu tta ro ma ntraḥ sa rva mi tā ma ntraḥ vi dyā ma ntraḥ

3 sa [tvā] ya ma [h]ā sa [tvā ya] l[o] ki te śva rā ya bo dhi tsa mā [dhe]ḥ vyu [tthā] ya ā va m* ta syāṃ ve lā yāṃ ta smā m* a [tha] kha lu bha ga vā ra mi tā yaṃ śi kṣi ta vya ma hā sa tva na pa jñā pā ri p[u] tra b[o] dhi sa tve na

4 dya [te] sa rva ta [thā] ga t[aiḥ] tva ya ni di [ṣṭā] a nu mo pra jñā pā ra mi tā ya [th]ā va me ta da va me v[ai ṣ]ā va me ta tku la pu tra e va me ta tku la pu tra e dhu sā dhu ku la pu tra e sā dhu ka ra ma [dā] t* sā

5 [va] te pa ṣa [tsa] de [va] ma [ma hā sa] tvaḥ sa ca sa rvā kṣa [va sta ca] bo dhi sa tvaḥ svā ma hā sa tvaḥ te ce bhe lo ki te śva ro bo dhi sa n* a tta ma nāḥ a yā va i da ma vo [ca] dbha ga vā a rha dbhi ssa mya [ksa] b[u ddhaiḥ]

6 ta va jrā ye svā hā ra kṣa [pta] m* *II* oṃ su pra ti ṣṭhi viṃ śa ta ślo kā kā sa ma p*ra* jñā pā ra me ta pa ñca nta nni ti i ti hṛ da ya va to bha vi ta ma bhya na ga ndha va śca l[o] ko sa ga nu ṣa ' su ra ga ru ḍa

7 ye svā hā ra kṣa ra kṣa *II* hā oṃ su pra ti ṣṭhi va jrā su pra ti ṣṭhi va jrā ye svā hā śra ma ṇaḥ ye svā hā oṃ ni ro dha e vaṃ vā vī ma [to] hya vā da *d*e ṣāṃ ca yo vā he tu nta ṣā[ṃ] ta thā ga oṃ ye dha mā ha tu pra bhā

8 [maṃ] ga laṃ bha vaṃ [tu] ra kṣa maṃ ga laṃ bha va[ṃ] tu ra kṣa [maṃ] ga laṃ bha vaṃ tu ra kṣa maṃ ga laṃ bha va[ṃ] tu ra kṣa maṃ ga laṃ bha vaṃ tu ra kṣa maṃ ga laṃ bha vaṃ tu ra kṣa maṃ ga laṃ bha va[ṃ] tu ra kṣa maṃ ga laṃ bha vaṃ tu ra kṣa

从上面的逐字识读可以看出，前面的部分可以比较顺畅地连起来，成为广本《心经》的一部分，但是最后八行中B1-7行的内容很难连起来读通。为便于理顺文字内容，下面先给出这七行分别按照原铭文顺序分为八字一组的八组排序，然后再给出其调整各组顺序后可以通读的文本。

原顺序分组转写：

B1 ①d jñātavyaḥ prajñā[pā]rama- ②bodhiḥ saṃprāptā etasmā- ③taḥ anuttarā saṃmyaksaṃ- ④*pra*jñāpāramitām āśri- ⑤tar api samyaksaṃbuddhaḥ ⑥prāpto tivyadhvavyava ..i- ⑦tikrānto niṣṭhāni[rvā]ḥ ṇaṃ ⑧t* atrasto viparyāsā-

2 ①[te bo]dhi svāhā e .. .. ②pāraṅ ga[te] pārasaṅga- ③ntraḥ tadyathā gate gate

④jñāparamitā[*m* u]ktā ma- ⑤saṃmyaktva[ṃ] na mithyātvaṃ pra- ⑥d[u]ṣkhapraśamano mantraḥ ⑦anuttaro mantraḥ sarva- ⑧mitāmantraḥ vidyāmantraḥ

3 ①sa[tvā]ya ma[h]āsa[tvāya] ②lokiteśvarāya bodhi- ③t samā[dhe]ḥ vyu[tthā]ya āva- ④m* tasyāṃ velāyāṃ tasmā- ⑤m* a[tha] khalu bhagavā- ⑥ramitāyaṃ śikṣitavya- ⑦mahāsatvana pajñāpā- ⑧rip[u]tra b[o]dhisatvena

4 ①dya[te] sarvata[thā]gat[aiḥ] ②[tva]ya nidi[ṣṭā] anumo- ③prajñāpāramitā ya[th]ā ④vam etad avam ev[aiṣ]ā ⑤vam etat kulaputra e- ⑥vam etat kulaputra e- ⑦dhu sādhu kulaputra e- ⑧sādhukaram a[dā]t* sā-

5 ①[va]te paṣa[t sa]de[va]ma- ②[mahāsa]tvaḥ sa ca sarvā- ③kṣava[s ta ca] bodhisatvaḥ ④svā mahāsatvaḥ te ce bhe- ⑤lokiteśvaro bodhisa- ⑥n* attamanāḥ ayāva- ⑦idam avo[ca]d bhagavā- ⑧arhadbhis samya[ksa]b[uddhaiḥ]

6 ①ta vajrā ye svāhā rakṣa ②[pta]m* *II* oṃ supratiṣṭhi ③viṃśata ślokā kā sama- ④p*r*ajñāpārametapañca- ⑤ntann iti iti hṛdaya- ⑥vato bhavitam abhyana- ⑦gandhavaś ca l[o]ko saga- ⑧nuṣa ’suragaruḍa-

7 ①ye svāhā rakṣa rakṣa *II* ②hā oṃ supratiṣṭhivajrā ③supratiṣṭhivajrā ye svā- ④hāśramaṇaḥ ye svāhā oṃ ⑤nirodha evaṃ vāvī ma- ⑥[to] hy avāda*d* eṣāṃ ca yo ⑦vā hetun taṣā[ṃ] tathāga ⑧oṃ ye dhamā hatuprabhā-

各行八组重新排序后可通读的文本则为（暂不勘错，带原分组序号）：

B1 ⑧t*[①] atrasto viparyāsā- ⑦tikrānto niṣṭhāni[rvā]ḥ ṇaṃ ⑥prāpto tivyadhvavyava ..i- ⑤tar api samyaksaṃbuddhaḥ ④*pra*jñāpāramitām āśri- ③taḥ anuttarā saṃmyaksaṃ- ②bodhiḥ saṃprāptā etasmā- ①d jñātavyaḥ prajñā[pā]rama-

2 ⑧mitāmantraḥ vidyāmantraḥ ⑦anuttaro mantraḥ sarva- ⑥d[u]ṣkhapraśamano mantraḥ ⑤saṃmyaktva[ṃ] na mithyātvaṃ pra- ④jñāparamitā[*m* u]ktā ma- ③ntraḥ tadyathā gate gate ②pāraṅ ga[te] pārasaṅga- ①[te bo] dhi svāhā e .. ..

3 ⑧rip[u]tra b[o]dhisatvena ⑦mahāsatvana pajñāpā- ⑥ramitāyaṃ śikṣitavya- ⑤m* a[tha] khalu bhagavā- ④m* tasyāṃ velāyāṃ tasmā- ③t samā[dhe]ḥ vyu[tthā]ya āva- ②lokiteśvarāya bodhi- ①sa[tvā]ya ma[h]āsa[tvāya]

4 ⑧sādhukaram a[dā]t* sā- ⑦dhu sādhu kulaputra e- ⑥vam etat kulaputra e- ⑤vam etat kulaputra e- ④vam etad avam ev[aiṣ]ā ③prajñāpāramitā ya[th]ā ②[tva]ya nidi[ṣṭā] anumo- ①dya[te] sarvata[thā]gat[aiḥ]

5 ⑧arhadbhis samya[ksa]b[uddhaiḥ] ⑦idam avo[ca]d bhagavā- ⑥n* attamanāḥ ayāva- ⑤lokiteśvaro bodhisa- ④svā mahāsatvaḥ te ce bhe- ③kṣava[s ta ca] bodhisatvaḥ ②[mahāsa]tvaḥ sa ca sarvā- ①[va]te paṣa[t sa]de[va]ma-

6 ⑧nuṣa ’suragaruḍa- ⑦gandhavaś ca l[o]ko saga- ⑥vato bhavitam abhyana- ⑤ntann iti iti hṛdaya- ④p*r*ajñāpārametapañca- ③viṃśata ślokā kā sama- ②[pta]m* *II* oṃ supratiṣṭhi ①ta vajrā y[e] svāhā rakṣa

① -t是接在上一行即中部最后一行M8行尾，nāstitvā-t。

7 ⑧oṃ ye dhamā hatuprabhā- ⑦vā hetun taṣā[ṃ] tathāga- ⑥[to] hy avādad eṣāṃ ca yo ⑤nirodha evaṃ vāvī ma- ④hāśramaṇaḥ ye svāhā oṃ ③supratiṣṭhivajrā ye svā- ②hā oṃ supratiṣṭhivajrā ①ye svāhā rakṣa rakṣa //

从上面重新排序后的转写可以看出，该铭文有不少可能的错误之处。在下面带有勘错的转写文本和米氏转写文本的对照中可以看到，米氏转写中有一些错漏，乃至前后不一致的地方，一方面可能由于当时可比对的相关字体材料没有现在丰富，另一方面铭文中的铸刻错误、字体混淆之处也为释读带来困难和疑惑。例如上部第1行中pa<r>vate米氏转为mavate，很可能是因为受到下面第2行中sapadhiṃ（应为samādhiṃ）的影响，但根据该梵钟铭文本身，ma、pa各有十分标准的写法，所以笔者根据铭文字符的情况分别转写为pa<r>vate和sapa(mā)dhiṃ。再如其对于-e与-ai的写法的不确定（第1行）。还有同样的字符转写不同的情况，例如avalokiteśvaro之śva，米氏将左上ś的一瞥看做是元音符号-e，误作śve，将该词多次转写为avalokiteśvero（例如第3行中），但同样的字符在第4行（M1行）中却进行了正确转写，体现出米氏当时对部分字符的不确定和处理方式的不统一。同时，由于米氏转写年代较早，磨损情况较今日为轻，特别是有一块铭文区域于50年代损坏，可以对照参考。米氏与笔者转写不同之处以黑体加下划虚线方式标出，并将部分辨析放在注释中。

（下文转写部分到M8（Mironov 11）为左右对照排版）

旅博梵钟铭文转写

（包括广本《心经》，《坚牢不动金刚咒》《法身偈》《总佛菩萨咒》）

《心经》：

T1 namo bhagavaty[ai] śrī-ārya-prajñāpāram<i>tāyai. evaṃ mayā śrū(u)tam ekasmin samaye bhagavān* rājāgṛh<e> viharati [sma] gṛdhrakūṭa-pa<r>vate mahā(a)tā

Mironov（1932）转写①

（广本《心经》的一部分）

prajñāpāramitāhṛdayasūtra

(1) namo bhagavatyai (e?) śri̱ā[r]ya-Prajñāpāramat/yai/ evaṃ mayā śrātam② (!) ekasmin samaye Bhagavān Rājagṛtra③ vitrarati sma Gṛdhra-dhaya-mavate④ (!)

---

① 米氏转写全部引用原文，包括转写符号（与本文转写符号有所不同），以便读者鉴别。

② 有些字符特别是当叠加字符在下方没有空间的时候，加-u/-ū的写法是在右侧加短竖线或上下两段竖线，例如ru/rū的写法。铭文此处字符根据今天的拓片右侧竖线中间断开，本文作者转写该处字符为śrū。该字符在本铭文中只出现一次。

③ rājāgṛha，其中jā上方横线右端的向下短竖十分明确，为长音-ā（其他此类情况以及常见的右侧长竖表长音-ā的情况，如出现笔者与米氏转写不同时，只标示不同，不再作辨析）；词尾确定为ha而非tra，包括下一词viharati之ha，米氏均读为tra，拓字显示此ha铸刻稍有不规范，但与tra写法的区别一目了然。

④ gṛdhrakūṭa-pa<r>vate，从上下文来看无其他可能，kū的写法虽在本铭文中为孤例，但与有标准写法的dha可以明确地区分开来，此处只有k-写法比较特别，-ū的写法也见于例如kṣū中；ṭa的写法在不同铭文中都有出现，写法固定；pa除了上部内的小横线是非常标准的写法，不能读为ma，pa这种写法也出现在本铭文中多处，但最有可能仅是一种铸刻上的小错误，而非确定写法。

bhikṣusaṅgh<e>na

2 sa(ā)rdhaṃ mahā(a)tā ca bodhisatvagaṇena. tena khalu bunaḥ① samayena bhagavān gambhīrāvabhāsaṃ nāma dha<r>maparyāyaṃ bha(ā)ṣaṇaṃ sapa(mā)dhiṃ samāpannaḥ. tena ca samayenā-

3 ’rya(ā)valā(o)kiteśvaro bodhisatvo mahāsatvo gambhīrāvabhāsaṃ nāma dharmaparya(ā)yaṃ vya(ā)va*lo*kaya*ti*② s<m>a. atha khala ’yuṣmān śārib(p)utra(o) buddhānubhāvenā ’valo-

M1 kiteśvara<ṃ> b[o]dhisatva<ṃ> mahāsa<t>va<ṃ> etam(d) atā(vo)cat* va(ya)ṣ kaścit *ku*{ḥ}lab(p)udrā(tro) va(ā) kuladuhi<tā> vā asya(ā)ṃ gambhīrāyāṃ p<r>ajñāpa(ā)ran(m)itāyā<ṃ>

mahātā [*bhikṣu*]sa**ṃ**gh<e>na③

(2) s**ā**rdhaṃ mahātā ca bodhisatvagaṇena tena [*kha*]lu (?) **vu**(!)naḥ samayena Bhagavān Gambhīrāvabhāsaṃ [*nāma*] dhamaparyāyaṃ bhaṣa**tvā**④ sapadhiṃ(!) samāpannaḥ tena [***punaḥ***] samayenā-

(3) Āryavalākiteśv**e**ro⑤ bodhisatvo mahāsatvo (?) Gambhīrāvabhāsaṃ nāma dharmapary**ā**yaṃ vyavalokayati sa (!) atha khal**u**⑥ āyuṣmā**ñ** **Chā**b**i**bu**bha**⑦ (!) bu**dh**ānubhāven**a** [*ary*]Āvalo-

(4) kiteśvara bodhisatva⑧ mah**ā**sa**tva** etam a**v**ācat **yat** kaścit **ku**labudrā (!)⑨ vā kuladuhi vā asy**ā**ṃ gambhīrāy**a**ṃ [*pra*]jñāpara**mi**tāyā **catu**kāma**s** (!) t**e**na kathaṃ śikṣitavyam evam u[***kta***] Avālā-

---

① ba、va写法十分相似，有时几乎不能区分，只能从上下文推断，此处可能为punaḥ音写，可参看下文putra写为butra的情况。

② 此-ti可能是一个刻残的字符，-t-的上部多了一撇，铸刻错误。

③ 字母sa上并无Anusvāra，下一个字符是ṅgha而非gha。

④ tva有十分标准的写法，此处非tva，且米氏忽略了字符上方的Anusvāra，该字符应转为ṇaṃ。

⑤ 米氏可能误将śva中ś-的左上侧向的短撇误读为-e，下面有几处也出现了这样的情况，但在第4行行首词中正确转写为śva。

⑥ 此处目前铭文上看到的是la，这样就显示出特殊的连声变化：-u + ā → -a + ’。

⑦ 此处应为āyuṣmān + śāriputra，可连声为āyuṣmāñ cchāriputra，ñcchā的字符写法与此处铭文不同，下文有ñca和cha的写法可作参考，同时下文也有n- 和-ś的写法，按其规则与此处接近，但字符本身有些模糊，并非完全确定；ri的写法在下文中也出现了此处与vi类似并可能混淆的情况，所以此处笔者转为ri；butra中tra的写法清晰确定，bha的写法在铭文中也十分清晰确定，此为米氏误读。

⑧ bo这个字符在今天的拓片上缺失左上的短撇，基本上显示为bā，-o由右侧表长ā的长竖和左上类同-e的短撇构成，在此梵钟铭文中有多例在转写时很难判断-o（如bo）缺失左侧短撇显示为ā（如bā）是铸刻错误还是磨损不清所致。

⑨ 此处有几个问题澄清。在yaḥ kaścit中，ya是一个误写，可与下句同样内容比较。米氏转为yat-ka- ,叠加字符tku在铭文中出现，可以确定tka的写法与此不同，且铭文后面还出现了ṣkha（在duṣkha中），根据其ṣ的写法这里叠加字符应为ṣ-ka。在kaścit kulaputro中，前词尾的-t和后词首的ku-组成叠加字符，或许是刻写者误看了右侧的竖线，误为Visarga，此处存疑，但明显是个铸刻错误。最后，tra的写法在本铭文中比较固定，此处写为dra或许是对口诵文本的误记，又如putra写为butra。

[c]i[ṭ]u(cartu??)[kāma]n(s)[1] t<e>na kathaṃ śikṣitavyam* evam ukte avā(a)lā(o)-	
2 [*k*]i[2] teśvaro bodhisatvo mahāsatv[o] ā[3] yuṣmā(a)ntaṃ śāriputram etad avocat* yar kaśc<i>c chāriputra kulapu*trā*(o) vā kuladu[h]i(tā vā asyā)ṃ [ga]mbhīrāyāṃ prajña(ā)pāramitāyāṃ ca[r]tukāmā(a)s t<e>naivaṃ	(5) kiteśv**e**ro bodhisatvo mah**as**ā**tvā** **a**yuṣm**a**ntaṃ Śāriputram etad avocat ya**t** kaśca (?) **Śā**[6] riputra kulaputr**a** (?) vā kuladuhitā vā asyāṃ **na**mbhīrāyāṃ (!) prajñāpāramitāyāṃ ca**t**ukāma**s** **t**enaivaṃ śi-[7]
3 śikṣitavyam* yad u*ta* pañca skandhā<s> svabhāvaśūnyāḥ. kathāṃ pe(a)ñca ska[*ndhā*]s[4] svabhāvaśūnyāḥ? rū{n}pam eva śūnyā(a){ḥ}tā, śūnyataiva rū[paṃ]. (+ na rūpaṃ pṛtha)k śūnyatāyāḥ, nāpi śūnyatā pṛthag rūpa(ā)t*.[5] evaṃ ve-	(6) kṣitavyam yad uta pañc**ā** ska**tā**[8] (!) svabhāvaśūnyāḥ[9] **mar**pam[10] (!) eva śūny**aṃ**tā[11] śūnyataiva rūpaṃ **nā** rūpa**ṃ** **p**ṛthak[12] śūnyatāyāḥ nāpi śūnyatā pṛthag rūp**ā**t evaṃ ve-
4 danā-saṃjñā-saṃskāra-vijñānāni. evaṃ śāriputra sa<r>vadharmāḥ	(7) danāsaṃjñāsaṃsk**e**ravijñānāni evaṃ Śāripu**b**ra[13] (!) sa**rv**adharmāḥ

---

① [c]i[ṭ]u[kāma]n 识读不确定。

② -k- 有明显的铸刻错误。

③ 此处后面紧接着的 ā 没有用缩略符号，而是用了完整的字符 ā，后面多次出现元音连续中后面的 a/ā 未用缩略符。

④ 字符 -ndhā- 应无其他读法，该字符明显是个残错字，大概率是铸刻问题。

⑤ 此句重构存疑，缺失一个字符。

⑥ 米氏转写 yat kaśca (?) Śāriputra 笔者此处转为 yar kaśc<i>c chāriputra。上一行 *yat kaścit* 和此处 *yat kaśca* 中米氏都将第二个字符转写为 -tka-，但两处写法有很大不同，此处 -ka 左侧小横线在本铭文中只能读为 r- 或 n-，此处只能为 r-。śā 的写法十分固定明确，此处识读为 cchā。

⑦ 字符 śi 应在下一行，即第 6 行首，可能为误录？

⑧ 此处错读，tā 很常见写法也很固定，与此截然不同，而叠加字符 ndh- 非常规律，且铭文中多次出现。

⑨ 此处缺 11 个字符 kathāṃ peñca ska[*ndhā*]*s* svabhāvaśūnyāḥ，而且与米氏转写中的其他行相比也缺失 11 个字符，似乎是漏掉了，或许由于漏掉的部分也以 svabhāvaśūnyāḥ 结束导致。

⑩ 该词无疑为 rūpam，rū 是多见的写法，ma 是错读，-p- 前的小撇通常可读为叠加字符中该字符起始之 -r- 或 -n-，此处无疑误刻。

⑪ 此处米氏转写错误，一是 nyā 是确定无疑的长音，虽然此处长音是个错误，二是该字符没有上部表 Anusvāra 的点状符号，而右侧则有确定的 Visarga。

⑫ 对应 *nā rūpaṃ pṛtha-* 这几个字符的部分在现存旅博大钟上破损（破损部分从第 5 行至第 9 行，每行破损字符数不同，参见附图），米氏此处并未标明是重构还是直接转写，当时此破损部分可能尚完好，但该钟每行字符数是确定的，中部每行 64 个字符，且上下行字符均对齐，米氏该处转写比其他行少一个字符，存疑。如果米氏也有部分重构，此处重构与另两个更早的 19 世纪的编辑本（Müller 和 Feer）给出的文字相同，不知是否受到这两个本子影响。

⑬ 此处字形上可以读作 bra，也可以认为是 tra 不够规范的写法，t- 向下的一划过度收回直接连到了右侧竖线上，t- 的这个字形出现不止一次。

svabhāvaśūnyā(a)tālā(a)kṣaṇā ajatā anutpannā aniru[ddh](ā amalāvimalā) anūnā asaṃpū<r>ṇāḥ. tasmāt tarhi śāriputra śūnya-

5 tāyā<ṃ> na rūpaṃ na v<e>dana(ā) na saṃjñā na saṃskārā na vijñāna<ṃ>, na cakṣu<r> na śrotra<ṃ> na ghrāṇaṃ na jihvā na kāyo na mano na rūpaṃ (na śabdo na ga)[ndho][1] na raso *na* spraṣṭavya<ṃ> na dha<r>mā(a)ḥ. na cakṣudhātuḥ na rū-

6 padhātuḥ na ca[kṣu]vijñānadhātuḥ na śrotradhātuḥ na śabdā(a)dhātuḥ na śrotravijñānadhātuḥ na ghrāṇadhā[t]uḥ na gandhadhātuḥ na ghrā[ṇa](vi)[jñānadh]ātuḥ na jihvādhātuḥ na rasadhātuḥ na jihvāvijñānadhā-

7 tuḥ na kāyadhātuḥ na spraṣṭavyā(a)dhātuḥ na [k]ā[2]yavijñānadhātuḥ na manodhātuḥ na dharmā(a)dhātuḥ na [ma]novijñānadhātuḥ yāvan nāvidyā nāvidyā[kṣa]yo yāvan na jarāmaraṇaṃ na jarāmaraṇakṣayaḥ.

8 na duṣkha<ṃ> na sa[*m*]u[3]dayaḥ na nirodhaḥ na mārgaḥ na rūpa<ṃ> na jñāna[ṃ] na prāptiḥ nā 'prāptiḥ. tasmāt ta<r>hi śāriputra aprāpti [nā]prāp[t]iḥ yāva[t prajñā]pa(ā)ramitā[*m*]

svabhāvaśūny**a**tālākṣaṇā ajatā anutpannā aniru**dh**ā amal**a** vimal**a**[4] anūnā asaṃpū**r**ṇāḥ tasmāt tarhi Śāriputra śūn**y-**[5]

(8) tāyā na rūpaṃ na vada**va** (!) na saṃjñā na saṃskārā na vijñāna, na cakṣu na śrotra na **kra**ṇaṃ (!) na jihvā na kāyo na mano na rūpaṃ na śabdo **va** (?)[6] gandho na raso na spraṣṭavya na dhamāḥ. na cakṣudhātuḥ na rū-

(9) padhātuḥ na cakṣuvijñānadhātuḥ na śr**ā**tradhātuḥ (!) na śabd**a**dhātuḥ na śrotravijñānadhātuḥ na ghrāṇadhātuḥ na gandhadhātuḥ na ghrāṇavijñānadhātuḥ na jihvādhātuḥ na rasadhātuḥ na jihvāvijñānadhā-

(10) tuḥ na kāyadhātuḥ na spraṣṭavy**a**dhātuḥ na kāyavijñānadhātuḥ na manodhātuḥ na dharmādhātuḥ na manovijñānadhātuḥ (?)yāvan nāvidyā nāvidyākṣayo yāvan na jarāmaraṇaṃ na jarāmaraṇakṣayaḥ

(11) na du**kha** na sa**n**udayaḥ na nirodhaḥ na mā**ga**ḥ (!) na rūpa na jñānaṃ *na* prāptiḥ nā āprāptiḥ (!) tasmāt tahi Śāriputra aprāpti (?)[7] yāvat Prajñāpa**va**mitā**t** āśritya (!) viharaś

---

① 识读不确定，gandha可为阳性或中性，如作gandho，则字符上方似乎有ṃ的痕迹，如作gandhaṃ则右侧多一个构成o音的竖线。

② kā的右侧竖线不是连起来的一长竖，应是上部一短竖，下部为从左侧连过来的短横连着的短竖，此处可能为铸刻错误，将中间短横忽略，而将右侧竖线连成一划造成实际铸刻的字形为vā，但此处无疑应作kā。

③ m-可能为铸刻残错问题，本行后面pa(ā)ramitā[*m*] āśritya的-[*m*]-ā-也应属同类问题。

④ 即使残损aniruddha之-ddh-仍可清晰辨认。amala尾音应为长ā？此处是否为重构？ amalā-avimalā→ amalāvimalā。

⑤ 此处行尾字符应作-ya，应为打印错误。

⑥ 此处可以推测，非常可能是由于刻写不够规范，na左侧向下弯的笔划一直（或几乎）连到了右侧竖线上，造成类似va的字形，这种情况在此铭文中多次出现。

⑦ 此处aprāpti和yāvat之间少录了三个字符*nāprāptiḥ*。

āśritya viharañ cittālambana(ṇa)ṃ[1]
nā[st]itvā-

（接下文，原字符顺序及8字顺序组排序见前文识读部分）

（此处恢复左右顺次排版）

B1 t* atrasto viparyāsātikrānto niṣṭhāni[rvā]{ḥ}ṇaṃ prāpto. t{i}vy(ry??)-adhva-vyava[*sth*]itar api samyaksaṃbuddhaḥ[2] *pra*[3]jñāpāramitām āśritaḥ anuttarā saṃmyaksaṃbodhiḥ saṃprāptā. etasmād jñātavyaḥ prajñā[pā]ra{ma}-

2 mitāmantraḥ vidyāmantraḥ anuttaro mantraḥ sarvad[u]ṣkha-praśamano mantraḥ saṃmyaktva[ṃ] na mithyā(a)tvaṃ prajñāpa(ā)ramitā[*m* u]ktā(o) mantraḥ. tadyathā gate gate pāraṅ ga[te] pāra<ṃ> sa[4]ṅga[te bo]dhi svāhā. e[*vaṃ śā*]-[5]

3 rip[u]tra b[o]dhisatvena mahāsatv<e>na p<r>ajñāpāramitāya(ā)ṃ śikṣitavyam* a[tha] khalu bhagavām(n)* tasyāṃ velāyāṃ tasmāt samā[dhe]ḥ vyu[tthā]ya ā(a)val[o]kiteśvarāya bodhisa[tvā]ya

citālambanaṃ[6] nāstitvāt[7]

（后缺）

ma[h]āsa[tvāya]

4 sādhuka(ā)ram a[dā]t* sādhu sādhu kulaputra, evam etat kulaputra, e{vam etat kulaputra e}[8]vam etad, <e>vam ev[aiṣ]ā prajñāpāramitā ya[th]ā [tva]ya(ā) ni<r>di[ṣṭā] anumodya[te] sarvata[thā]gat[aiḥ]

5 arhadbhis samya[ksa]<ṃ>b[uddhaiḥ]. idam avo[ca]d bhagavān* a(ā)ttamanāḥ a<r>yāvalokiteśvaro bodhisas(t)vā(o) mahāsatvaḥ te ce(a) bhe(i)]kṣava[s t]<e> [ca] bodhisatvaḥ [mahāsa]tvaḥ sa ca sarvā[va]te(ī) pa<r>ṣa[t sa]de[va]-ma-

6 nuṣa-'sura-garuḍa-gandha<r>vaś ca l[o]ko sa(bha)gavato bha(ā)v(ṣ)itam abhyanant(d)ann iti. iti hṛdaya-*pra*[9]jñāpārame(i)ta(ā)-pañcaviṃśat<ikā> ślokā {kā}[10]sama(ā)[pta]m*[11]

---

① 参考Conze 1967, pp. 156-157, 他认为cittālambaṇa比cittāvaraṇa更原始。如果我们比较汉译，ālambaṇa同于汉译罣碍。

② **tivy**-adhva-vyava.itar api **samyaksaṃ**buddhaḥ 在其他平行本中多为try-adhva-vyavasthitaḥ sarvabuddhāḥ"三世诸佛"。

③ 显然在p-和-r-组合为叠加字符的下部中间多了一小竖，应是铸刻残错。

④ 字符-sa-识读不确定，其字形铸刻非常清晰，但在通常所见字符sa下方出现两个并列的带钩小圈符号。

⑤ 此处根据平行本应为"evaṃ śā-"并可与下一行的第一个八字符组起始的-riputra连起来，而且似乎没有其他可能性，但是铭文字迹几乎完全不可辨识为此二字符，可能为铸刻残坏字。

⑥ 该词识读有两处需辨析，一是首字符为叠加字符，且是与上一词尾音发生连声之后的-ñci-，这个字符并不好辨识，但是由于前文出现过可确定的pañca, 字符ñca可以确定，所以此处-ñci-也可确定；另一处是citta之tta,这个字符在左侧弯划里还有一个弯曲的笔划，因而识读为tta而非ta。

⑦ 结尾的-t应在下一行，而且如果按照之前的行首字母位置，这里应为-d，可能为米氏在行尾自己添加。

⑧ 此句完全重复，第6组和第5组字符完全一样，且其他文本里没有这一遍重复的话，应为衍文。

⑨ pra为坏字，该叠加字符中p-的写法十分常规，下方的-r-多了左侧向下的短划。

⑩ pañcaviṃśatikā ślokā？此处较别的出现pañcaviṃśati(kā)的版本多了ślokā一词。kā出现两遍，或许是ślokā误插入在pañcaviṃśati-和-kā之间造成错误词序列pañcaviṃśati ślokā kā？

⑪ 最后一句意为"以上心般若波罗蜜多二十五颂完"。至此为《般若心（经）》部分，此名称或为目前所见唯一版本。然而结尾保留了与hṛdayam一致的samāptam。

《坚牢不动金刚咒》①：

II oṃ supratiṣṭhita-vajrā ye svāhā rakṣa

《法身偈》：

7 oṃ ye dha<r>mā h<e>tu-prabhāvā hetun t<e>ṣā[ṃ] tathāga[to] hy avā(a)da*d*(t t)eṣāṃ ca yo nirodha evaṃ vāv(d)ī mahāśramaṇaḥ ye svāhā

《坚牢不动金刚咒》②：

oṃ supratiṣṭhi-vajrā ye svāhā oṃ supratiṣṭhi-vajrā ye svāhā rakṣa rakṣa *II*

《总佛菩萨咒》：

8 [maṃ]galaṃ bhavaṃ[tu] rakṣa maṃgalaṃ bhava[ṃ]tu rakṣa [maṃ]galaṃ bhavaṃtu rakṣa maṃgalaṃ bhava[ṃ]tu rakṣa maṃgalaṃ bhavaṃtu rakṣa maṃgalaṃ bhavaṃtu rakṣa maṃgalaṃ bhava[ṃ]tu rakṣa maṃgalaṃ bhavaṃtu rakṣa

图1　旅顺博物馆藏梵钟

图2　旅博梵字大钟铭文照片（博物馆方提供）

① 名称参见张宝胜《古遗梵文文物释证稿》（中西书局，2022年）244页，咒出典待考，此或暂名之《善住金刚咒》。该书中说明此咒见于原景德镇瓷都博物馆一件明代官窑烧制梵字青花瓷匙，图见该书235页，勺柄第3行在oṃ后缺一个字符，应可补为su，即oṃ (su)pratiṣṭhitavajrāya svāhā。

② 此处咒中supratiṣṭhi后无-ta，且重复两遍均无。

完颜娄室墓出土佩饰研究

孙传波

旅顺博物馆

内容提要：吉林长春石碑岭完颜娄室墓是金初规格极高的夫妻合葬墓，墓中出土了具有重要价值的文物，其中有12件保存于旅顺博物馆，另有多件见于二十世纪三十年代或四十年代出版的图录中。本文以完颜娄室墓出土的金耳饰、玉佩饰、石带具、刀及剑饰等为研究对象，结合齐国王完颜晏墓出土的相类似的文物，探讨这部分文物的使用功能、历史价值，进而剖析金代的丧葬礼仪制度等。

关键词：完颜娄室　齐国王完颜晏　佩饰

吉林长春石碑岭完颜娄室墓是金初规格很高的夫妻合葬墓，墓中出土的12件文物现保存在旅顺博物馆，其中银镊子[①]、冠饰包括银网冠、透雕白玉荷花冠饰及1943年出版的《旅顺博物馆图录》中发表的巾环、花形金冠饰[②]，笔者已写过文章专门做了考证与研究。

除上述文物外，完颜娄室墓还出土了耳饰、带具、剑、刀及佩饰，包括荷叶形石带具、玉柄铁刀、白玉狮形佩饰、荷叶形石饰，见于日本殖民统治时期1935年出版的《旅顺博物馆陈列品图录》中刊录的还有嵌石金耳饰、鎏金剑珌、鎏金剑璏，本文将对完颜娄室墓出土的这部分文物作以剖析与探讨。

一、嵌石金耳饰（图1）

1935年出版的《旅顺博物馆陈列品图录》及1943年出版的《旅顺博物馆图录》均发表过这对嵌石金耳饰，耳饰由两部分组成，上部为小花托形，嵌饰不见，下部

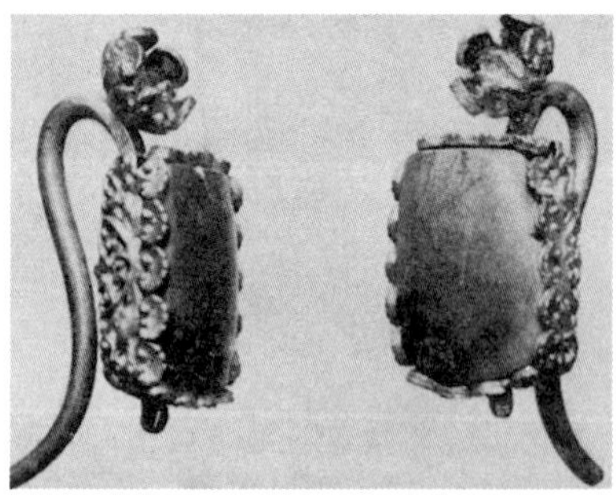

图1　1943年《旅顺博物馆图录》中嵌石金耳饰

① 孙传波：《完颜娄室墓出土银镊子考》，《旅顺博物馆学苑（2019）》，万卷出版公司，2020年。

② 孙传波：《完颜娄室墓出土冠饰考》，《收藏家》2021年第4期。

镶嵌宝石，因照片是黑白片，无法从图片判断出石料。

与这对金耳饰形制非常相似的，可见松花江奥里米古城金代墓葬出土的一对金耳饰，“长3.3厘米，曲柄，一端为盛开的花朵，下面连结着一个篮框式长方形饰物，里面应镶有玛瑙、玉石等，但已脱落”。① 从这段文字表述中可以知道，这对金耳饰的造型与馆藏完颜娄室的金耳饰基本相同。只是“盛开的花朵”应为花托，其内似应嵌珍珠。不同的是完颜娄室墓出土的金耳饰花托为单层，奥里米古城的是双层花托。

齐国王完颜晏墓男主人两耳下方的枕面上左右各有一金珰珥，当为男主人所佩戴之耳坠饰。金质圆形镶珠座中的珍珠已枯缩脱落。女墓主双耳亦有一对嵌绿松石的金珰珥，呈三叶花形，三叶之中嵌绿松石，中间嵌珍珠。

金代各种宝石较少传到中国，镶嵌宝石主要以珍珠、绿松石、玉、玛瑙、水晶等为主，所以结合齐国王完颜晏墓出土的金珰珥的情况，完颜娄室墓出土的金耳饰与松花江奥里米古城金代墓葬的金耳饰，上部金花托内当为内嵌珍珠，珍珠已佚失，或许已枯缩不见，而主体部分的嵌石很可能就是嵌绿松石。

二、刀与剑饰

1. 玉柄铁刀——三事佩刀（图2）

馆藏，三件，铁刀锈蚀严重，玉柄完整，两件玉柄长均为10厘米，一件玉柄长10.1厘米。另外，在日本旧账中还记录了该墓出土的两件铁制小刀。

图2 完颜娄室墓出土的三事佩刀

刀是北方游牧民族的日常生活用具，也是游猎时必备的工具，金代墓葬中常见刀具出土。同时刀具上镶金、银、玉石、角柄等，也是一种身份的象征，只流行于金代上层贵族。《金史·舆服志》载“庶人……不得以金玉象诸宝玛瑙玻璃之类为器皿及装饰刀把鞘、并银装钉床榻之类。妇人首饰，不许用珠翠钿子等物，翠毛除许装饰花环冠子，余外并禁”。1994年内蒙古阿鲁科尔沁旗东沙布日台乡宝山村1号墓出土的辽天赞二年（923）奉侍图壁画，手捧圆盆的男侍，腰带左侧佩挂短刀、皮囊，从绘画的腰带形制看应为皮带；门吏图的门吏左侧腰带上亦佩挂短刀。1997年内蒙古巴林右旗索布日嘎苏木辽庆陵陪葬墓耶律弘世墓出土的辽大安三年（1087）壁画——契丹男侍图，男侍身穿长袍，腰系褐色带，左侧佩带短刀。辽契丹贵族墓与金女真贵族墓常见此类刀具出土，如辽陈国公主墓驸马的银蹀躞带上左右两侧分别佩有玉柄银刀、琥珀柄银刀。玉柄银刀刀柄用青白玉制作，呈圆柱状，银刀上端

① 黑龙江省文物考古工作队：《松花江下游奥里米古城及其周围的金代墓群》，《文物》1977年第4期。

打制成锥形嵌入玉柄中，配有鎏金银鞘。通长26.8厘米，玉柄长10.8厘米；琥珀柄银刀，配有鎏金银鞘，刀柄呈圆柱状①。陈国公主腰右侧亦佩琥珀柄铁刀，配镶金银刀鞘，刀柄呈八棱状，刀通长22.4厘米，刀柄长8.6厘米。这些佩刀已非实用器，而是礼仪与身份的象征。辽道宗末年，完颜阿骨打称国前曾朝拜辽国，其随身有“小佩刀”，可见女真人随身之小佩刀，已为其礼仪之具。

辽陈国公主墓还出土了一套琥珀柄铁刀，佩带于陈国公主腰的左侧，共3件，装于一个木鞘内。“鞘内装有3件琥珀柄铁刃器，因锈蚀严重，无法取出。鞘上所系银链已残断。通长12.8厘米。”②从图示看刀柄应为扁圆形。因而，在契丹文化中，刀不仅仅有单件，尚有三把刀装于同一个鞘内而成为三事佩刀。

同样的三事佩刀还可见于黑龙江阿城齐国王墓完颜晏的腰带上，三事佩刀（图3）“垂系于内袍腰间勒帛（腰带）左侧。三柄锻造铁刀同插一鞘之内，鞘口上露三件青灰色角质刀柄。鞘呈扁棱柱体，鞘上口部饰皮条交叉缠束，鞘尾略扁收。”三事佩刀刀柄为角质，刀为铁质，已锈蚀，鞘通长约39.8厘米。“据X光照片观测，刀锋较尖锐，刀尾部呈锥体镶插装角质柄。刀柄前端以挡手铁箍加固。刀分长中短三事。”③从照片看，刀柄应为扁长体。

《金史·舆服志》载，金人常服“右佩刀。刀贵镔，柄尚鸡舌木，黄黑相半，有

图3　齐国王墓三事佩刀

黑双距者为上，或三事五事。”三事五事，指的是三把或五把刀同入一鞘，即三事佩刀或五事佩刀。

完颜娄室墓出土的三件玉柄铁刀，玉柄横截面为八棱长方形，三件玉柄形状相同，长度几无差别。鉴于陈国公主墓及齐国王墓出土的三事佩刀样式，完颜娄室墓出土的这三把玉柄铁刀亦或为装于一个鞘内的三事佩刀，只是鞘已腐朽不见，仅余三把佩刀。

2. 鎏金剑珌、鎏金剑璏（图4）

在《旅顺博物馆陈列品图录》中展示了两件文物，其中一件与日本旧账对照，应为“黄金刀剑小尻”，岛田贞彦命名为“鎏金剑鞘端头”，而另一件无法对应，或许是黄金饰件。而从造型来看，其一确实为剑鞘末端装饰，名称应为“鎏金剑珌”；另一件，仅有俯视图，似乎为剑鞘上用来佩带于腰带的剑璏，即“鎏金剑璏”。而这两种物件应属于剑鞘上的装饰。

《金史·舆服志》载，金代皇帝所系大带之次即玉具剑，又臣次正一品者佩剑，二品及其下诸般不佩剑。可知金代皇帝所佩剑为玉具剑，并系于大带之上，正一品

① 内蒙古自治区文物考古研究所、哲里木盟博物馆：《辽陈国公主墓》，文物出版社，1993年，第44页。

② 内蒙古自治区文物考古研究所、哲里木盟博物馆：《辽陈国公主墓》，文物出版社，1993年，第51—52页。

③ 赵评春、迟本毅：《金代服饰》，文物出版社，1998年，第12页。

图4 鎏金剑璏、剑珌

佩剑，但未说明剑种，而二品以下均不佩剑，这是金代的佩剑礼制。宋代服制皇帝腰带条下为玉具剑，皇太子亦佩“玉具剑，金涂银钑花，玉镖首”；一品服有“玉装剑”。所以宋制中皇帝、皇太子均佩玉具剑，金与宋同，宋制一品为“玉装剑”。因而金制一品佩剑或亦称玉装剑。

黑龙江齐国王墓出土了一把玉剑具（图5），“原以皮条束套剑鞘上口，吊系于墓主大带左偏后侧。出土时剑体已锈蚀在剑鞘中。”“剑连鞘总长约32.7厘米，白玉剑柄长7厘米，经X光透视片观察，剑身为铁质，两面刃口，锐锋”[①]，此剑为白玉柄，玉柄四边角打磨出棱而成八棱长方形，顶端出尖成圭形，玉柄与剑身之间饰金剑格，剑有鞘，鞘末有金剑珌，造型、

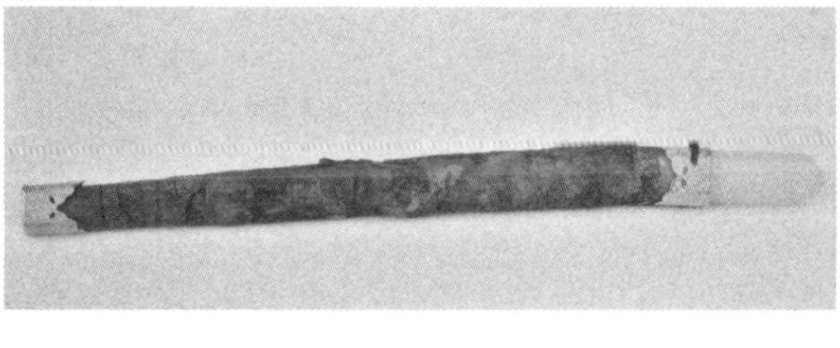

图5 玉剑具

纹饰与剑格基本相同，二者相互呼应。完颜晏位及齐国王，开府仪同三司，正一品，按制佩剑，以白玉装柄、金剑格、金剑珌，或即为“玉装剑”。

完颜娄室是金初的开国功勋，逝后被追封为莘王，赠开府仪同三司，从官职看，职位与完颜晏相同，均官至一品，因而其逝后礼仪应与完颜晏相当，按制均可佩剑。完颜晏墓出土的玉装剑，以皮条束套于剑鞘上，系缚于丝织大带，有剑格、剑珌而无剑璏；完颜娄室墓出土的剑珌、剑璏，剑应该是以剑璏套置于革带上，《汉书·东方朔传》载，汉武帝“身衣弋绨，足履革舄，以韦带剑。”，“可见用以贯璏系剑的带子多为革带。”[②]因而完颜娄室墓出土的剑具，与其身份吻合，等级亦同于玉装剑，而且很可能套于革带，而非丝带上。

三、佩 饰

白玉狮形佩饰（图6）

馆藏，长4.1、高2.9厘米，蹲卧状，背上有上下贯通的圆孔。

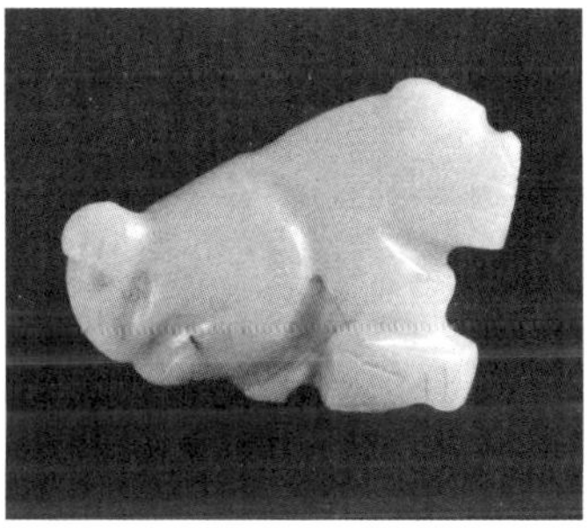

图6 白玉狮形佩

① 赵评春、迟本毅《金代服饰》，文物出版社，1998年，第9页。

② 孙机：《玉具剑与璏式佩剑法》，《考古》1985年第1期。

齐国王墓男女墓主的身上均佩带环形香盒，香盒的上方均有玉或绿松石饰。完颜晏袍襟内左怀中放置有一块素绢佩巾，“巾角用绿丝绳穿一水浪纹白玉菱角坠，套系香粉盒”（图7），白玉菱角坠长3.55、高1.94厘米；完颜晏的腰带右侧还佩系一香盒，香盒上方有白玉瓜鹅坠饰，鹅体长2.7、高1.7厘米。女主人腰部的大带上佩系一绿松石蟾蜍坠香盒（图8），这些坠饰均装饰于香盒之上，坠饰均中间有孔上下贯通以穿绳。鹅坠与蟾蜍坠均为平底。

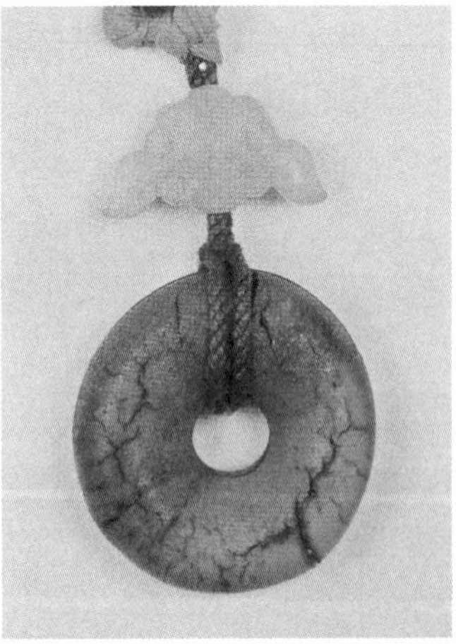

图7　白玉菱角坠

图8　绿松石蟾蜍坠

馆藏白玉狮形佩饰，其底平、蹲踞的造型特征及上下贯通的孔，均显示着其使用方式与齐国王墓的菱角坠、鹅坠及蟾蜍坠相同，亦为其腰带上佩饰品的附属佩饰。

金代严格规定玉器的使用范围，平民不得在服饰、首饰以及马具中使用玉器，“庶人马鞍……不得用玉较具及金、银、犀、象饰鞍辔。”正是这种严格的限制措施，金代玉器主要是在金代女真贵族上层内流行，民间使用玉器较少。且这件白玉狮形佩饰玉质洁白温润，应是上等的和田白玉，其使用者必是身份尊贵的女真贵族，这与完颜娄室的高贵身份相符。

四、带扣、带饰

1. 荷叶形石带扣（图9）

馆藏，一对，一件长3.78、宽3.16厘米，另一件长3.73、宽3.4厘米。石质，扁平，形似荷叶。背面一侧有一带孔，另一侧仅余一穿孔，卡针无。

此对荷叶形石带扣，正面雕成荷叶形，荷叶边缘被琢成锯齿状，四个边角对称呈

图9　荷叶形石带扣正背面

下凹W形，而带扣的背面上下刻出弧形深凹痕，恰恰与这四个W形两两相连接，似乎是为了实用的目的而琢成的W形；背面一端琢出用于穿革带的桥形孔，相对的另一端也琢出了对穿的鼻，似乎为穿针而设计，但两件均无穿针存留。同一个墓葬中出土形态、形状一致的带扣，说明此带可能为双带扣带具。双带扣带最早出现于唐代，“出现在穿甲的武士身上。敦煌莫高窟154窟南壁中唐壁画毗沙门天王像，已在襟部用很短的双铊尾带连接”①，而北宋以后，此式革带渐多。《金史·舆服志》谓“左右有双铊尾。”,可见金代双带扣双铊尾的带具已使用了。

女真族曾在辽代的统治之下，很多习俗承继自辽契丹族。辽代时骨质、玉带扣较为少见，目前所知仅齐齐哈尔梅里斯长岗辽墓出土有骨质带扣，位于墓主人腹部，长8.5、宽6.7厘米。内蒙古科左中旗小努日木辽代夫妻合葬墓出土玉带扣1件，素面，有活动卡针、孔内残留铜铆钉，通长4.3厘米。

目前，在辽墓及金墓出土的带扣主要是由各种形状的孔及可活动的和不可活动的穿针组成的，这种带扣起装饰作用的主要是位于带扣两边固定于革带上的长方形装饰物，而带扣本身即具有装饰性的不多，完颜娄室墓出土的这一对荷叶形石带扣目前所见仅此一对，与完颜娄室地位相当的保存十分完好的齐国王完颜晏墓也不见这种带扣出土。完颜晏墓出土的带具主要是由丝织品做的大带，不见革带出土，所以没有带扣出土，而完颜娄室墓出土的这对带扣说明完颜娄室可能腰部束有革带，因而墓中还出土了剑璏，很可能刀、剑、玉狮子等佩饰匀系缚于革带上。

用法一：一条革带两端至少钻出两个扣眼，使用时，革带分别通过两侧桥形孔穿入，并用扣针扣住倒数第二孔，再用另一根丝织带子分别穿过第一孔，进行束结；用法二：一条革带两端至少钻出若干扣眼，使用时，革带分别通过两侧桥形孔穿入，并用扣针扣住，利用剩余的革带进行束结。这种用法的带扣使荷叶能够完美地呈现出来，而不受遮盖，起到了极好的带具装饰作用。只是上下琢出的弧形凹痕似乎没有派上用场，颇令人费解。当然，以上用法只是推测，也许还有其他更科学的用法，待考古资料的进一步丰富来证实。

2. 荷叶形石饰（图10）

馆藏，一对，一件长3.2、厚0.53厘米，另一件长3.25、厚0.9厘米，正面弧面雕刻有叶脉纹，背面平，仅一处边缘有突起。

图10　荷叶形石饰正背面

① 孙机：《华夏衣冠——中国古代服饰文化》，上海古籍出版社，2016年，第192页。

辽墓中出土的玉石类带具主要有玛瑙、玉、玻璃等，固定方式有的用铆钉，也有的用金属线。使用铆钉这种固定方式时，带具要有通透的孔；用金属丝线固定时，背面应有成对的孔鼻，由金属丝线与带鞓相连。此对荷叶形石饰无孔眼，无法固定于皮带上。同类的饰件在金代墓葬中尚没有发现。辽宁新民巴图营子辽墓中出土了一件造型与之相类似的荷叶形琥珀饰，"整体作荷叶状，侧面贯穿一孔。长8.3，宽6.8，厚2.4厘米"①，其侧面有穿孔，应为佩饰。而馆藏的这对荷叶形石饰具体用途尚待考古资料的进一步证实。

总之，完颜娄室是金初高级贵族，位及于王，与齐国王完颜晏职位相同，而且二者的埋葬时间间隔不长，完颜娄室逝于1130年，完颜晏逝于1162年，因而两人的入葬礼仪相差无几，墓中出土的文物亦有诸多相似之处，完颜晏墓的随葬品保存完整，可以为完颜娄室墓中随葬品的用途提供极好的参考作用。通过对完颜娄室墓出土物的进一步研究，可以更深入地了解金代早期高级贵族墓的丧葬制度及丧葬礼仪文化。

① 冯永谦：《辽宁省建平、新民的三座辽墓》，《考古》1960年第2期，第23页。

画吾自画
——旅顺博物馆藏齐白石作品浅析

宋艳秋
旅顺博物馆

内容提要： 齐白石（1864—1957），近现代史上的杰出艺术家。其近百年的人生，书画作品数万件，诗书画印无一不精。他将传统的文人画风与民间艺术相融合，开拓了中国画的新面貌。旅顺博物馆藏有齐白石书画作品十余件，涵盖了人物、山水、花鸟草虫和水族四类。本文通过对馆藏齐白石的重点文物进行简要介绍，以期更深刻地了解齐白石的绘画艺术。

关键词： 齐白石　衰年变法　红花墨叶

齐白石，原名纯芝，字渭青，号兰亭，后改名璜，字濒生，号白石山人、白石山翁、老萍、饿叟、借山吟馆主者、寄萍堂上老人、三百石印富翁。早年曾为木工，后以卖画为生，五十七岁后定居北京。曾任中央美术学院名誉教授、中国美术家协会主席等职。1953年被文化部授予“人民艺术家”称号，1956年被世界和平理事会授予国际和平奖金。1957年9月16日病逝于北京。

齐白石从一介木匠成为一代巨匠，得益于1902年到1909年的“五出五归”的游历和1919年的“衰年变法”，这是齐白石个人绘画风格形成的最主要因素。他以书画寄情，将日常所见和笔墨情趣融入绘画中，主张艺术“妙在似与不似之间”，形成了独特的大写意风格。

齐白石的绘画题材很丰富，但以瓜果菜蔬、花鸟虫鱼为工绝，兼及人物、山水。他“为万虫写照，为百鸟传神”，笔下的花鸟虫鱼极富生活情趣和民间特色。

本文选取馆藏代表性的齐白石绘画，按类别进行阐述。

一、人 物 类

人物画是齐白石艺术创作的起点。他曾说过：“余数岁学画人物，30岁学画山水，40岁专画花草虫鱼”①。齐白石早期

① 王明明：《齐白石》，广西美术出版社，2014年，第34页。

的人物画主要是肖像画和民间传说故事及侍女题材画。1917年移居北京后，随着生活条件的改善，人物画主要是一些表现自己生活情趣和市民生活状态的作品。如《不倒翁》《送子从师图》《挖耳图》《搔背图》等。旅顺博物馆藏有人物画两幅，分别是齐白石1927年和1936年的作品。

1. 齐白石不倒翁图轴（图1）

纸本设色，纵133.4厘米，横32.5厘米。

图绘一位头戴乌纱帽、身穿黑袍的人物侧背对画面，墨团渲染出人物圆滑不倒的体态。该画以墨为主，仅人物面部和手中所持白扇以墨笔勾出，面部和扇面留白，官袍背部绘出补服图案。画的上部写题画诗："掉首平生半纸轻，一丸封就任纵横。何妨失足贪游戏，不耐安眠欠老成。尽受推排偏倔强，敢烦扶策自支撑。却遭桃梗妍皮诮，此内空空浪得名。"后续"借梅村诗题画，丁卯夏五月初一日，三百石印富翁时居西城单排楼西。"钤"木人"朱文方印、"白石翁"朱文方印。此图题画诗为清吴伟业所作《戏咏不倒翁》。

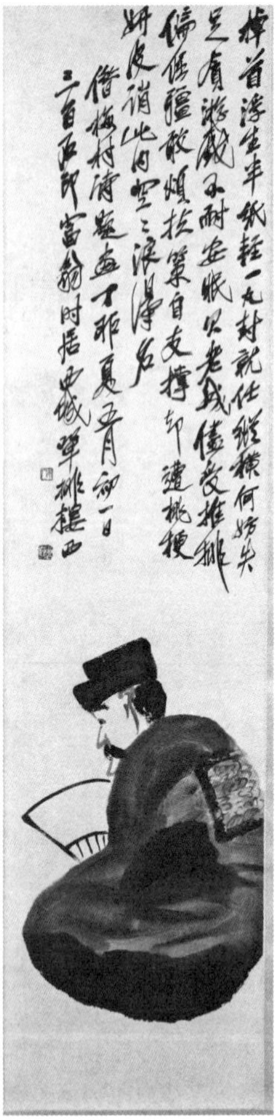

图1 齐白石不倒翁图轴

不倒翁本是民间的儿童玩具。齐白石画过许多不倒翁，每次画都赋予画面以不同的涵义，历来被认为是齐白石对社会时政批判讽刺的画作，齐白石用"适当的漫画手法和妙趣横生的诗题"，把低能腐吏的丑陋以玩笑态度揭示出来。也有一种说法是齐白石一种幽默的自我生活观照①。笔者深以为然。齐白石是出身于艺术底层，以卖画为生步入艺坛的艺术大家，他的画是以市场需求为主的。1917年移居北京后，受众群体的改变，使齐白石绘画的内容和风格都发生了很大的变化——写意花鸟画比重增大，人物画减少。但人物画的内容发生了很大变化，开始由原来的功利实用转向了闲适自得。这都得益于衰年变法的成功。生活的宽裕，从艺心态的成熟，齐白石的人物画仅为了自己抒怀的境界，开始创作表现自己日常生活情趣的人物画作品，所以格调或风趣幽默，或意趣盎然。此画中"尽受推排偏倔强"用拟人的手法，

① 马明宸：《意匠笔墨 红尘心绪——齐白石的人物画艺术再论》，《中国书画》2019年第11期，第89—103页。

描述不倒翁滑稽可爱的形象，将齐白石所抒写的市民生活情趣表现无疑。

2. 齐白石送子从师图轴

纸本设色，纵134.2厘米，横52.2厘米。

图绘严厉的父亲送哭泣的孩子去上学。不愿离家去读书的孩子，一手拿书，一手拭泪，磨蹭着不愿意去。老者正安慰他。画面右侧题“送子从师图轴，此乃白石翁自造之图，丙子游成都于门人姚石倩处，原本得之，遂重画此幅，白石山翁并记。”旁边钤印“白石翁”白文方印，左下角钤“流俗之所轻也”白文方印。

此图中老人和孩童衣纹简练，却一眼能看出二者在此时的内心活动和精神状态，形神兼备。右侧“一炷香款”贯通上下，整个画面简单而又韵味十足。齐白石是一位乡土画家，当他提笔临案时，他的思绪乃至全部的内心生活，就情不自禁地返回童年。读书也许是齐白石的隐痛，此类画作，作者窃以为是为了满足孩童时期的梦想。

二、山水类

齐白石正式画山水画应是在30岁之后[1]。《芥子园画传》是齐白石学习山水画的启蒙教材。齐白石创作山水画主要是围绕家乡景物和远游印象两大主题。正如他所说“用我家笔墨，写我家山水”[2]。齐白石30岁之前，主要学习《芥子园画传》和“四王”的技法，在效法、点染上还不生动[3]。1902年到1909年的“五出五归”，使齐白石开始确立自己独特的山水画风格，《借山图》是这一时期的代表作。此时的齐白石主要是学习徐渭、八大的绘画风格。“衰年变法”后，经过不断探索，齐白石的山水画进一步走向成熟。

齐白石借山图轴（图2）

纸本设色。纵133厘米，横32.5厘米。

图2　齐白石借山图轴

① 胡佩衡、胡橐：《齐白石画法与欣赏》，文化艺术出版社，2011年，第91页。

② 敖晋：《齐白石谈艺录》，上海书画出版社，2016年，第114页。

③ 吕晓：《画吾自画——齐白石山水画的创作历程及特点》，《中国书画》2018年第10期，第66—82页。

左上角有款识："白石借山图。屋后青山多，斫柴思烂柯。门前溪水流，洗耳不饮牛。可惜借山翁，衰年在外头。白石山翁画并篆并题。"钤"阿芝"朱文方印、"老木"白文方印。

此幅应为齐白石"衰年变法"之后的作品，体现了其取法吴昌硕之后形成的典型的大写意风格。

三、花 鸟 草 虫

齐白石一生爱花，他不仅擅长画梅花、牡丹、菊花等，牵牛花这些别人不常画的花，也是他笔下常用的题材。

1. 齐白石牵牛花图轴

纸本设色。纵136厘米，横35厘米。

款识：白石山翁。

钤印："齐大"朱文方印、"大匠之门"白文方印。

齐白石画牵牛花与他的好友梅兰芳有很大关系。梅兰芳家里种了很多花木，光牵牛花就有上百种，从此牵牛花成了他写生的对象。齐白石画牵牛花，用大写意画法来画；花瓣的勾勒概括突出，花叶则大笔涂抹，写意纵横。干墨焦墨画藤蔓，寥寥数笔，牵牛花的生动形态便跃然纸上。

宋代诗人汪应长写过《牵牛花》："叶细枝柔独立难，谁人抬起傍阑干。一朝引上檐楹去，不许时人眼下看。"这首诗提升了牵牛花的高度，赋予了它积极向上的意义。齐白石笔下的牵牛花，也能看出活泼开朗的个性和一股不屈不挠奋发向上的精神。也许从另一层含义上看，齐白石爱画牵牛花，可能与他浓重的思乡情结有关。

2. 齐白石荷花图轴

纸本设色。纵114厘米，横33厘米。

款识：齐璜。

钤印："老木"朱文方印。

齐白石对画荷颇有研究。他曾写道："客论画荷花法，枝干欲直欲挺，花瓣欲紧欲密。"他用饱满的洋红直接泼写荷花，衬以浓墨渲染的荷叶和用焦墨写就的荷梗，在红黑、浓淡、干湿的对比变化中形成鲜明奔放的视觉效果，表现出了浓郁的民间审美趣味。此幅图红花墨叶，笔墨酣畅。

荷花对于齐白石来说并不陌生，早在居住在星斗塘时就常见荷花。齐白石画荷，常常回忆起当年种荷、栽藕、采剥莲子的情景，而不是去作"出污泥而不染"的自喻。定居北京后曾作诗："人生能约几黄昏，往梦追思尚断魂。五里新荷田上路，百梅祠到杏花村。"追忆他当年和妻子携儿女从所居梅公祠到星斗堂拜望双亲，一路观赏满塘荷花的热闹情景。画荷也包含了齐白石的怀旧思乡之情。

3. 齐白石群鸡图轴（图3）

纸本设色。纵106厘米，横33厘米。

款识：甲戌春二月寄自，齐璜。

钤印："老木"朱文方印、"齐白石"白文方印。

中国人喜欢大吉大利，"鸡""吉"同音，所以鸡的题材也就成了画家和收藏家们的钟爱。齐白石通过造型和笔墨的差异，巧妙地画出了鸡的不同特征，而且还能表现出鸡在不同情景下的状态。

此幅《群鸡图》中，一只柴鸡带一群小鸡觅食。此图中齐白石用笔墨强调了柴鸡鸡冠的雄壮、鸡眼的敏锐。鸡尾用重墨完成，寥寥几笔，清清楚楚。每一笔都强劲有力，充分表现出了鸡的雄健。在鸡的背部，齐白石用细笔添加了一些小毛，这样一下子就把鸡毛的光泽表现了出来，油

图3 齐白石群鸡图轴

光锃亮，同时也表现出了鸡毛柔软滑顺的质地。毛茸茸的、各具情态的小鸡，有的低首觅食，有的抬头前望，像寻找什么，有的探头前走。它们的造型准确生动，活泼可爱。齐白石用水墨圆点小鸡的笔法，突出绒毛的质感。

4. 齐白石群鼠图轴

纸本设色。纵100厘米，横50厘米。

款识：群鼠群鼠，何多如许？何闹如许？既啮我果，又剥我黍！烛炮灯残天欲曙，严更已换五鼓。莱公先生雅属，齐璜画并题新句。

钤印："齐大"朱文方印。

在中国绘画史上，齐白石开创了鼠类题材大量入画的先河，赋予了笔下的鼠以人的性灵与情感，开创了中国鼠画全新的历史①。从齐白石开始，鼠类题材常见于现当代绘画作品。

资料显示，齐白石开始画鼠的时间最早可以追溯至1902年。二十世纪三四十年代，鼠类作品开始增多，技法也更为精湛。刘平在《齐白石鼠类题材绘画的传承与创新》中分析：在1945年之前，齐氏喜画的鼠类题材主要是"鼠与葡萄"和"鼠与荔枝"这类相对繁密的长轴作品，鼠类不仅有老鼠，更多的是攀跃于枝丫上采食水果的松鼠。1946年以后，齐氏的鼠类题材作品集中于"灯鼠"和"老鼠蔬果"等主题小品画，画面更为疏朗，此时已不见松鼠的踪影，老鼠在画面和主题中充当绝对的主角。

旅顺博物馆所藏群鼠图轴，画面右上方的烛台上红烛火苗正旺，旁边有新鲜的荔枝和樱桃。狡捷的小老鼠正在啃食花生。其实老鼠虽然是难登大雅之堂的动物，但身上倒也有那么一两个好的寓意，比如在民间它象征着"多子"，荔枝、樱桃、花生也属于多子的植物，所以把老鼠和瓜果放在一起，就有了吉祥的寓意。

四、水族类

水族画是齐白石的经典画题，是淳朴

① 刘平：《齐白石鼠类题材绘画的传承与创新》，《文物鉴定与鉴赏》2020年第17期，第11—15页。

的乡情与童趣的完美再现。虾、鱼、蟹都是他笔下常用的题材。在他的绘画作品中，虾占据着很大的比重，并且早年、晚年虾的风格面貌各不相同。齐白石六十岁之前画虾，主要是摹古。七十岁后画虾的技法达到了炉火纯青的境界，其笔下的虾颜色深浅不同，有层次感，透明感，气韵生动，栩栩如生。作为水族生物，蟹和鱼经常与虾组合出现。齐白石注重对蟹的观察与写生，在对蟹壳的画法上也历经了“墨团”“数笔”“三笔”三个阶段。他用简练的笔墨，画出蟹的外形和精神，把蟹横行的动感形象地表现了出来。齐白石画鱼比画虾画蟹更加写意，他早年画鱼吸收了八大山人的笔法，略显呆板无生气。晚年白石老人笔下的鱼儿不再是八大那种冷逸之风，鱼儿舒展畅游，活泼自在，动态生息，满盈于纸。

齐白石鱼虾蟹图轴（图4）

纸本设色。纵138厘米，横69.5厘米。

图绘鱼、虾、蟹三种水族动物的聚会。图中绘有朴实厚重的螃蟹、机巧灵活的虾、悠闲自得的鱼。画左侧题有款识“旅顺博物馆藏，九十四岁，白石。”右下角钤“齐白石”白文方印、“人长寿”朱文方印两方。此图为1954年旅顺博物馆工作人员登门拜访齐白石时所求而来。

此图将鱼、虾、蟹三种动物并置一纸，应该是白石老人为数不多的作品之一。此幅《鱼虾蟹图》纯用水墨完成，利用墨色的干、湿、浓、淡变化刻画出虾急游、缓游、静止的几种状态，以及螃蟹甲壳坚硬的质感和游走、横行间的动态；通过鱼的摆动和鱼身、鱼尾墨色的变化和空白的处理调和画面，使得鱼的淡然宁静跃然纸面。画面可划分为三个部分：鱼为一组，

图4　齐白石鱼虾蟹图轴

虾为一组，螃蟹为一组。虽然这十多只鱼虾蟹充溢着整个画面，但并不显得拥塞杂乱，齐白石老人巧妙地使一只虾闯入蟹群中，画面顿时活泼起来。而且画家运用浓淡变化的墨色绘画这些小动物，使得其相互之间有所区别，疏密有致。鱼、虾、蟹形象凝练生动，妙趣横生，这正是齐白石主张的“不似而似”的至高境界。

从民间走来，成为一代艺术大师，齐白石不仅诗、书、画、印都有着很高的成就，且他的作品表达了对生命、对美好大自然的赞美，流露出人性最本真的情感。这也许是他的作品深受人们的喜爱原因之一吧。

董邦达《隶书〈御制麋角解说〉并图》赏析

闫建科

旅顺博物馆

内容提要：董邦达是清代乾隆年间颇受重视的宫廷画家，多幅作品被收入《石渠宝笈》。《隶书〈御制麋角解说〉并图》是反映麋鹿解角这一自然现象的书画作品，也是与乾隆《书〈鹿角记〉》和《书〈麋角解说〉》密切相关的君臣唱和作品，从中可见董邦达的绘画特点以及清代人对麋鹿这种动物的认识。此图的鉴藏也颇值得研究。

关键词：乾隆　麋角解说　董邦达　君臣唱和

董邦达（1699—1769）字孚存，一字非闻，号东山，浙江富阳人。他是清代乾隆年间有名的词臣画家，参与编纂了《石渠宝笈》《秘殿珠林》《西清古鉴》等书，受到了乾隆皇帝的赏识，仕至礼部尚书，谥文恪。卒年七十一岁。董邦达能够参与编纂《石渠宝笈》，主要是由于他"博学精考核"。而通过这些编纂活动，董邦达也有机会纵览众多内府收藏的历代名家翰墨，耳濡目染，于古法深有会心。他的许多作品受到了乾隆皇帝的赞赏，被收入《石渠宝笈》初续三编。有好事者将其与董源、董其昌并称，有"古今三董相承"之说。旅顺博物馆收藏了董邦达的两件作品——《隶书〈御制麋角解说〉并图》和《夏山欲雨图》。本文就《隶书〈御制麋角解说〉并图》试作欣赏解读，不当之处敬请方家指正。

一、董邦达《隶书〈御制麋角解说〉并图》（图1）

董邦达《隶书〈御制麋角解说〉并图》，纸本，纵24.7厘米，横230厘米。在旅顺博物馆2006年出版的《旅顺博物馆馆藏文物选粹——绘画卷》中，根据卷中麋鹿解角场景将其定名为《解角图》（为行文简便，后文即称《解角图》）。前幅为董邦达隶书抄录的乾隆皇帝《御制麋角解说》，后幅即为《解角图》画面。

1. 前幅《御制麋角解说》原文及解读

原文：

壬午为《鹿角记》，既辨明鹿与麋皆解角于夏不于冬。然《月令》既有其言，而未究其故，常耿耿焉。昨过冬至，陡忆南苑有所谓麈者（俗名

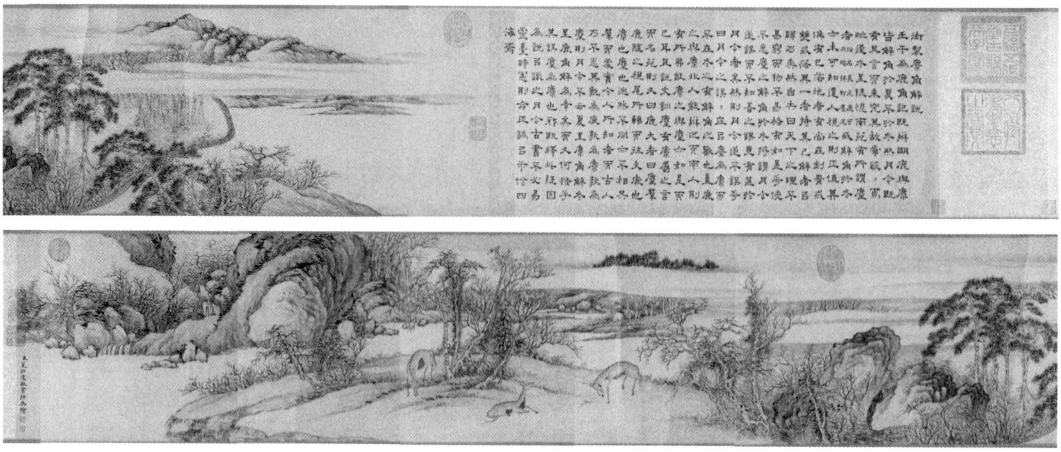

图1　清　董邦达《隶书〈御制麋角解说〉并图》

长尾鹿，可为蝇拂，即麈尾），或解角于冬，亦未可知。遣人视之，则正值其候。有已落地者，有尚在脑骨，或双或落其一者，持其已解者以归。乃爽然自失曰：天下之理不易穷，而物不易格，有如是乎！使不悉麈之解角于冬，将谓《月令》遂误，而不知吾之误更有甚于《月令》者矣。然则《月令》遂不误乎？曰：《月令》之误，误在以麈为麋，而不在冬之有解角之兽也。盖鹿之与麋，北人能辨之，而南人则有所弗能。麋之与麈，亦如是而已耳。

且《说文》训麈有麋属之言。而《名苑》则又曰：鹿大者曰麈，群鹿随之，视尾所转而往。夫鹿也，麋也，麈也，迥然不同，亦不相共群而处，实今人所知者。而古人乃不悉其孰为鹿，孰为麋，孰为麈。则《月令》不云夏至麋角解，冬至鹿角解为幸矣！而又何怪乎其误麈为麋也耶？既释此疑，因为说以识之。《月令》古书不必易，灵台时宪则命正讹以示信四海焉！

按董邦达抄录的乾隆《御制麋角解说》所言，乾隆二十七年壬午（1762），时年52岁的乾隆皇帝曾作《鹿角记》，就麋鹿解角的问题进行探讨。在记载先民物候智慧的《礼记·月令》中有“仲夏之月，……是月也，日长至，……鹿角解。”“仲冬之月，……是月也，日短至。……麋角解。”即夏至鹿解角，冬至麋解角。乾隆皇帝根据观察，认为不论鹿还是“麋”，都是在夏天解角，而不是冬天。为什么自己观察所得的结论与古书记载不同呢？事实的真相到底是什么？乾隆皇帝对此耿耿于怀。适逢冬至，乾隆皇帝想起皇家园林——南苑中有一种鹿，名叫“麈”，也许是在冬天解角。于是派人去调查。调查人员来到南苑，正赶上这些“麈”在解角，并将脱落的角拿回来给乾隆皇帝看。乾隆皇帝恍然大悟，自谓了然：此前自己根据观察发现，鹿和“麋”都是夏至解角，从而否定了《月令》关于夏至鹿解角、冬至麋解角的说法；今次冬至日见南苑“麈”解角，认识到《月令》的失误在于把“麈”误认为“麋”。由此，乾隆皇帝大发感慨，格物穷理之不易，正如自己不知“麈”于冬至解角而误以为《月令》记载有误，也正如《月令》误“麈”为“麋”，致使后人易生疑窦一样。

之后，乾隆皇帝又从名物的角度，批评古人所作《说文解字》和《名苑》的错误。指出：鹿、麋、麈，迥然不同，今人所知，而古人不能明辨，故而造成《月令》记载的失误。最终，自信的皇帝命令掌管物候时令的“灵台时宪”以此次解说纠正民间的讹误，为这次探讨画上了句号。

通读全文可以感觉到，乾隆皇帝对于自己的这一关于麋鹿解角的探讨是颇有些自鸣得意的。一方面在于格物致知的探索精神，另一方面在于知错能改的自新精神，表明自己是一位聪明睿智而又谦虚好学的文人皇帝。

从书法的角度来看，此卷中包括抄录的乾隆皇帝《御制麋角解说》和画尾的自题署款，都采用了隶书题写。而在旅顺博物馆收藏的另一件董邦达的作品《夏山欲雨图》中（图2），署款采用的是更具古意的篆书。董邦达精于篆隶，无论篆书还是隶书，都与画面相契合，重视其装饰性，体现了宫廷绘画的庄重与古雅的趣味。

图2　清　董邦达《夏山欲雨图》

2. 后幅《解角图》画面赏析

后幅《解角图》中以水墨淡设色画清代皇家南苑景色及麋鹿解角的场景。画卷展开，先映入眼帘的是依山临水伫立的一道赭色围墙，墙内即是皇家休闲射猎的南苑。苑内冈峦起伏，溪水环绕，烟霭氤氲，林木茂盛。林中及空地上画有四只鹿科动物，皆斑点长尾，或卧或跃，生动地再现了南苑中鹿科动物的形象及活动状态。卷末画家自题：臣董邦达敬书并恭绘。钤“臣邦达”“敬画”二印。图中有乾隆御览之宝、乾隆鉴赏、石渠宝笈、三希堂精鉴玺、宜子孙、五福五代堂古稀天子宝、八徵耄念之宝、万有同春、半榻琴书、宣统御览之宝等清宫鉴藏玺共10方。

在此图中，董邦达用尖细的笔触画蟹爪枝表现冬天的枯树，用枯笔皴擦表现坚凝的巨石，用秀润的笔墨表现水边的缓坡，林峦间的留白表现冬日晴空的烟云。可以说将李成与董、巨画法熔于一炉。画解角的鹿科动物，突出表现其长而蓬松的尾部，以契合乾隆皇帝笔下的“麈尾”。这些“麈”，有的已经完成解角，悠游于林间隙地；有的一角脱落，另一角仍在脑骨。因一角脱落失去平衡，“麈”奋蹄踊跃，摇头晃脑，欲使另一角加速脱落。董邦达巧妙地将“麈”奋力解角的情态描绘得惟妙惟肖。

据《清史稿·董邦达传》记载，董邦达于雍正元年（1723）由贡生选拔入仕，十一年（1733）中进士，改庶吉士，授编修。因自身才学受到赏识，曾任陕西和顺天府乡试考官。乾隆九年（1744），参与编撰《秘殿珠林》《石渠宝笈》。翌年，完成《秘殿珠林石渠宝笈》初编44卷。

董邦达的绘画师承未见明确记载。张庚《国朝画徵续录》称其“取法元人，善用枯笔勾勒，皴擦多逸致。近又参董、巨，天资既高，而好古复笃，自然超轶，深为今上所赏”。从“取法元人”“近参董、巨”，可见董邦达的画风与当时在画坛占主导地位的“四王”一脉的画风比较接近。编撰《石渠宝笈》，使董邦达能够纵览内廷收藏的历代法书名画，耳濡目染，心摹手追，笔墨神韵遂更上一层楼。因为《石渠宝笈》所著录的，以荆浩、关仝、范宽、李成、郭熙及李唐、刘松年、马远、夏圭为代表的南宋院画也占有很大比重，这使得董邦达不受当时画坛的风气所拘束，也能在创作中参以宋法，在绘画中兼顾富丽堂皇的装饰性和笔墨气韵的萧散秀逸，契合了乾隆皇帝的审美情趣，因而受到器重，为乾隆皇帝创作了大量的应制书画作品。《解角图》即是这样一件应制之作，图中画坡石皴染和勾勒并用，软硬兼施；松针和蟹爪枝都经过了精心刻画，远山的疏秀和动物刻画的精微并存，可见，董、巨与李、郭两种画法在此图中的融合。

3.《解角图》的著录与流传

《解角图》中有清宫鉴藏印10方，其中有“乾隆御览之宝”“乾隆鉴赏”“三希堂精鉴玺”“宜子孙”“石渠宝笈”五玺。按常理，其应著录于《石渠宝笈》初编。但此图明显应作于“壬午”即1762年之后，此时《石渠宝笈》初编早已于乾隆十年（1745）编纂完成。查遍《石渠宝笈》初编续编三编，董邦达的《解角图》并未见著录，只有成书于1926年的《故宫已佚书籍书画目录四种》中记有：“十二月初三日赏溥杰……《御制麋角解说》，董邦达隶书并图，一卷”。据此推测，清末帝溥仪在退位后以赏赐溥杰的名义将《解角图》盗运出宫，辗转运到天津和长春的伪满皇宫小白楼。在伪满洲国垮台前夕的混乱中流散辽宁民间，后由大连文物店购入，并于1982年入藏旅顺博物馆。

二、《解角图》创作缘起

乾隆皇帝雅好文艺，在位期间蓄养了一批词臣画家，如董邦达、张若霭、钱维城等，创作了许多君臣唱和的书画作品。董邦达的《解角图》应该也是其中之一。董邦达创作此卷《解角图》，自然是奉制而作，是乾隆皇帝先有《麋角解说》一文，而后才有董邦达附和而作的这卷《解角图》。实际上，关于麋鹿解角的探讨，乾隆先后创作了《鹿角记》和《麋角解说》两篇文章，并有相关的书画作品传世，即壬午（1762）的《书〈鹿角记〉》和丁亥（1767）的《书〈麋角解说〉》，此二卷堪称姊妹篇，均著录于《石渠宝笈》续编重华宫二（目前均藏于美国大都会艺术博物馆），从中可以窥探乾隆皇帝探究麋鹿解角这一物候现象的前因后果。

1.乾隆《书〈鹿角记〉》

《石渠宝笈》续编著录内容如下：

本幅。宣德笺本，纵七寸八分，横三尺六寸八分。御笔水墨画鹿角一。御笔行书。

鹿角记。鹿，阳类也。夏至感阴生而角解，然解者自其委蜕，而新茸即渐长以成角，则六阳之义益明。蜕其旧而新生，必较旧加长且丰。两叉、四叉、六叉，以至八叉，历数十年而后成。或逾八叉者，不可辨其年岁，盖千万中一遇，而其鹿亦必数百千年之寿矣。尝阅武库所藏皇祖时鹿角一，记曰，康熙四十八年九月五日，上于巴颜陀罗海所获，其长自脑骨至尖，各三尺九寸有十分寸之五，两尖抵直得七尺有九寸，两末径距凡四尺。叉之数十有六，最末者不尖而博，状如鱼尾，又如芝朵。近脑者其围八寸有十分寸之二，既坚且泽，不珍而昔，景铄哉。是盖我皇祖神威所摄，山灵不敢闭其珍用，出瑞兽以燕圣人，而什袭天府，示我后昆，俾毋忘前烈，诘戎益勤也。予小子敬仰之下，不讶鹿角之奇，而思鹿角所由来者奇，庸可不表章厥迹，勒册府以永垂乎？月令，仲夏鹿角解，仲冬麋角解。今木兰之鹿与夫吉林之麋，无不解于夏，岂古之麋非今之麋乎。是又不可得而知矣。汲冢周书至谓麋鹿之角不解，为兵戈不藏不息之兆。荒诞更甚，毋容辟讹。因为鹿角之记，遂并识之。乾隆壬午新春御笔。

图3　清　乾隆《书〈鹿角记〉》(网络截图)

钤宝八：乾、隆、深心托豪素、得象外意、即事多所欣、游六艺圃、天地为师、摛藻为春。

引首：御笔，珍阐怀琼。

钤宝一：乾隆宸翰。

鉴藏宝玺：八征耄念、五福五代堂古稀天子宝、八徵耄念之宝、水月两澄明、笔花春雨、用笔在心、陶冶赖诗篇、寓意于物、聊以观生意、化工四气为全施、吟咏春风里、石渠宝笈所藏。

据《鹿角记》原文来看，乾隆曾于武库中看到一枚鹿角，是康熙皇帝于康熙四十八年在巴颜陀罗海猎获的。鹿角巨大，自脑骨分两枝，每枝分八叉，共十六叉。末端宽大如鱼尾，坚硬润泽，是鹿角中的极品。据前幅所画的鹿角来看，与描述相符。乾隆根据自己的观察，认为木兰围场的鹿和吉林的“麋”都是在夏天解角的，与《月令》所言“仲夏鹿角解，仲冬麋角解”这一记载不符。是自己观察有误，还是古人不察，这个疑问为后来创作《麋角解说》留下了伏笔。

2. 乾隆《书〈麋角解说〉》

《石渠宝笈》续编著录内容如下：

本幅宣德笺本，纵八寸，横三尺七寸三分。前水墨画麈角。

标题：南苑麈角图。

钤宝三：天地为师、见天心、情赏为美。

后行书麋角解说。

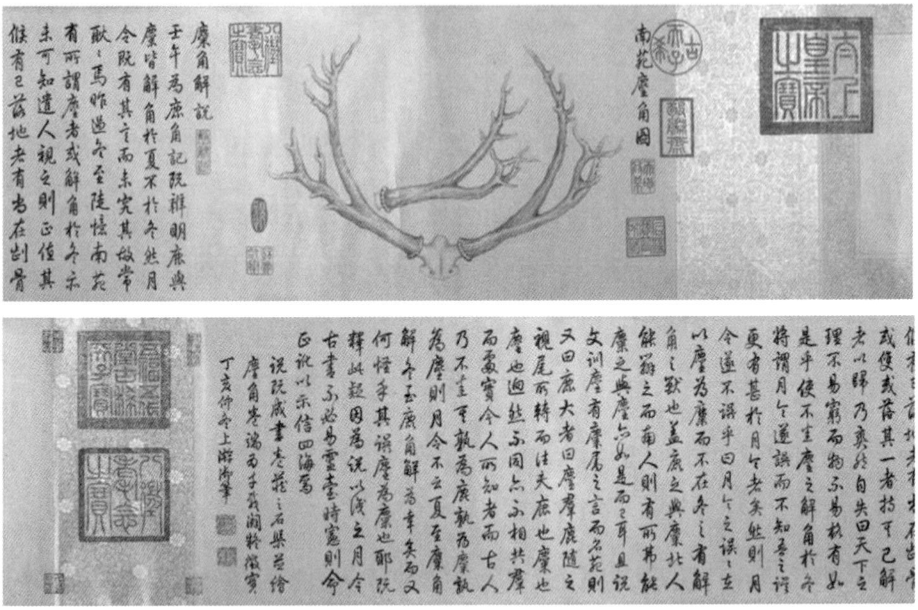

图4 清 乾隆《书〈麋角解说〉》（网络截图）

壬午为《鹿角记》，既辨明鹿与麋皆解角于夏不于冬。然《月令》既有其言，而未究其故，常耿耿焉。昨过冬至，陡忆南苑有所谓麈者，或解角于冬，亦未可知。遣人视之，则正值其候。有已落地者，有尚在脑骨，或双或落其一者，持其已解者以归。乃爽然自失曰：天下之理不易穷，而物不易格，有如是乎！使不悉麈之解角于冬，将谓《月令》遂误，而不知吾之误更有甚于《月令》者矣。然则《月令》遂不误乎？曰：《月令》之误，误在以麈为麋，而不在冬之有解角之兽也。盖鹿之与麋，北人能辨之，而南人则有所弗能。麋之与麈，亦如是而已耳。

且《说文》训麈有麋属之言。而《名苑》则又曰：鹿大者曰麈，群鹿随之，视尾所转而往。夫鹿也，麋也，麈也，迥然不同，亦不相共群而处，实今人所知者。而古人乃不悉其孰为鹿，孰为麋，孰为麈。则《月令》不云夏至麋角解，冬至鹿角解为幸矣！而又何怪乎其误麈为麋也耶？既释此疑，因为说以识之。《月令》古书不必易，灵台时宪则命正讹以示信四海焉！

说既成，书卷藏之石渠，并绘麈角卷端，为千载阙疑徵实。丁亥仲冬上澣，御笔。

钤宝三：静中观造化、乾、隆。

鉴藏宝玺：古希天子、五福五代堂古稀天子宝、八徵耄念之宝、几席有余香、秀色入窗虚、用笔在心、万有同春、石渠宝笈所藏。

乾隆创作《鹿角记》是在壬午（1762），时隔五年后的丁亥（1767），因南苑关于“麈”解角的新发现，乾隆又创作了此篇《麋角解说》。文中内容不再赘述，但前幅所作“南苑麈角图”，形象具体。可想而知，图中的“麈”角当是乾隆皇帝遣人至南苑查看“麈”解角而“持其解者以归”的“麈”角，共有三枝，其中两枝为一具，连在起，脑骨尚存。自脑骨分为两枝，每枝向上分两叉，每叉再往上又有分叉若干。从形状上看，与壬午所作《鹿角记》前幅中所画的鹿角有明显区别。

3. 君臣唱和

根据乾隆的《书〈鹿角记〉》和《书〈麋角解说〉》以及董邦达的《解角图》三件文物内容可推断，乾隆探究麋解角，其起源是壬午（1762）乾隆作《鹿角记》，论说《月令》之误；其次是丁亥（1767）乾隆作《书〈麋角解说〉》，对《鹿角记》中的观点作订正；最后才有董邦达的《解角图》，对乾隆的探讨用画面做进一步阐发。

乾隆皇帝自己博学审问，身体力行，先后创作了《鹿角记》和《麋角解说》，颇有以身作则、晓喻臣下的意味。董邦达创作《解角图》，君臣唱和，用栩栩如生的《解角图》为皇帝的《麋角解说》作插图，迎合了皇帝的喜好。

乾隆皇帝聪敏好学，遇有优秀作品喜欢题诗品评，臣下随风而动，极力奉承。因此才有了乾隆年间大量流传民间的古书画被搜罗入清宫，以及众多的词臣画家。君臣间的互动，有共同在一件作品上题诗品评的，如著名的黄公望《富春山居图》子明卷；也有皇帝出题命词臣画家创作书画并在作品上题诗的，如旅顺博物馆收藏的张若霭《五君子图》，其后有乾隆御题的《五君子图歌》。董邦达此卷《解角图》，虽然与前两种形式略有不同，但本质上并无明显区别，都是皇帝授意下的旨向明确的命题作品。君臣互动，一唱一和，附庸风雅，营造出融洽和谐的朝堂氛围。

三、关于董邦达《解角图》的探讨

通过上文，我们了解到董邦达的《解角图》创作的来龙去脉，但笔者有几个问题需要再探讨，试析如下。

1. 鹿、麋、麈的再探讨

从乾隆的《鹿角记》到《麋角解说》，我们看到一位皇帝对麋鹿解角这一现象的探讨，虽然这种探讨仅限于比较浅白的观察，缺乏细致深入的分析。作为非专业的普通人，我们所能了解的鹿、麋和麈又是什么样的呢？

《辞海》释鹿：鹿，哺乳纲，鹿科动物的通称。通常雄的有角（驯鹿雌的也有角），每年脱换一次；比较原始的种类，雌雄均无角（如麝、獐）。无上门齿。肢细，第一趾完全退化，第二、第五趾仅留痕迹。多无胆囊。我国所产的种类很多，有麝、麂、水鹿、梅花鹿、白唇鹿、马鹿、麋鹿、驼鹿、驯鹿、獐、狍等。

《辞海》释麋，即麋鹿，亦称“四不象”。哺乳纲，鹿科。体长2米余，肩高1米余。毛色淡褐，背部较浓，腹部较浅。雄的有角，多回二叉分歧，形状比较整齐。尾长，尾端下垂到脚髁。过去一般认为它的角似鹿非鹿，头似马非马，身似驴非驴，蹄似牛非牛，故名“四不象”。性温驯，以植物为食。是我国的特产动物，野生种已不可见。现北京动物园和江苏大丰麋鹿保护区有饲养。

《辞海》释麈：麈，兽名。《埤雅·释兽》:“麈，似鹿而大，其尾辟尘。”又作麈尾的省称，即拂尘。

可见，“鹿”是一个大的概念，即鹿科动物。麋即麋鹿，是鹿科动物中的一种，体型较大。而“麈”仅见于古书，“兽名”“似鹿而大”，应该是鹿科动物中体型较大的一种，但《辞海》未能确指。《说文解字》训“麈”有“麋属”之说。《名苑》训“鹿大者曰麈，群鹿随之，视麈尾所转而往。”这两本古书都没有从形体习性等方面对“麈”做更深入细致的描述，令人不知所云。而乾隆皇帝在《御制麋角解说》中却说“夫鹿也、麋也、麈也，迥然不同，亦不相共群而处，实今人所知者。”实际上也并没有明确指出三者的区别。彭佳宁在《康熙皇帝与南苑》一文中提到《清稗类钞·南海子动物》中记载:“南海子产麃、鹿、麈、黄羊之属，雉、兔尤多。”其中的“麈”应即乾隆皇帝文中所说者。直到清末，人们尚习惯性地称南海子的某种鹿为“麈”。

麋鹿栖息于湿地，尾长而多毛，有利驱赶蚊蝇等昆虫。这一特点与人们用“麈”尾做拂尘相同。

在中国科学院动物研究所等科普网站上，笔者发现，麋鹿是我国一级珍稀保护动物，原产于长江中下游的沼泽地带，性格温和，受气候变化和人类狩猎的影响，数量迅速减少，濒临灭绝。元代统治者将长江下游江苏一带仅存的一些麋鹿捕运到北京城南南海子，即后来元明清三代的皇家园林——南苑。清末，南苑失于管理，麋鹿失去了保护，被人为偷猎盗运，在中国本土绝迹。1986年和1987年，我国先后从英国引种回归20头和39头麋鹿分别放养于北京南海子和江苏大丰麋鹿保护区。使麋鹿这一种群逐渐恢复了生机。

综上，笔者推测，乾隆皇帝派人到南苑调查“麈”解角，其所看到的当是真正的麋鹿，即传说中的麋属的“麈”。既然乾隆派人观察到的冬至日解角的是麋，那么《月令》所言夏至鹿解角、冬至麋解角的说法便没有问题。

我们已经知道乾隆皇帝在《书鹿角记》中提到的“吉林之麋”和《御制麋角解说》中提到的“鹿与麋皆解角于夏”中的“麋”当不是真正的麋鹿（即乾隆皇帝派人到南苑看到的“麈”），因为在清代，麋鹿种群仅存在于北京南苑。那么他所说的“解角于夏”的“麋”又是什么物种呢？希望动物学家们能够给出答案。

2. 董邦达画的是什么动物？

现在我们知道，清代南苑豢养的乾隆所谓的“麈”就是麋鹿。那么董邦达笔下的“麈”应该也是麋鹿。

北京麋鹿生态实验中心的陈星先生在《文物承载的科学价值——记乾隆探究鹿角脱落实录及解惑》一文中认为，董邦达的《解角图》中，溪流环绕、水草丰茂的环境符合麋鹿喜水而居的习性；所画的几只“麈”，飘洒的长尾有利于驱赶蚊蝇，也具有麋鹿的尾巴的特点；但鹿角误用了马鹿角的形状。他进一步指出，董邦达笔下的鹿角形态必不是麋鹿角。麋鹿角没有一般鹿角额前的眉叉，而是呈多回二叉分歧状，角的主干分为前后一样高的两枝。

图5 清 乾隆《书〈麋角解说〉》中的“南苑麈角图”（网络截图）

图6 清 董邦达《解角图》中的“麈”角

在乾隆的《书〈麋角解说〉》卷中，前幅画有一幅“南苑麈角图”（图5）。此图画法类似素描，具有纪实的特点。现在无法确定此图是乾隆的御笔，还是宫廷画家所作，是否对物写实。但根据乾隆派人到南苑探查“麈”解角，持其已解者以归，笔者推测，这幅“南苑麈角图”所描绘的应该就是乾隆派人持归的脱落的“麈”角，即麋鹿角，且与董邦达所作“麈”角有较大差异。最明显的是，“南苑麈角图”中的“麈”角，每枝角分叉，有两个主干；而董邦达笔下的“麈”角，每枝角的分叉，均出自一个主干。

从《解角图》的内容来看，其明显是围绕乾隆的《麋角解说》构图措思，精心描绘“麈”解角的过程，表现的正是“有已落地者，有尚在脑骨，或双或落其一者”这样一种场面（图6）。作为宫廷画家，董邦达要做的是窥察上意，让皇帝满意。董邦达的许多作品受到乾隆皇帝的重视正是由于其长期以来的谨慎小心。创作《解角图》时董邦达是否见过乾隆《书〈麋角解说〉》中的“南苑麈角图”和乾隆派人到南苑持归的“麈”角呢？如果见过，董邦达创作《解角图》时理应借鉴前者的画法。由此，笔者大胆推测，董邦达创作《解角图》时，既没有到南苑实地观摩写生，也没有看到乾隆《书〈麋角解说〉》中的“南苑麈角图”和乾隆派人从南苑取回的“麈”角。董邦达的创作，从文人画的角度来看，能很好地表现冬至时节自然界的萧瑟气氛，在构思上也能体察上意，但却缺乏实地观摩的科学精神和对物写生的绘画技巧。从乾隆皇帝的角度来讲，他是看过南苑“麈”角的形态的，在看到董邦达描绘的“麈”时，难道不会心生疑虑吗？毕竟，相对此前细腻写实的《书〈鹿角记〉》的鹿角和《书〈麋角解说〉》中的“麈”角来说，董邦达笔下的“麈”角，相对而言就显得过于写意了。

3. 著录和收藏地点的问题

董邦达的《解角图》中有乾隆五玺，因其创作晚于《石渠宝笈》初编的成书时间，《石渠宝笈》初编自然不会著录。但经过查询发现，《石渠宝笈》续编和三编也没有著录此图。

有学者指出，清宫收藏的书画分藏于乾清宫、养心殿等各处，常加钤殿藏玺，如“乾清宫鉴藏宝”等，在《石渠宝笈》著录时，也是按殿藏分录。但清宫书画中有些作品并未著录于《石渠宝笈》，而是在钤印乾隆五玺等鉴藏章后赏赐朝臣，因其准备用于赏赐故而并不加钤殿藏玺。但董邦达的《解角图》很明显并未赏赐出去，卷中所钤“八徵耄念之宝”和“五福五代堂古稀天子宝”说明直到乾隆皇帝晚年，此图尚在宫中，直到宣统皇帝退位后被盗运出宫。

《解角图》的姊妹篇《书〈鹿角记〉》和《书〈麋角解说〉》卷中没有加钤殿藏玺，但明确著录于《石渠宝笈》续编的重华宫卷二。《解角图》卷中既没有殿藏玺，也没有前二者所加钤的“石渠宝笈所藏”印，也许这正是清宫书画管理人员为区别石渠著录和赏赐朝臣而采用的办法。但在偷运出宫之前，不知《解角图》贮藏于何处，是否有另一套目录加以认定管理，这都值得我们继续研究。

大连地区出土汉代陶灯浅析

刘立丽

旅顺博物馆

内容提要：我国古代灯具种类繁多，造型别致。汉代是灯具发展的第一个高峰期，不仅数量显著增多，而且无论是材质还是种类都有新的发展，这说明灯具的使用在当时已经相当普及了。本文以大连地区出土的陶灯为研究对象，结合其他地区出土的陶灯，对其造型、年代、用途等进行梳理、分析。

关键词：汉代　大连　陶灯　年代　用途

自从人类学会了用火，照明的历史便伴随着人类文明的进程一路同行。灯具的制作、使用、废弃过程，除了是一件物体的产生、发展和消亡的物质反映外，大都凝聚着人们的思想观念，成为人们观念形态的反映，深深地烙印着人类的精神文化。

一、陶灯的出现

真正意义上的灯具在我国起源于何时，目前尚不能下绝对结论，史学界与考古学界一般认为灯具大约出现于春秋时期。秦汉时期的灯具呈现出多元化和多样化的发展状态，汉代灯具造型独特、功能考究、样式丰富，一方面沿袭了先秦战国的制作工艺和造型，另一方面结合了当时的时代特征和社会精神文化，体现出独有的艺术风格。（图1）

汉代灯具在造型上有豆形、碗形、连枝形、动物形、人形等等，材质分为陶瓷、青铜、铁、木、玉石五大类。从功用上讲，汉代灯具的功能呈现出多样化趋势，除用以日常照明外，还有装饰、祭祀仪式、宗教象征性等用途。丰富的灯具样式体现了汉代手工艺者的智慧与才能，虽然由于地域差异，各地出土的灯具各有特色，但在题材与造型上却有许多相似之处，这反映了当时各地文化相互交融的状态。

两汉时期盛行“视死如生，视亡如存”的丧葬观念，作为日常生活用器的灯具往往也成为了随葬品，陶灯是比较常见的明器之一。大连地区出土的汉代陶灯皆为墓葬中出

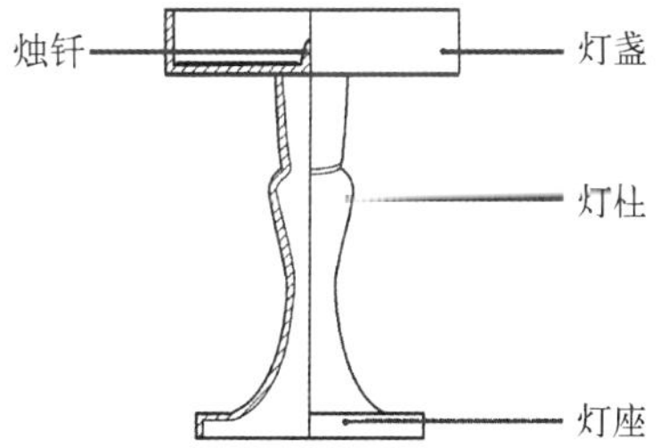

图1　灯具的基本结构

土，造型简单，形式丰富，本文以大连地区出土的陶灯为切入点，探讨该地区出土陶灯的特点、用途及与其他地区的联系。

二、大连地区出土的汉代陶灯

大连地区出土的汉代陶灯包括豆形灯、浅盘（碗）形灯、多枝灯三大类。为了便于区分，我们将其分为A、B、C三型，依据个体差异，型下分若干式。

（一）A型：豆形灯

豆形灯在两汉比较普及，在山东、河南等地的汉画像石刻中都发现有豆形灯画像。豆形灯是由食器中的豆转化而来的，其形制为顶部一浅盘，束腰，喇叭状或覆盆状圈足，这种形制是汉代灯具中最普遍的形态。《尔雅·释器》有："瓦豆谓之登"。（"登"同"镫"，为灯的假借）

根据灯柱的差异，将馆藏豆形灯分为三式。

Aa式（图2）：大盘，矮粗柱，灯的高度与灯盘口径基本相当，或稍有差别。

Aa1、Aa2，旅顺牧羊城出土，器形矮粗，大盘，无钎，灯柱中空，其中Aa1高16厘米，口径18.4厘米，灯柱上有对称的长方形镂空装饰，Aa2高13.2厘米，口径13.8厘米，口径均略大于灯的高度。Aa3，营城子出土，浅盘，盘中间有钎，灯柱和灯座形成了中空大喇叭口，高15.8厘米，口径13.4厘米。

Ab式（图3）：盘口变小，灯柱变细，灯的高度明显大于灯盘口径。

图2　Aa式陶豆灯

Ab1，营城子二号墓出土，浅盘，带盖，灯盘底径和口径均变小，底部有高圆台座，以竹节形装饰将台上部的灯柱分为两个区域，上半部有圆形镂孔。高27.7厘米，底径13.6厘米，口径8.6厘米。

Ab2，营城子二号墓出土，泥质灰陶，浅盘，束颈，灯柱饰三角形镂孔，圆台座。高25.9厘米，底径14.9厘米，口径9.3厘米。此陶灯出土的原始记录记器身有彩绘，现已脱落。该件器型与湖北蕲春草林山墓M8：17[①]出土的一件陶灯比较相似，不同的是后者盘口有流，而馆藏这

① 黄冈市博物馆等：《罗州城与汉墓》，科学出版社，2000年。

一件没有。

Ab3，金州马圈子出土，口小底大呈倒喇叭形，碗形盘，内有灯芯，器身与底形成优美的曲线，喇叭口外折形成稳固的底座，灯盘与灯柱可分离。高23.8厘米，底径14.8厘米。另外，在牧羊城一号墓出土的一件陶灯，同样为碗口，高19.7厘米，底足只做简单的敞口。

图3 Ab型陶豆灯

Ac式：细高柱，小盘。

此件灯于1955年在营城子农业试验场发掘出土，灯盘方唇、折沿、浅腹，平底，盘中心有一灯芯。灯柱细长，四周有凸棱，喇叭形灯座，座上饰凸弦纹。高38.5厘米，底径12.7厘米，口径8.5厘米（图4）。此种陶灯在山东莒县沈刘庄[1]也有发现，年代为东汉晚期。

图4 Ac式陶豆灯

以上三种形式的陶豆灯很好地诠释了豆型灯的发展特征。据考古发现，汉代豆形灯的基本规律是从矮小发展到细高，并随着时间的推移，在西汉晚期以后各地区陆续出现灯座镂空装饰，且有些地区在灯柱中部出现了竹节状的装饰。

① 李侃：《战国秦汉出土灯具研究》，西南大学硕士学位论文，2011年，第17页。

（二）B型：浅盘（碗）灯

与陶豆形灯相比，浅盘（碗）灯出土量相对较少，分布地点分散，其基本形态为浅盘形或碗形，敞口或直口，斜弧腹，平底或腹下三足。依馆藏此类陶灯的特点，可分为三种形式。

Ba式：碗形灯，无足。

营城子M1出土。敞口，平沿，浅腹斜收，圜底。高4.2厘米，口径13.4厘米。（图5）

此种类型的陶灯在陕西西安[①]、四川三台[②]、浙江杭州[③]、湖南耒阳[④]等地均有出土。从目前仅见的几件灯具来看，陕西地区这一类型的灯具，西汉早期灯盘较浅，到东汉晚期灯盘明显加深。但由于数量有限，这未必能够反映当时比较客观的演变规律。

图5　Ba式碗形灯

Bb式：三足碗形灯。

瓦房店老虎屯出土。深盘，中心有尖锥状钎，下有三锥形足。高4厘米，口径9.5厘米（图6）。湖南资兴M314∶22[⑤]也有类似的三足灯出土。

图6　Bb三足碗形灯

Bc式：带鋬盘形灯，在灯具的侧壁增加一鋬。

营城子M52出土，器型扁矮，圆形浅盘，平底大口，当中有一个锥形钎，边沿鋬制作比较简单，近似泥条贴塑于灯壁上。高3.8厘米，口径11.5厘米（图7）。湖南耒阳花石坳M11∶4[⑥]出土了一件此类灯，平底大口，周身印有方格纹，鋬尾上卷。由于这种带鋬灯方便行走时端持，也被称作“行灯”。

① 西安市文物保护考古所：《西安龙首原汉墓》，西北大学出版社，1999年。西安市文物保护考古所：《西安东汉墓》，文物出版社，2009年，第462页。

② 四川省文物考古研究所等：《三台郪江崖墓》，文物出版社，2007年，第92页。

③ 浙江省文物考古研究所：《杭州地区汉、六朝墓发掘简报》，《东南文化》1989年第2期，第117页。

④ 湖南省文物管理委员会：《耒阳花石坳的汉魏墓葬》，《考古通讯》1956年第2期，第68页。衡阳市文物处：《湖南耒阳白洋渡汉晋南朝墓》，《考古学报》2008年第4期，第489页。衡阳市博物馆：《湖南耒阳市东汉墓发掘报告》，《考古学集刊》第13集，中国大百科全书出版社，2000年，第100—166页。

⑤ 湖南省博物馆：《湖南资兴东汉墓》，《考古学报》1984年第1期，第83—84页。

⑥ 湖南省文物管理委员会：《耒阳花石坳的汉魏墓葬》，《考古通讯》1956年第2期，第68页。

图7　Bc式带鋬盘形灯

浅盘（碗）形灯的基本形态出现较早，西汉早期便已有之。但在灯盘加三足或鋬或两者兼而有之则要到新莽时期以后，尤其是山西省出现的三连灯，其上用陶土烧制成的吊环，显然使灯具在空间上的布局发生了显著的变化，而这种变化发生在东汉晚期。

（三）C型：陶多枝灯

顾名思义，多枝灯是指灯的整体形态像树木的枝杈，是由多个灯盘组成的灯具。

彩绘陶五枝灯，营城子二号墓出土。树形，由灯座、灯柱和5个灯盘组成。灯柱分上中下三节，下部为圆台素面座，柱上有圆形孔，中节有四根曲枝，四个灯盘分布于四个灯叉上，最上一节一个灯盘，腹部有白色彩绘。高26.8厘米，底径13.3厘米。（图8）

图8　C型陶多枝灯

多枝灯大多分布于黄河中下游地区，在长江流域偶有所见，但在两广地区则不见踪影①。其形制，一般在长柄豆形灯的基础上，从灯柱部分引申出两层或三层枝干，还有的枝杈首部有动物形态，更华丽者，装饰繁复、灯盘众多，被称为“百枝灯”。从数量上看，多枝灯相对于豆形灯和碗形灯稍有逊色，但其华丽程度却是其他灯无法企及的。

三、陶灯的用途与内涵

汉代陶灯数量多、种类丰富且遍布全国，正是由于普及程度较高，灯具所受的各地域文化、观念等影响也较大，各地基本形成了相对独立的体系。大连地区出土的陶灯虽然类型上比较齐全，涵盖豆形、碗形、多枝类别，但形式比较单一，装饰也比较简单，反映出地处边陲地区的文化特点。

灯具的基本结构是灯盘、灯柱和灯座，这三部分合力影响着灯的高度，而灯的高度决定了其用途的差异。在汉代陶灯中，多枝灯最高，豆形灯次之，浅盘形灯最矮。在可见的汉代画像石等资料中，多

① 麻赛萍：《汉代灯具研究》，复旦大学文博系博士学位论文，2012年，第72页。

枝灯是立于地面使用的，因此通常都要保证高度在一米或以上；豆形灯一般是摆放在低矮的家具上使用，高度相对较低；浅盘形灯中的大部分是由人们端持着的时候使用的，由于人体本身的高度及端持方便的考虑，浅盘形灯相对较矮，当然因个体的差异，有些灯也会交叉使用。大连地区的陶灯都出自墓葬，有的具有实用性质，有的仅为象征物，如大连地区出土的多枝灯高度仅26.8厘米，且灯盘瘦小，应当不是实用器。

从使用者的身份级别来看，灯具出现之初其使用范围较小，仅局限于王公贵族、官宦富贾之家，特别是青铜灯具，由于其材料本身价值就比较高，所以使用范围就更小了。到了汉代，灯具发展到第一个鼎盛时期，陶制灯具大量生产，它在平民墓地中出现的频率相当高，占据了绝对的主导地位。当然高级墓葬中也有陶瓷灯具，其中不乏精美者。

从精神层面看，汉代灯具打上了时代文化风尚和审美情趣的烙印，具有象形寓意的文化特征。灯具造型中有一部分取自祥禽瑞兽的形象，这些动物形象的造型有着深刻的寓意，两广出土的羽人铜座灯所表达的“羽化成仙”是道家思想的一种体现。连枝灯，其状如树，则浓缩了汉人普遍信仰的道家神仙方术，在古人的观念中，神树是能够上通天庭的，用连枝灯作为明器陪葬，能够把墓主的灵魂引上仙界。连枝灯不仅能够满足人们生前对于光明的需要，而且能够在生后将人们的灵魂引导上天，人们想借此达到自己长生不死、飞仙的目的。

天王像及其手持物

——旅顺博物馆藏清代四天王组像及其手持物初探

徐媛媛

旅顺博物馆

内容提要:"天王"一词古而有之，原意指天子。在佛教经典中，"天王"一词则主要指四天王，其职能最初为护法，后发展为护国、护人，乃至福泽众生。时至明清时期，四天王组像完成了其中国化的进程，将护卫"风调雨顺"纳入其职责范围之内。本文以旅顺博物馆所藏清代四天王组像为主要研讨对象，试对其手中所执之物进行分析与探讨。

关键词：四天王　圣化寺　手持物

"天王"一词，原意指天子。春秋时便尊称周天子为"天王"[①]，后泛指帝王，且历代反叛者尤爱自称天王。"至唐代，天王一词用途扩大，兼及人间与神界，如山神也可称之为天王。"[②]在佛教经典中，"天王"一词则主要指四天王(Caturmahārājika-deva)。《佛学大辞典》中将"四天王"定义为"为帝释之外将，其所居云四王天，是六欲天之一，天处之最初也。称为四天王天。东持国天、南增长天、西广目天、北多闻天"[③]。又在"护世者"一词中解释道："四天王为守护世界之神，故总云护世者。《法华经·陀罗尼品》说'毗沙门天王护世者.'同于护世四天王"[④]。《实用佛学辞典》中则释"四天王"为"欲界六天之最下天，在须弥山半腹之四方，有天王四人，谓之四天王。东曰持国天王，南曰增长天王，西曰广目天

---

① "秋七月，天王使宰咺来归惠公仲子之赗"，《春秋三传·卷一·隐公》，《四书五经》(下册)，中国书店，1984年，第38页。

② 李淞：《略论中国早期天王图像及其西方来源——天王图像研究之二》，《麦积山石窟艺术文化论文集(上)——2002年麦积山石窟艺术与丝绸之路佛教文化国际学术研讨会论文集》，兰州大学出版社，2004年，第491页。

③ 丁福保：《佛学大辞典》，文物出版社，1984年，第379页。

④ 丁福保：《佛学大辞典》，文物出版社，1984年，第1475页。

王，北曰多闻天王。”[①]

一、四天王及其尊形

四天王，在古印度神话中最初为神将，其出现要早于佛教的形成。后被佛教纳入，作为护法天王。释迦牟尼成道时，便有四天王献钵（图1）之说，但作为佛传故事中的配角，四天王均作贵族打扮，并没有明显的个人特征。事实上，四天王形象的细化，也是其中国化的过程。

图1　四天王献钵故事浮雕（旅顺博物馆藏）

在佛教中，“天王”一词有着“不同的层次”，首先一般指特定的一类护法神（梵文Locapāla）。“四天王”一词则在早期汉译佛经中便已经出现了，存在音译和意译两种名称。8世纪以前，其名称多采用音译法，如东方提头赖咤天王（Dhrtarāstra）、南方毗楼勒叉天王（Virudhaka）、西方毗楼博叉天王（Virupāksa）、北方毗沙门天王（Dhanada或Vaisravana）。直至隋唐时期，译名才基本稳定下来，而最终明确将四天王的音译改为意译，即以其功能属性译名的是中国著名的译经僧义净（635—713）。长安三年（703），义净从印度回来后，在他的《金光明最胜王经》以及《根本说一切有部毗奈耶》等译著中，将四天王分别译作东方持国天王、南方增长天王、西方广目天王，以及北方多闻天王。四天王的形象“也相应在隋至初唐趋向于稳定，而在高宗至武则天时期形成定式”[②]，其职能也从最初的护法，发展到了护国、护人，乃至福泽众生。

1. 持国天王

持国天王，梵名“提多罗吒”（Dhrtarastra），又译为东方天，又称为治国天[③]、安民天、顺怨天，因其能护持国土，故称东方持国天王。

持国天王居住于须弥山之黄金埵，是帝释天的主乐神，职责是率领毗舍阇（癫狂鬼）、乾闼婆（香阴）等诸将，守护东方，保护东方弗提婆洲人民。

关于他的尊形，经书中有载：

《陀罗尼集经》卷11：“身着种种天衣，严饰极令精妙，与身相称。左手申臂垂下把刀。右手屈臂，向前仰手，掌中着宝，宝上出光。”[④]

《千手观音造次第法仪轨》：“十五提头

---

① 佛学书局编纂：《实用佛学辞典》，上海古籍出版社，2014年重印，第190页。

② 李凇：《略论中国早期天王图像及其西方来源——天王图像研究之二》，《麦积山石窟艺术文化论文集（上）——2002年麦积山石窟艺术与丝绸之路佛教文化国际学术研讨会论文集》，兰州大学出版社，2004年，第491—494页。

③ 佛学书局编纂：《实用佛学辞典》，上海古籍出版社，2014年重印，第464页。

④ 《诸天等献佛助成三昧法印咒品》，《陀罗尼集经》卷11，CBETA，T18，no.901，p.879，a15-17。

赖吒王，赤红色又青白色。左手执如意宝王色黄青八角，右手刀。”[①]

《般若守护十六善神王形体》载：身青色，紫发，面显忿怒状。着红衣甲胄，手持大刀。

然而，因受到民间神话的影响，在中国持国天尊形多为一手持琵琶，身披中式甲胄的武将形象，如《药师琉璃光王七佛本愿功德经》便有记载：东方持国天王，其身白色，手持琵琶，守护八佛的东方门。[②]

2. 增长天王

增长天工，梵名“毗流驮迦”（Vinuadhaka），又译为增长天，据说此天王能令他人增长善根，即他能使一切众生善根增长，故而得名。

增长天居住在须弥山南半腹的琉璃埵，职责是常时观察阎浮提众生，率领鸠槃荼（瘫形鬼）及薛荔（饿鬼）等，守护南方，保护南方阎浮提洲人民。

关于他的尊形，经书中有载：

《陀罗尼集经》卷11：“其像大小衣服准前。左手亦同前天王法，申臂把刀。右手执矟，矟[③]根着地。”[④]

《千手观音造次第法仪轨》：“十七毗楼勒叉王，色赤。左手执杵，右手把剑。”[⑤]

《般若守护十六善神王形体》中有载：南方增长天王，身赤紫色，绀发，脸显忿怒相。身穿甲胄，一手叉腰，一手持金刚杵。在中国佛教寺院中，增长天王则是身青色，手持宝剑，正如《药师琉璃光王七佛本愿功德经》中所载：南方增长王身青色，执宝剑，守护八佛之南方门。[⑥]

3. 广目天王

广目天王，梵名“毗留博叉”（Virūpāk s a），又译为广目天，又名西方天。相传广目天是湿婆的称号之一，大自在天的化身，与持国天、增长天并为十二天及十六善神之一。由于前额有一目，能以清静天眼观察护持世界，故称为广目天。《佛母孔雀明王经》卷上说：“此西方有大天王，名曰广目，是龙王，以无量百千诸龙而为眷属，守护西方。”

广目天居于须弥山白银埵，职责是：以净眼观察护持人民，率领其子及狮子、狮子发等八位诸龙军将以及西方十六天神、三瞿七宿、诸天龙以及富单那（臭饿鬼）等眷属，共同负起护法重任，守护西方，保护西方瞿耶尼洲人民。

关于他的尊形，经书中有载：

《陀罗尼集经》卷11：“其像大小衣服准前。左手同前，唯执矟异。其右手中而把赤索。”[⑦]

《千手观音造次第法仪轨》：“十八毗楼博叉王，色白。左手执杵，右手把金索青色。”[⑧]

---

① 《千手观音造次第法仪轨》卷1，CBETA，T20，no.1068，p.138，b26-27。

② 业露华撰文，张德宝、徐有武绘图：《中国佛教图像解说》，上海书店，1992年，第108页。

③ 矟（shuò），同“槊”，即长矛。

④ 《诸天等献佛助成三昧法印咒品》，《陀罗尼集经》卷11，CBETA，T18，no.901，p.879，a18-20。

⑤ 《千手观音造次第法仪轨》卷1，CBETA，T20，no.1068，p.138，b29。

⑥ 业露华撰文，张德宝、徐有武绘图：《中国佛教图像解说》，上海书店，1992年，第110—111页。

⑦ 《诸天等献佛助成三昧法印咒品》，《陀罗尼集经》卷11，CBETA，T18，no.901，p.879，a21-22。

⑧ 《千手观音造次第法仪轨》卷1，CBETA，T20，no.1068，p.138，c1-2。

《般若守护十六善神王形体》中有载：身肉色，臂挂黑丝，面露微笑，身着甲胄，手持笔作书写状。在中国佛教寺院中，广目天王多为身红色，甲胄上着天衣，右臂持三股戟，左手缠绕一龙。[①]

4. 多闻天王

多闻天王，梵名毗沙门（Vaisravana），又译为多闻子、宝藏神、俱毗罗、丑身、藏拔拉、黄财神、歇息者、聂松保等等，由于时常守护道场，听闻佛法，故称多闻。

毗沙门，是印度古代的财神俱毗罗（Kubera）的一个称号，在佛教中又被称为“坚巴拉”，意为“手持银鼠者”。在《阿闼婆吠陀》中他以罗刹之王的身份出现。在《摩诃婆罗多》和《罗摩衍那》中被命名为俱毗罗，统领夜叉和罗刹，为夜叉之王。随着印度四方神观念的兴起，他成为古代印度守护四方的神灵之一，也被视为施福神，他守护在喜马拉雅山北面的凯拉斯山（Kailas），象征着北方的守护神。俱毗罗的宠物是猫鼬，一种可以不断吐出珠宝和金币的动物，主要象征着财富与慷慨。佛教吸收印度教的神灵系统，毗沙门天王成为佛教四大天王中的北方多闻天王[②]。他也是四天王中，单独出现比较多的一位。

多闻居住在须弥山第四层北面，职责是：率领夜叉、罗刹等神众，守护阎浮提北方及其三门，护持人民财富，保护北方郁单越洲人民。

关于他的尊形，经书中有载：

《陀罗尼集经》卷11：“其像大小衣服准前。左手同前，执稍拄地。右手屈肘擎于佛塔。”[③]

《千手观音造次第法仪轨》：“十九毗沙门天王，色绀青。左手持宝塔，右手杵。”[④]

二、旅博所藏四天王像

中国佛教寺院中，大多设有“天王殿”，安置四天王像，作为护持佛法、保护寺院的护法神。旅顺博物馆藏有一组清代泥塑木雕四大天王像，据资料所载其原属北京圣化寺，连同鎏金释迦牟尼佛像一起，于1927年9月入藏[⑤]。

1. 资料所载的圣化寺

圣化寺，原位于今北京市海淀区圣化寺路一带，但如今寺院本身遗址早已不存，仅留有圣化寺路的地名。事实上，清末民国时期圣化寺便已“坍塌不存”[⑥]，并已

---

① 业露华撰文，张德宝、徐有武绘图：《中国佛教图像解说》，上海书店，1992年，第112—113页。

② 霍巍：《从于阗到益州：唐宋时期毗沙门天王图像的流变》，《中国藏学》2016年第01期，第24—27页。

③ 《诸天等献佛助成三昧法印咒品》，《陀罗尼集经》卷11，CBETA，T18，no.901，p.879，a23-24。

④ 《千手观音造次第法仪轨》卷1，CBETA，T20，no.1068，p.138，c3-4。

⑤ 郭永军：《旅顺博物馆藏圣化寺重宝》，《旅顺博物馆学苑（2011年）》，吉林文史出版社，2011年，第91—95页。

⑥ 据《内政年鉴》记载，“至于现今有钱粮官庙，据调查所得，除弘仁寺庚子年毁于火，福佑寺改为班禅驻平办公处，普胜寺改为欧美同学会，圣化寺、永□寺因年久失修坍塌无存，各该寺喇嘛分插他庙□并外，实存仅三十二座，喇嘛一千四百四十一名，钱粮一千五百元，兹将各官庙之名称地点及额定喇嘛、缺额钱粮数目分别列表加以说明，以备参考”。内政部年鉴编纂委员会编纂：《内政年鉴·礼俗篇·寺庙之管理·喇嘛寺庙之监管》，商务印书馆，1936年，第129—132页。

于“民国十一年改作他用”[①]。

关于圣化寺的记载，主要见于《日下旧闻考》，书中有载：

“圣化寺建自康熙年间。”[②]

“沿堤而南则达圣化寺泉宗庙也。出小西厂之南门二里许，为圣化寺北门，门内西为河渠，东为稻田，前临大河。山门三楹，对河为高台。大殿五楹，二门内三皇殿五楹，西角门内为观音阁，东角门龙王殿三楹，后星君殿三楹。圣化寺大殿额曰：香界。连云观音阁额曰：海潮月印，圣祖御书。圣化寺内檐额曰：能仁妙觉。联曰：三藏密微超色相十分安稳得津梁。皇上御书。圣化寺山门外左右建桥，由东闸桥度河，迤西为北所，宫门三楹，正殿五楹，西院正殿三楹。左为虚静斋，临河为欣稼亭。北所正殿额曰：青翠霄汉。西院正宇额曰：和风霁月中及。虚静斋额，皆圣祖御书。宫门内额曰：怡庭柯与，欣稼亭额，皇上御书。……自北所东桥转西重檐宫门内，正殿三楹，为含淳堂。殿后重檐佛楼一楹，其右临池正宇五楹，佛楼后正宇六楹，为得真斋。其西为带岩（嵓）亭，东为幂（羃）翠轩。轩东为仙楹。佛楼东宇为湛凝斋，左为敷嘉室。仙楹之东为襟岚书屋，稍南循廊，而西为瞩岩楼，又南敞宇曰：泉石且娱乐心。……圣化寺北门有行殿二所，东距行殿二里许为东门，门内为永宁观。”[③]

由此可知，建于康熙年间的圣化寺，是以佛寺为主体的皇家小行宫。规划简单，轴线明确，具体面积待考。西为河渠，东为稻田，前临大河，水源丰富。因邻近畅春园，乾隆多次舟行至此。主要建筑有虚静斋、含淳堂、得真斋、瞩岩楼等[④]，作为由清廷奉额供养的藏传佛寺，规模亦可谓壮观。（图2）

2. 气势依旧的天王像

旅顺博物馆所藏四大天王组合造像，为清代彩绘木胎泥塑，均头戴宝冠，面相方圆，表情微怒。身披铠甲，铠甲有胸护，肩披帔帛。一腿横盘，一腿着地，半跏趺坐。[⑤]此四天王组像，体量巨大，色彩富丽，装饰华丽，给予信众视觉上的震慑，时至今日仍保有了其守护人间道场的无上威仪，同时显示出精工细作的皇家风范。

东方持国天王（图3），通高2.79米。双手持一面琵琶，作弹奏状。

南方增长天王（图4），通高2.8米。左手放于左腿之上，右手现持有一圆形棍状物。

西方广目天王（图5），通高2.9米。左手持宝珠，右手握有一条带角螭龙。

北方多闻天王（图6），通高2.78米。右手持伞，左手则现持一把剑。

---

① 阐福寺和永安寺被圈入北海，功德寺被改为学校；新正觉寺“易为某宅公馆”，圣化寺“民国十一年改作他用”，慧照寺和化成寺庚子年后“圈入公使馆界内，改为跑马厂”，同福寺“大殿圮为平地，前后二进，亦破坏殆尽矣”。〔民国〕吴廷燮等编纂：《北京市志稿·宗教志·喇嘛教二》，北京燕山出版社，1998年，第229—255页，第254页，第241页。

② 〔清〕于敏中、〔清〕英廉：《日下旧闻考·卷九十九》，钦定四库全书·史部十一·地理类，第九页。

③ 〔清〕于敏中、〔清〕英廉：《日下旧闻考·卷七十八·国朝苑囿西花园圣化寺》，钦定四库全书·史部十一·地理类，第十一页至第十八页。

④ 李怡洋：《〈日下旧闻考〉及〈日下旧闻〉的园林研究》，天津大学硕士学位论文，2011年，第42页。

⑤ 旅顺博物馆编：《旅顺博物馆馆藏文物选粹·中国古代佛教造像卷》，辽宁人民出版社，2013年，第159—163页。

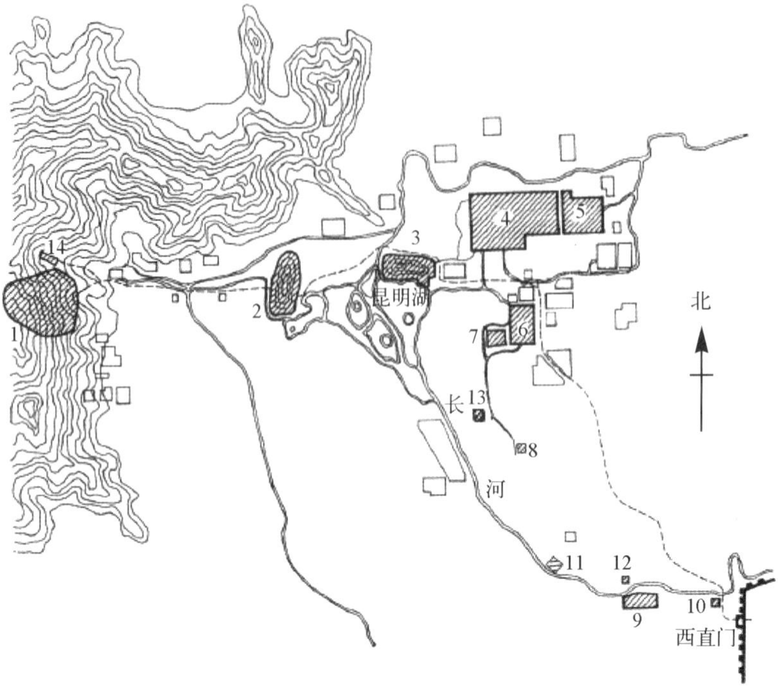

图2　北京西北郊皇家园林分布图（参见《中国古典园林史》）

1静宜园；2静明园；3清漪园；4圆明园；5长春园；6畅春园；7西花园；8泉宗庙；9乐善园；10倚虹堂；11万寿寺；12正觉寺；13圣化寺；14碧云寺

图3　持国天王像

图4　增长天王像

图5　广目天王像

图6　多闻天王像

其中，持国天王、广目天王的手持物，以及多闻天王的右手持物应为原塑；增长天王的右手持物，多闻天王的左手持物，仍有需要进一步探讨之处。

3. 对于手持物的思考

明清时期，四天王组像已融合了中国传统价值取向，完成了其中国化的进程。被赋予了新的含义的四天王，迎合了农耕社会信众的祈求，将护卫“风调雨顺”纳入了其职责范围之内。因而，作为四天王身份的代表，以及崇拜载体的手持物，也随之有所变化。

明代李春熙所编辑的《道德录》中有载：“寺门四金刚，执剑者风也，弹琵琶者调也，执伞者雨也，手中如虵[①]者顺也”[②]。明代石景山法海寺壁画中的四天王组像，均有黑色圆形头光，且身上装饰华丽。其中，增长天王（图7），身色黑，持一柄宝剑，锋利的宝剑象征着“风”；持国天王（图8），双手抱一琵琶，右手持一拨片，作拨弦状，象征着“调”；毗沙门天王，左手托塔，塔中有宝珠发出放射性光芒，右手持长柄宝幢，顶上装饰有黑色宝珠，宝幢身上装饰有多条彩色垂缨，而在后期的发展中，宝幢与宝伞同功，都是“雨”的象征；广目天王（图9），右手持一布满青色花纹的白蛇，蛇蜿蜒缠绕在其手臂上，象征着“顺”。

---

① 虵，同“蛇”。

② 〔明〕李春熙：《道德录》卷四。李淑敏：《四天王组像及其持物类型研究》，华东师范大学硕士学位论文，2019年，第59页。

图7　增长天王

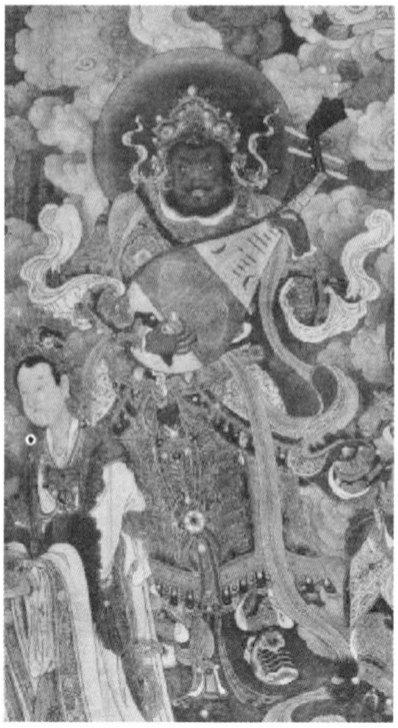

图8　持国天王

图9　广目天王（左）与多闻天王（右）

北京净住寺住持阿旺扎什补译的《修药师仪轨布坛法》中则有载："东门中，持国天王，白色，二手持琵琶；南门中，增长天王，蓝色，持剑；西门中，广目天王，红色，持蛇索；北门中，多闻天王，黄色，持宝鼠。"①（图10）

图10　四天王组像（引自《重刻药师七佛供养仪轨经序》）

综上所述，可以得出以下结论：

第一，旅顺博物馆所藏增长大土坝右手所持之物——圆形棍状物，或应为长剑的替代品。

在印度，剑是梵天所创造的神器，后被传至毗湿奴手中，象征着智慧、毁灭之类以及战无不胜；在中国，剑则被认为是"百兵之君"。一般来说，天王持剑的姿势分为两种，斜指天或执剑指地。从旅顺博物馆所藏增长天王的手势来看，其手握之长剑，应呈斜指天之势。那么，现多闻天

① 〔清〕阿旺扎什：《修药师仪轨布坛法》，CBETA，T19，no.928，p.66，a7–9。

王左手中所持之剑，是否原应握于此？笔者认为，从多闻天王所持之剑的长度和形制来看，并不匹配。

第二，旅顺博物馆所藏多闻天王左手原持之物，从其手的姿态来判断，应为宝鼠。

台湾学者洪立曜在《佛教图像解说画典》中将多闻天王的尊形归类为八种：1. 一般形象，二臂像，右手拿宝棒，左手捧宝塔，立于岩石或二邪鬼上；2. 拿三叉戟；3. 拿稍；4. 拿宝剑；5 除了踏二邪鬼外，加上地天的形象；6. 二尊背靠背的双身像；7. 一面十臂像；8. 四臂像。至于他的两胁侍，有时是吉祥天善腻师童子，偶尔也配置五太子及八大尊叉大将。在中国佛教寺院中，多闻天王的尊形多为头戴毗卢宝冠，面现忿怒畏怖之相，身穿甲胄的武将，身青黑色，或坐或立，脚下踩有夜叉鬼。二手像，其手持物或为一手托宝塔，一手持稍拄地；或为一手持戟稍，一手托腰；或为一手持伞，以表福德之意。至于藏传佛教中较为多见的吐宝如意兽（猫鼬、多宝鼠、金鼠），在汉传佛教造像中则并不多见，据说这一在汉地发生的形象变化，大致发生于隋唐时期[①]。

据《大唐西域记卷十二·二十二国·瞿萨旦那国·鼠壤坟传说》所载："昔者匈奴率数十万众，寇掠边城，至鼠坟侧屯军。时瞿萨旦那王率数万兵，恐力不敌，素知碛中鼠奇，而未神也。洎乎寇至，无所求救，君臣震恐，莫知图计，苟复设祭，焚香请鼠，冀其有灵，少加军力。其夜瞿萨旦那王梦见大鼠曰：'敬欲相助，愿早治兵。旦日合战，必当克胜。'瞿萨旦那王知有灵佑，遂整戎马，申令将士，未明而行，长驱掩袭。匈奴之闻也，莫不惧焉，方欲驾乘被铠，而诸马鞍、人服、弓弦、甲縺、凡厥带系，鼠皆啮断。兵寇既临，面缚受戮。于是杀其将，虏其兵，匈奴震慑，以为神灵所祐也。瞿萨旦那王感鼠厚恩，建祠设祭，奕世遵敬，特深珍异[②]。"

瞿萨旦那（Kustana），国名，"唐言地乳，即其俗之雅言也。俗语谓之涣那国，匈奴谓之于遁，诸胡谓之豁旦，印度谓之屈丹，旧曰于阗讹也"，为今新疆和阗。鼠壤坟，书中有注释，"斯坦因指出今Piālma东十六英里的Kumrabāt-Pādshāhim Mazār，俗称Kaptar-Mazār（鸽子墓地之意），现仍为当地居民膜拜之所"[③]，位于于阗"王城西百五六十里，大沙碛正路中"[④]。（图11）

不空所译的《毗沙门仪轨》中也有类似的记载："唐天宝元载壬午岁，大石康五国围安西城，其年二月十一日有表请兵救援……一行曰：陛下何不请北方毗沙门天王神兵应援？……与陛下请北方天王神兵救。急入道场请。真言未二七遍，圣人忽见有神人二三百人，带甲于道场前立。圣人问僧此是何人？大广智曰：此是北方毗沙门天王第二子独健，领天兵救援安西故

① 业露华撰文，张德宝、徐有武绘图：《中国佛教图像解说》，上海书店，1992年，第105—106页；王子林：《多闻天王》，《紫禁城》2002年第1期，第38—43页。

② 〔唐〕玄奘、辩机原著，季羡林等校注：《大唐西域记校注》，中华书局，1985年，第1017—1018页。

③ 〔唐〕玄奘、辩机原著，季羡林等校注：《大唐西域记校注》，中华书局，1985年，第1019页。

④ 〔唐〕玄奘、辩机原著，季羡林等校注：《大唐西域记校注》，中华书局，1985年，第1017页。

图11 《鼠壤坟传说》木版画（斯坦因发掘于丹丹乌里克遗址）

来辞。圣人设食发遣。至其年四月日，安西表到云：去二月十一日巳后午前，去城东北三十里，有云雾斗暗，雾中有人，身长一丈，约三五百人尽着金甲。至酉后鼓角大鸣，声震三百里，地动山崩停住三日，五国大惧尽退军。抽兵诸营坠中，并是金鼠咬弓弩弦，及器械损断尽不堪用。有老弱不得去者，臣所管兵欲损之，空中云放去不须杀，寻声反顾城北门楼上有大光明，毗沙门天王现身于楼上[①]。”

赞宁《宋高僧传·唐京兆北大兴善寺不空传·慧朗》中则记为：“又天宝中，西蕃、大石、康三国帅兵围西凉府，诏空入，帝御于道场。空秉香炉，诵仁王密语二七徧，帝见神兵可五百员在于殿庭，惊问空。空曰：‘毗沙门天王子领兵救安西，请急设食发遣。’四月二十日果奏云：‘二十一日城东北三十许里，云雾间见神兵长伟，鼓角喧鸣，山地崩震，蕃部惊溃。彼营垒中有鼠金色，咋弓弩弦皆绝。城北门楼有光明天王怒视，蕃帅大奔。’帝览奏谢空，因敕诸道城楼置天王像，此其始也[②]。”

“释不空，梵名阿月佉跋折罗……本北天竺婆罗门族”[③]。唐天宝壬午岁（即天宝七年，公元748年），西凉府（今甘肃敦煌地区）被西蕃（吐蕃）、大石[④]（石国）、康[⑤]（康国）三国围困，毗沙门天（多闻天王）在城北门楼出现，放大光明，同时金鼠在吐蕃营中咬断蕃兵的弓弦。玄宗于是诏令各地建置天王庙，尊形为“身披金甲，右手持戟，左手擎塔”；军队制作天王形象的神旗，出军时以《祭毗沙门天王文》(《北方毗沙门天王随军护法真言》)[⑥]祭祀。

有学者认为，正是这几则记录表明了多闻天与金鼠已经分离，不再作为多闻天王的特殊标识——吐宝如意兽出现，而是成为了行守护之责的猛兽。此时，多闻天

① 〔唐〕不空译：《毗沙门仪轨》，《大正新修大藏经》，第21卷，第224—225页。

② 〔宋〕赞宁撰，范祥雍点校：《宋高僧传》，中华书局，1987年，第11—12页。

③ 〔宋〕赞宁撰，范祥雍点校：《宋高僧传》，中华书局，1987年，第6页。

④ 石国，西域古国，昭武九国之一，今乌兹别克斯坦塔什干地区。

⑤ 康国，西域古国，昭武九国之首，游牧于位于锡尔河至阿姆河之间。

⑥ 鸿胪卿大兴善寺三藏沙门大广智不空别行翻译，不入正经。其中有记述：“若行者受持此咒者，先须画像，于彩色中并不得和胶，于白氎上画一毗沙门神。七宝庄严甲，左手执戟槊，右手托腰上，其神脚下作二夜叉鬼，身并作黑色，其毗沙门面作甚可畏形，恶视一切鬼神势，其塔奉释迦牟尼佛。”〔唐〕不空译：《北方毗沙门天王随军护法真言》，《大正新修大藏经》第21卷，第224—225页。

王的典型形象已为当时武将的形象，身着金色，着七宝金刚庄严甲胄，戴金翅鸟宝冠，带长刀，左手持供释迦佛的宝塔，右手执三叉戟，脚踏三夜叉鬼。

然而，正如上文所述，旅顺博物馆所藏的清代四天王组像，原供奉于圣化寺之内，圣化寺作为皇家寺院，为由清廷奉额供养的藏传佛寺，四天王组像及其手中所持之物，应完全按照仪轨制作，现所见的增长天王与多闻天王手中所持之物的不妥，很可能是后人为保证造像的完整性而添加的，无论是从天王像的规制，还是从整体造像的协调性来讲，现有的手持物都均应非原件。细观多闻天王左手的造型，笔者认为，其手中持宝鼠的可能性更高。

三、余　论

四大天王是随着佛教东渐一道传入中国的。在早期的汉译佛经，如5世纪初期凉州沙门智严共宝云所译的《佛说四天王经》、北凉昙无谶（Dharmaksema，384—433）所译的《金光明经》中，四天王的职能通常是共同护世或镇守国家的守护神，南北朝时期各地也开始出现四天王造像[①]。

1. 四天王形象的演变

四天王的形象发展可分为几个阶段：第一阶段，还未明确，往往被与其他天王像混于一起；第二阶段，出现多种组合，以双天王为多，直至隋代才出现了明确的四天王组合形象（图12）；第三阶段，基本明确，唐宋年间，四天王组合形象已基本完整且丰富，并有大量佛经文本作为依据。在宋以后，造像上显示出了藏传佛教的影响。这一时期毗沙门天王信仰尤为突出，甚至在护法的基础上发展出了另一种神格——“军神”；第四阶段，完成中国化进程，元代之后，受中国本土信仰的影响，四天王组合出现了“新样式”；随着明代许仲琳《封神演义》的广为流传，具有佛教内涵、道家身份的魔家四将的形象深入人心，其职责便将护佑“风调雨顺”

图12　隋石函函座四天王线描图[②]（陕西耀县神德寺出土）

① 霍巍：《从于阗到益州：唐宋时期毗沙门天王图像的流变》，《中国藏学》2016年第1期，第27、30页。

② 线刻的四天王组像，两两一组，刻于舍利函函座的东面、西面，四天王身侧具有铭文以指示各自身份。杨效俊：《隋代京畿地区仁寿舍利石函的图像与风格——以神德寺舍利石函为中心》，《考古与文物》2015年第5期，第82—83页。

囊括其中。至清代，已经默认并沿袭了这种融合了中国传统价值取向的四天王形象。①

2. 四天王手持物类型

四天王的手持物可简单地分为武器类与非武器类两种：

第一，武器类。佛教四天王的基本职能便是护持佛法，其持物也以武器为主。主要有：

（1）长杆类，如矟（矛、槊）、戟、钺等，天王造像多以站姿为主，武器上装饰有彩色丝绦或帐缦。

（2）弓箭类，是佛教智慧与方法的象征物，多是左手持弓，右手握羽箭。当右手弓箭搭在左手弓上时，象征着要破除一切障碍迷信，得智慧的方便法门，而未拉开时则象征着智慧与方法的统一。造像中，南方天王和西方天王都曾持弓箭，但弓箭作为南方天王的持物次数较多。

（3）刀剑类，是天王造像中常用的，其出现的频率要高于弓箭类持物。在四天王造像中，必定会有一个天王是持刀或者剑的。密教体系中则常见有金刚杵、金刚棒、铎铃等。金刚杵早在西秦时期便已经出现了，更为原始质朴。之后出现较多的是金刚棒，大多底部细，向上渐粗。金刚棒虽也不是某一天王的专属持物，但多是与塔组合在一起的，作为毗沙门天的持物。

第二，非武器类。在中国本土信仰的加持下，四天王被赋予了全新的守护神职能，其手中所持之物也发生了变化。主要有：1. 塔类，经历了从印度窣堵波发展到中国建筑样式（阁楼式和亭台式）的转变；2. 伞幢类，即宝伞与宝幢，均有守护功能。②

① 李淑敏：《四天王组像及其持物类型研究》，华东师范大学硕士学位论文，2019年，第16、20页。

② 李淑敏：《四天王组像及其持物类型研究》，华东师范大学硕士学位论文，2019年，第45—58页。

晏少翔工笔人物画的两位传人

宋　红

西安建筑科技大学华清学院

内容提要：晏少翔是当代一位工笔古典人物画家，兼工花卉及山水。旅顺博物馆收藏他的画作《执扇少女图》，体现了其古典人物绘画的独到之处。晏少翔一生作画的同时也教画，培养了很多人，本文主要介绍他在北京雪庐画社任教时期的学生李景兰与吴文彬的经历和绘画，探究两位传人的师承及成就。

关键词：工笔人物画　画意　传承　素描

晏少翔（1914—2014）生于民国初年的北京城，自幼生活富足，祖父从医，父亲经商，母亲识字。少年时期，课后进赵梦朱先生（1892—1985）的国画学校，专学工笔人物。1933年在辅仁大学美术专业毕业以后做了职业画家，一生既作画又教画，当时在社会上有广泛的画名，是多位后辈常常念及的老师。他的绘画教学生涯以1956年为界，前后两个时期的教学情境、师生关系均不同。前期居住在北京，与好友钟质夫等人合办雪庐画社[①]，教授国画，该学校规模小，教学、展览、写生师生均聚在一起，加之办学时间久，师生来往亲密频繁，学生在人格和画艺各方面师承多而深入，留下了美好的回忆。（图1）

图1　晏少翔《捧卷仕女》（1931）

后期1956年移居沈阳，时年42岁，

① 宋红：《北平雪庐画会考》，《美苑》（鲁迅美术学院学报）2015年第5期，第80—85页。

在东北美术专科学校（东北美专，今鲁迅美术学院）执教，与先自北京来的几位出色国画家（晏先生旧师友，后尊称鲁美四老[①]）一道开创了东北地区的中国画[②]。本时期的国画教学以西洋画的素描与写生训练作基础，反对临摹古画与传统技法[③]，教学内容较为程式化。该时期社会政治运动多，师生关系相对疏远，教师展示个人专长与情感趣味的空间变少，教育效果与前期相比有很大不同，从学生画作的风格与技法可见一斑。

北京时期雪庐画社培养的许多国画人才，其中移居台湾的有李景兰、詹树义、吴文彬、孙季韬四位[④]。除孙氏经商外，其余三人都以工笔人物画闻名，是晏少翔画艺的传承者。李景兰工仕女，吴文彬工人物，他们和台湾画界均经常提起在雪庐画社从学晏少翔的事情，深感到老师的栽培之恩。

本稿收集相关资料，以窥探晏少翔工笔人物画艺的传承与影响。前文提到的三位工笔传人，由于詹树义居于屏东，闭门作画，也未授徒，虽在台北办过个展，但囿于资料所限，暂且不谈，仅就李景兰与吴文彬的事迹和画业进行考究。

一、李 景 兰

李景兰（1925—1984），别字鹃，字景兰，河北省沧县人，出身大家名门。母亲陈太夫人深谙绘事，擅长花卉，李景兰从小受到了熏染，对绘画有所了解。1937年七七事变后，社会不安，随父母离开老家，避居北平。在她的亲属中，多人擅作画、富收藏、精鉴赏，对美术史有所研究，受他们的熏陶影响，李景兰的绘画志趣愈加浓厚。进入西什库光华女子中学后，在工笔花鸟画家赵梦朱门下学习美术，得到了其鼓励教导，并被介绍入雪庐画社学画，每年参加雪庐画社画展。女中毕业后考入北平私立辅仁大学美术系，1948年底未及大学毕业便与其远房表亲陈浚瀤（wāi）结婚，1949年一道赴台湾。

李景兰到台湾以后，三个小孩陆续出生，因忙于操持家务，加之丈夫工作地点不固定，在家庭与绘画之间无法兼顾。1950年代末举家移居台北，生活始得安定，李景兰与艺术界接触渐多，在画家董梦梅、吴文彬、姜一涵的鼓励下得以重提画笔，在家务与管教子女之余，晚间抽暇作画，两年间完成约二百幅。1963年加

① 朱浩云：《"鲁美四老"的艺术市场价值探析》，《东方收藏》2018年第8期，第105—112页。

② 李松：《20世纪前期的湖社与京津地区画家》，天津人民美术出版社编：《京津画派》，天津人民美术出版社，2002年，第9页。为了纪念延安文艺座谈会召开80周年，鲁迅美术学院2022年5月至今举办了"'艺术为人民'美术创作作品展"线上展览，在中国画学院部分，强调了上述评价，其中称晏少翔是"鲁迅美术学院工笔人物画教学开拓者"。见鲁迅美术学院微信公众号2022年5月19日的内容。

③ 李程：《多体系的交融：鲁迅美术学院初创期教学模式及其他》，中国艺术研究院美术学博士学位论文，2022年，第285—309页。

④ 董梦梅：《李景兰女士的仕女画》，邱浚编：《李景兰逝世十周年遗作展纪念册》，陈浚瀤自刊本，1996年，第35页。吴文彬：《忆雪庐》，收入氏著：《艺文旧谈》，质园书屋，1983年，第50页。

入中国画学研究会，并在台北市举办个人画展，画展轰动文化界。此后多次参加画展，而且索求者渐多，但身体素弱，倾心家务，很少发表作品，1984年去世，仅得年六十。[①]（图2）

图2　李景兰《蕉荫仕女》（1966）

李景兰去世之后，丈夫陈浚濛数次为其举办遗作展览。逝世三周年前夕，1987年10月24—30日在华视艺术中心画廊举办了“李景兰女士仕女画遗作展”，展出画作50余件[②]，印行《李景兰仕女画选辑》，收画作33幅，这是至今刊印最多画作的图册；逝世十周年之际，再次在此地举办“李景兰仕女遗作展”。

李景兰的画作以古典仕女为主，笔法谨严，题款工整，有如清代院派画家。对其画艺及评价，略微介绍。

（一）关于师承

1963年末台北个人画展，当时社会名流兼书画名家叶公超（1904—1981）为作序言说：

> “李景兰女士号李鹍，沧洲望族也，母陈太夫人以花卉名于时，女士少承庭训，喜绘事。长从晏少翔先生游，习仕女；又从钟质夫先生写花鸟。晏钟两君，有声故都，同组雪庐画社，女士固社中杰出高材者，每年雪庐画展，女士辄冠其曹，中外人士争相购藏。”[③]

指出了李景兰仕女画的渊源。另一位社会名流、书法家梁寒操（1898—1975）也在《新生报》为文介绍[④]。京剧家兼画

① 阙名：《作者简介》、陈浚濛：《未偕白头无限感怀》（1986年6月）、吴文彬：《序文》，收入董梦梅编：《李景兰仕女画选辑》，陈浚濛自刊本，1986年，卷首，第1、3页。吴文彬：《忆同门李鹍学姐》、盖一鸣：《悼念名画家李景兰女士》，收入邱浚编：《李景兰逝世十周年遗作展纪念册》，陈浚濛自刊本，1994年，第54—55、57—58页。

② 邱浚编：《李景兰逝世十周年遗作展纪念册》，陈浚濛自刊本，1994年，第42、45页。

③ 影印手迹收入董梦梅编：《李景兰仕女画选辑》卷首，又排印收入邱浚编：《李景兰逝世十周年遗作展纪念册》。

④ 梁寒操：《李景兰女士画作简介》，邱浚编：《李景兰逝世十周年遗作展纪念册》，台北陈浚濛自刊本，1994年，第17页。

家张大夏（1916—2005）为文载于《中央日报》，更细论北京当时中国人物仕女画的情境：

“曩于北平，赏（尝）识徐燕荪先生，先生以人物仕女，蜚声于时，所作工多于写，厚重古茂，盖力矫改七芗、费丹旭辈纤弱柔媚之弊者，无蕴藉之致，为论者所病。少翔晏先生者，亦工人物仕女，名不逮徐，而艺林之推重则过于徐，观其所作，崇（笔）法殆出于苑（院）派，而能不涉庸俗，一以高雅稳秀出之。画不以工写判雅俗，于晏先生则益信。李景兰女士，为晏先生高弟，颇获薪传，尤长用色，于清丽中见古雅，斯为难能，至用笔之圆熟流利，以视晏先生，似有未逮，然此不足病，画与其熟而俗，宁取生而雅，益以功力，可卜出蓝。”①

这三位闻人深通绘画艺术，此前跟李景兰似乎没有来往，他们的介绍和评论既在史实上是正确的，也证明了晏少翔往年教学的重要。另外这三位对于李景兰的评论是看到原作做出的判断，值得记取。由于没有选学花鸟，雪庐画社教师钟质夫先生（1914—1994，1953年移家沈阳今鲁迅美术学院教国画）卓越的花鸟画没有学下来，翻检李景兰画集，没有一幅花鸟。

（二）对徐燕荪仕女画的继承

虽说李景兰学习了晏少翔的笔法和意境，但同时期的北京名画家徐燕荪（1899—1961）对其影响也十分显著，例如《李景兰仕女画选辑》中的《昭君辞汉图》（1963）除前下方的配景不同外，其余跟徐燕荪画集同名画作几乎是一样的，可能是临写徐氏；又如《午憩初觉》（1966）跟徐燕荪画集内的《春睡才醒》人物几乎是一样的②，人物的面部和动作、气氛更接近于徐氏，而不是晏氏。这方面工笔画名家和美术史家董梦梅（1927—？）曾经比较指出：

“北平故都，仕女画只有徐燕荪与晏少翔两家，期间虽有张大千先生的人物画，但未形成仕女画的流派。吴文彬先生、李景兰女士、詹树义女士都是晏少翔的传人，王令闻、毕令仪女士是徐燕荪先生的传人。徐晏两家画风各异，技法亦各有专精。徐燕荪先生，用色大胆，艳丽照人，补景简单，强调主题，尤其在人物造型方面，取法于平剧旦角的身段，所画人物，无论举手投足都带有平剧台风。故当时有人戏称徐氏画中‘带有锣鼓点’。

徐氏开脸也受了平剧的影响，强调眉眼的神韵与三白的效果，使画中人物生气勃勃别有风味。徐氏用笔大

① 张大夏：《论李景兰女士的人物画》，收入邱浚编：《李景兰逝世十周年遗作展纪念册》，陈浚濮自刊本，1994年，第18页。

② 徐燕孙：《徐燕孙画集》，天津人民美术出版社，2006年，第27、38页。

胆，落笔快，故有粗狂的笔意人物画。晏氏用笔细腻轻柔，长于景物，无论屋宇、舟车、山石、流泉、树木花草都有独到的表现。故自清末民初以来，北平仕女画，只有并肩齐步的徐晏两家。从她（李景兰）的画作中，可以窥见徐晏二派合二为一的新内涵，一般人也许习而不察。乍看上去仕女画就是仕女画，殊不知各家独特画风形成之不易与可贵。”①

这个看法合乎实际。

（三）艺术上的贡献

姜一涵（1926—？）是美术史家和画家，有名著《元代奎章阁及奎章人物》，他评论说："景兰女士的画具有两大特点：一是工，一是雅。画之工产生于功力、耐力和天赋……；雅，是产生于文化修养和生活态度。由工和雅进而达到传神的目的。是以李景兰的人物画，既工且雅，复能传神，原是有其根由的。”②

虞君质（1912—1975）的评论更具体：

“画仕女，在习惯上多用工笔细描手法，唐代的周昉是倡导这种画风的最重要的一个人。在中国画学的理论上，画仕女最忌俗态，最忌匠气，不贵娇艳绝伦，而贵淡雅清秀，倘能在淡雅清秀之外加以‘古朴’的表现，即不失为仕女画的中上之作。

中国古画家所以重视仕女图，并非以此为取悦世人，悦人眼目之举；究其创作的动机，无非为了表现妇女的幽娴贞静之态，世人望而生敬爱，将男女的原始欲望在艺术中得到精神上的‘升华作用’。这番意思，在顾恺之的《女史箴图卷》中已有相当深厚的表现，这是东方人文精神的优良传统。

我颇喜其（李景兰）作品在表现的意态上不失古人法度……细观此次所展各画，无论在容貌的造形与衣装服饰各方面，都可以看出作者的态度谨严，笔笔不苟，而用笔用墨，饶有古意……再就其所展出之白描佛像长卷看，颇有洁净匀细、不滞不纤之美，足见作者在这方面的深厚功力！”③

从这几位行家的评论，可管窥李景兰工笔画的艺术蕴涵、教化价值和技法渊源。

二、吴文彬

吴文彬（1923—2013），字质伯，幼年随家人居住天津，曾从邻居李喆生（解放

---

① 董梦梅：《李景兰女士的仕女画》，邱浚编：《李景兰逝世十周年遗作展纪念册》，陈浚濛自刊本，1994年，第35—36页。王令闻（？—2008）事迹，参看谌德容著：《敬爱的王令闻老师》，《工笔画》2003年第27期，第52—54页；《至敬爱的老师——王令闻女士》，《工笔画》2009年第39期，第67—71页。

② 姜一涵：《李景兰女士仕女画遗作展观后感》，邱浚编：《李景兰逝世十周年遗作展纪念册》，陈浚濛自刊本，1994年，第43页。

③ 虞君质：《工笔仕女——评李景兰画》，邱浚编：《李景兰逝世十周年遗作展纪念册》，陈浚濛自刊本，1994年，第20—21页。

后画连环画）习画梅花[①]。抗战初期，天津水患，举家返居北平，住在中山公园附近，常随父亲到中山公园饮茶、参观画展，对国画渐有认识。就读高中时（1939）参加了雪庐画社[②]，从晏少翔学习工笔人物，由白描入手，习画五年以后，参与雪庐画社在中山公园春明馆举办的年度成绩展览。

根据晏少翔的回忆，吴文彬入雪庐画社学画，对传统技法十分看重，临摹过很多古代名作，如吴道子《天王送子图》、唐人《游骑图》、梁楷《十六应真图》、李龙眠《五马图》，线描打下了坚实的基础。继而临摹苏汉臣《五瑞图》、宋人《拜月图》、元人《文姬归汉》等画，学习工笔画构思布局之法。跟晏少翔一样，他毕业之后仍勤于临摹。

高中毕业后考入国立北平艺术专科学校国画科，因对中国绘画的明确信念和对学校教学的不满，毅然选择了退学。1948年底去台湾，做过不少职业，但一直用业余时间作画，应邀至各处开班教画[③]并参加各种画展、美展或担任评审委员。1977年与张大千等人合作《以至仁伐至不仁》长卷，1978年又与张大千等人合作《卧薪尝胆》巨画，并在多地展出。1979年与志于人物画的董梦梅、张光宾结成团体"三人行艺集"[④]。1990年，其两幅画在鲁迅美术学院举办的"现代中国画作品展"上展出，晏少翔评论说"领悟到唐宋人笔墨精髓"[⑤]。1991年筹划成立"工笔画学会"并当选理事长。台湾省立美术馆肯定他在创作和绘画教育上的成绩，于1995年5月6日至7月9日为其举办"吴文彬七十回顾展"[⑥]，同年获得了台湾最高的艺术奖项——画学金爵奖。（图3）

吴文彬曾遭遇乱世，妻离子散[⑦]，但其文史涵养深厚，有多方面的文艺才能，能研究，熟掌故，而且都有所表现。著有《艺文旧谈》《传统人物画法》《吴文彬七十回顾展》《画说月令·中国人的四时生活》《吴文彬高士仕女白描画谱》等书，另有很多小论文和杂记文。

吴文彬是当代中国绘画及绘画思想领域的一位重要人物，撰写了很多研究文章[⑧]，在西洋画与西洋雕塑盛行中国的环境中具体

① 本节以下吴文彬的经历，除注明者，系参考《吴文彬画历》，台湾省立美术馆编辑委员会：《吴文彬七十回顾展》，台湾省立美术馆，1995年，第98—99页；吴文彬：《在史语所的那段日子》，《新学术之路·中研院历史语言研究所七十周年纪念文集》，台北中研院历史语言研究所，1998年，第1001—1008页；郑又嘉：《人物画家吴文彬》，《典藏古美术》2007年第173期，第88—91页；林淑女：《战后台湾工笔重彩画风格之发展——浅析工笔划形成与发展的时空情境》，《2009两岸重彩画学术研讨会论文集》，淡江大学，2010年，第378页；《工笔画学会理事长吴文彬先生卸任纪念专刊》，《工笔画》副刊第1号，未注明出版年时。

② 吴文彬：《纵谈传统人物画（上篇）》，《工笔画》2009年第39期，第3页。

③ 张光宾：《序》，吴文彬《传统人物画法》，艺术图书公司，2007年，第5页。

④ 张光宾：《序》，吴文彬《传统人物画法》，艺术图书公司，2007年，第5页。

⑤ 晏少翔：《五十年前老画友》，台湾省立美术馆编辑委员会：《吴文彬七十回顾展》，台湾省立美术馆，1995年，第7页。

⑥ 台湾省立美术馆编辑委员会：《吴文彬七十回顾展》，台湾省立美术馆，1995年。

⑦ 吴墨麟：《重逢——失散六十年美意亲情作品集》，吴文彬自刊本，2008年。吴墨麟是吴文彬遗留大陆的儿子。

⑧ 不少文章收入吴文彬：《吴文彬高士仕女白描画谱》，文化艺术出版社，2019年。

图3 吴文彬《高秋读诗》(1994)

澄清中国绘画，这些看法跟他的作画实践密切相关。这里仅提出几点。

(一)关于中国人物画的本质

《吴文彬七十回顾展》图录自撰序言里，吴文彬提出了他多年间绘画的见地：

“传统人物画是以线写形，用线描表现形体，严格说它并非写实，只能算是一种‘意’的表达。人类有思维和想象的本能，因此产生了精神生活，绘画所表达的‘意’，提升了精神生活的内涵。”“人物画的审美要求应该是：用写意的手法，写出得意的造型，获得会意的欣赏。审美的理想是：形象、笔墨、神韵，三者完美的统一。”①

题诗与画的关系：“画上题诗，并不等于画中有诗，完整的画面，同样可以给欣赏者一种精神满足的感受”②。画作固然可以有题诗，但画面本身应该是自足的，作画者应该明了这一点。

(二)传统人物画的种类

有人认为传统人物画“不合现实”，但绘画不是生活图解，如果只求符合现实生活，又何必追求精神生活。“传统人物画以人为主题，有人物画和人像画，人物画重‘意’；人像画重‘真’。人物画不是客观的真实再现；人像画则是必须唯妙唯肖的写真。换言之，人像画是写实的，人物画无论如何工细，都应该属于写意的范畴。”③这一点应引起作画者与鉴赏者的深切注意。台湾省立美术馆馆长归纳指出：吴文彬认为人物画“写意”精神一直是核心，重于“写真”；传统人物画是狭义的人物画和人像画的合流。④

① 吴文彬：《鉴往知来》，台湾省立美术馆编辑委员会：《吴文彬七十回顾展》，台湾省立美术馆，1995年，第5页。
② 吴文彬：《鉴往知来》，台湾省立美术馆编辑委员会：《吴文彬七十回顾展》，台湾省立美术馆，1995年，第5页。
③ 吴文彬：《鉴往知来》，台湾省立美术馆编辑委员会：《吴文彬七十回顾展》，台湾省立美术馆，1995年，第5页。
④ 刘欓河：《序》，台湾省立美术馆编辑委员会：《吴文彬七十回顾展》，台湾省立美术馆，1995年，第4页。

（三）人物画中西画法的差异

对于物象，西洋画“以光分面”，传统人物画“以线分面”，这是吴文彬的概括。

西洋画若是画人物，首先要设置“模特儿”，然后选定时间，寻觅光源，固定地点、摆妥姿势，必须在一定的距离、焦点、透视的角度之下，进行面对面的写生，根据光线的明暗所产生的界面，如实描绘。以光影产生的界面来造型，这种造型是“以光分面”的造型。传统人物画的画法，不采用光线明暗分面，更是不面对“模特儿”写生，因此不需要光线的明暗来作画，而是用笔勾勒墨线，用线来概括面，所以称为“以线分面”的造型。“以形写神”是中国传统绘画的原则，写形是手段，写神是目的，工笔画笔法精细，但并不是写实之作。

结　语

本稿简略考究了晏少翔工笔人物画两位传承者的人生经历和画艺情况，这个史实足以作为我国社会巨变过程中绘画史的一节，从两位学生的画作中也能管窥晏少翔人物画的特点。因为西洋画的冲击，现代中国画在技艺、思想、鉴赏各方面遭遇了困难，改变极大，这两位生长于古文化趣味浓厚的京津地区，当初学习时是从古法、临摹入手，又对中国人物画的审美理想怀有稳固的信念，才得以传承师法，有出色的作品存世。由于个人禀赋和社会条件不同，李景兰专注于作画而后展览，吴文彬则作画之外勤于教学、研究和著述，于画史、画理、技法深入推求，在西画盛行的情势中着力阐明中国画的特征，画论著述颇丰甚至超过其老师，在很大程度上推广了中国工笔画，培养了大众的鉴赏趣味。

清宫珐琅器与传统制器工艺

——以沈阳故宫院藏文物为例

于　颖

沈阳故宫博物院

内容提要： 珐琅器制造是中国古代传统工艺之一，它从元代才传入中国，但在其使用、传播与创新制造的过程中，曾不断借鉴和融入其他传统制作工艺，如瓷器描绘、施釉技法，金属器、玉器、木器等錾刻、雕刻技术，另外还引入了中国传统书画用笔与构图意境等形式，形成了颇具特色的中国珐琅器制造，生产出大量精美的珐琅器物。在珐琅器的本土化过程中，传统瓷器、书画等技法的引入，传统錾刻、镶嵌等工艺的借鉴，都为珐琅器的最终完善并走向高峰提供了必要的前提和条件。

关键词： 珐琅器　清宫制造　传统工艺　借鉴　创新

珐琅器又称景泰蓝，在中国古代传统制造工艺中，属于最年轻的品种之一。它自元代由地中海沿岸和西亚传入中土，至明清两朝，经过多代内府工匠的改制与创新，才在宫廷中大规模制作和使用；至清朝晚期，珐琅器出宫廷传入民间，成为了人们熟知的“景泰蓝”，被许多人使用于生活之中，并一直延续传承到今天。珐琅器由外来品种转为本土化器物的过程中，工匠们融入了许多传统制器工艺，无论是瓷器、玉器的器物造型，金属器的铸造、焊接、镀金，木器的雕刻、镶嵌，甚至漆器、绘画、书法上使用的用笔晕染、图案纹饰、文字寓意等等，都被珐琅器制作所采用，最终形成了颇具中国特色的珐琅制造技艺。

清宫珐琅器继承了元、明的珐琅制器工艺，在康熙、雍正、乾隆几代皇帝的参与下，得以进一步发展和走向繁荣。当时，宫廷内府中汇集了各行各业的优秀工匠，为珐琅器融汇各种传统工艺提供了便利。清代中期，珐琅器已经完全本土化，成为了宫廷中一种不可或缺的制器品种，并以其众多数量和精美制造，铸就了宫廷珐琅器的鼎盛时代，反映出皇家御制的辉煌风格。

沈阳故宫博物院收藏有数量众多的清宫珐琅器，基本代表着清宫珐琅器的整体样貌。本文以沈阳故宫博物院藏清宫珐琅器为例，阐述珐琅器制作中与其他传统工艺的吸收、结合、融汇，以此展示古代传统制造工艺的彼此关联与相互影响。

一、珐琅器与瓷器工艺

在清宫传世的珐琅器中，有许多器物的造型、纹饰都与瓷器十分相似。如盘、碗、壶、盒、花觚、炉等日常用具和陈设品，两者在总体外形上十分接近，装饰风格大同小异，同类器物的大小尺寸也颇为相仿。

此外，珐琅器与瓷器在胎上施釉、入窑烧制等方面，均有着几乎完全一致的工艺流程。如果不考虑器物胎体差异，则珐琅器中的画珐琅制作，与瓷器施釉、烧造则完全相同。从这一点来说，珐琅器是与瓷器制作最为接近的工艺品种。

雍正六年（1728）以前，清宫烧制珐琅器的釉料主要依赖从欧洲进口，而这一年清宫造办处利用进口的西洋珐琅料反复试验，已经自炼出20余种珐琅彩料，而且色彩比进口彩料更加鲜艳、纯正和丰富，最终在宫廷之中烧造出瓷胎画珐琅这一精美的巅峰之作。

传统的瓷器颜料，在瓷胎上绘画图案时通常是没有颜色的，无论是红色、蓝色还是其他彩色，看起来都是灰色色调，只有放进窑内烧成之后，才会显现器表的颜色。所以，大多工匠很难把握瓷器烧成之后的效果，更加难以确定瓷器的特定颜色与变化。而珐琅颜料在瓷胎上画上什么颜色，烧造出来就基本是什么颜色，这就解决了加温烧造前后不一致的问题，有利于烧造前精准地把握各类釉色的微妙差异。

瓷胎画珐琅和铜胎画珐琅（即传统珐琅器）仅胎体不一样，其使用的绘画釉料均为珐琅彩，其他制作工艺及流程也一样。另外两者在加工温度上有所不同，瓷器入窑烧造需要1200—1300摄氏度的高温；而珐琅器入窑烧造仅需要500—800摄氏度左右的低温。清代宫廷瓷胎画珐琅器在皇帝的亲授下生产出一批稀有名品，同时也为铜胎画珐琅器设立了样本，使两者达到了殊途同归的艺术高度。

院藏瓷胎画珐琅寿山福海碗（图1），即为清宫画珐琅的代表作品之一。此碗为康熙年间御窑厂烧造，碗内为素面白釉，碗外壁及足面为深蓝色地，腹部一周以红、黄两色珐琅彩，分绘4朵相对的牡丹花图案，内侧花瓣各为绿、紫色，花心处在黄、绿地上分别以蓝釉篆书“寿”“山”“福”“海”四字，枝叶藤蔓彼此相连，深浅绿色略有不同；底足之内为白釉，底心有紫红色楷书“康熙御制”4字2行双方框图案章款。此碗从设计上构思巧妙，别具匠心，而独特的珐琅工艺又使其成为彩瓷中的无价之宝。

图1　清康熙款珐琅釉寿山福海碗

院藏铜胎画珐琅碗（图2），与瓷胎画珐琅碗形成双璧，亦为清宫珐琅器的精品佳作。该碗的碗里及外面均为明黄色地，装饰仿造瓷胎御用器。里面是素面，碗外面采用画珐琅工艺绘画赶珠双龙，龙身周围环绕五色彩云纹和红色火焰纹饰，刻画细腻，繁而不俗。碗底足内画有红、白、蓝、绿色团型夔凤纹。此碗整体画工精美，

图2　清画珐琅海水云龙纹碗

色彩鲜艳，比起同时期的瓷器御用器物更加耀眼、华丽和精湛。

清朝瓷器的造型十分丰富，其各类形制也被铜胎珐琅器所采用，无论是画珐琅、掐丝珐琅、錾胎珐琅器，其形制往往都可从瓷器上找到同类。归结起来，瓷器、珐琅器通过采用的造型可以分为以下几类：饮食器有杯、盘、碗、碟、盅、匙等；盛器有盆、罐、壶、缸、盒等；日用器有烛台、坐墩、枕等；陈设器有瓶、尊、花觚、花插、挂屏、轿瓶、花托等；赏玩器有鼻烟壶、蟋蟀罐、棋具等；文房用具有水盂、笔洗、砚台、笔筒、印盒、笔架、笔杆、墨床等；祭祀用器有香炉、鼎炉、香瓶、香筒等；宗教用具有佛像、佛膳碗、僧帽壶、佛塔、八宝、神像等等。

沈阳故宫收藏的珐琅器中很容易找出与瓷器造型相同的各类器具，如画珐琅、掐丝珐琅制成的圆盘、高足碗、高足杯、渣斗、各式瓶、各式罐等，都是具有代表性的器物造型，而且两者表面的很多纹饰、装饰纹样几乎没有区别。

沈阳故宫收藏的一件画珐琅花卉纹盘，外表与清宫瓷盘几无两样。此盘的内沿是浅绿色地，装饰棕色的“万字不到头”锦纹图案，内沿内还留有海棠式三处开光，里面彩绘山水、人物小景；盘里心是纯白色地，工笔彩绘牡丹、凤凰和蝶、石等图案。盘外沿是明黄色地，表面装饰牡丹、茶花、莲花、佛手等各类缠枝花卉，花色夺目；盘底是纯白色地，中央绘画双桃、红蝠图案，寓意洪福齐天、双桃捧寿。这件清乾隆时期所制的画珐琅盘，画工精湛，尤其是盘外沿和底部的彩色珐琅釉，极其类似于瓷器中的粉彩与青花，可谓珐琅器中的佳品。

清末期黑底龙纹瓶（图3），其造型与瓷瓶完全相同，它采用铜胎掐丝珐琅工艺制作。瓶口呈喇叭口形，细长颈，瓶腹为圆球状，腹下部内敛，底足外撇。再从表面纹饰看，瓶身是黑色地，口部、底足部为素面鎏金，纯黑质地的珐琅器在清代极为少见，紫红色大龙更是增添神采，代表着清末珐琅器制造的较高水平。

图3　清掐丝珐琅黑地紫龙纹瓶

清乾隆朝所制画珐琅壶（图4），造型亦与瓷壶十分近似。整个壶体均为天蓝色地，装饰绿色缠枝花叶和紫红色牡丹花图案，壶盖两侧及壶腹两侧中央都有彩色双鸟相对起舞，展翅飞翔。此壶绘画精美，色彩丰富，既可作为实用器具使用，也可作为艺术品收藏，反映了清中期珐琅器的多用功能。

图4　清乾隆款画珐琅花鸟小壶

珐琅器与瓷器虽有许多相同之处，但从外形来看，也有一些瓷器达不到的范畴。清代乾隆朝，国家步入“盛世”时期，所生产的殿上陈设器和宫中陈设器往往体量巨大，因此形成了与瓷器不尽相同的器物品种，特别是较大型的熏炉、香炉、挂屏、插屏等，其巨大的体量更是瓷器所无法企及的程度。沈阳故宫收藏的一件清红木镶景泰蓝七佛屏风（图5），其巨大的体量成为大件珐琅器的代表作。

图5　清红木镶掐丝珐琅七佛屏风

此屏风制造于清乾隆年间，为当时后宫中的实用器。全屏共由七扇组成，全高249厘米，全宽465.5厘米。七扇屏风的屏心采用铜胎掐丝珐琅制成，以红木制边框和底座，中心主体部分为掐丝珐琅释迦牟尼佛像。佛像上部为鎏金卷草纹地，其上嵌黑色楷字16行，每行5字。四边在蓝地上嵌七珍八宝纹，中心为释迦牟尼佛像，螺发，双耳垂肩，面目祥和。身着袒右袈裟，手持宝瓶结跏趺坐于莲花之上。佛身后菩提树枝繁叶茂，天空白云朵朵，佛座两侧及下部有佛弟子6人。下部红木浮雕福寿花卉。屏背板为浮雕五蝠捧寿纹及缠枝花卉。该件珐琅屏风体量庞大，做工精细，是清宫原藏品中难得的屏风类宝藏。

清朝瓷器、珐琅器上经常出现的纹饰，大体上可以分成四大类：其一，吉祥图案类，包括龙、凤、麒麟、狮子等瑞兽和鸳鸯、游鱼、蝙蝠、喜鹊、松鹤以及牡丹、石榴、仙桃和吉祥文字，以及由谐音组成的寓意吉祥的图案；其二，山水图案类，主要为山水和园林或特定景观等；其三，人物图案类，包括历史故事、民间传说、婴戏图、仕女图、渔樵耕织图等；其四，花草图案类，主要有传统意义上的“四君子”即梅、兰、竹、菊和“岁寒三友”——松、竹、梅等，以及荷花、牵牛花、桃花等，另外缠枝纹、几何纹、锦地纹以及卍字纹也是两者常用的相同纹饰。

二、珐琅器上的书画艺术

清朝珐琅器制作承继元、明的珐琅制程工艺，同时吸收了其他艺术品的装饰风格，形成了有清一朝独具特色的珐琅器图案。如清宫制作的大量挂屏、插屏、座屏等屏风类文物，其表面即经常采用传统书画的图案，由此形成了与古代书画相仿的珐琅器陈设艺术品。

以珐琅工艺制作的仿书画艺术品，比在纸绢、墙壁、木板和纺织物等平面绘制、织绣的书画更结实耐用，珐琅书画表面不怕蝇虫侵蚀，甚至可用水擦拭，因而成为了清宫乃至社会颇受欢迎的室内装饰器。

从珐琅制成的书画类艺术品看，它们不仅有完整的画面表面，另外还用珐琅工艺制作出题诗、落款、钤印，形成了完整的书画作品形式。其采用的绘画题材除山水风景之外，还有花卉、鸟禽、博古、人物等等，使传统书画艺术与珐琅制作完美地融为了一体。

红木框御制句掐丝珐琅人物挂屏（图6），乾隆年间制造，是典型的文人画风格。全屏以黄色、白色珐琅地为主，画面上有远山，流水，高大的树木，两个朋友赏菊、聊天，构图比较简洁。山水和人物的构图，充满了文人的生活情调。屏左上部有乾隆朝大臣曹文埴隶书的乾隆帝御题《话菊图》七言诗："坐石高谈利断金，菊擎露盏涧调琴。重台莫认陶彭泽，诗画同斯别裁心。"诗文后署款："御题话菊图"，侧后另有小字署款："臣曹文埴敬书"，下钤红色篆书阴文"臣曹文埴"、阳文"敬书"二方印。

红木框铜镀金"卍"字掐丝珐琅花卉挂屏（图7），乾隆年间制造，呈正方形，屏心有一个巨大的铜制"卍"字，表面鎏金錾刻蝙蝠、仙桃纹；卍字结构巧妙地将整个屏心划分成右上、右下、左上、左下四个部分，四个方框内均以蓝色珐琅为地，内制掐丝珐琅花卉小图，分别为粉色茶花、藕荷色紫藤，红、黄、白诸色菊花和红色鲜花；每幅小图右上角皆书写一句七言诗，分别是："霞光日彩惠周初""风中婀娜月边斜""数典东离作美谈""火色宁妨腊月寒"，末句诗文下制篆书阳文、阴文印

图6　掐丝珐琅人物挂屏

图7　"卍"字掐丝珐琅花卉挂屏

各一方。此挂屏构思奇巧，做工精细，是十分难得的清宫珐琅器传世精品。

清紫檀框座画珐琅人物故事屏（图8），以紫檀为框架主料，其屏芯为铜板画珐琅制成，在白色珐琅地上画一个身着粉红色袍服的仕女，双手执扇立在月亮门内，周边是亭园竹石、水仙花卉。仕女身后是玉石栏杆，前面为茂密竹枝，深深浅浅，颇具层次感。画面中的秀石、仕女衣服以淡淡的粉色晕染，表现细腻，人物传神，可与真正的清宫绘画比肩。

图8　清紫檀框座画珐琅人物故事屏

清曹文埴书掐丝珐琅万字锦地鎏金丝五言联，其上、下联均以红木为边框，联心为深蓝色地，以掐丝珐琅满饰“万字不到头”锦纹地，锦地上有莲花、牡丹、芍药、菊花等折枝花卉；联心上镶嵌有鎏金铜字，隶书五言御制诗句，上联为“称觞聚五世”，下联为“锡福被群黎”，上联右上角题“御制句”，下联左下角署款“臣曹文埴恭集敬书”，款下制“臣”阴文方印、“埴”阳文方印。曹文埴是清乾隆时期著名的文臣，他于乾隆二十五年（1760）得中二甲一名进士，后任翰林院侍读学士，官至户部尚书，曾任《四库全书》副总裁。

三、珐琅器与镶嵌工艺

清代的珐琅器在其发展过程中，除采用珐琅制作的各式技艺外，还大胆尝试、积极创新，引入传统镶嵌工艺，使宫廷珐琅器愈加精美。镶嵌工艺，是我国古代流传已久的传统工艺，通常在金属器、漆器或木制家具、陈设器上以金、银、玉石、宝石、螺钿等贵重材质进行装饰，或镶或嵌，使器物表面更具装饰意味和美感，形成精美的纹饰图案。

清乾隆款錾珐琅镶玉葫芦瓶（图9），在葫芦表面錾出凹槽，嵌饰上大大小小的白玉、黄玉小葫芦，葫芦之间另嵌以五瓣红珊瑚珠拼成的葫芦花；器物顶盖为带柄的葫芦头。整个葫芦器表面以錾胎工艺制成花叶、藤蔓及小葫芦形状，大小叶片内分别填以绿、黄、蓝、白等各色珐琅釉，

图9　清乾隆款錾珐琅镶玉葫芦瓶

使花叶阴阳向背、新叶枯脉清晰可辨，器底錾有楷书“乾隆年制”阳文方图章。

清掐丝珐琅象驮宝瓶（图10），由掐丝珐琅、錾胎珐琅合体制成。大象胴体为月白色，其上用掐丝珐琅做横纹装饰，象身铜饰上镶嵌翡翠、玛瑙、绿松石等宝石，象背制錾胎珐琅的“大”“吉”二字葫芦瓶，瓶内安插挂磬、铜鱼鎏金如意、太极宝珠等饰物；象身底部为长方形束腰委角须弥座，座上镶嵌绿松石、青金石饰物，座上部栏杆镂空雕缠枝花卉纹。此件宝瓶制作精美，结合运用了錾珐琅、掐丝珐琅和金属錾刻、镶嵌等工艺。

图10　清掐丝珐琅象驮宝瓶

在沈阳故宫现藏的珐琅器中，还有一类以雕刻、镶嵌工艺制造的实体盆景。它们是清宫制作用于内廷陈设的艺术品，在珐琅制成的各式花盆中，安置所谓的“金枝玉叶”，其花朵、叶片都是利用昂贵的宝石材料制成的，处处包含吉祥寓意。清画珐琅三羊开泰倭角盆景（图11），以木质金漆制成树干，另以白玉制成梅花花瓣，以点翠制成树叶，树下还有点翠的芭蕉叶片，形象生动。另一件清宫原藏月季盆景，其花盆用掐丝珐琅做出“五福拱寿”的纹饰，中间是一个变体“寿”字，周围绕飞五只红色蝙蝠；花盆之上以宝石雕刻、镶嵌制出茂密的月季花，花朵以粉红色碧玺制成，叶片以碧玉制成，使得清宫珐琅器和宝石镶嵌花朵珠联璧合，精致无比。

图11　清画珐琅三羊开泰倭角盆景

除以上所述珐琅镶嵌的玉石、翡翠、玛瑙、珊瑚等饰物外，珐琅器有时也被镶嵌在其他器物上。尤其是雍正初期后，新式珐琅彩料的研发和制作得到了较大发展，在珐琅器上绘制的题材进一步丰富，人物、花鸟、风景、吉祥纹饰等表现得更加生动，珐琅器经常作为装饰物被镶嵌到家具、陈设器、钟表、化妆盒等的关键部位，起着画龙点睛的作用。

四、珐琅器与錾刻技艺

清宫珐琅器通常以铜材为胎体，表面按设计纹样覆以珐琅釉料，在其他铜胎部分，往往采用錾刻工艺、镂空技法，甚至按照金属的制造形式制以圆雕、浮雕等雕刻技艺，并施以鎏金，形成珐琅彩釉与錾刻、鎏金相映生辉的特殊效果。

珐琅器与金属制造工艺的关系十分紧密，除胎体大多采用铜胎甚至金银胎体外，所制器物的立足、双耳通常采用金属錾刻法，器物顶盖经常采用金属镂空法，呈现出立体装饰、浮雕装饰，此外在珐琅器表面还常采用模压、锤揲、錾刻、焊接、鎏金等传统工艺，形成了珐琅器独有的艺术特色。

在珐琅器制作中最常使用的是金属圆雕工艺，在器物的钮、耳、足以及肩部、轮廓线等部位的装饰中，经常使用圆雕之法，除了起提携、平衡、承重等实际作用外，也起到装饰作用。

清掐丝珐琅花卉纹折角带盖方尊，器形为方体折角形状，顶部有盖，盖钮为一组鎏金灵芝造型，繁茂挺拔；其肩部在四处方折角各有一只铜鎏金蝙蝠，口中衔绳状连钱作装饰，寓意为福在眼前；足部是狮子抱球形状。全器在珐琅工艺之上，使用錾刻、鎏金技法，便使得全尊非常协调、规整。

清掐丝珐琅夔纹双耳四足盖炉，清中期宫廷陈设器，铜胎掐丝珐琅工艺制作。炉为长方形，口沿左右有对称的两个双直耳，盖上装饰有鎏金镂空缠枝莲花卉纹，腹部饰8个鎏金出戟装饰。方鼎下部为圆柱形四足，足腿较高，表面装饰有兽面纹及蕉叶纹。此器形精巧别致，鎏金较厚，釉面打磨光亮，是沈阳故宫馆藏珐琅器中较好的一件。

清掐丝珐琅勾莲象耳三足香炉（图12），装饰全部采用“大象”元素，盖子上是一头卧象，两只耳是大象抬起来的鼻子，炉下三足也是写实的大象造型。香炉分上盖和下炉两个部分，上盖顶端是象驮宝瓶镂空桃形圆钮，卧象是炉盖的上半部分，象全身均镶嵌红绿宝石、料石，下面是掐丝珐琅及镂空的鎏金圆盖，珐琅为浅蓝色地，装饰各种颜色的勾莲花纹，镂空盖面上有鎏金云蝠纹；下部香炉呈圆腹形状，通体装饰各色缠枝花卉，中间是大朵宝相花纹；腹身两侧有象首形状的炉耳，炉底是三象首做成的三足，给人以沉稳、安静的感觉，象首部位镶嵌红绿料石，使得整个香炉显得琳琅满目。

图12 清掐丝珐琅勾莲象耳三足香炉

在清代宫廷大殿之上，为提高殿内的庄严气氛，通常安置有象征至高皇权的高大地坪和金漆宝座、屏风，在宝座、屏风前面左右两侧，通常要放置一些特定的陈设用品，以增加帝王的尊仪。这些与宝座、屏风相配套的陈设品被称为殿上用品，以区别于一般的陈设品。殿上用品就质地而言，有玉、铜镀金、纯金和珐琅器，其中珐琅器以大器为主，包括角（lù）端、香亭、鹤式蜡台和香炉、太平有象等器物。这类殿上陈设器为皇帝专属，成为天子君临天下的象征。

清乾隆款掐丝珐琅角端香薰（图13），表面满饰缠枝花卉纹，角端脸部、足部等处采用鎏金工艺，颌下钮处自上而下有楷书刻款“大清乾隆年制”。角端是一种虚构的神兽，也是一个祥瑞的象征。传说“日行万八千里，又晓四夷之语，明达方外幽远之事”。使用时在角端腹内放置香料燃烧，形成香气缭绕的场景，以美化殿内环境和帝王的神圣境界。

珐琅器以其特有的釉色光泽，在传统器物的制造中占据重要的一席之地。它虽然源自海外，产生较晚，但因大量借鉴和

图13　清乾隆款掐丝珐琅角端香薰

应用中国古代其他传统工艺，使其得以迅速本土化、东方化，成为融汇古代多种传统工艺的器物之一。清宫珐琅器的产生、制造、发展体现了清代宫廷贵族对中原传统文化的接受与仰慕，同时也体现了满族人的博大心胸与创新精神。

近代学术与文物收藏研究

一封伪造的王国维致王季烈书信

梁　帅

郑州大学文学院

内容提要：近年来，部分王国维未刊手札相继现于古籍拍卖市场，它们对于考察王国维的相关学术活动提供了不可多得的第一手资料，然而其中却夹杂有伪作。北京华辰2015年春季艺术品拍卖会、北京传是2015年秋季拍卖会、上海敬华2016年春季拍卖会，先后上拍有一封王国维写与王季烈的书函，其内容与旅顺博物馆藏1923年3月7日王国维写与罗振玉的完全一致。今以对其内容、落款时间的考察为基础，结合对两封书信的誊录样式、修改痕迹进行比较，可以得知上拍者当是伪作。这提醒学界在整理手札文献时，应重视辨伪工作。

关键词：王国维　罗振玉　王季烈　书札辨伪

作为近代学术大师，王国维（1877—1927）的学术活动吸引了学界极大关注；对于其留下的只言片语，学界向来极为珍视。自吴泽主持编校《王国维全集·书信》（1984）始，学界多有关注王国维书信文献的整理，且每每有新的发现，便会对相关研究有所推进。然而王国维书信的发现与补充似乎是一个无法穷尽的过程，如近年来时常会有新的王氏未刊书札出现在古籍拍卖会、艺术展览上，相应的辑佚、考证工作也就随之而来了。

笔者留心于王国维未刊书札的整理与研究[①]，在整理过程中发现北京华辰2015年春季艺术品拍卖会、北京传是2015年秋季拍卖会、上海敬华2016年春季拍卖会[②]，先后上拍了一封王国维写与王季烈的书札，内容如下：

> 君九先生有道：
>
> 还宁七日，十四日晚抵沪，近日始发见开岁所寄手书，敬悉一切。新出三体石经及《颜勤礼碑》，昨已闻

---

① 笔者已撰有《新见王国维手札十八通考释》，刊《文学研究》2023年第1辑；《新见王国维致吴昌绶信札六通考释》，刊《近代中国》2023年第1辑；《新见王国维致陈毅信札六通考释——兼谈究斋藏书的文献学旨趣》，待刊。

② 北京华辰2015年春季艺术品拍卖会，拍卖时间：2015年5月15日，LOT号：0656；北京传是2015年秋季拍卖会，拍卖时间：2015年12月4日，LOT号：2011；上海敬华2016年春季拍卖会，拍卖时间：2016年7月2日，LOT号：0641。

马叔平言之[①]。叔平至沪，一日即行。叔平谓周季木尚藏有魏石经《尚书·益稷篇》二字（见过拓本）[②]，不知新出之石六七百字者已抵京否？

顷朱稷丞来[③]，言及慈护家事[④]，云在禾用度月须二百元，现尚缺百元左右。不知公去岁所云托三六桥、金锡侯所图之事[⑤]，已有回音否？慈护月内拟来沪谢孝也，其《肃忠亲王行状》尚未寄来，殆未检得也。

公于圣节前想赴京一行[⑥]，叔平言出都前一夕见公，殆在此时也。维今岁在哈园无所事事，现为编所藏书目，并闻。专肃，敬请道安不一。

国维再拜，三十日

王氏《韵表》已抄成一半[⑦]，其前王梓材所补表亦已抄出[⑧]，然颇有不甚圆满处。拟作为附录，不与原书相乱，其校语则不必存矣。又申。

王季烈（1873—1952），字晋余，号君九、螾庐，长洲人。光绪二十九年（1894）中举，后前往上海江南制造局，与傅兰雅（1839—1928）合译《通物电光》。光绪三十年（1904）中进士，后得张之洞赏识，官学部郎中、京师议学馆理化教员等职。辛亥革命后王季烈因反对袁世凯（1859—1916），决定归隐并迁居天津，此后兴办企业、学校。1932年，日本政府扶持溥仪（1906—1967）成立伪满洲国，王季烈出任内务大臣；未几，辞职归乡。

此封书函同时见于房鑫亮所编《王国维书信日记》[⑨]，然收信者却是罗振玉（1866—1940），落款时间为二十日，原件藏于旅顺博物馆。经笔者调查，王宇、王振芬与朱金枝合作整理的《王国维未刊书札（三）》最早将其披露[⑩]。那么这封信的接收者究竟是谁？结合相关史实及王国维与罗振玉的往来书信判断，此函当是写与罗振玉而非王季烈，现就信中所述之事逐一考证。

王国维早先曾撰《魏石经考》（1916），此后更是将其与《殷卜辞中所见先公先

① 马衡（1881—1955），字叔平，别署无咎、凡将斋主人，鄞县人，时任北京大学研究所国学门考古学研究室主任。

② 周进（1893—1937），字季木，室名居贞草堂，至德人，喜藏金石、碑刻。

③ 朱正元，生卒年不详，又名稷丞，字秀峰，寿县人。早年肄业于上海格致书院，曾拜入沈曾植门下，后官浙江候选州同、直隶后补知县，时在京郊参与西陵营修事。

④ 沈颖（1898—1963），号慈护，嘉兴人，沈曾植子。二十年代曾在浙江省财政厅从事税务、工商工作，建国后任上海文史馆馆员。

⑤ 三多（1871—1941），字六桥，蒙古正白旗，历任京师大学堂提调、归化副都统等职。入民国后，在沈阳负责管理沈阳故宫和关外三陵，后出仕满洲国。金梁（1878—1962），瓜尔佳氏，号息侯，杭州人。光绪三十年（1904）进士，清末任京师大学堂提调、奉天政务厅厅长、蒙古副都统等职；入民国后，任清史馆校对、北洋政府农商部次长等职。

⑥ 溥仪生于光绪三十二年（1906）正月十四日，此时的万圣节即指本日。

⑦ 即王念孙的训诂音韵书手稿。

⑧ 王梓材（1792—1851），字楚材，号臒轩，鄞县人，编有《世本集览》《宋元学案补遗》。

⑨ 《王国维致罗振玉》，房鑫亮编：《王国维书信日记》，浙江教育出版社，2015年，第428页。

⑩ 王宇、王振芬、朱金枝：《王国维未刊书札（三）》，《文献》1994年第4期。

王考》并称："今年所作，除《殷先公先王考》二篇外，皆无聊之作。此《考》虽无甚大心得，略可抵去岁之《魏石经考》耳。"①益知王氏对此文的中意。自此之后，王国维便对新出碑刻多有留意。颜真卿《颜勤礼碑》全称《唐故秘书省著作郎夔州都督府长史上护军颜君神道》，唐大历十四年（779）刻，1922年10月在西安出土。《三体石经》，魏正始年间立，光绪二十一年（1895）洛阳城东出一残石，存《尚书·君奭》百余字；1922年12月，洛阳城东复出二残石：一石一面存《尚书·君奭·无逸》32行，一面存《春秋·僖公·文公》34行；一石一面存《尚书·多士》11行，一面存《春秋·文公》二百三十字。

1923年2月，罗振玉首先将新出碑刻的消息告知王国维："魏三体石经（两面刻，价五六千元），存五六百字，已归周季木。又关中新出鲁公书《颜勤礼碑》（在藩署掘得），阴阳及两侧均有字。"②然由于彼时王国维因岳母潘太夫人身体抱恙而返回海宁探亲③，未在第一时间获悉。至2月19日，为寻访欲赴欧洲的北京大学校长蔡元培（1868—1940）④，北京大学教授马衡匆匆忙忙地由北京赶到上海，在短暂停留一天后旋即返京。在沪时，马衡特意拜访了王国维，再一次提及《颜勤礼碑》《三体石经》。"新出三体石经及《颜勤礼碑》，昨已闻马叔平言之"，即与罗振玉的来信、马衡的告知照应。此后，王国维在几个月内相继获见了《颜勤礼碑》《三体石经》原碑与残石数枚，撰有《魏石经续考》。

自1916年2月回国后，王国维便与沈曾植（1850—1922）交往紧密："先生自海外归国后，与沈先生过从最密。"⑤1922年10月沈氏去世，之后沈家经济多有拮据，王国维、罗振玉便为其子沈颖的生计多有奔波。除此封信外，王国维还在这之后催问罗氏："顷慈护来沪，言及近况，云在禾开支月需三百元，而所入仅百元，故甚盼得一馆，不知浙事结果如何。"⑥从王国维的去信来看，罗振玉早先曾有意通过三多、金梁为其在浙江寻觅工作。不久，罗振玉回复道："慈护事，一面托六桥作书致张，一面弟致书王雪老，因江苏严厅长为雪老门下，若能在省得一位置亦佳也。"⑦沈颖之后在浙江省财政厅任职，或与王国维、罗振玉的说项有关。

1922年3月善耆（1866—1922）病逝于

① 《王国维致罗振玉》，房鑫亮编：《王国维书信日记》，第258页。

② 《罗振玉致王国维》，王庆祥校注：《罗振玉王国维往来书信》，东方出版社，2000年，第557页。

③ 赵万里《王静安先生年谱》："（正月）先生因事返里，（赵万里）于戚氏家谒见先生。"《国学论丛》第一卷第三号，1928年。

④ 参马思猛：《马衡年谱长编》"1923年3月7日"条，故宫出版社，2020年，第162页。

⑤ 赵万里：《王静安先生年谱》，《国学论丛》第一卷第三号，1928年。

⑥ 《王国维致罗振玉》，房鑫亮编：《王国维书信日记》，第429页。

⑦ 《罗振玉致王国维》，王庆祥校注：《罗振玉王国维往来书信》，第560页。"张"指张寿镛（1875—1945），字伯颂，号泳霓，鄞县人，1912年9月至1915年6月、1923年1月至1924年12月两度出任浙江省财政厅厅长。王雪老即王秉恩（1845—1928），字息存，号茶龛，华阳人。同治十二年（1873）举人，清末官广东提法史、广东按察使等职；入民国后寓居沪上，辟有藏书楼强学簃、养云馆。严厅长指严家炽（1885—1952），字孟繁，吴县人，1920年10月至1925年3月任江苏省财政厅厅长。

旅顺，应罗振玉的建议，王国维着手撰写《肃忠亲王神道碑》[①]。罗振玉提及“《肃忠亲王碑》求早日与慈护接洽”[②]，神道碑的草拟、书丹似也与沈颍有关。1922年腊月，王国维送沈颍返回嘉兴，并请其留意《肃忠亲王神道碑》原稿：“慈护全眷于二十一日返禾，维于濒行前往送之，并请其一检《肃亲王行状》。云恐夹在信函，想检得后必即行寄沪。”[③]然而从此函所提“《肃忠亲王行状》尚未寄来，殆未检得也”来看，直至此时，《肃忠亲王神道碑》并未寄达王氏案头。直到1923年2月，沈颍再次来沪时才将其带回：“慈护来沪，……《肃忠亲王行述》于今日送来。”与之同时，王国维又请托罗振玉代为核查了善耆的部分行实：“《行述》中于东省一事未载，此事似不可阙，请询查其年月、兵数及进兵失败之状。”[④]3月，王国维将写定的《肃忠亲王神道碑》寄与罗振玉：“顷奉示，并《肃忠亲王神道碑》，拜收。”[⑤]然此碑之后却未见刻石，《观堂别集》《观堂外集》等王氏文集也未收录。赵万里在《王静安先生年谱》中言其见于《观堂集外文》[⑥]，但此书实为赵氏手辑：“《观堂集外文》一卷，一切杂文为《别集》《外集》刊落者均入之，乃里所抄集，以便平时检阅。”[⑦]今已无赵万里《观堂集外文》的去向，故无从知晓《肃忠亲王神道碑》。1931年旅顺的肃亲王府内曾立《清和硕肃忠亲王之碑》。据小平绥方《罗振玉先生》（1940）记载[⑧]，此碑为罗振玉写拟并撰额，小平绥方仿汉碑书写，李东园刻字。小平绥方回忆此事时距离善耆去世已近二十年，王国维下世也有三年，不知碑文是否据自王氏《肃忠亲王神道碑》。

罗振玉、王国维对清廷都有着报恩观念，也怀揣着遗老心态。罗振玉《集蓼编》：“予自返津后，每岁正月十三日皆入都祝贺万寿圣节。”[⑨]对于罗振玉的这一习惯，王国维十分了解，故其在信中言：“公于圣节前想赴京一行。”罗振玉是于十一日到达的北京：“弟十一入都。去冬感冒未愈，而在都数日，寒暖不时，又患伤风咳嗽，键户不出者又数日矣。”[⑩]马衡在赴上海之前曾拜见罗振玉，王国维所言“叔平言出都前一夕见公，殆在此时也”，当指此事。

最后，王国维还批评了王梓材为王念孙《训诂音韵书韵》所补之内容，这与其后来在《高邮王怀祖先生〈训诂音韵书韵〉

① 在撰写行状时，罗振玉多向王国维提供材料：“‘崇文门商税’以下云云，系为肃忠亲王善耆神道碑所准备之材料，公手书以寄王先生者，后文撰成未用。”罗继祖：《罗振玉致王国维·案语》，王庆祥校注：《罗振玉王国维往来书信》，第556页。

② 《罗振玉致王国维》，王庆祥校注：《罗振玉王国维往来书信》，第555页。

③ 《王国维致罗振玉》，房鑫亮编：《王国维书信日记》，第427页。

④ 《王国维致罗振玉》，房鑫亮编：《王国维书信日记》，第429页。

⑤ 《罗振玉致王国维》，王庆祥校注：《罗振玉王国维往来书信》，第562页。

⑥ 赵万里《王静安先生年谱》“民国十一年”条记：“《肃忠亲王神道碑》，见集外文。”《国学论丛》第一卷第三号，1928年。

⑦ 赵万里：《王静安先生著述目录》，《国学论丛》第一卷第三号，1928年。

⑧ 小平绥方：《罗振玉先生の偲》，《满蒙》1940年第8期。

⑨ 罗振玉：《集蓼编》，罗继祖主编：《罗振玉学术论著集》（十一），上海古籍出版社，2020年，第70页。

⑩ 《罗振玉致王国维》，王庆祥校注：《罗振玉王国维往来书信》，第557页。

叙录》的看法相同："道光季年，鄞县王䑀轩梓材馆忠介家，为补《二十一表》，冠于《诗经韵谱》之首。䑀轩治史学，与徐星伯、张石舟诸公游；又补《宋元学案》，有名于时。然于此学，实未能升先生之堂。其于'至''祭'二部及'侯'部入声，均不用先生原谱，又不用原谱体例，盖未知先生此谱为《说文》而作。其书视'令教馆之人照《广韵》排写'者，未之能愈也。呜呼！以文达之通博，而于先生之学尚隔膜如此，则其他又何责焉？今尽去䑀轩所补表，以存先生之真。"①

以上是笔者从信函内容角度所做考证，此外值得注意的还有三点。首先，落款时间当是二十日而非三十日。因为1923年为癸亥猪年，本年并无正月三十日。其次，罗振玉在二月初三曾向王国维回信，称赞其"《韵书》已写定，忻佩无似"②，并向王国维谈及《三体石经》。以彼时邮政的时效，书信是无法在三日内就从上海寄达天津。最后，笔者还获读了旅顺博物馆藏王国维致罗振玉信函的原件。此信写在印有"雪翁芜""丁酉春日丁公为董瓜大和尚属绘"的花笺上，这种纸频见于王国维与罗振玉的互通书信中。将两封书函原件作对比，其行数、字数、款式与笔迹完全相同。尤其是信中的"叔平至沪一日即行""见过拓本""王氏韵表已抄成"等处均采取了夹注、补注的方法，其中一封的模仿、作伪痕迹十分明确。

信札作为还原历史现场的重要文献，对于了解事件的发生细节具有不可替代价值，然而学界在整理、研究过程中应注意辨伪。以笔者所见，2020年上海鸿生第十二期艺术品拍卖会上拍的王国维写与罗振玉书信（写于1922年10月9日）、2020年北京保利网络拍卖第三季上拍的王国维写与罗振玉书信（写于1924年1月13日），同样与旅顺博物馆所藏王氏写与罗氏的信札完全一致；只是相较于王国维写给王季烈的书信，此二封仅是在内容上相同，誊录款式、删改痕迹完全不同，作伪技法十分粗劣。③

之所以伪造名人书札，这无非是出于经济利益的驱使；只是有些作伪"逼真"，有些粗疏罢了。笔者以为书札文献的"辨伪"要从以下三点着眼。首先，立足于对事件来龙去脉的考察，尤为重视对相关旁涉书札、日记的关联性思考。其次，由于作者自身的语言、书法习惯难以改变，再考虑到与相关书札、事件的关联性，书札的"伪造"主要是通过抄录、临摹原件来实现；凭空杜撰一封书信的可能性不大，因此就可以通过比勘原件进行辨伪。两封信函所呈现的文本形态（包括誊写款式、增添删改痕迹以及用墨笔迹）越相近，其中一封作假的可能性就越大。最后，还应该结合信札的来源进行考察。比如旅顺博物馆的藏品，早在二十世纪九十年代就已被整理，并得到了罗继祖（1913—2002）先生的参与和肯定："观堂先生书札之辑从我开始，嗣后吴泽、袁英光广搜博采，于是《王国维书信集》出。以为庶几能全，

① 王国维：《高邮王怀祖先生训诂音韵书稿叙录》，《观堂集林》卷八，中华书局，1959年，第404页。

② 《罗振玉致王国维》，王庆祥校注：《罗振玉王国维往来书信》，第560页。

③ JADE日本美協2017年拍賣会，还上拍有一封王国维写与"学斋"（生平事迹不详）的书信，其与上海图书馆藏王国维1923年8月27日写与蒋汝藻信件的主体内容相同。

而犹未也。《文献》发表致胡适书札若干通，年上王宇等又录其致雪堂公书札十通，始悟我家所藏遗札、我所录者，犹有遗珠流入旅顺博物馆。此王宇等之辑所由出也，我既勘正其误矣。"[①]相较于后来流向拍卖会的王氏信札，显然旅顺博物馆藏品更为可靠。

近代学人的书信整理一直是学界研究热点，而学者在获得新见材料时往往兴奋之情溢于言表。不过在整理过程中，学者也应当注意辨伪；唯有去伪存真，才能拨云见日，更真实地还原事件本真。

① 王宇、王振芬、朱金枝：《王国维未刊书札（三）》，《文献》1994年第4期。

关于罗振玉旧藏吕方鼎的几个问题

刘述昕

旅顺博物馆

内容提要： 据检索，吕方鼎1921年始见于书籍著录，此后10余部金文、青铜器类的书籍相继收录。鼎上的铭文作为金文和古史研究的重要文物资料，历来为专家学者们所重视，且存在多种观点。近年来，随着馆藏文物面向社会公众的展示和普及变得越来越重要，各类媒体也争相报道吕方鼎。怎样让公众欣赏一件文物，了解文物的文化内涵，这是本文试图进行的探索。

关键词： 吕方鼎　西周穆王　罗振玉　旅顺博物馆

青铜鼎的器型源自新石器时代的陶鼎，是陶制的炊食器演变而来的。随着时代的发展，新材料的发现，材质由易碎的陶转变为更为坚固、光泽持久的青铜。目前发现最早的青铜鼎出土于夏代晚期的二里头遗址，历经商、周时期，一直沿用到两汉乃至魏晋，是青铜器中使用时间最长的，形制变化也很大。

青铜鼎有着烹煮肉食、实牲祭祀和宴享等各种用途。从现存一些青铜鼎的底部有火烤痕迹来看，有一部分鼎曾作为烹煮器使用，这样的鼎数量占比很少。据史料和青铜器实物来看，商周时代的青铜鼎，大多不是直接用来烹煮的。

商周时期的金文中，鼎的别名还有鬻和鼐；春秋战国时鼎铭中的专称有錳、鼾、鼎、飤𩞁（“飤”（sì）古同“饲”）等等。[①] 鼎的类别按功能分有列鼎、升鼎，按形制分有圆鼎、鬲鼎、扁足鼎、方鼎等。

一、吕方鼎的来源与自然情况

吕方鼎原由清末金石大家罗振玉收藏。1928年罗振玉迁居旅顺，修筑住宅与藏书楼“大云书库”，存放其多年来收藏的甲骨、青铜器、书画、碑刻、拓本、古籍图书等，数量极其可观。1945年日本投降，苏联红军进驻，整个旅顺陷入一片混乱之中。罗家收藏的文物、书籍流散民间。20世纪50年代，在党和政府的关怀下，新中国博物馆事业蓬勃发展。通过征集、调拨、捐献等方式，旅顺博物馆的藏品得到

① 马承源：《中国青铜器》，上海古籍出版社，2003年，第63—65页。

了极大丰富。[①]1955年吕方鼎入藏旅顺博物馆。

另外，我们可以依靠文献资料向前追溯吕方鼎的流传。据吕方鼎的著录情况[②]可知，吕方鼎最早见于著录是1921年的《周金文存》，此后还有罗振玉在1924年编撰的《雪堂藏古器物目录》，1930年的《贞松堂集古遗文》、1935年的《贞松堂吉金图》等。据上述罗振玉编《雪堂藏古器物目录》记载，收藏吕方鼎的时间至迟不晚于1924年成书前。王国维曾于1916年撰《生霸死霸考》，鉴于罗王之间的密切关系，笔者查阅了《罗振玉王国维往来书信》[③]一书。该书收录的近800篇1910—1926年间的书信，罗振玉旅居日本期间与王国维的通信中有几次提及了《生霸死霸考》，但并未有关于吕鼎的记载，而吕鼎铭文有“唯五月既死霸”。据此笔者推断吕方鼎很可能是罗振玉回国后居天津时收购的。综上所述，对于罗振玉收藏该鼎时间更为合理的判断，笔者认为应当在1919年3月—1924年4月之间。

旅顺博物馆所藏吕方鼎，为国家一级文物。口横16.2厘米，口纵12.3厘米，通高19.4厘米，重2千克。平折沿，方唇，方形双立耳，耳外饰重环纹，平底四柱足。腹壁四角处有“F”形扉棱，扉棱饰阴刻F形纹。颈部中间有一竖直浅扉棱，两边对称饰云雷纹填地的鸟纹，四壁左右和下部各饰呈凹形分布的三排乳钉，中部饰勾连雷纹，足近器底部饰浮雕兽面，兽面下有两道凸弦纹。鼎的底部可以看到合范、打磨的痕迹。腹壁未见明显的范线。外底四边有长方形凸起的阳线，对角线分布有X形阳线，通常称为加强筋，起到增加底部强度的作用。

---

① 刘述昕：《罗振玉旧藏青铜器研究——以旅顺博物馆藏品为中心》，《古文献整理与研究》（第六辑），凤凰出版社，2021年，第246、247页。

② 吕方鼎著录情况：

《周金文存》六卷附补遗，1921年。

罗振玉撰集：《贞松堂集古遗文》，1930年原刻本。

罗振玉编：《贞松堂吉金图》，1935年，墨缘堂印本。

罗振玉编：《三代吉金文存》，1937年。

刘承干编：《希古楼金石萃编》十卷，1933年。

刘体智编：《小校经阁金文》十八卷，1935年。

黄濬编：《尊古斋所见吉金图》四卷，1936年。

郭沫若著：《两周金文辞大系图录考释》，科学出版社，1958年。

严一萍编：《金文总集》10册，艺文印书馆，1983年。

［日］林巳奈夫编撰：《殷周时代青铜器の研究·殷周青铜器综览》2册，1984年。

上海博物馆商周青铜器铭文选编写组：《商周青铜器铭文选》，文物出版社，1986—1987年。

王献唐著，王文耀整理校订：《国史金石志稿》，青岛出版社，2004年。

旅顺博物馆编：《旅顺博物馆》，文物出版社，2004年。

中国社会科学院考古研究所编辑：《殷周金文集成（修订增补本）》，中华书局，2007年。

旅顺博物馆编：《旅顺博物馆馆藏文物选粹——青铜器卷》，文物出版社，2008年。

③ 王庆祥、萧文立校注：《罗振玉王国维往来书信》，东方出版社，2000年7月。

二、关于吕方鼎几个问题的考证

1. 吕方鼎名字的由来

一件青铜器的完整命名，称为“专名”，可以归纳为前缀+类名。类名犹如姓，前缀犹如名。类名加上前缀后，才形成了器物命名的唯一性。类名，就是上述“鼎、簋、簠、尊”等等之器物类别的名称。根据器物的形制、特点等按照“自铭优先，无铭从古”的原则进行区分。

专家对前缀的选择和设定也总结出几条原则：1依“作器人”命名；2依“受器人”或族徽命名；3依据器形或纹饰命名[①]。吕方鼎，前缀是吕，“吕”来自这件鼎的铭文，就是作器人，这里作器人不是器物的具体制造者，大致可以理解为器物制作的发起人或出资人、主持人，也就是我们通常说的器物的主人。“方”，指形状。“鼎”，是类名。鼎包括圆鼎、鬲鼎、扁足鼎、方鼎等。方鼎是特殊的一类鼎，据青铜器铭文，有的方鼎自铭为“齋”。“吕方鼎”就是一位叫做“吕”的大臣铸造的方形铜鼎。

2. 吕方鼎制造时代的判定

一般考古出土的文物，会根据层位叠压次序和同层位的出土物年代等状况来分析和比较，判断器物的时期。对于吕方鼎这种传世青铜器的铸造时间、出土地点，我们通过查找早期收藏者或著录中的相关记录，并运用类型学、标准器断代法[②]、铭文内容、字体等进行综合判断。

青铜方鼎这一器型发现于商代早期（郑州杜岭街出土商代早期大方鼎），主要流行于商代晚期至西周中期，西周晚期已较少见。流行的时间相对较短，这也是方鼎存世数量比圆鼎少的一个原因。在形制上，西周早期鼎的形制与商代晚期相近，中期才有一些式样的变化。[③]商代早期方鼎的长宽高比例，更加接近正方体，商代中晚期和西周早期的方鼎则更接近长方体。商代前期鼎为深腹、粗矮柱足，西周时相对而言为浅腹，柱足略细长。另外，商代中晚期出现的方鼎体积较大，器壁较厚，倾斜度也较大。所以单从器型上来看吕方鼎最早可能出现于商朝晚期，更接近于西周早期至中期这个时段。

从纹饰上来看，商晚期以来是青铜器的第一个发展高峰期，青铜器器壁更加厚实，利于做出多层的纹饰，“满花”流行，纹饰铺满器身，摆脱了前期简朴的风格。一般用细密的云雷纹打底，上面做浅浮雕，

---

① 唐际根、吴健聪：《青铜器如何命名》、《美成在久》2020年第2期，第93—95页。

② 王巍：《中国考古学大辞典》，上海辞书出版社，2014年，第8页。

③ 马承源：《中国青铜器》，上海古籍出版社，2003年，第69页。

浮雕上又有花纹，称为“三层花”，[①]显得富丽堂皇，华贵非凡。纹饰题材较多，最常见的是兽面纹（以前习惯称为饕餮纹），还有夔龙纹、凤鸟纹、蚕纹、乳丁纹、蝉纹等。

另外，我们通常说的凤鸟纹包括凤纹和各种鸟类的图案。商代早期和中期的青铜器纹饰中，很少以鸟作为装饰主题，这时的鸟纹常常处于纹饰中的次要地位。商末周初以及西周中期的昭王、穆王时期，青铜器纹饰中的凤鸟纹大量出现，有人将西周早期到穆王、恭王时期，称为凤纹时代。[②]

乳钉纹主要流行于商晚期至春秋，是一种辅助、陪衬的纹饰，有着界定边框的作用。这种纹饰主要饰于方鼎的四面周边，一般在两边三排成一带，底边三、四、五排成一带。多个乳钉纹排列成方阵，虽然简单，但视觉效果上有着整齐有序、庄重大气的感觉。

吕方鼎的颈部口沿下就是左右对称的鸟纹，中间也布满了勾连雷纹，也可称其为山字形线条，最早见于商代中期，盛行于商末周初[③]。但吕方鼎的鸟纹比第一个高峰期的鸟纹更加抽象。

综上所述，根据器型和纹饰，可以判断吕方鼎的历史断代上限应该属于西周早期，下限不晚于中期。如果想确定更具体的年代，就需要观察铭文，识读、研究铭文的内容。

3. 吕方鼎上铭文的含义

吕方鼎内壁与底铸铭文现存43字（其中重文2、合文1）。内容为：唯五月既死霸，辰才（在）壬戌，王饔于大（太）室。吕征（延）于大（太）室，王易（锡）吕譽（秬）三卣（卣）、贝卅朋。对䍙（扬）王休，用乍（作）宝齋，子子孙孙永用。[④]

见于书籍和媒体所载的铭文字数有42、43、44、45等说法，字数的差异涉及中国古文字的相关问题。铭文中存在着合文和重文，我国商周时代用两短横画表示重文，称为“重文符”，如铭文中的“子孙”；合文又称为“合书”，是古文字中常见的现象，最早见于商代甲骨文，也常见于商周金文，秦汉时期逐渐减少。合文是指两个或两个以上的字紧密地结合成一个整体，成为一个构形单位，但仍保留原来的多音节读法不变的文字形式。其既不是一个独体字，也不是合体字。如铭文中的上卅下朋。

铭文中“死霸”“饔”和“三十朋贝”是需要关注的。“死霸”同“死魄”，中国古时候称月亮的有光部分为明，无光部分为魄。朔后月明渐增，月魄渐减，故谓之死魄。王国维曾写《生霸死霸考》，对于月相进行论述。饔，商周金文中，记录饔祭的青铜器已知有7件，郭沫若、陈梦家、于省吾、刘钊、刘雨等专家曾对该字做了

① 三层花是一种雕刻装饰工艺，即饰纹第一层用阴刻线刻出云纹、直线、涡纹等为底纹，然后用浅浮雕的手法表现轮廓，最后再以阴刻线在凸面表现细部，立体纹、地纹和装饰纹三位一体。“三层花”在传统工艺品尤其是青铜器、玉器、木雕中使用较多。

② 马承源：《中国青铜器》，上海古籍出版社，2003年，第323页。

③ 马承源：《中国青铜器》，上海古籍出版社，2003年，第333页。

④ 吴镇烽：《商周金文资料通鉴》（电子版），2007年。

考释。刘雨推断王室賓祭应举行于老王去世后，新王继位时，即新王元年之时。这就找到了一个新的铜器断代手段，即凡记賓祭之器即应为某王的元年之器[①]。这一论断已为公认。据此，吕方鼎是西周穆王时期的铜器。

贝币的计算单位是朋，一朋的贝数，有2枚、5枚、10枚的说法，目前更倾向的是10枚。吕方鼎铭文中所载三十朋贝的赏赐，是较高规格的赏赐。据叔夨方鼎，周成王分封他的同母胞弟唐叔虞，也只是给了三十朋贝而已。[②]

综上所述，铭文大意为：西周穆王元年五月朔月壬戌日，周王在宗庙进行重大祭祀活动，吕也参与其中，穆王赏赐吕伯美酒三壶和贝三十朋，吕为了感激王的重视和赏赐，铸成此鼎，让子孙后世永远传承和铭记。

4.器物主人“吕”其人

鼎铭文中的器主人“吕”，有吕侯、甫侯、吕伯等说法。但一般来说，都认为铸造吕方鼎的“吕”和中国现存最早的刑法典《吕刑》有着紧密的联系。《吕刑》为周穆王命吕侯（亦称甫侯）[③]制定，按刑种分类，有墨、劓、剕、宫、大辟五刑，共三千条左右。由于其年远代久远加之其他原因，作为法典的《吕刑》久已失传，目前已知的内容见于《尚书》《史记》中的相关记载。

我们还可以从其他青铜器中看到关于吕的记载：

（1）吕伯簋（《集成》[④]03979）的铭文中写道“吕伯作氒宫室宝尊彝簋”。

（2）西周班簋（《集成》04341），又称毛伯彝，是西周中期青铜器，曾为清宫收藏旧物，并收录于《西清古鉴》。现藏于北京市首都博物馆。班簋铭文中写道：“王令吴伯曰：以乃师左比毛父。王令吕伯曰：以乃师右比毛父。”

（3）静簋（《集成》04273）为西周中期穆王时代的器物。现为美国纽约大都会博物馆所收藏。静簋铭文中写道“王以吴叔、吕刚合豳、艿师邦君射于大池”。

据上述青铜器铭文可知，吕伯有宫室，可以率军队作战，可以参加周王的大型祭祀礼仪活动。另外，据文献《尚书·吕刑》可知吕侯在穆王时期制定法典。可见西周穆王时期，吕氏一族地位崇高，是周王的上卿。从吕方鼎和这几件时代大致相同的青铜器的铭文中可以做出这样的推断，吕可能就是吕伯——吕刚。

总之，无论是吕、吕侯、吕伯、甫

① 刘雨：《金文中的賓祭》，《故宫博物院院刊》1998年第4期，第82页。

② 参见以下青铜器：

何尊，藏于宝鸡青铜器博物院，中国首批禁止出国（境）展览文物、国家一级文物，是中国西周早期一个名叫何的西周宗室贵族所作的祭器，因铭文中有“宅兹中国”闻名，另外还记录了周成王赏赐宗族小子何贝三十朋；义尊，义方彝，藏于山西青铜器博物馆，铭文内容为：唯十又三月丁亥，武王赐义贝三十朋，用作父乙宝尊彝“丙”；叔夨（虞）方鼎，藏于北京大学赛克勒考古与艺术博物馆，铭文中有周成王在成周举行大祭祀之后，赏赐唐叔虞车马、衣、贝三十朋的事情；周公东征方鼎，现藏于美国旧金山亚洲艺术馆，为西周早期比较罕见的一件青铜器，铭文记录了百朋的赏赐。以上来源于杨曙明著：《陕西古代青铜器》，文物出版社，2019年。

③ 《尚书》中记《吕刑》的制定者为吕侯，《史记·周本纪》中也有记制定者为甫侯。

④ 中国社会科学院考古研究所：《殷周金文集成（修訂增补本）》，中华书局，2007年。

侯、吕刚，吕方鼎的主人都是一位受到周王倚重的人，有着很高的地位和声望。

三、吕方鼎的历史价值

商周时期，祭祀、征战、宴飨、丧葬等是国家的大事，都要进行相应的礼仪活动。早期的礼器通常是彩绘陶器、玉琮、玉璧等。进入商周时期，尤其是周代，礼器成为“礼治”的象征，用以调节统治阶级内部的秩序，维护国家和社会稳定。这时的礼器包括玉器、青铜器及服饰。青铜礼器种类、数量众多，工艺精美，种类有食器、酒器、水器、乐器等。其中，鼎是青铜礼器中的主要食器，是等级制度和权力的标志，西周中期开始建立的列鼎制度，规定天子用九鼎，诸侯用七鼎，卿大夫用五鼎，士用三或一鼎。

相传夏朝大禹曾经铸九件鼎，象征天下九州，被视为镇国之宝，象征着王朝的最高权力。夏、商、周王朝的更替，也伴随的鼎的迁移。“桀有乱德，鼎迁于殷”；“商纣暴虐，鼎迁于周”；平王东迁洛邑（今洛阳）时，又将这九件鼎从镐京（今西安附近）迁移到了洛邑王城。

旅顺博物馆所藏吕方鼎已被公认为西周穆王世的标准器，而且是现存青铜器中同时具备王元年、月、月相、干支日四要素的两件标准器之一，因此可作为青铜器断代的标准器；铭文所载的器主人吕，是周穆王时期的重臣，制定了中国历史上现存最早的刑法典，因此具有补证历史信息的史料价值；吕方鼎曾经的主人罗振玉在《贞松堂集古遗文》中记：“吕鼎 四十四字 贞松堂藏饔卺之饔毛公鼎录伯敔吴尊均从卺矩声与许书合此器作[illegible]从矩者。[1]” 以此可以考证中国早期的文字。

---

① 罗振玉：《贞松堂集古遗文》，1930年，三.二十七.一。

伪满皇宫与松北联立中学

宋绍红

伪满皇宫博物院

内容提要：伪满洲国覆灭后，伪满皇宫遭到了洗劫破坏，但是主体建筑得以保留。国民党南京政府在实际控制长春后，将伪满皇宫旧址作为收容流亡青年的难民学校——松北联立中学（简称松北联中），专门收容从松花江以北各省逃到长春的流亡青年。本文从其成立、办学以及学校解体的情况加以阐述，以弥补研究的空白。

关键词：伪满皇宫　松北联中　流亡青年

伪满洲国覆灭后，溥仪携带家眷、亲信出逃，伪满建国神庙被付之一炬，伪满皇宫随后又被洗劫一空，此后不久，国民党南京政府接收了伪满皇宫，并利用伪满皇宫旧址中的现有建筑办起了一所规模很大的中学——松北联立中学。目前关于松北联中在伪满皇宫旧址上办学的情况，研究一片空白。笔者在翻阅大量民国时期旧报纸的基础上，结合口述史学材料，对伪满皇宫与松北联中的这段历史，进行系统的梳理和回顾。

一、松北联中的成立

1945年8月11日，溥仪出逃通化后，除伪建国神庙和宫中的机密文件被焚烧外，宫中建筑和大部分财物都得以保留，守卫伪满皇宫的“近卫军”短暂保持了皇宫内的基本秩序，在8月19日苏联红军进入长春实施军管后，他们又率先洗劫了皇宫并四散逃亡。

自长春实施军管到1946年4月14日苏军撤离，由于苏联当局态度摇摆，长春的城市控制权在国民党和共产党之间几易其手。在这种局面下，伪满皇宫基本无人管理，相当于无形开放，任何人都可以进去，随便拿东西，以至于伪满皇宫被拆卸、抢掠，到处都是垃圾堆。1946年2月，历史学家秦翰才到伪满皇宫旧址实地调查时，记录了伪满皇宫被破坏后的情形：

> “勤民楼外西边，有一列平房已经局部倒塌，一片断垣，孤零零地站在雪地上。嘉乐殿上下，各有一个房间，曾经火烧，门楣地板焦痕宛然，各殿御座都已撤毁，只剩门屏上的兰花国徽。”[①]

① 秦翰才：《满宫残照记》，岳麓书社，1986年，第106页。

虽然遭到了洗劫，但是伪满皇宫旧址内的主要建筑本体基本保留完整。1946年早春，上海《宇宙》杂志记者吴明走访伪满皇宫旧址时，忠实地记录了参观的经过，当时伪满皇宫的主要建筑，如同德殿、勤民楼、缉熙楼、宫内府都保存得十分完整[①]，这也成了伪满皇宫旧址此后不久挪作他用的根本原因。

1946年5月，国民党通过武力控制长春市，随即将伪满皇宫旧址作为工人大学校舍使用，据重庆《新华日报》报道：

> “工人大学校舍建立在傀儡溥仪的皇宫内，现有学员百余名，已于5月1日正式开学。”[②]

随着解放战争的发展，国共两党逐渐以松花江为界，对东北地区分别进行实质性控制。松花江以北地区在中国共产党的统治下实行土地革命，一些地主和资本家出身的子弟，相继逃到松花江以南。这些地主和资本家子弟，逃亡长春后基本生活和教育一时成了难题。1946年8月31日，由国民党任命的黑龙江省政府主席韩骏杰、合江省省长吴瀚涛组织关心教育的人士开会，商讨这些流亡青年的救济办法：

> “决定在长（春）筹设松北联立中学，收容流亡来长青年，现已组成校务委员会，并于长（春）市府商妥划拨伪皇宫等七处为校址，预定十月初开学。”[③]

由上文叙述可以看出，伪满皇宫只是松北联立中学校舍计划设立的七处校舍之一，一开始并未计划将流亡青年全部安顿到伪满皇宫中来就学。

伪满皇宫旧址为此进行了必要的简单修缮，以满足松北联中的使用要求，据当时的报纸报道：

> “东北九省联合设立之难民中学，最近奉东北行辕主任熊式辉批准，将以伪满皇宫绿园作为校址，全部校舍修缮费两亿元，亦已颁发，预计该址完成，可容五千多名学生云。”[④]

这条报道的内容，一是透露了松北联中计划收容的学生范围是松花江北岸的东北九省，按照1939年伪满省制改革后的省域划分，东北九省包括：龙江省、北安省、黑河省、三江省、东安省、牡丹江省、滨江省、兴安北省和兴安东省。二是校舍修缮完成后，可容纳的学生数量是5000多名。

1946年11月12日上午，松北联立中学在伪满皇宫举办开学典礼，据次日刊发的相关新闻报道：

> “入学新生三千余名，女生四百余名，该校房舍系伪满溥仪之皇宫，十四年傀儡故居，今已成为松北数千学子弦咏之地，意义实际深远。”[⑤]

可见松北联中刚成立时，收容学生的

---

① 吴明：《溥仪故宫走访记》，《宇宙（上海）》1946年第5期，第61—67页。

② 《长春人民文化繁荣溥仪皇宫改作工人大学校舍》，《（重庆）新华日报》1946年5月9日，第3版。

③ 《收容流亡青年就读松北联中长春伪皇宫划为校舍》，《益世报（上海）》1946年9月1日，第2版。

④ 《难民中学移皇宫绿园》，《中华时报》1946年11月11日，第2版。

⑤ 《傀儡皇宫今成为学府》，《益世报（上海）》1946年11月13日，第3版。

数量并未达到最大的容纳量。另外这篇新闻的副标题《东北五省联中昨开幕》表明，松北联中所收容的学生，并未涉及九省，实际上只有其中的五省而已。

1947年《一四七画报》长春特派记者张实走访了伪满皇宫，发表了一篇题目为《凭吊残破的伪满皇宫》的通信文章，文中指出：

“它收容着从松花江北边未收复区流亡来长的五千多青年，于是它变成了全国最大的学校，由五省一市设立的松北联立中学。”①

这篇文章发表在《一四七画报》当年的第12期，此时距离松北联立中学成立已经超过半年，学生人数发展到了5000多人，是当时全国在校生最多的学校。此外，收容学生的范围也有所扩大，加入了从哈尔滨特别市逃亡来的青年学生。1945年8月，国民党为抢占地盘，将东北划为九省两个特别市，哈尔滨是其中一个特别市。

需要说明的是，松北联立中学是多所分校的联合体，除了伪满皇宫旧址作为松北联中的本部之外，还设有四个分校，分校分别利用了当时长春的其他建筑。据曾在松北联中就读的李其颖回忆：

“1946年12月到1947年暑假，我曾在松北联立中学第四分校的高中一年二班就读。联中四分校的校址设在兴安广场西约200米的陆军恩赐病院旧址，是三排二层红砖楼连成一体的建筑群。”②

二、松北联中在伪满皇宫旧址的办学情况

虽然松北联中使用伪满皇宫旧址作为校舍进行办学活动，但是伪满皇宫旧址的所有权并不归其所有。1946年12月，松北联中成立后不久，《上海滩1946》杂志就撰写了关于伪满皇宫内幕的爆料文章，其中指出：

“昔日被命名‘莱薰门’的上面，最近已挂上一块松北联立中学宿舍的木牌，这所建筑已被吉黑盐务管理局接收了，但是接收虽已接收，管理却并未管理。”③

可见伪满皇宫的实际管辖权归吉黑盐务管理局所有，伪满皇宫前身是负责吉黑两省盐务工作的吉黑榷运局官署，国民党政府在光复后仍将伪满皇宫旧址交给吉黑盐务管理局管理，这种延续可以看成是一种统治权的宣示。

在《一四七画报》记者张实1947年发表的通信报道中，明确地指出了这一点：“府门朝着南方，朱红色的铁栏杆正门紧闭着，右边上挂着松北联中校本部的牌子。”④可见伪满皇宫除了一部分用作松北联中的校舍之外，还有一部分挪作他用而

① 张实：《东北通信：凭吊残破的伪满皇宫》，《一四七画报》1947年第12期，第3页。
② 李其颖：《在东北联中四分校的半年》，《长春文史资料》第68册，2005年，第121—122页。
③ 求是：《长春的伪满皇宫内幕》，《上海滩1946》1946年第26期，第3页。
④ 张实：《东北通信：凭吊残破的伪满皇宫》，《一四七画报》1947年第12期，第3页。

秘不示人。

关于松北联中各分校在伪满皇宫旧址中的办学和建筑利用分布情况，当时的报纸并没有进行系统报道，只是在新闻内容中偶尔露出一鳞半爪，如《工商时报》在学校成立时的报道：

> “溥仪王后之寝室及化妆室，可为四百学生之宿舍。”①

伪满皇宫中作为婉容寝室的场所，实际上是指缉熙楼二楼溥仪卧室对面的那一侧，还有一处是指同德殿二楼里侧，原为婉容设计，但后来实际归李玉琴使用的部分房间。《益世报》关于学生宿舍也曾提到：

> “富丽雅洁之伪皇后浴室，如今则改作学生宿舍”。②

缉熙楼二楼婉容浴室面积较小，谈不上富丽雅洁，结合需要居住的学生数量来看，松北联中用作宿舍的，应该是同德殿的二楼里侧。即便是同德殿二楼里侧婉容的生活区，其面积供四百名学生居住，也是相当局促紧张的。

同德殿是学生们生活的主要场所，其中同德殿广间成了松北联中学生休息娱乐的场所，记者踏查时发现：

> “欢宴的大厅已经成为了学生们的风雨操场，一大群男女学生正在玩着排球。溥仪与嫔妃的寝宫是那位同学住着呢，他们都睡在地板上的草席上，再也享受不着那温暖舒适的御床，住在这些高大的房间内没有暖气，只生着一个小小的炉火，门窗都是用木板和草席钉起来的，学生们都蜷卧在草席上读书。”③

当时的松北联中，虽然占用了伪满皇宫这座当时长春看起来比较好的建筑，但是学生的学习生活条件却十分简陋，以至于记者都发出感慨：

> “我感觉着这个学校的确太庞大了，校当局忽略了很多事情，学生们的起居太简陋了，校舍的清洁也被他们遗忘了，这些小事都是容易办的，但却没有办，使一个陌生人走入学校，像是步入了难民收容所。”④

根据记者张实对本校学生的采访，到1947年5月份时，学校共收容了5800多名从共产党统治区过来的男女学生，有300多名教员，学生在校一切免费，他们穿着救济署发的棉袍，吃着东北特产的高粱米饭，学校经费由东北行辕转拨，除了宫内府的校本部之外，另外还有四个分校，学校没有良好的教师，没有完备的教室与设备，且教师的品行多数不良，学生蜷曲在污秽不堪的宿舍中。

另外，在勤民楼中当时还张贴着用白纸写成的标语：

> “第一候见室里曾为当年伪组织

---

① 《溥仪伪宫改作学校》，《工商晚报》1946年11月14日，第2版。

② 《收容流亡青年就读松北联中长春伪皇宫划为校舍》，《益世报（上海）》1946年9月1日，第3版。

③ 张实：《东北通信：凭吊残破的伪满皇宫》，《一四七画报》1947年第12期，第3页。

④ 张实：《东北通信：凭吊残破的伪满皇宫》，《一四七画报》1947年第12期，第3页。

> 特任官阶级的候见的地方，如今里面却是空无一物，添了新装饰的是贴在墙壁上面粘贴许多白纸条的标语，那些‘不要忘记血战八年’‘守纪律、知廉耻’的数个大字，在伴着这狼藉寂寞的当年兴盛的候见室。”①

由此大致可以推断，当时的第一候见室甚至是勤民楼，应该是作为松北联中学生的教室使用的，而教室内缺乏课桌等基本的教学设备。至于办学的主要内容，根据曾在松北联中四分校上学的李其颖回忆，松北联中在艰苦的条件下，实际上开展了一定的初高中文化课教育，课程包括语文、历史、代数、平面几何、生物、物理、化学，教师水平参差不齐，既有旧伪满国高的老师，也有没有教学经验的伪满大学毕业生。②

由于条件十分简陋，1947年底，松北各省当局决定对松北联立中学进行拆分，另寻校址重新办学，据当时报纸报道：

> “今年各省要分别办理，于是一、二、三、四都找到了较合适的校址，唯一剩下了五、六两校的学生，迁就在伪满皇宫里，五中是男生，约九百七十三人，六中是女生，约九百六十人。”③

相比如其他四个分校，松北联中本部所在的伪满皇宫旧址人数最多、条件更差，为了便于管理，采取了男女分开的拆分策略，因此被划分为了五、六两个分校，近两千名学生在伪满皇宫中继续生活学习④。其他分校，例如四分校，早在1947年3月初，就已经搬迁到了南湖北岸原伪满日系官吏的公寓中办学，即今天的长庆街一带。⑤

三、松北联中解散

到1948年年初时，松北联中仍占据伪满皇宫作为校舍的，是第五和第六两所学校，这近两千名男女学生，来源相对集中：

> “他们都是由松北跑过来的，有的是来自哈尔滨，有的是来自齐齐哈尔。”⑥

到1948年年初时，由于国民党在东北战场上的形势急转直下，物资供应、财政拨款面临短缺，加上物价飞涨，因此松北联中学生在伪满皇宫中的生活，不仅没有因为学生数量减少而有所改善，反而到了更加艰难的境地，据报道：

> “而这些孩子们竟把政府每月流通券五百元的贷金，当作稀有的财富，救济总署今年夏天允发的每人一套黄制服，现在已经是冬天还未发来，今冬的棉制服，听说行辕已发了

① 《伪宫凭吊记》，载于《新生中国》1947年第2卷第3—4期，第31页。

② 李其颖：《在东北联中四分校的半年》，《长春文史资料》第68册，第121—122页。

③ 《伪宫新怨——松北学生苦难图》，《小日报》1948年1月9日，第3版。

④ 东方英：《松北联中的反蒋爱国运动》，《长春文史资料》总第12辑，1986年，第108页。

⑤ 李其颖：《在东北联中四分校的半年》，《长春文史资料》第68册，2005年，第121—122页。

⑥ 《伪宫新怨——松北学生苦难图》，《小日报》1948年1月9日，第3版。

伍亿元，可是行辕什么时候能把棉制服发下来，现在还不知道。”①

1945年11月国民党政府在东北地区发行流通券，到1947年时，因中国人民解放军切断了北宁铁路，交通不畅，东北物资供应奇缺，导致流通券大幅度贬值，500元面值的流通券，只是当时东北九省流通券中面额最小的一种，最大的面额已经高达10000元，不具备多少实际购买力②。

除了缺少必要的御寒服装外，在这一时期，松北联中的在校师生连饮食和基本健康都成了大问题，根据相关报道：

“学生们在这种情况下，因为行辕的经费，不足以维持每天饱肚的高粱米，若得了病就没有钱去治，教职员有办法的都离职他去，没有办法的和学生生活在一起。长春的天气特别寒冷，无处不是冰，可是那里的学生，几乎没有一个学生的衣服是完整保暖的，女生将秋天的衣裳改成棉袍，十之八九都是穿着无底袜子，自来水绝了水源，他们连做饭的水都成了问题，学生们没有水喝，没有水洗脸，大家渴的时候，吃完了手裹的冰雪。”③

在这种情况下，教职员工离职他去，基本的教学基本无法开展，此时伪满皇宫内的松北联中，实际上成为了一个难民营。

1948年1月14日，《华侨日报》报道《伪满皇宫发生大火》，其中写道：

“伪满洲皇宫旧址于十一日夜十一时发生大火，延烧至翌晨七时始熄，焚毁甚重，损失不赀，惟起火原因不明。”④

关于起火，《和平日报》当时的报道内容稍微详细，补充出焚烧的地点是松北联中第五校，具体情况还包括：

“十一日夜十一时卅五分，突又大火，礼堂教室全部楼房百余间被毁，因水源低灭，不易扑救，迄十二晨始熄。”⑤

由此看来，火灾焚烧掉的是第五校的教室礼堂，焚烧地点究竟是指伪满皇宫旧址中的哪栋建筑，并未明确。1983年，伪皇宫陈列馆在筹备勤民楼勤民殿原状复原陈列内容设计时，比对历史照片发现，宝座和悬挂的吊灯总是无法得到原有的视觉效果，总觉得空间不够似的，但又一时找不出原因所在。直到其后采访了一位当年在松北联中曾学习过的老先生才找到答案。这位老先生说，学校中以国民党的势力为主，但教师和学生中也有中共地下党员在活动着，双方的斗争很激烈，说不清的原因致使勤民楼的二楼发生了火灾，整个二楼的举架和外围的木围廊全部被烧毁。⑥

① 《伪宫新怨——松北学生苦难图》，《小日报》1948年1月9日，第3版。

② 董昕、毛帅：《东北九省流通券述评》，《中国钱币》2018年第1期，第48—51页。

③ 《伪宫新怨——松北学生苦难图》，《小日报》1948年1月9日，第3版。

④ 《伪满皇宫发生大火》，《华侨日报》1948年1月14日，第4版。

⑤ 《伪满皇宫旧址一场大火烧光》，《和平日报》1948年1月13日，第3版。

⑥ 《长春东北青年中学关防》，长春市档案馆藏档案，第7页。

这就说明，第五校将勤民楼作为教室礼堂，勤民楼二楼被完全焚烧，也是因为第五校学生之间的斗争造成的。

1948年初，因为上一年度三个月的学校经费、教师工资、学生补助被克扣，导致六个分校的师生罢课、罢学，事件一度不可收拾，最后以补发工薪、学校解散的形式解决[①]。根据长春市档案馆收藏的一份档案显示，1948年3月19日，经国民党东北行辕政务委员会批准，长春东北青年中学正式成立，长春东北青年中学由当时的长春市市长尚传道兼任校长，长春市教育局局长佟贵廷兼任副校长。学校主要接收前松北联中各中学18岁以下男生和全部女生，校址设在前松北联中一校和三校旧址。[②]

这就说明，到1948年3月，原来盘踞在伪满皇宫旧址的松北联中第五、第六两个分校已经解散搬离，因为校舍和粮食问题，年龄超过18岁的被强征扩充到国民党军队中去充当战争炮灰，年龄小的重新编入东北青年中学。[③]

1948年5月，人民解放军对防守长春的国民党军队进行了包围，切断空中运输，进行了150多天的军事围困和经济封锁，期间发生过几次大交战和几十次零星交火，守军粮食、燃料极度缺乏，最后以国军六十军倒戈，新七军投降，人民解放军进驻长春结束。

因为长春围困，交通通信阻隔，再没有相关的新闻报道，伪满皇宫博物院院王文锋研究员在《伪满皇宫博物院的建立与发展》一文中记述到：

> “1948年，中国人民解放军兵临城下，包围了长春，国民党在长春的统治已岌岌可危，他们再也没有办学校的闲情逸致了，松北联中悄然解体。于是，国民党60军的大兵列队闯进了皇宫，这里又成了新编第三十八师山炮营的驻地，他们没有柴烧，就拆下了木窗户、木楼梯，又把御花园的树木砍得七零八落……使得伪满皇宫内的建筑受到严重破坏。”[④]

松北联中解散后，伪满皇宫旧址仍然难逃厄运，在国民党60军闯入、国民党新编第三十八师山炮营进驻后，再度遭受了破坏。

---

① 东方英：《松北联中的反蒋爱国运动》，《长春文史资料》总第12辑，1986年，第108页。

② 《长春东北青年中学关防》，长春市档案馆藏档案，第7页。

③ 徐一夫：《国民党时期的长春市中小学》，《长春文史资料》总第12辑，1986年，第86页。

④ 王文锋：《伪满皇宫博物院的建立与发展》，文博讲坛讲座稿，2018年10月，第2页。

西域文物与历史研究

新疆出土文献整理与研究的新进展

——《丝绸之路与新疆出土文献》[①]读后

姚崇新

中山大学

内容提要： 2017年11月值旅顺博物馆建馆百年之际，馆内召开了“丝绸之路与新疆出土文献”国际学术研讨会，《丝绸之路与新疆出土文献》是与会学者提交论文的结集。本书共收论文38篇，集中展现了中日韩等国学者对旅顺博物馆藏新疆出土文献、各国藏吐鲁番文书、大谷探险队与大谷文书、丝路文献与丝路美术等领域的最新研究成果，特别是“旅顺博物馆藏新疆出土汉文文书整理与研究”学术团队的最新研究成果占论文集一半的篇幅。本文是笔者阅读本论文集的初步心得。

关键词： 丝绸之路　新疆出土文献　旅顺博物馆　成果

由于历史原因，相较于大谷文书和中华人民共和国成立后新出土的吐鲁番文书的整理与研究，旅顺博物馆（后文简称“旅博”）所藏新疆出土汉文文书的整理与研究相对滞后，以往的研究也只是以“零打碎敲”的方式进行，涉及的内容也比较单一，因而难窥这批文书的整体学术价值。本世纪初，旅博与日本龙谷大学的合作终于取得了实质性进展，双方合作的重点是借助计算机技术整理研究旅博所藏新疆出土汉文佛经残片，并于2005年召开了“旅顺博物馆藏新疆出土汉文佛经国际学术研讨会”，从而对旅博藏新疆出土汉文佛经的整理与研究有了较大推进。这次合作的重要成果是《旅顺博物馆藏新疆出土汉文佛经选粹》[②]和《旅顺博物馆藏新疆出土汉文佛经研究论文集》[③]的出版。但是，这次合作整理仅限于佛教文献，研究成果主要局限于佛典的探讨，而且也未涵盖所有佛教文献，因此整理与研究的广度和深度

① 该书全称《丝绸之路与新疆出土文献——旅顺博物馆百年纪念国际学术研讨会论文集》，由王振芬、荣新江共同主编，2019年3月北京中华书局出版。

② 《旅顺博物馆藏新疆出土汉文佛经选粹》，法藏馆，2006年。

③ 《旅顺博物馆藏新疆出土汉文佛经研究论文集》，龙谷大学，2006年。

均有限，旅博所藏新疆出土文献仍有待全面的整理与研究。

转机出现于2015年，是年旅顺博物馆与北京大学中国古代史研究中心达成合作协议，由旅顺博物馆、北京大学中国古代史研究中心、中国人民大学国学院的部分专业人员、教师，以及北大、人大两校部分历史学在读硕博士生共同组成“旅顺博物馆藏新疆出土汉文文书整理”团队，以教育部人文社会科学重点研究基地北京大学中国古代史研究中心重大项目“旅顺博物馆藏新疆出土汉文文书整理与研究”为依托，对旅顺博物馆藏新疆出土汉文文书开始了新一轮的整理与研究。众所周知，北京大学与丝绸之路因缘殊胜，在丝路文明研究、西域文明研究以及中外文化交流研究方面有着百年传承，学术积累深厚，因此这次旅博选择与北大合作无疑是十分明智的选择。更何况这是一个具有丰富整理经验的团队：主要负责人荣新江教授曾领衔主持“新获吐鲁番出土文献”的整理与研究，该项目的标志性成果《新获吐鲁番出土文献》[①]获得了学术界的高度赞誉；团队的另一负责人王振芬研究员长期供职旅顺博物馆，曾参与该馆与龙谷大学合作的新疆出土文书整理项目，因此也具有丰富的整理经验。因此从整体上看，这是一个高起点高素质的整理团队。

与以往历次的整理相比，我认为这次整理有两个突出特点：一是整理范围全覆盖——不仅要对数量占绝对优势的佛教文献进行全面整理，而且还要对其他宗教文献如道教、摩尼教文献以及世俗文书等进行全面整理，无论数量多寡，均纳入整理范围；二是始终坚持整理与研究齐头并进的工作范式，以研究促整理。整理范围的全覆盖，意味着这次整理能够首次从整体上探明旅博藏新疆出土汉文文书的学术价值；而如所周知，对于新疆出土文书特别是吐鲁番出土文书的整理，除录文、缀合困难外，对文书特别是世俗文书的定性、定名与断代是最关键的环节，也是最困难的环节，边整理边研究有助于整理者深化对文书内涵与性质的认识，进而有助于文书的定性与定名，因此整理与研究齐头并进的工作范式对于该团队的意义是不言而喻的。

正因为坚持了这样的工作范式，该团队在数年的整理过程中形成了一批数量可观的研究成果，同时也训练了一批新人，达到了整理研究与人才培养的双重目的。著名历史地理学家邹逸麟先生在回顾《中国历史地图集》这一里程碑式的学术成果的形成过程时，强调了重大科研项目对人才培养的重大意义，他不无感慨地说，“一项大的科学研究，最后得到的不单单是研究成果，而且能带出一批学者，能够让学科向前推进一大步。”他还特别以吐鲁番文书的整理项目为例来加以说明，“比如现在武汉大学在做的敦煌文书的整理，这个单位积累几十年下来，一定会培养出一批专家。”[②]邹先生这里说的“敦煌文书”其实是指“吐鲁番文书”。回顾吐鲁番文书的整理历程，迄今为止，大规模的整理共有三

① 荣新江、李肖、孟宪实：《新获吐鲁番出土文献》，中华书局，2008年。

② 于淑娟：《邹逸麟：只要下功夫去做，学问是不会辜负你的》，《澎湃新闻·私家历史》2016年11月22日。

图1

图2

次，每次都是以团队协作的形式完成的。第一次，也是规模最大的一次，即1974—1986年间由唐长孺先生主持的整理工作，开创了边整理边研究的工作范式，培养了一大批优秀的学者①；第二次即2005—2007年间由荣新江教授领衔主持的“新获吐鲁番出土文献”整理项目，此次整理工作承继了唐先生开创的工作范式，使一批学术新人崭露头角；第三次即本次仍由荣新江教授领衔主持的旅博藏新疆出土汉文文书整理工作，此次工作中整理与研究结合得更加紧密，因而研究成果更为可观，同样地，一批年轻教师和硕博士生也在整理过程中开始在学术方面崭露头角。

就笔者目之所及，该团队的研究成果先后有两批次的集中呈现，第一批次即本论文集所收的大部分论文（图1），第二批次则是更为集中的呈现，即2020年出版的《旅顺博物馆藏新疆出土汉文文书研究》②（图2），该书收录论文36篇，内容涵盖四部古籍、佛典、道经以及世俗文书等。因此可以这样说，继“新获吐鲁番出土文献”的整理与研究之后，该团队充分发扬团队精神，通过自身的不懈努力，依托旅顺博物馆馆藏文书资源，再次掀起了新疆出土文书整理与研究的一个小高潮。

特别值得注意的是，在整理过程中，整理团队还充分利用团队优势，从传世文献中又挖掘出鲜为人知的有关高昌、西州的新史料，如从唐代张九龄的《曲江集》中发现了新的西州寺院信息，同时，整理团队也十分关注团队以外学人的文献新发现，如陈晓伟从明代胡广的《胡文穆公文集》中发现了《记高昌碑》这一重要文献。这些新发现的传世文献均引起了整理团队的高度重视，已经将它们融入整个整理与研究之中，令人耳目一新。

本论文集最重要的内容之一就是全面披露了旅博藏新疆出土汉文文书的学术价值。

旅博藏新疆出土汉文文书中，无疑

① 朱雷：《唐长孺师与吐鲁番文书》，《河北学刊》2005年第5期。

② 孟宪实、王振芬主编：《旅顺博物馆藏新疆出土汉文文书研究》，中华书局，2020年。

以佛典最多，数量超过两万片，其中主要出自吐鲁番地区，也有少量出自库车、和田等地，有的极度残碎，但整理团队都尽可能进行了比定，得以对这批佛典的学术价值有了全面的认识。这批佛典的内涵十分丰富，大大推进了人们对吐鲁番乃至整个西域地区汉文佛教典籍的认识。荣新江《旅顺博物馆藏新疆出土佛典的学术价值》一文就是对其学术价值的全面归纳，该文从凉土异经、北朝经疏、唐朝中原写经、疑伪经、禅籍、昙旷著作、版刻大藏经以及经录等几个方面对其学术价值进行了概要提示。在笔者看来，富有研究旨趣的内容的确很多，如仅就疑伪经而言，其中的大部分内容都值得深入探究，我们注意到，疑伪经已成为该团队的研究重点之一。另外，该文提出的“凉土异经”概念也值得特别关注。

旅博藏新疆出土汉文文书虽以佛典为大宗，但也包含有传统的经史子集典籍，且数量颇为可观。朱玉麒、孟彦弘《旅顺博物馆藏新疆出土汉文文献经、史和集部概观》一文对其中的经、史、集三部文献的学术价值进行了初步归纳。经部文献发现了《古文尚书》《毛诗》《礼记》《春秋左传》《论语》以及若干音义书等，均具有较高的文献学价值，如陆德明的《经典释文·礼记音义》在吐鲁番是首次发现，再如《春秋经传集解》的发现，为唐代吐鲁番地区杜预注本的流行提供了具体可观的文本。史部文献最值得注意的是若干唐律或律疏写本残片的发现，其中不乏能直接缀合或可判定为属同一写本的，它们除具有校勘价值外，无疑会大大深化我们对唐律及律疏内涵的认识。部分史部文献也具有校勘价值，如新发现的《汉纪》唐写本，可正今本、明本《汉纪》之讹。此外，拟名《唐天下诸郡姓氏谱》的文献在吐鲁番文书中尚属首次发现，反映了唐前期的郡姓情况，并且可以补充敦煌本所载郡姓之缺。

旅博藏新疆出土汉文子部文献除释家类外，还有一定数量的道家、占卜、医药、杂家类文献，它们亦均有一定的学术价值。游自勇《旅顺博物馆藏新疆出土道家、方术及杂家类文献的学术价值》一文对它们各自的学术价值进行了总体评估，该文认为，虽然就整体数量和道经种类而言，旅博所藏吐鲁番出土道经不能与敦煌媲美，但其价值仍不容小觑，其价值主要表现在以下三个方面：就目前比定的结果来看，西州道教三洞经典存续完整；旅博所藏西州道经有一些不见于敦煌道经；可以推进我们对西州道经传抄时间的认识。经初步研究，旅博所藏吐鲁番出土占卜书极有可能并非实际行用者，而是作为一种知识体系而被抄录的，值得进一步关注；而旅博新发现的杂家类文献《刘子》填补了其传播路线在敦煌与于阗之间的空白。

旅博所藏新疆出土公私文书数量虽然不多，但仍有较高的史料价值，在此次合作整理工作开始之前，旅博方面已做了初步梳理①。此次合作整理团队又做了全面细致的整理，在此基础上，孟宪实《旅顺博物馆藏西域出土公私文书的价值》一文对其价值进行了初步归纳。该文重点提示

① 郭富纯、王振芬：《旅顺博物馆藏西域文书研究》，万卷出版公司，2007年。

了其中的《建中四年（783）孔目司帖》、唐代物价文书、唐代户籍文书、僧籍文书、西州官牒文书以及《开元二十三年（735）张仙牒》等文献的价值，还特别指出某些写经题记中可能包含高昌国重要历史人物甚至高昌国政治史的信息，值得进一步挖掘。这里需要补充的是，佃田文书、给田文书、兵役文书、告身、寺观差科文书等也都有一定的史料价值，如佃田文书、给田文书可以与大谷文书相呼应，丰富唐代均田制研究的史料，而寺观差科文书则提供了西州寺观需承担政府徭役的直接证据（LM20-1523-24-154号文书赫然写着“寺观两种差科”字样）。

整理新疆出土汉文文书特别是汉文佛典，依据书法断代仍然是写本断代的基本方法，但以往操作的谨严性有待进一步提高。史睿《旅顺博物馆藏新疆出土写经的书法断代》一文在书法史界最新研究成果的基础上，提出关注书写工具、书写姿态以及书写目的等对于书法样式的决定性意义，试图建立基于书体及风格分析、笔画分析、部件分析、字势分析的书法断代方法。相较于以往的书法断代方法，这篇文章在书法断代方法论上有所突破，从而为旅博新疆出土汉文文书的断代提供了更多的书法理据。作者熟谙书法且善书，因此该文的意见应该受到重视。此外，虽然新疆出土汉文文书绝大多数为写本，但也的确有少量刻本，从书法的角度看，早期刻本与写本的文字形态非常接近，以至于出现误判。陈耕《刀笔殊途——旅顺博物馆藏新疆出土佛经“单刻本”实为写本考论》一文，通过对文书字体的微形态研究，提出旅博所藏部分被日本学者定为“单刻本”的佛经残片实为写本的意见，这一意见同样应该受到重视。

上述若干重要文章外加整理团队其他成员围绕整理内容展开讨论而形成的一组文章，共同构成了本论文集第一大板块“旅顺博物馆藏新疆出土文献”的主要内容。总体上看，研究工作已经取得了十分可观的阶段性成果。通过上述数篇文章的归纳总结，不难看出，旅博藏新疆出土文献的价值主要在文献学、宗教学、历史学等几个方面。充分利用电脑成图技术，将残片之间的连缀情况以及残片与传世文本之间的对接情况更加直观地呈现出来，是该团队研究成果的一大技术亮点。不过，从目前的研究成果的侧重来看，多属于文献学范畴的研究，这当然也符合文献整理与研究的基本逻辑——文献学研究是第一步，但随着文献学研究成果的递增和告一段落，如何在文献学研究的基础上进一步将研究触角伸向史学研究层面，即汉文化西渐视域下的西域宗教史、西域文学史乃至广义的西域文化史研究，应是今后一个时期关注旅博所藏新疆出土的这一大批汉文文书的同仁们进一步努力的方向。另外，部分学术新人初涉佛教和高昌史，文字略显稚嫩，如“高昌至隋唐是佛教大发展的时期……不少高僧大德开宗立派”的表述就不太严谨。

论文集的另外两个板块分别是“大谷探险队与大谷文书”和“丝路文献、美术面面观”，前一板块毫无疑问是对整理团队整理与研究工作的呼应，后一板块则提示我们丝路研究的深度和广度，同时提示我们需要从侧面了解旅博所藏新疆出土汉文文书在丝路文献系统中的价值。

该团队的整理工作毫无疑问会再次使外界的目光投向“大谷探险队”和“大谷

文书”，因此在“大谷探险队与大谷文书”板块，内容多是有关大谷探险队探险史和大谷文书流散史的文章。如所周知，发掘过程不科学、没有留下足够的考古发掘信息是大谷文书存在的主要问题，也是整理工作比较棘手的问题之一，因此这组文章无疑对整理团队以及学界更全面地了解旅博藏新疆出土汉文文献的背景信息，以及旅博所藏与大谷文书之间的关系，十分有帮助。其中庆昭蓉《第一次大谷探险队在库车地区的活动——从探险队员日记与出土胡汉文书谈起》、小口雅史《吐鲁番出土佛经资料群的调查及群外缀合》、金惠瑗《韩国国立中央博物馆收藏楼兰出土品与大谷探险队的调查》等几篇文章特别值得关注。

“丝路文献、美术面面观”板块的一大特点是大多数论文侧重于对具体历史、宗教、美术史问题的探讨，因而某种程度上似乎与第一板块的研究形成了文书文献价值发掘的一体两面，其中不乏对新材料的新认识。如孟宪实《安史之乱后四镇管理体制问题——从〈建中四年孔目司帖〉谈起》一文利用文书信息并结合文献记载，从微观史学的角度，探讨了安史之乱爆发之后，西域与中央脱离的三十六年间，在孤立无援的背景下，西域军政体制及治理方式的变化，填补了我们有关唐朝经营西域史认识的一个时间盲区。再如裴成国《俄藏阚氏高昌时期发愿文新探》一文对收藏于俄罗斯科学院东方文献研究所的一件出自吐鲁番的无纪年佛教发愿文的内容进行了分析研究，该文首先通过发愿文中的两个人名同见于吐鲁番洋海1号墓所出《阚氏高昌永康年间（466—485）供物、差役帐》这一重要线索，确定该发愿文属于阚氏高昌时期，这是本文的一个重大贡献。我们知道，在北凉余部的控制结束之后、麴氏高昌国建立之前的这段时期（460—502），高昌地区的佛教线索非常稀少，因此这件属于阚氏高昌时期的佛教发愿文弥足珍贵。

以上仅是笔者阅读本论文集的初步心得，难免挂一漏万。

盐城历史与今地考

徐东良[1]　邓永红[2]

1. 吐鲁番学研究院　2. 吐鲁番博物馆

内容提要：据文献考证，盐城因物产而命名，在不同历史时期因民族语言不同称呼有所变化。盐城的地理位置应在交河故城西南近二十里，在历史上盐城的行政级别因政治、经济中心的转移也随之发生变化，行政级别逐渐降低，但随着社会政治稳定，经济发展，盐城人口不断增加，户籍、貌阅、馆驿等多种制度在盐城也得到了推行。因其据守交通要塞，对保障丝绸之路的畅通具有一定的作用。

关键词：盐城　行政建制　社会生活　物产　交通

一、盐城的出现及其地理位置

《汉书》卷九六《西域下》记载："车师前国，王治交河城，河水分流绕城下，故号交河"。交河位于吐鲁番西10公里的亚尔乃孜沟两河床之间的台地上，在它的西南面有一座盐山，盐山下有一城名为盐城。《汉书·郑吉传》载：郑吉"都护西域骑都尉郑吉，拊循外蛮，宣明威信，迎匈奴单于从兄日逐王众，击破车师兜訾城，功效茂著。其封吉为安远侯，食邑千户。"[①]钱伯泉先生在《高昌国郡县城镇的建置及其地望考实》中说："车师人为'胡'种，其语言同于匈奴和突厥，突厥语称盐为吐訾（Tuz），与兜訾音同，所以兜訾城即盐城"[②]。那么，《汉书》中记载的兜訾城，应该就是盐城，并且应该是盐城最早的史料记载。《北史·高昌传》载："高昌者，车师前王之故地，汉之前部地也。……，出赤盐，其味甚美。复有白盐，其形如玉，高昌人取以为枕，贡之中国。"[③]这段记载说明高昌盛产盐，这也是盐城因物产命名的缘由。从高昌王国至唐朝的西州，汉人对吐鲁番盆地的经营起着主导地位，汉语被广泛使用，兜訾城就直接被称为"盐城"；八世纪末至九世纪

---

① 《汉书》卷七〇《郑吉传》，中华书局，1962年，第3006页。

② 钱伯泉：《高昌国郡县城镇的建置及其地望考实》，《新疆大学学报》1988年2月号。

③ 《北史》卷九七《西域·高昌传》，中华书局，1974年，第3212页。

中叶，吐蕃虽然暂时占领西州，但时间较短，未见对称呼有改变的记载。九世纪中叶，回鹘人迁徙到吐鲁番盆地，建立高昌回鹘王国，新移徙到此的回鹘人，继续沿用了汉民对既成地名的称呼。然而，由于回鹘人使用的是突厥语系的语言文字，对原有的汉地名在表述上只能用译音方式来表达，盐城因此被称作Yamshi（也木什），并一直流传至今。

盐城，因物产而命名，公元前一世纪已经出现在了历史舞台上，在不同的历史发展时期，随着不同居民的民族语言，名称发生着变化。

明代陈诚在《西域番国志》中记载："盐泽城在崖儿城之西南，去土尔番城三十余里，城居平川中，广不二里，居民百家。"[①]《西域同文志》有："雅木什，相传其地多盐池，旧有汉人居之，因习汉语，后遂讹化为雅木什。"[②]《西域图志》有："雅木什在招哈和屯（即交河城）西南十五里，……城周里许。"[③]后据《同文志》《番国志》云："高昌有盐城，往岁余据对音穅之，疑雅木什即其遗址，然未获佐证。"[④]至此可以断定，雅木什即盐池，盐池又即古之盐城。郑炳林亦谓盐城即《番国志》的坜治具城。李征谈到的盐城市，即也木什以南，其北侧属盐山丘陵地带，产盐及石膏，其南侧有一片古代墓葬，有凸起封土，多为斜坡墓道，似属隋唐时期。盐城地望在今吐鲁番市西约十公里的交河故城之南，亚木什塔城隔山南麓。此地有破城。"盐泽"为"盐城"之误，"雅木什"一名应是"盐池"或"盐城"的讹音。

郁越祖认为："盐城或盐池取汉义，日久变音而作雅木什，无论由对音还是出产盐矿来看，盐城当即今天雅木什［按：雅木什，又称亚木什，今作也木什（Yemshi、Yamshi/Yakhahi）］。其地在吐鲁番市西南大约三十里，在交河故城西南将近二十里。在历史上以此为盐城，应该毫无问题[⑤]"。

二、历史上盐城的行政建制

（一）车师前国时期。《汉书》卷70《郑吉传》记载："击破车师兜訾城盐城"，说明在公元前一世纪，盐城为车师前国的一个城，直接隶属于车师前国国都。

（二）公元450—460年大凉政权时期。承平八年（450）沮渠安周出兵消灭车师前国，在交河城设置郡。交河既然建郡，其下必有县予以充实，依王素先生判断，其下应有附郭的交河县[⑥]。除交河县外，是否也有新置县？钱伯泉先生认为从交河的地理位置及其在王国中的重要性看，必然也设为郡，下属盐城一县。

据上分析，承平八年（450）以后的大凉政权建制是三郡九县，其中交河郡，

---

① 《西域行程记·西域番国志》，中华书局，2000年，第109页。

② 傅恒等修：《钦定西域同文志》卷二，《钦定四库全书荟要》，吉林出版集团，第9页。

③ 钟兴麟、王豪、韩慧校注：《西域图志校注》，新疆人民出版社，2002年，第238页。

④ 钟兴麟、王豪、韩慧校注：《西域图志校注》，新疆人民出版社，2002年，第238页。

⑤ 王素：《高昌史稿·交通编》，文物出版社，2000年，第78、79页。

⑥ 王素：《高昌史稿·交通编》，文物出版社，2000年，第36页。

下辖交河县，盐城县①。

（三）高昌王国时期。

1. 高昌王国初期。公元460年，阚伯周建立高昌王国，王都设在高昌城。阚氏政权是通过对沮渠大凉进行流血斗争而建立的，而交河曾是车师前国之国都，阚氏为防止其地方势力重新坐大，对其郡制也予以撤销，交河作为县，与盐城平级。

吐鲁番阿斯塔那48号墓出有五件缺纪年的官府丁输文书，其中有二件为《高昌临川等城丁输额文书》和《高昌高宁等城丁输木薪额文书》②，属诸城“丁输木薪额”文书，均残缺不全，经陈国灿先生排比考订，可以补全成一件能反映高昌国早期全国地方行政建制的完整文书③，现将增补后的文字转录如下：

1 （白芀）伍拾捌人，出薪贰拾玖车。高宁壹佰肆人，出薪

2 （伍）拾贰车。横截肆拾人，出薪贰拾车。威神肆拾肆人，

3 出薪贰拾贰车。临川贰拾肆人，出薪拾贰车。永昌

4 捌拾人，出薪肆拾（车，宁戎叁拾玖人，出薪拾玖车半）。

5 交何叁拾捌人，出（薪拾玖车。永安伍拾伍人，出薪贰）

6 拾柒车半。安乐陆拾伍人，出薪叁拾叁车。洿林贰

7 拾捌人，出薪拾肆车。盐城柒拾伍人，（出）薪叁拾柒（车半）。

8 都合得丁木薪叁伯贰拾伍车半

文书中所列实为对全国十二县的木薪丁输帐，交河与盐城作为县级单位并列其中，也就是说在章和七年（537）前，即在阚、张、马氏及麴氏执政初期，盐城与交河级别相同，均为县。盐城既然是一个县，作为一个行政单位，它应有承担高昌王国的各种徭役、赋税的义务。“盐城柒拾伍人”其丁数仅次于高宁县、永昌县，应属于人口至少在300—400之间的县。

2. 高昌王国中期。在麴坚执的政章时期（531—548），18年中，恢复了交河郡，哈拉和卓八九号墓出土《高昌章和十一年（541）都官下交河郡司马主者符为检校失奴事》和《章和十一年（541）三月卅日都官下柳婆、无半、盐城、始昌四县司马主者符为检校失奴事》两件文书④，大致是为了追捕翟忠义的逃奴，麴氏高昌王国的中央官史都官下令给交河郡及盐城等四县。一件事情下两道命令，分别给郡和县，反映出三个方面：一交河此时已经由县升为郡，盐城依然为县；二是盐城县不被交河郡直接统属、管理，正如陈国灿先生的研究：高昌王国的行政建制有郡有县，但

① 钱伯泉：《高昌国郡县城镇的建置及其地望考实》，《新疆大学学报》1988年第2期。

② 中国文化遗产研究院（原中国文物研究所）、新疆维吾尔自治区博物馆、武汉大学历史系：《吐鲁番出土文书》（图录版），文物出版社，1992年，第347、348页。

③ 陈国灿：《对高昌国诸城“丁输木薪额”文书的研究——兼论高昌国早期的诸城分布》，《吐鲁番学研究院》2015年第1期，第14—22页。

④ 唐长孺：《吐鲁番出土文书》壹，文物出版社，1992年，第128页；录文本第2册，文物出版社，1981年，第28、29页。

郡、县互不统属[①]；三是盐城县与交河郡都归高昌王国中央政府直接管理。

3. 高昌王国晚期至灭亡。阿斯塔那73TAM507墓出土的《高昌张名憙入延寿十五年（638）三月盐城剂丁正钱条记》中记载："（盐）城戊戌岁三月，剂丁正钱□□□□"[②]。"丁正钱"一词，即按人丁征收的定额赋税（类似于汉代的算赋）。所谓"剂钱"是王国临时性的征收税种。其实就是临时性按人征收的赋税。这件文书写于延寿十五年（638），即麴泰执政时期，距侯君集率部讨伐高昌王国（639）仅相差一年，反映出高昌王国的政令在盐城县的继续实施，盐城作为一个县一直都在运转，给高昌王国缴纳赋税。

（四）唐代西州时期，盐城由县到城的变化。

贞观十四年（640）唐灭高昌后，在高昌设立西州，下设高昌、交河等五个县，实行与内地一样的州县制，县以下设乡里。据《元和郡县图志》卷40记载，唐西州"开元户一万一千六百四十七，乡二十四"，据《太平寰宇记》卷156载："高昌县十乡，柳中县四乡，交河县三乡，蒲昌县二乡。"盐城由县降为城。根据出土文献考察：交河县三乡为安乐乡、龙泉乡、永安乡。盐城并未建为乡。

唐令所谓"百户为里，五里为乡"。根据李方先生对所有有关西州里正材料的分析研究，考证出97位西州里正，其中绝大部分是高昌县乡的里正，这些里正基本上是三或四位同属一乡，而少见五位里正同属一乡[③]。

盐城可能因户不足以设乡，但又超过里，这种情况下，设置了介于乡与里之间的特殊编制"城"，管理盐城的人称为"盐城城主"。从地理位置推测，盐城有可能归属于永安乡所辖或直属于交河县辖。在西州，这种设"城"的情况应当比较普遍。如临川，在高昌王国为"临川县"，唐西州时降为"临川城"；新兴县为"新兴城"，洿林县为"洿林城"等。这也可能是唐朝统治者到达高昌后，重新划定了行政级别，并根据这里的人口等具体原因，设置了特殊的行政管理级别。

唐贞元八年（792）之后。吐蕃占领西州，但时间较短，记载较少。9世纪中，回鹘人西迁，建立了西州回鹘王国。回鹘人由游牧生活转向定居，继承了汉人在盆地的管理模式，盐城继续维持唐西州时期的建制，即盐城为城，直到废弃。

三、盐城的社会生活

（一）盐城的户与人口。高昌王国时期，阿斯塔那四八号墓出土的两件"丁输木薪额"文书记载"盐城柒拾伍人，（出）薪叁拾柒（车半）"，盐城需向高昌王国交

① 高昌国的郡县互不统属直到延寿末年都是如此，如阿斯塔那519号墓所出的《高昌延寿十七年（640）屯田下交河郡、南平郡及永安等县符为遣麴文玉等勘青苗事》，将交河、南平二郡与永安、安乐、洿林等七县并列下达敕令，要求"符到奉行"。荒川正晴在《麴氏高昌国における郡県制の性格をめぐつて—主どしてトウルフアン出土资料による》一文中也认为"郡县互不统属"，《史学杂志》第95编第3号，1986年，第64页。

② 《吐鲁番出土文书》，文物出版社，1992年，第5册，第197页。

③ 李方：《试论唐西州高昌县的等级》，《西域研究》2006年第3期。

纳37车半，这是交纳的柴税。如果一丁代表一户，一户按5人计算，那么，在麴氏高昌时期，盐城75丁，至少有75户、375人；另外，还有的家庭无丁，只有老小妇孺的家庭，则不在这个统计范围之内。在高昌国早期，盐城至少在200户之左右。那么，从高昌王国到唐西州，盐城在人口上应该有一个较大的发展。

（二）盐城应设有城墙、城门。出土文书《开元十八年（730）五月老人左阿鼠等牒为修城事》①，记录了关于州使命令盐城百姓“修理城塞、门及城上当路剥落处”，而百姓推托不肯服从命令，因害怕州使问罪，左阿鼠、刘德感等4个老人联名将此事汇报给上级。从这件文书中可以看出盐城应四面有城墙，并且有一面城墙是临街的，城墙的维修维护由盐城百姓自己出资出力。

（三）盐城应该有佛寺、僧人存在。在阿斯塔那出土编号为72TAM151文书《高昌安乐等城负臧钱人入钱帐》②中，涉及到“盐城负臧钱人道人□□□钱六文”，臧钱是麴氏高昌王国国库里另收的一种帐目，臧钱虽属于财政管理的范畴，有可能是麴氏高昌中后期科罪征赃的罚金，属于法律范畴的一种用语。道人即佛寺僧人，说明盐城的这位僧人因犯罪而给官府交纳过罚金，同时表明盐城内有佛寺。高昌王国时期，佛教盛行，盐城应建有寺院，并有僧人在此。

（四）盐城的民事纠纷。出土文书《开元十八年（730）城主索顺言牒为失火相争事（背面为配役文书）》③，这是盐城城主索顺言发给交河的报告。主要内容是：开元十八年闰六月某日辰时，盐城百姓张阿住家失火，大火烧到了住宅内厅屋，并且央及到邻居贾行立的厅屋，百姓救火后，引起两家纷争。张阿住说是隔壁贾行立家的火延烧过来的，经父老们检查，在贾行立家未找到失火迹象。盐城城主只有报官司立案。此文书有盐城城主索顺言的签名，还有十位老人的联署和交河县回复的批文，为我们研究唐代社会史提供了具体而生动的素材。同时，也反映了盐城是一个长寿之乡，老人在社会上还是有一定地位的，说话还是有一定的分量，掌管着城中的一些事物。

（五）盐城的户籍管理。《十一月十五日交河县帖盐城为入乡巡貌事》④是交河县下发给盐城的一件关于“入乡巡貌”的帖式（下行）文书。所谓“入乡巡貌”，就是隋唐时期检查户口、核实人口虚实时，推行的“貌阅”制度中的一个程序。“貌阅”的目的则在于责令官员亲自当面检查年貌形状、人体特征，如肤色、身高、残疾、面部有何标记等特征，这些特征均记入貌定簿中，以便核实户籍。此件文书

① 这4件文书均出自张铭心：《敦煌学：吐鲁番学研究新资料》，《国学的传承与创新：冯其庸先生从事教学与科研六十周年庆贺学术文集》，上海古籍出版社，2013年，第934页。

② 这4件文书均出自张铭心：《敦煌学：吐鲁番学研究新资料》，《国学的传承与创新：冯其庸先生从事教学与科研六十周年庆贺学术文集》，上海古籍出版社，2013年，第934页。

③ 这4件文书均出自张铭心：《敦煌学：吐鲁番学研究新资料》，《国学的传承与创新：冯其庸先生从事教学与科研六十周年庆贺学术文集》，上海古籍出版社，2013年，第934页。

④ 这4件文书均出自张铭心：《敦煌学：吐鲁番学研究新资料》，《国学的传承与创新：冯其庸先生从事教学与科研六十周年庆贺学术文集》，上海古籍出版社，2013年，第934页。

中首先书写了八十名需要被核实户口的人名，然后书写了命令城主于当月十七日“火急点检排比，不得一人前却（缺）”，反映出唐贯彻户籍制度的认真态度。

四、盐城的物产

《太平广记·梁四公》卷八十一记载：梁天监年（502—519）中“高昌国遣使贡盐二颗。……干蒲桃、刺蜜、冻酒、白麦面。……刺蜜是盐城所生。……盐城羊刺叶大。其蜜色青而味薄也。”说明盐城盛产的盐及刺蜜，都是高昌国献给中原皇帝的贡品。侯灿称“盐城……，此地有破城。山由出盐，有赤盐和白盐，赤者似朱砂，白者似水晶，味甘咸，曾是高昌王国向中原王朝的主要贡品之一。”用盐做成的“鸣盐枕”具有明目等保健功效。同时，高昌可以征收盐税，盐也给高昌提供了源源不断的商业税收。

五、盐城的交通

从特殊的地理位置来看，盐城把守着古时南北疆的交通要隘，是南疆通往交河、高昌的门户，军事战略地位十分显著，古城中仅存的中央堡垒式建筑就充分说明了设计考虑到了备战的需要。《新疆图志（五）·道路二》吐鲁番条记载：“城西南三十里雅木什，三十里布干台驿，六十里托克逊驿”[①]，说明在盐城设有驿站，馆驿制度在盐城得以实施。从阿斯塔那出土的文书《高昌浛林等行马入亭马人名籍》中记载：“盐城行马入亭马人：主簿辛谦　参军元幼　主簿男子。”行马就是长行马，远距离长行，亭马是做为临时使用的马，亭就是巡逻防守单位，类似于现在的哨所。这里也说明，盐城养马，有作为远距离交通使用的，这些马退役需向官府请示，有作为巡逻防守使用的，盐城为保障道路畅通承担着相应的责任。高昌王国是丝绸之路上重要的交通重镇，与此相适应，高昌王国建立了较为完备的交通体系——馆驿制度，设立驿站马坊设施，以及穿梭于其中的以马匹为主的交通通信工具，保证了丝绸之路的正常运转，盐城就是其中的一个驿站。

六、盐城今天的地理状况

也木什村隶属于吐鲁番市高昌区艾丁湖乡，位于吐鲁番市西南方向12公里处，辖9个村民小组，718户3434人。根据地理方位，现在保留的称呼，以及专家的考证，此处应为历史上的盐城所在地，但由于人们在此生活，原址已不存在。此城的北面，在盐山的豁口南面，有一片唐代墓葬群保存了大片斜坡墓道的土洞墓，表面用石头垒出封土堆，墓门用土坯封堵，墓道被大量的沙土掩埋，家族茔墓用石头堆砌成围墙包围起来，这片墓地应该是盐城居民的公共墓葬区。中国民族大学收藏的部分关于盐城的文书，应该出土于此地。

结　论

盐城的发展，与吐鲁番历史的发展脉络紧密联系。在车师前国，因在地缘上与

① 袁大化修、王树枏等纂：《新疆图志（五）》，《新疆文库》编辑出版委员会，新疆人民出版社，2015年，第2980页。

交河相邻，行政级别直接归车师前国管辖。随着车师前国灭亡，吐鲁番政治中心、经济中心从盆地西部的交河转移到了东部的高昌，盐城的行政级别也不断地下降。但随着社会政治稳定，经济发展，盐城的人口不断增加，同时也承担着当地的各种赋税、徭役，各种法令在盐城也得以推行。

图1　陈国灿先生与也木什村民交流

图2　也木什村的近况

图3　也木什村的近况

图4　陈国灿先生考察盐城的墓葬

图5　盐城的古代墓葬

旅顺博物馆藏吐鲁番写本《天公经》*

吕媛媛

旅顺博物馆

内容提要：2016年度教育部人文社会科学重点研究基地北京大学中国古代史研究中心重大项目“旅顺博物馆藏新疆出土汉文文献整理与研究”课题小组在整理工作的过程中，在旅顺博物馆所藏26000余件吐鲁番汉文写本残片中发现了几件《天公经》写本残片，经比对研究，判定是不同于敦煌本《天公经》的另外两个异本。在此基础上，收集相关资料，撰文介绍馆藏《天公经》写本，并着重分析《天公经》的生成和传播等问题。

关键词：旅顺博物馆　吐鲁番　天公经

一

旅顺博物馆藏吐鲁番写本《天公经》残片的编号分别为LM20-1472-04-03、LM20-1472-04-04、LM20-1472-04-06a、LM20-1472-04-06b、LM20-827-07-99、LM20-827-07-100、LM20-827-11-153。由于此前这部分文书中存在着异文等原因，一直未能准确比定出其所属内容，而“旅顺博物馆藏新疆出土汉文文献整理与研究”课题组在整理研究的过程中，经过分析，认定这几件是《天公经》写本，另外还有LM20-1455-38-10，被认定为是《天公经》等多部佛典的杂抄。这些写本残片录文如下：

LM20-1472-04-03，存三行，楷体。唐时期。

（前缺）

1　］汤罐汤［

2　］金经至［

3　］日诵五［

（后缺）

LM20-1472-04-04，存四行，楷体。

* 本文系旅顺博物馆、北京大学中国古代史研究中心、中国人民大学国学院的合作项目“旅顺博物馆藏新疆出土汉文文书整理与研究”［即“教育部人文社会科学重点研究基地北京大学中国古代史研究中心重大项目（项目编号16JJD770006）”］成果之一。论文写作过程中获同项目组诸位老师和同学的多方帮助，在此一并表示诚挚感谢。

唐时期。

（前缺）

1　］文成谁能［

2　］明多少［

3　］山刀山自斫［

4　］□［

（后缺）

LM20-1472-04-06a，存一行，楷体。唐时期。

（前缺）

1　］□［

（后缺）

LM20-1472-04-06b，存二行，楷体。唐时期。

（前缺）

1　］罗网星□［

2　］千年［

（后缺）

LM20-827-07-99，存三行，楷体。

（前缺）

1　］□抄此经手［

2　］声入海采宝［

3　］□短［

（后缺）

LM20-827-07-100，存二行，楷体。

（前缺）

1　］作佛屋真珠［

2　］窗□度万□［

（后缺）

LM20-827-11-153，存三行，楷体。

（前缺）

1　］地狱地狱［

2　］々自灭青々令□［

3　］食念佛如念［

（后缺）

LM20-1455-38-10，《天公经》等佛典杂抄，存二行，楷体。第1行仅见于《天公经》末行（CBETA，T85，no.2876，p.1361，a24-25）。第2行见于多部佛经起首，当为接抄其他佛经。

（前缺）

1　］除罪一千五［

2　］如是我闻一时□［

（后缺）

二

在敦煌写经被发现之前，《天公经》不见于历代大藏经，仅见于佛经目录中。一直到敦煌写本《天公经》被发现之后，世人才得知该经的内容。最早著录此经的为隋代法经等撰的《众经目录》，之后的佛经目录大都录有此经，详见下表：

智升在《开元释教录》中录《佛初置塔经》（一卷）条时，就认为此经为法经录中《天公经》的异名。圆照在《贞元新定释教目录》中也继承了这一观点。从这些佛经目录的记录，可以得知此经的另一名称为《佛初置塔经》，这一点可由北新627号的经文首句“佛初筑塔时”证实。另外，此经为伪经是毫无异议的。

《天公经》一卷，作者不详，为疑伪经，现存敦煌本《天公经》有三件，分别为收藏于中国国家图书馆的北敦14427号（旧号

作者	经录	类别	名称
［隋］法经等	《众经目录》卷四	“众经伪妄六”	《天公经》一卷
［隋］彦琮	《众经目录》卷四	“五分疑伪”	《天公经》一卷
［唐］静泰	《众经目录》卷四	“众经伪妄六”	《天公经》一卷
［唐］道宣	《大唐内典录》卷十	“历代所出疑伪经论录第八”	《天公经》
［唐］智升	《开元释教录》卷十八	“别录中伪妄乱真录第七”	《天公经》一卷、《佛初置塔经》一卷
［唐］圆照	《贞元新定释教目录》卷二十八	“别录中伪妄乱真录第七”	《天公经》一卷、《佛初置塔经》一卷
［唐］明佺等	《大周刊定众经目录》卷十五	“伪经目录”	《天公经》一卷、《佛初置塔经》一卷

为北新627，首尾完整）、北敦7362号1（旧号为北鸟62号，首略残尾存），还有英藏的S.2714号（首尾完整），年代约系归义军时期抄本，方广锠先生对其进行了整理并录文，分别记为录文一、录文三、录文二。现存敦煌本《天公经》的经文大体完具，但内容互有参差，差异较大，显然是在传抄过程中随意增删窜改而形成的不同异本。[①]

旅顺博物馆所藏8件写本残片除LM20-1455-38-10外，其他7件LM20-1472-04-03、LM20-1472-04-04、LM20-1472-04-06a、LM20-1472-04-06b、LM20-827-07-99、LM20-827-07-100、LM20-827-11-153从纸色和书法等方面可分为两个写本。从纸色上看，这七件皆为染有土色的褐黄色，前四件纸张颜色几乎一致，后三件纸色几乎一致，而且前四件颜色明显要比后三件浅；从书写笔画来看，前四件书体一致，后三件的书体一致，特别是后三件写本书体具有明显的特点，其撇划较细，捺划明显出平角且较为粗短。综合这些特点，判断前四件应为同一个写本，后三件为同一个写本。从内容上看，前四件内容接近于S.2714（录文二），后三件则接近于北敦14427（录文一）。

馆藏这两个写本的《天公经》与敦煌本《天公经》相比较，内容上也不完全一致，互相参差，显然是另两个异本，暂且先称其为吐鲁番写本《天公经》。以敦煌本S.2714《天公经》为底本，对馆藏的吐鲁番写本《天公经》各号残片之间的位置关系进行复原。由于内容互有参差，无法做到文字完全吻合，在保证LM20-827-07-100和LM20-1472-04-06b这两件行款与底本一致的前提下，每行17字，复原位置如下图所示：

① 方广锠：《藏外佛教文献》第1辑，宗教文化出版社，1995年，第369页。

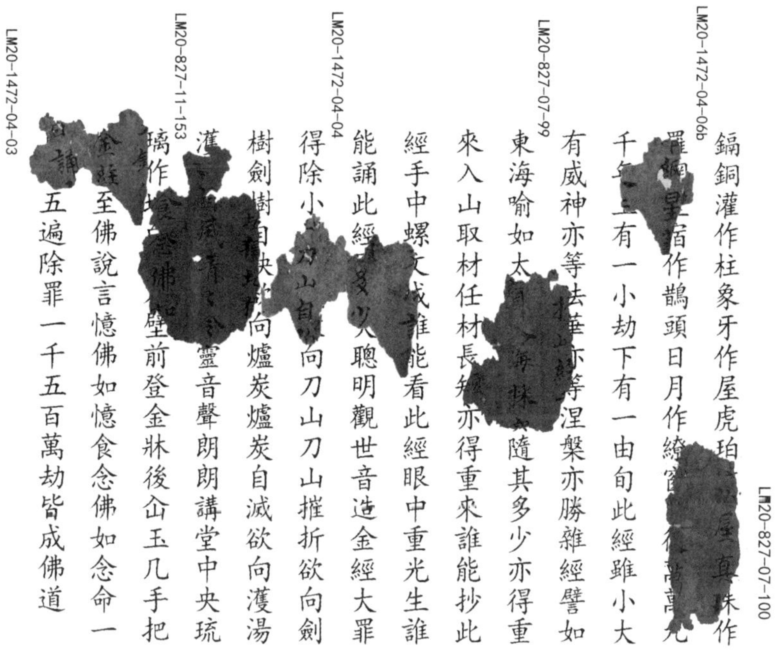

图1　旅顺博物馆藏吐鲁番写本《天公经》

关于《天公经》的经文，方广锠先生研究认为，其若干内容系据《妙法莲华经》卷七“观世音菩萨普门品”及一些净土经典敷衍而成。经文中描述了净土世界的美景，如S.2714：“镉铜灌作柱，象牙作屋，虎珀作屋脊，真珠作罗网，星宿作鹊头，日月作缭窗”，“讲堂中央，琉璃作地，白银为壁，前登金床，后仙玉几”等，都是净土经典所宣扬的富丽堂皇的理想景象；“琥珀”“珍珠”“琉璃”“白银”等是净土经典中常用的词汇。曹魏康僧铠译《佛说无量寿经》卷上：“或有宝树，紫金为本、白银为茎、琉璃为枝、水精为条、珊瑚为叶、玛瑙为华、砗磲为实”。①经文中的“螺文”“重光”等提法均为中国传统的“圣人之相”，由此证实本经的确为中国人所撰。另外，该经经文内容主要是讲述诵读、受持此经的功德，如S.2714：“观世音造金经，大罪得除，小罪得灭。欲向刀山，刀山摧折；欲向剑树，剑树自缺；欲向炉炭，炉炭自灭；欲向濩汤，濩汤自冷。”北敦14427：“多造金经，大罪得除，小罪得灭。或堕刀山，刀山自缺；或堕剑树，剑树摧折；或堕地狱，地狱崩灭。”北敦7362号1：“大罪得灭，小罪得除。若入刀山，刀山摧折；若入剑树，剑树崩缺；若入濩汤，濩汤自煞；若入炉炭，炉炭自灭；若入地狱，地狱枯竭。”可见，这些经文中都提及造此《天公经》能够驱除罪业，脱离危险。这一点与《妙法莲华经》卷七“观世音菩萨普门品”十分类似，“假使兴害意，推落

① 中华电子佛典协会：《CBETA电子佛典集成April 2014》，CBETA，T12，no.360，p.270，c13-15。

大火坑，念彼观音力，火坑变成池。或漂流巨海，龙鱼诸鬼难，念彼观音力，波浪不能没。或在须弥峰，为人所推堕，念彼观音力，如日虚空住。或被恶人逐，堕落金刚山，念彼观音力，不能损一毛。”①从经文记载可知诵“观世音菩萨普门品”经所能得到的功德，即在各种危难时刻，通过念观世音的名号就能脱离危险，保障平安。这也证明《天公经》杂糅了《妙法莲华经》等经典的思想和内容。

三

关于《天公经》，还有很多疑问有待于进一步讨论。例如，关于《天公经》的创作生成年代，可根据最早记录此经的隋代法经等撰的《众经目录》来判断。《众经目录》是隋开皇十三年（593）五月十日大兴善寺翻经沙门法经等人奉敕修撰的，并于开皇十四年（594）七月十四日完稿进呈，所以，《天公经》出现的年代下限不晚于开皇十三年。其年代上限无从得知，但也可以根据经文内容判定其大概是在南北朝时期的观音信仰及净土信仰盛行之后问世的。

关于《天公经》流传的时间范围，也大致在这一时期内。前述馆藏吐鲁番写本和敦煌写本《天公经》的发现，充分说明了此经虽然不是正统经典，但在隋唐时期的敦煌吐鲁番民间地区曾广为流传。由此可见，《天公经》曾流传于南北朝至隋唐时期，主要是在北方地区传播。《天公经》作为一部疑伪经，之所以其流传时间久、地域广，主要有以下几个原因：

第一，从内容来看，其经文简短，通俗易懂，易于记诵。三件敦煌本《天公经》虽然经文内容各有不同，但都简短精练，不过三四百字，而且内容通俗易懂，文字偏重于口语，易于记诵，读起来朗朗上口。甚至在经文中直接指出了此经的优点，即虽然短小，但是非常灵验，甚至胜过《法华经》《涅槃经》等经典。如北敦14427："此经虽小，多有威神。亦胜《法华》，亦胜《涅槃》，亦胜杂经。”S.2714："此经虽小，大有威神。亦等《法华》，亦等《涅槃》，亦胜杂经。”北敦7361："此经虽小，大有威神。亦胜《法华》，亦胜《涅槃》。亦如大海，亦如大山。”《天公经》相较于动辄鸿篇巨制、内容繁多、充满玄理的七万字的《法华经》和三十四万字的《涅槃经》等经典，确实更具有普及性及传播性，更适合在民间向世俗的普罗大众推广。

第二，该经内容、义理具有法华、净土思想，反映了民众信仰的灵活自由。前文提到该经的若干内容系据法华经及净土经典敷衍而成，采用净土经典中的词汇描绘了一幅净土世界的理想景象，还模仿《妙法莲华经》“观世音菩萨普门品”提及抄诵此经的功德。西晋太康七年（286），竺法护译出《正法华经》二十七品，其中第二十三品《光世音普门品》是专门弘扬观音信仰的经典，“光世音”救苦救难的慈悲形象自此广泛流传，受到了中国不同阶级阶层民众的欢迎。东晋义熙二年，即后秦弘始八年（406），鸠摩罗什在长安译

① 中华电子佛典协会：《CBETA电子佛典集成April 2014》，CBETA，T09，no.262，p.57，c17-c24。

出《妙法莲华经》[①]。其中,《观世音菩萨普门品》亦是专门宣传观世音信仰的经典。由于该经中弘扬的观音救苦救难大慈大悲的救赎思想，以及能够满足各种愿望需求的功用性，对广大劳苦大众来说本来就具有很强的实用价值，于是《观世音菩萨普门品》逐渐作为单独经典而被广泛传颂，即后来的《观音经》或《观世音经》。因此，自《法华经》被译出后，观音信仰也逐渐传播开来。但是《法华经》等因其冗长的篇幅和高深的义理等局限性，更适于士大夫阶层信众参禅或精修佛教义理，不适合底层民众修习。因此，观世音信仰在魏晋南北朝时更多地是通过一系列所谓的灵验故事而风靡开来的。如唐代高僧道宣在《释迦方志》下卷中记载了北魏天平年间定州募士孙敬德在临刑前念诵救生观音经千遍而观音显灵使其得救的故事，他所念诵的经文是《高王观世音经》，这便是《高王观世音经》的由来[②]。《宋书·王玄谟传》记载了刘宋王玄谟因兵败即将被问斩前，梦到有人告诉他念诵《观音经》千遍可免死，醒来后照做果然免死的应验故事[③]。还有专门记载观音感应灵验的故事，如南朝刘宋傅亮编的《光世音应验记》、张演编撰的《续光世音应验记》，以及南齐陆杲编的《系观世音应验记》等。这些经典和应验故事使得观音信仰迅速世俗化。与此同时，一系列旨在宣传观世音信仰的疑伪经也应运而生，如《高王观世音经》等。在南北朝社会大动荡时期，人们在现实中无法得到安全的生存环境，只好乞求于一些超人间的存在，观音信仰被迅速接受并且广泛流传也就不难理解了。[④]《观世音菩萨普门品》及观音信仰在两晋南北朝至隋唐时期，逐渐成为中国各阶层普遍信仰的佛教信仰之一。基于观音信仰等产生的《天公经》则直接提出了抄诵此经的功德，指出抄经、读诵，受持者不仅能获得圣人之相，历劫聪明，还能逢凶化吉，除灾灭难，更能“直入讲堂”，最后“皆成佛道”，具救赎性、功利性吸引了广大民众，使得其得以传播。

四

总之,《天公经》的产生和传播，主要是由疑伪经的世俗化特点所决定的。《天公经》与其他疑伪经一样，所宣扬的获得功德、得到救赎等作用，都是为了解决现实当中具体的困难，而且解决的方法、途径仅仅是通过念诵或抄写等这种人人都能够轻易实行的方式，可以说是一种最平等、最民主的实践佛教修习方法。所以，其所宣扬的思想和修习方式，对于南北朝社会大动荡时期处于水深火热的广大底层普罗大众来说，无疑是最好的救赎。因此，在历史上战乱频仍、兵家必争的敦煌吐鲁番地区发现的这些《天公经》写本，反映了当时的民众渴望安定、憧憬美好生活的诉求。

① 汤用彤:《汉魏两晋南北朝佛教史》，北京大学出版社，2011年，第168页。

② 牧田谛亮:《中国仏教史研究》第一，大东出版社，1981年，第193页。

③〔梁〕沈约:《宋书》卷七六，中华书局点校本，1974年，第1974页。

④ 于君方:《伪经与观音信仰》,《中华佛学学报》总第8期，1995年，第111—114页。

文物科技保护

考古现场多视角三维重建技术应用的新探索
——以西丰城子山山城考古项目为例

刘　宁[1]　褚金刚[2]

1. 本溪市博物馆　2. 辽宁省文物考古研究院

内容提要： 多视角三维重建技术作为获取田野考古现场空间信息的重要手段，已在实践中得到了广泛且深入的应用，是数字考古学科重要的组成部分。近年来，技术的不断更新进步为考古现场多视角三维重建工作提供了新思路与更为广阔的拓展空间。本文以城子山山城Ⅱ号门址的三维重建工作及后续的三维数字化应用为实例，介绍我们在田野考古数字化实践中的具体操作方法，并结合实践经验与工作中遇到的问题，对新时代下多视角三维重建技术在考古工作中的应用及发展趋势做尝试性探讨。

关键词： 数字考古　多视角三维重建技术　三维GIS　城子山山城

在遥感技术与计算机软硬件稳步发展的支持下，多视角三维重建技术已成为田野考古现场三维空间信息获取的重要手段①，并与现代测绘、GIS系统、虚拟现实等新技术手段相结合，促进了数字考古学科的产生与发展，使得考古信息的数字化成为了可能②。近年来，得益于三维GIS、BIM三维实景技术及新媒体技术的快速发展，几款知名品牌的三维重建软件在生产效率、建模质量与易用性等方面获得了较大提升，加上航摄硬件与手持拍摄硬件的更新进步，为多视角三维重建工作提供了新思路与更为广阔的拓展空间，田野考古现场三维空间信息的获取、分析、模拟、展示等方式发生了根本性的变革③。通过三维重建技术获得的考古数字信息不再仅局限于绘制遗迹的平、剖（立）面线图或制作数字高程信息、坡度、坡向信息、可视域等基于三维空间数据的二维GIS分析图件。考古数字信息的展示与三维GIS数据分析逐渐成为数字考古应用的主流方案。

---

① 刘建国：《数字考古研究进展》，《中国文物报》2020年8月7日第006版，第2页。

② 贡一文：《考古数字信息的采集与展示》，中国社会科学院研究生院硕士学位论文，2019年，第1页。

③ 刘建国：《数字考古研究进展》，《中国文物报》2020年8月7日第006版，第2页。

近两年的西丰城子山山城考古发掘工作，我们采用空地一体化的数据采集方案，以多视角三维重建技术结合现代测绘、三维GIS、BIM及新媒体技术等新技术手段获取了大量考古数字信息，并将其应用于后续考古研究工作之中。本文以城子山山城Ⅱ号门址的三维重建工作及山城重建成果的三维数字化应用为实例，介绍我们三维重建工作的具体操作方法，并结合实践经验与工作中遇到的问题，对新时代下多视角三维重建技术在田野考古工作中的应用及发展趋势做尝试性探讨，希望能以此丰富数字考古学科的研究成果。

一、项目概况与准备工作

城子山山城位于辽宁省铁岭市西丰县凉泉镇东南约5公里哈达岭西麓的城子山上，山城所处位置山高谷深，周围群山环绕，北侧为碾盘河，碾盘河汇入清河，清河向西入辽河。山城由东侧的石城和西侧的土城两部分构成，土城的北墙和南墙接筑于石城的西墙上，平面呈"∞"形。2020年5月，辽宁省文物考古研究院联合铁岭市博物馆、西丰县文管所对该山城进行了考古调查和发掘。石城实测周长约4332.8米，面积约1006000平方米。城墙由人工石筑墙体和自然墙体组成，城墙上发现瞭望台6座、门址5处；城内发现房址138座（其中111座沿北墙和南墙内侧分布）、建筑址2座、瞭望台1座、水井2眼、蓄水池1座、拦水坝2处。2号门址位于石城南墙中段偏西，坐落于山体基岩上，所处位置东高西低，门址北靠自然山脊，南侧（城外）为山脊外陡坡，地理环境较为复杂，地表植被茂盛，未清理前门道东侧墙体不可辨，西侧墙体保存相对较好。发掘区共布设5×5探方6个，加上后期扩方，发掘面积约180平方米。

采集作业前，需先考察作业区域的自然环境，搜集信息，根据实际情况制定作业方案。为保证重建精度，我们采用空地结合一体化的影像数据采集方案，以超低空航摄采集为主，辅以地面拍摄硬件补充拍摄。航摄硬件使用体积较小的大疆御2专业版航拍飞行器。机器配备1英寸2000万像素CMOS的航摄镜头，照片最大像素5472×3648，等效焦距28 mm。地面拍摄硬件方面，对于纹理精细的石墙表面，使用索尼全画幅微单相机A7R配合35 mm定焦镜头贴近拍摄，以获取更为细致的影像数据；对于城墙墙角缝隙或距树木较近的石墙边缘，飞行器与微单相机均无法获得满意的拍摄角度，则使用大疆osmopocket口袋相机配合专用延长杆（图1）进行拍摄。由于山区信号不佳，测量数据使用RTK平板结合全站仪定位获取，数据源为千寻网络RTK，坐标系为CGCS2000/3-degree Gauss-Kruger-CM 123E。像控点选用尺寸30×30 cm的红黄色标志板，布设于发掘区域的四角位置，共4个。

图1 拍摄硬件设备一览

二、采集与三维重建流程简介

飞行器起飞前需根据作业环境及天气情况设置飞行器的相机参数，并合理规划飞行路线。综合考虑环境及安全等方面因素，本次作业采用人工手动方式控制飞行器拍摄影像。云台垂直向下俯拍照片170张；倾斜云台相机，从不同角度拍摄照片392张；使用微单相机与osmo手持相机拍摄照片188张（图2），经过后期筛选，共拍摄有效照片708张，格式选用RAW格式，即数字原片，便于后期对数字影像进行调整修饰。

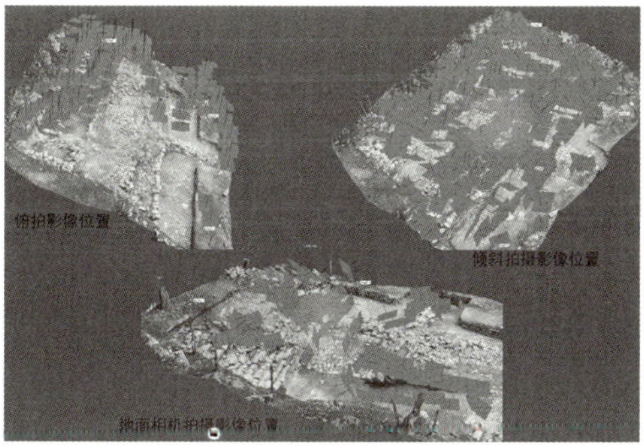

图2　2号门址拍摄影像位置图

将获得的有效照片导入Photoshop软件（使用CameraRaw插件）或Lightroom软件进行明暗度与清晰度调整，导出为jpeg格式。后续三维重建处理工作由AgisoftMetashape软件与ContextCapture软件共同完成。Metashape软件是执行考古项目三维重建任务的常用软件，具有操作简单、空三计算能力优秀、出图方便等优点。Contextcapture是Bentley公司开发的一款基于数字影像的实景三维自动建模软件，该软件综合利用了数字影像、计算机虚拟现实、计算机图形学算法，可以对各种数据源进行精确处理，生成真实空间坐标的三维模型[①]。Contextcapture（简称“CC”）集成了瓦片分割处理功能，根据计算机的硬件性能设置单个瓦片大小及瓦片数量，能有效降低计算机的性能负担，提升重建效率。软件可以生成格式为osgb、带有LOD多细节层级的三维网格模型，建模质量比Metashape软件更好。但经实测，CC软件的空三计算能力及影像畸变纠正能力不如Metashape软件。据此，我们先使用Metashape软件进行空三运算，对齐照片，建立密集点云与中低质量的三维网格模型，用于生成遗址平剖（立）面的数字影像图，作为考古线图绘制的参考。再利用Metashape软件的空三运算成果，在CC软件中重新建模，生成高质量的三维网格模型。本次参与三维重建任务的有效照片共708张，经过Metashape软件空三运算后全部成功对齐。

Metashape软件的空三运算成果导出为“Blocks Exchange”文件，可直接导入CC软件执行三维重建任务。重建前需依据重建精度、拍摄区域的实际面积及使用计算机的硬件配置决定瓦片的大小与数量。本次重建，共划分瓦片20个，单个瓦片大小4.5米，重建任务占用内存26 GB（图3）。建模质量选用“额外”（第二级别精细程度），模型文件格式为“osgb”格式，其他选项设置如图（图4）。

① 孙保燕、杨正阳、陈款、涂峻伦：《融合航摄影像与地面照片三维重建技术在考古中的应用》，《科学技术与工程》2019年第17期。

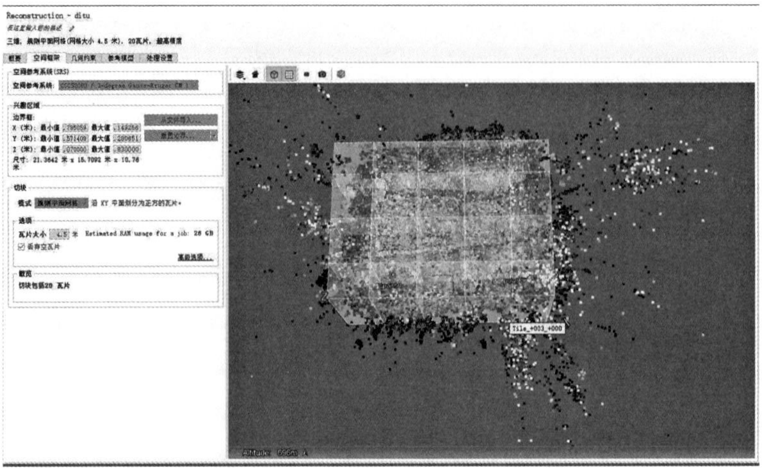

图3　CC软件的分割瓦片功能

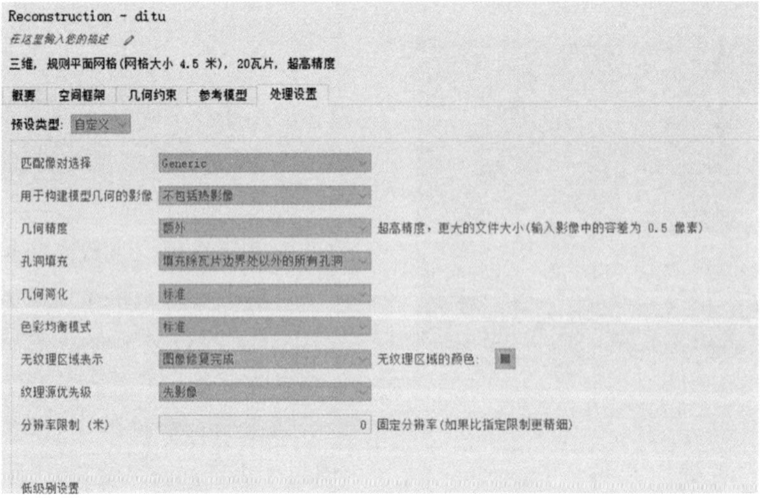

图4　CC软件三维重建的参数设置

建模任务完成后，使用CC软件自带的“touch up tools”工具分别对单个瓦片文件进行简单的修整，剔除浮空物与冗余碎片，删除多余的树木杂物（图5），然后建立浏览索引，使用软件自带的模型浏览器ContextCapture Viewer查看模型文件。经实测，CC软件与Metashape软件在同级别模型精细度的条件下，前者生成三维数字模型的浏览流畅度更高，建模质量更好（图6）。

三、重建成果应用的拓展性研究

1. 三维重建成果展示方式的拓展研究

生成的三维网格模型可使用Dp Modeler、魔方（ModelFun）等实景建模专业修模软件进行精细修饰，进一步提升建模精度，为数字化展示与后续应用提供高质量的基础材料。考古现场三维重建成果作为一手发掘资料，主要应用于考古项目发掘成果的汇报展示与考古数字信息的

图5 使用touch up工具修整模型

图6 Metashape软件与CC软件相同城墙表面建模质量对比

建档工作。随着计算机图形图像等技术的发展，考古现场三维重建与展示的问题受到越来越多关注①。过往对考古遗址三维模型的数字化展示常通过利用建模软件手动定义模型的浏览视角来实现，这种方法需要一定的操作技巧，对外部硬件环境要求较高，且展示效果一般。资料迁移至新计算机时，模型文件与建模软件须全部拷贝迁移，十分不便。为获得满意的展示效果，提升工作效率，我们选用Das Viewer软件完成重建成果的数字化展示工作。该软件是武汉大势智慧科技有限公司自主研发的一款三维实景模型浏览器，可在极低的硬件配置下，流畅加载较大规模的实景三维模型，提供方便快捷的数据浏览操作。软件功能丰富强大，其中的标注功能，能够任意标注地标点、线段、多边形等信息，支持导入、导出矢量数据；关键帧动画功能可以定义模型的任意视角为一个关键帧，并按照定义顺序自动漫游，生成的漫游动画支持一键导出为高清视频，视频分辨率最高可达4K，60帧。根据上述功能特性，我们将2号门址出土的重要文物坐标数据转换为矢量点导入（文物坐标必须与模型在同一投影坐标系内）软件，并对模型的重点展示区域添加标注，再利用关键帧动画录制功能，制作了2号门址三维数字模型的展示动画（图7）。实践表明，Das Viewer模型浏览器操作简单，展示功能丰富实用，以多媒体视频的形式展示模型，方便灵活，能够清晰地表达展示目的，满足考古遗址三维重建成果的数字化展示需求，适合在田野考古数字化实践中推广使用。

此外，考古数据库在云技术的支持下，也具备考古数字信息的网络可视化展示功能，包括obj、osgb等主流格式的三维网格模型均已获得支持。这种展示方式操

① 刘建国：《数字考古研究进展》，《中国文物报》2020年8月7日第006版，第2页。

图7 使用Das Viwer软件制作2号门址漫游展示动画

作简单，使用方便，但综合考古现场发掘成果自身的资料属性及线上展示对网络硬件环境的要求等主客观因素，本文更推荐多媒体视频的本地化展示方式。

2. 重建成果的三维GIS应用研究

osgb格式的三维网格模型还可应用于山维EPS、南方CASS等立体测图软件的数据分析工作，作为参照“底图”，通过三维重建技术结合地理信息系统，辅助用户手动过滤地表植被及人工地物，提取高程点，获取精确的地理空间信息。

在山城的调查工作中，我们应用大疆精灵4 RTK航拍飞行器采集城子山地区的影像数据，采用上文论述的三维重建方案与测图方法，获得了山城及周边地区的地信数据（图8），并使用Google Sketchup软件的三维GIS插件制作了山城的数字高程演示模型。对比二维GIS数据分析生成的山城数字高程模型图（图9），基于三维GIS技术的分析成果能够更清晰、立体地反映城子山地区的地形走势及微地形特征。二维GIS数据分析是将空间信息转化为二维影像图斑来展示数据分析结果，功能及可视化效果具有一定的局限性，而三维GIS数据分析则是对空间信息的可视化进行直观的呈现，分析功能更为先进。例如可视域分析功能，我们以获取的地信数据为依据，运用三维GIS技术对山城的几处瞭望台进行了可视域分析。我们的数据均基于地理环境现状采集生成，历经时代变迁，相较于山城使用年代的地理环境，数据方面必然存在一定差异；同时，不同时期的地表植被覆盖情况及人体的个体差异（身高、视觉能力）也会对分析结果造成影响。三维GIS可视域分析具有观察点空间调整功能，可以设定一个阈值来限定观察点的高度与可视域分析的范围。我们将选定的瞭望台观察点高度提升5—10米，减小元数据差异及植被等其他因素对分析结果造成的影响，通过观察对比，最大限度地模拟瞭望台在山城使用年代的真实通视情况。在三维GIS技术的支持下，瞭望台的通视范围以直观的空间可视化形式呈现（图10），为山城瞭望台的选址与功能

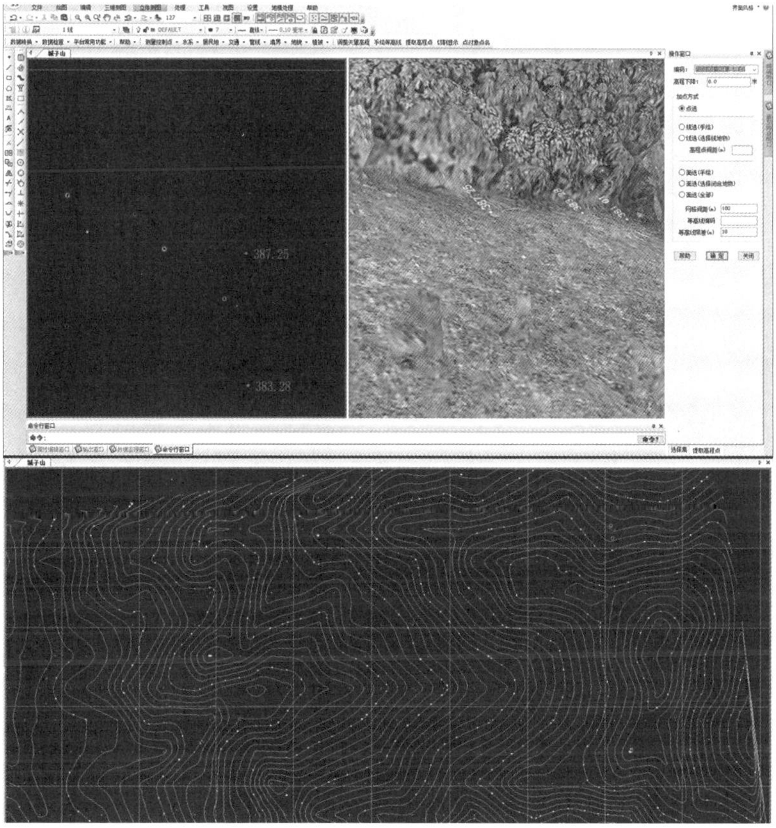

图8　利用osgb格式的三维网格模型提取城子山地区地形数据

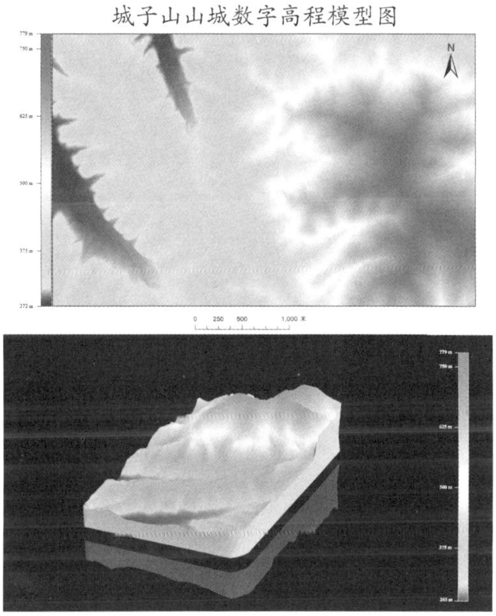

图9　城子山地区数字高程图与数字高程演示模型对比

图10　基于三维gis技术的山城瞭望台可视域分析（软件为图新地球三维gis软件）

研究及探索古人对自然环境的利用模式提供了更为准确的数据支持。

四、结 语

随着考古学研究的不断深入，多角度全方位的空间信息采集、展示越来越重要[①]。城子山地区地理环境较为复杂，地表植被茂盛，传统的技术手段已无法满足考古现场信息获取的需求，通过多视角三维重建技术充分结合现代测绘、地理信息系统等新技术手段，我们较为顺利地完成了考古信息采集、数字化展示等相关工作，但在实践过程中，同样遇到了一些问题。

如某些区域因树枝遮挡或地势较陡等原因，使用飞行器与微单相机均无法获得满意的拍摄角度。采用加长杆与口袋相机的组合方案虽然可以成功拍摄，但口袋相机的相机规格较低，成像质量一般，并不适合作为主要拍摄设备应用于影像采集工作。我们也曾尝试采用加长杆与微单相机稳定器的组合方案进行影像采集，这种方案可以获得令人满意的拍摄角度与图像质量，但加长杆、稳定器与微单相机组合的重量较大，操作的便捷性与采集效率等方面不如口袋相机。再如，使用御2专业版飞行器在凹凸不平的坡面与石墙边缘进行超低空飞行采集影像时，常出现机身轻微晃动或航向偏移的情况，需要飞手实时手动操控纠偏。这与山区卫星定位信号不佳及飞行器下视视觉定位系统性能不足有关。上述问题表明复杂环境考古工作现场的空间信息采集工作对采集的硬件设备要求较高。便携一体式摄录设备与微型航拍飞行器在操作、易用性与价格等方面具有优势，但性能方面仍有不足。相信随着硬件技术水平的提升，这些问题会逐步得到解决。

综上所述，考古调查、发掘工作中通过多视角三维重建术，全方位地获取考古发掘现场、出土文物、考古遗址等的多视角数字影像与空间信息，制作成具有真实纹理的三维模型[②]，再运用地理信息系统、虚拟现实、数据库等技术手段对获取的考古现场空间信息进行综合对比分析，为后续的考古学研究与文化遗产保护提供基础资料与数据支持，是信息时代考古学发展的必然趋势[③]。尤其是在虚拟世界概念、人工智能技术备受关注，技术更新与硬件升级迭代速度明显加快的背景下，未来多视角三维重建技术在田野考古工作中的应用将得到进一步拓展。

---

① 姚娅、宋国定：《三维重建技术在考古中的应用探讨》，《文物保护与考古科学》2017年第5期。

② 刘建国：《考古现场多视角三维重建》，中国社会科学出版社，2019年，第1页。

③ 刘建国：《数字考古研究进展》，《中国文物报》2020年8月7日第006版，第1页。

文物保护检测数据的可视化探索
——以旅顺博物馆藏虢文公子鼎XRF检测为例

宋成春　韩一夫

旅顺博物馆

内容提要： 可视化是一项新兴的计算机信息技术。本文通过使用各类软件，对旅顺博物馆所藏虢文公子鼎的XRF检测数据进行采集和分析，建立检测数据的可视化模型，直观地展现了文物表面不同金属成分的分布情况。并且验证了使用地理信息系统进行数据可视化的可能性，进一步探讨可视化技术在文物保护中的应用场景，为文物的保护与利用提供新思路和新方法。

关键词： 虢文公子鼎　文物保护　X荧光光谱分析　数据可视化

文物承载灿烂文明，传承历史文化，维系民族精神，是祖先留给我们的宝贵遗产。为了使文物安全得到保障，在进行保护与修复之前，往往需要对文物进行全方位的科技检测分析。传统的文物科技检测一般使用通用的表格或数据库软件对于检测数据进行收集和管理，常见的软件有Microsoft Office Access、Excel、Kingsoft Office、Claris Filemaker等。通过将检测仪器输出的CSV或TXT格式结果导入，使用特定的条件筛选排序进行分析研究。这类软件的优点是通用性较强，对于不同类别的仪器设备兼容性较好，学习成本和使用门槛较低。缺点是功能较简单，无法完成相对复杂的分析任务，因此往往需要使用SAS、SPSS Modeler等统计分析或数据挖掘软件对结果进行更加深入的分析。

数据可视化是通过现代信息技术的辅助，将传统的数据格式转化为视觉信息展示出来，帮助使用者更加快速、方便地获取数据并理解隐藏在数据背后的其他信息。目前，已广泛应用于智慧博物馆建设中。常见的可视化应用有文物三维展示、考古遗址现场虚拟展示、博物馆文物的数字修复、复制、仿制及文创产品开发等。但针对文物保护检测数据的可视化解决方案几乎不见。

本文通过使用Filemaker、GIS技术以及Numbers软件，对旅顺博物馆所藏虢文公子鼎的XRF检测数据进行采集管理和分析研究，探索总结文物保护检测数据可视化的新方法。

一、检测对象

虢文公子鼎，高28.9厘米，口径30厘

米，方唇平沿，双立耳，半球形腹，三蹄足。耳外侧饰有重环纹，口沿下饰窃曲纹，腹中部饰有一道凸弦纹，腹部饰宽带波曲纹（图1）。内壁有铭文四行："虢文公子段作叔妃鼎，其万年无疆，子子孙孙永宝用享"。现藏于旅顺博物馆。

图1　旅顺博物馆藏虢文公子鼎

该件文物最早见于1909年端方的《陶斋吉金续录》，收录有此器的器形线图及铭文拓本。1918年《梦郼草堂吉金图》中亦收录有此器器形图像与铭文拓本，亦可见于《殷周金文集成》02635。常天骄据此推断该件文物系端方、罗振玉旧藏[①]。与该件器物同铭的青铜器另有两件，一件藏于北京故宫博物院，另一件藏于法国赛努奇博物馆[②]。三者形制、纹饰、铭文均相同，可能为一组列鼎。

张红兵在《虢文公子段鼎铭文及相关问题考》一文中认为，铭文中的虢文公为谥号，"称谥而言公"，即该鼎为虢文公之子段在其父死后铸造的器物；并且他结合史籍记载与考古发现，进一步将虢文公之子段确定为周幽王时期的卿士虢石父[③]。笔者认为，该件器物与虢国墓地M2001（虢季墓）出土的铜鼎（M2001：72）极为相似，该件文物的年代基本可以确定为宣、幽时期。

目前，该器物外观完整，没有明显的有害锈蚀，情况稳定。

二、科技检测与数据库建立

本次检测主要使用X射线荧光光谱（XRF）法。该方法是一种无损的分析方法，其原理是通过发射高能量X射线轰击检测对象，从而激发出不同元素各自的特征X射线，这些X射线具有不同的能量或波长特性，检测器在接收到这些次级X射线后，可以将其转为对应的信号，从而检测出试样中的各类元素含量。该方法既可以对金属文物的成分进行检测，又可以对修复过程中使用的各类颜料中包含的金属成分进行分析，是文物保护修复中常用的检测方法。

本次检测使用的是Thermo Scientific Niton XL3t手持式XRF分析仪，该设备配备50 kV的X射线管，使用标准分析范围可以检测从S到U的25种元素，具备极高的灵敏度和测量准确度。

在检测开始前，需使用Claris FileMaker数据库，建立检测点空间数据采集系统。

① 常天骄：《旅顺博物馆藏商周有铭青铜器研究》，吉林大学硕士学位论文，2022年。

② 赛努奇博物馆所藏虢文公子鼎的真伪存在一定的争议。法国学者风仪诚（Olivier Venture）通过铭文对比分析，认为该件器物铭文系伪造。

③ 张红兵：《虢文公子段鼎铭文及相关问题考》，《郑州大学学报（哲学社会科学版）》2014年第6期，第156—158页。

字段参考《GB/T 30687-2014馆藏金属文物保护修复记录规范》中“表A.3检测分析表”中对于馆藏金属文物保护科技检测分析记录的相关标准制定。在检测过程中，使用数据库对每个检测点的行列位置进行记录，通过行列数据计算出其对应的空间坐标。在全部检测工作完成后，将检测结果通过Thermo Scientific NDT软件导出至计算机中。筛选剔除无效数据后，将数据统一导出为CSV格式，再将其导入包含检测点位空间信息的Filemaker数据库中，使用样品编号作为匹配字段，将检测点的结果数据与空间信息一一对应，最终生成完整的检测数据，导入GIS中。

三、可视化模型建立

GIS作为空间数据管理系统，最主要的功能就是通过带有空间信息的数据点建立高程模型。本节通过使用这一功能，将检测点的空间位置转为落在文物表面的二维（X、Y轴）投影坐标，以检测点相关数据为Z轴，建立三维可视化模型，使检测数据以更加直观的方式呈现，为分析与讨论提供具体参考（图2）。

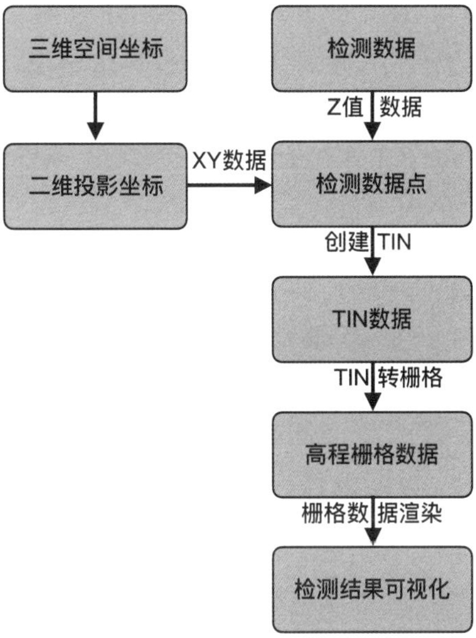

图2　数据可视化技术路线图

具体操作如下：

1. 绘制文物二维平面展开图。由于该件文物为半球形腹，外表面可近似简化为底部及侧面构成的扇叶形，因此以范线为参考进行平面展开，展开后最外侧部分的周长之和与器物周长相等，以保证展开图尺寸具备空间参考价值。

2. 检测点投影。检测过程中共检测点332处，剔除不可用数据后，外表面检测点共计262处。柱足以上侧面部分分布有检测点4周，每周48点，共计192处；底部分布检测点5周，根据周长不等检测点由内至外呈递增分布，共计70点。通过Numbers软件将检测点的空间坐标投影至平面坐标，叠加于文物二维平面展开图之上，效果如图3所示。

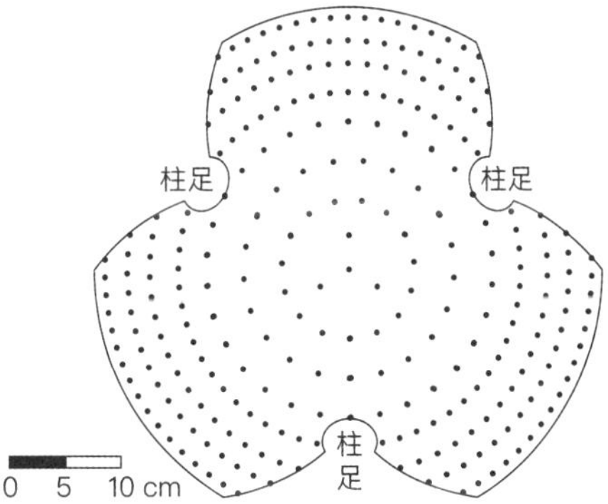

图3　检测点分布图

3. 检测数据处理。通过使用Claris FileMaker数据库，将检测点的二维平面X、Y坐标与检测数据相关联，导出为CSV格式表格，再使用Numbers软件将不同元素的检测结果分别保存为独立表。

4. 导入GIS系统。将上一步生成的检测结果导入GIS，通过“显示XY数据”功能，基于XY事件从表中添加到新地图图层，Z字段使用对应元素的含量，坐标系使用自定义的Local coordinate system本地坐标系，最后将X、Y图层内容另存为要素类。

5. 点要素图层转TIN。使用“3D Analyst”工具创建不规则三角网（Triangulated Irregular Network，以下简称TIN）。TIN模型是通过一系列相连接的三角形对不规则表面进行空间拟合，用于表现复杂表面的常见方法，广泛应用于数字制图、地图表面的模型化及分析中。创建过程中不使用约束型Delaunary，即使用符合Delaunary的三角测量，增密隔断线线段以生成多条三角形边，提升图像效果。

6. TIN转栅格。使用“3D Analyst转换工具”，通过在指定采样距离处插入输入TIN高程值中的栅格像元值的方式，将TIN转换为栅格文件。输出的数据类型为支持32位浮点型的FLOAT类型，再使用TIN三角形的自然邻域插值法计算像元值，采样距离为OBSERBATIONS 2000。

7. 栅格数据渲染。基于以上步骤，检测数据已从数值转化为空间连续的栅格数据集。使用GIS的符号系统功能可以将栅格数据渲染为所需的图像格式。为了清晰展现该件文物外表面不同元素的成分含量，使用黑白符号系统进行渲染，对于含量比例较高的元素使用0—100%由白至黑的图例，对于含量比例较低的元素使用适宜的比例。生成元素含量占比图。

至此，该件文物的外表面检测数据已完成了可视化模型的建立。图4至7展示了含量较高的铜、锡、铅、钛元素的分布

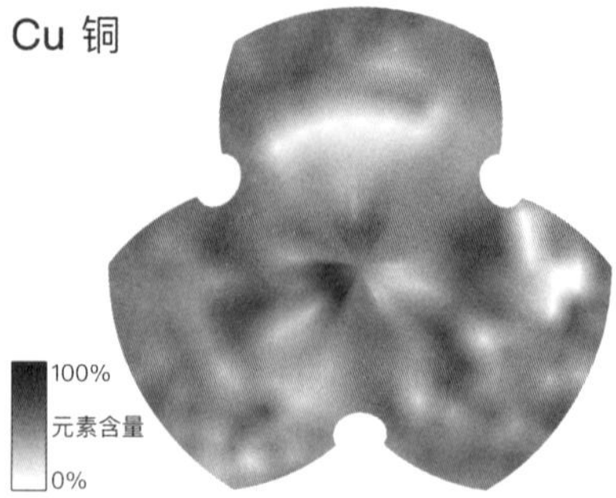

图4　铜元素分布图

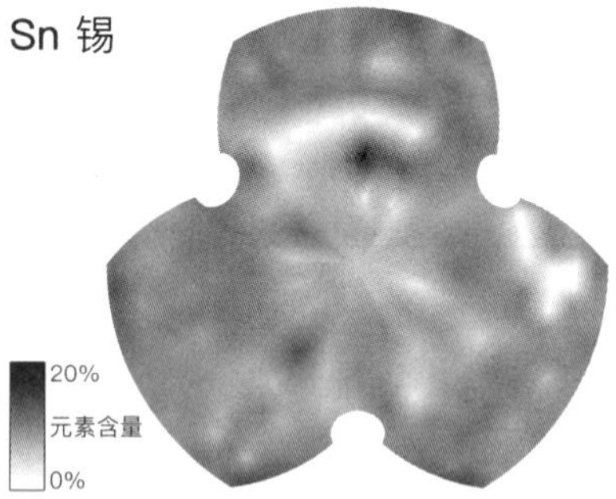

图5　锡元素分布图

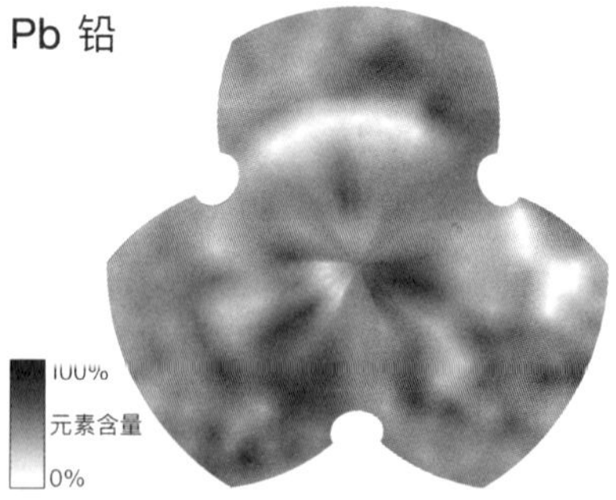

图6　铅元素分布图

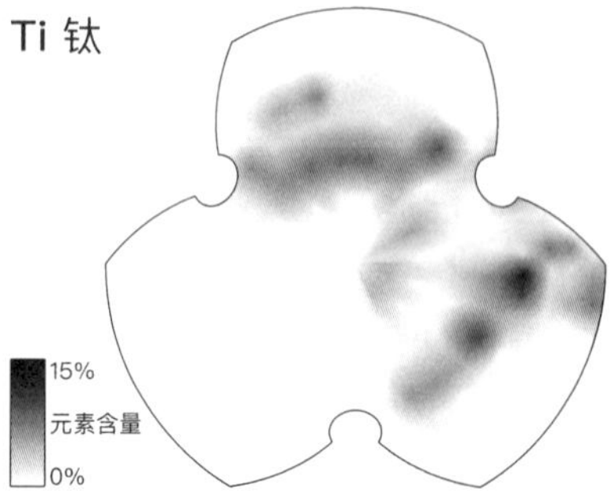

图7　钛元素分布图

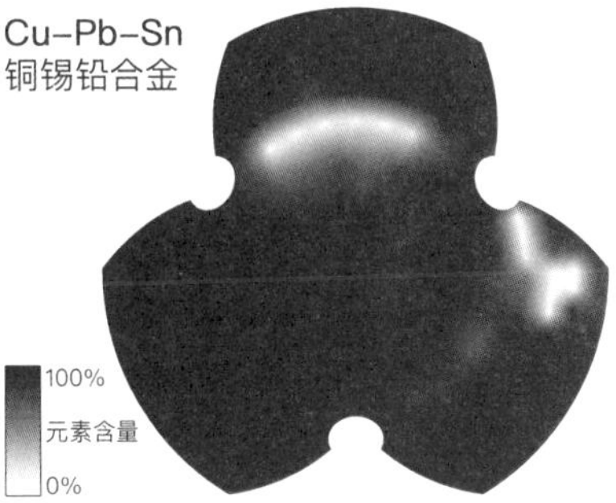

图8 铜锡铅合金分布图

状况。在研究分析中，还可以对不同元素的含量进行合并计算，例如图8展示了铜、锡、铅青铜三元合金在外表面的分布状况。也可以将平面检测模型进行空间变换，或以贴图形式贴附于文物立体模型之上，以满足不同的研究需要。

四、检测结果与结论

通过图4—6可以看出，该件文物外表面的铜、锡、铅元素分布并不均衡。结合图9所示的铜锡铅元素堆叠数据可以看到，铜含量集中于30%—50%之间，锡含量约为5%—10%，铅含量集中于30%—60%，表明目前该件文物的外表面元素成分复杂，合金比例波动较大。

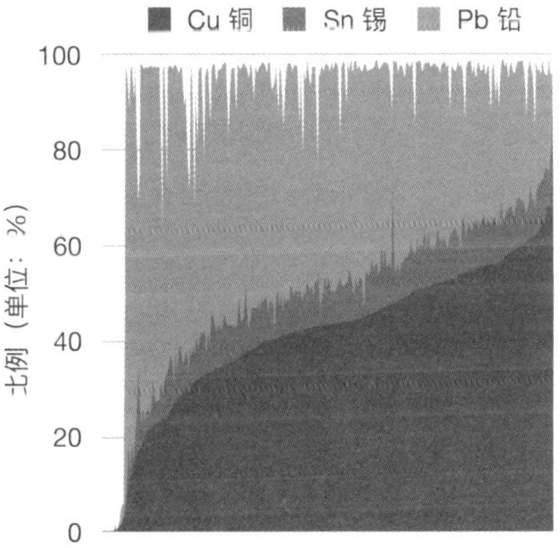

图9 铜锡铅元素含量堆叠图

但结合图8所示的铜锡铅合金分布图可以看出，除去个别区域外，文物表面整体的铜锡铅合金比例稳定，基本高于95%。因此对于文物外表面元素比例的波动，可推测其原因有二：其一，该件文物的铸造工艺导致合金比例不匀；其二，该件文物由于出土前所处的埋藏环境或流传过程中的其他原因，局部可能发生了金属元素流失，导致其比例发生变化。

关于图8上部及右部的两处浅色部分，可以推断其青铜合金含量较低。结合该件文物的X光探伤图（图10）来看，该处确有缺损，并有明显的修复痕迹。综合二者的数据分析可知，该处缺损使用黄铜锔钉进行固定，填充了非金属物质进行修补。因此在后续的保管或展示中，需要特别注意该区域，非金属与金属之间的结合强度相对较低，在搬运或放置时易发生刚度不够导致的扭曲变形或断裂，需小心应对。另外，裂隙处易发生锈蚀病害，尤其是黄铜中含有少量的锌金属，锌的活泼性高于铜锡铅等元素，在潮湿环境下极易发生电化学腐蚀，因而对该件文物的保存环境提出了更高的要求。

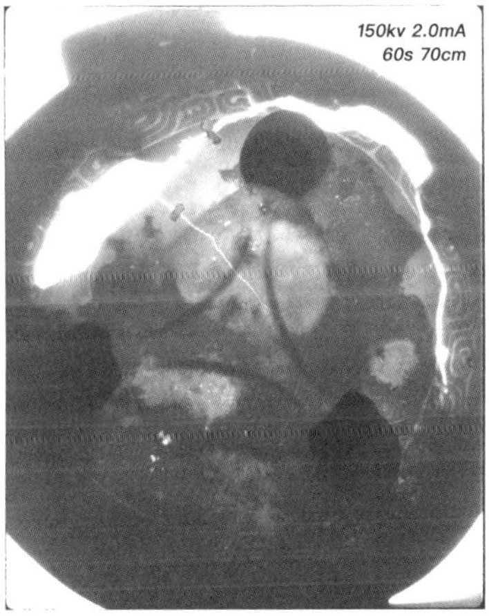

图10 虢文公子鼎X光探伤图

钛元素是一种金属化学元素，最常见的化合物为二氧化钛（钛白），由于其粘附力强，化学性质稳定，具有极强的遮盖力，因此被广泛应用于现代颜料之中。1908年，挪威和美国开始用硫酸法生产钛白，但产量稀少且成本高昂。20世纪30年代开始，硫酸法生产的锐钛矿型钛白开始逐渐应用于颜料之中。因此，古代文物表面所含钛一般可以认为是近现代修复作色留下的痕迹。通过图7可以看出，虢文公子鼎外表面局部含有一定量的钛元素，最高可达14%。结合对文物表面的观察可以确定该区域确有较为明显的作色痕迹。综上可知，该件文物在修复后有作色，范围略大于缺损部位，该次作色的年代不早于民国时期。因此，日后如需进行封护等工作，需要考虑封护溶剂对于作色颜料的影响，必要时可选取局部进行实验，尽量避免因修复造成历史修复材料失效。

本次检测证明了Filemaker数据采集管理软件、Numbers表数据处理软件以及GIS地理信息系统在可移动文物保护可视化中应用的可行性。并且，文物保护检测数据的可视化结果可以与X光探伤等其他检测结果相互印证，从而增强结论的可靠性。此外，可视化成果也可以为文物的病害状况、历史修复工艺及范围提供精确的参考，有利于进一步开展相关的修复保护工作。

结　语

传统的文物保护检测工作成果一般多以报告和数据表格的形式呈现，本文所述的可视化方法，可以将定量分析的检测数据以更加直观的方式展现出来，进而便于文物保护工作人员在分析研究中深度挖掘数据背后的深层含义。目前可视化在文物保护领域的应用多限于不可移动文物的统计分析以及可移动文物的展示等方面，本文所提出的可视化方法可应用于可移动文物的科技分析检测，为文物的保护修复提供直观的数据支持，充分发挥计算机信息技术在文物保护工作中的作用，实现“科技助力文物保护”。

沈阳故宫展陈与多媒体嫁接工程的发展和应用

李晓丽

沈阳故宫博物院

内容提要：新世纪以来，随着博物馆与多媒体技术的嫁接与融合，沈阳故宫博物院的各项展览也进入了全新的新媒体时代。沈阳故宫博物院作为历史遗址类博物馆，如何在古建筑展厅进行多媒体技术的嫁接融合，是现今沈阳故宫博物院陈列展览主要的研究内容和方向。现就以本馆为例，将近几年沈阳故宫博物院根据不同类型的展览，制定多种形式的多媒体技术融合做以介绍，阐述实施技术嫁接的方式及未来沈阳故宫博物院陈列展览与多媒体融合的发展方向。

关键词：沈阳故宫　展览　多媒体　嫁接

沈阳故宫是清朝初期营建和使用的皇家宫苑，有着深厚的历史文化积淀及丰富的院藏文物资源，为世界文化遗产保护单位，也是中国现存保存完整的两座皇家宫殿建筑群之一。现今是中国国家一级博物馆，著名的古代宫廷艺术博物馆，藏品种类繁多，以清代宫廷文物著称，其他朝代和类别的文物也皆有精品。但是作为以古建筑为展厅的博物馆，受古建筑空间、展陈空间和东北地区温湿度环境等客观因素的限制，更多类别的实体文物不便于展览陈列，陈列存在一定的局限性，参观者通过一次参观，很难系统、全面地了解沈阳故宫所蕴含的文化资源和悠久历史。近些年，为了更好地向参观者宣传与展示院藏精品文物，沈阳故宫也采取了多种形式的多媒体技术陈列，以数字科技手段提升展陈的可观赏性、趣味性、互动性，让观众"体验、分享、传播"，建立全新的文物体验形式，将"文物之美""建筑之美""文化之美"在更广泛的渠道进行传播，在一定程度上也弥补了上述局限的不足。

本篇文章既围绕沈阳故宫的展陈与多媒体技术嫁接的发展做介绍和展望，从沈阳故宫复原陈列、常设展览、临时展览等不同类别的展览形式出发，根据展览主题的需要，嫁接多种形式的多媒体技术，并融入贯穿展览始终，分析、探索多媒体技术和历史类博物馆的古建筑展厅融合创新的应用方法与形式；同时也对未来沈阳故宫展陈在多媒体技术使用上面更加多样化的发展方向做以尝试和展望。

一、复原陈列与多媒体融合

复原陈列是依据历史文献档案，在特

定的古建筑内，以文物及一些辅助展品为中心，按曾经在此经历和发生过的历史事实复原，系统地展示某段历史状况的一种陈列方式。这种陈列的特点比较受参观者欢迎，它使参观者有直观的身临其境的感觉，是最能表现时代特点和宫廷特色的一种陈列方式，也是沈阳故宫最具特色、最受参观者喜爱的展览类型。沈阳故宫作为宫廷历史类博物馆，既有着一般博物馆的普遍性，又有着作为宫廷遗址博物馆的特殊性。

因此，复原陈列与多媒体的融合运用，是最能体现沈阳故宫作为遗址类博物馆的主要展出形式。于是，依据古建筑展厅的使用功能及史料记载等相关研究，沈阳故宫复原陈列中的衍庆宫、介祉宫和太庙均融入了不同形式的多媒体技术，以便在有限的复原陈列展览中更详实地再现历史背景及故事。

1. 衍庆宫

衍庆宫（图1），位于沈阳故宫的“台上五宫”，是清太宗皇太极淑妃的寝宫。1926年沈阳故宫成立“东三省博物馆筹办处”后，为解决陈列场所的问题，衍庆宫与其他17处古建筑均进行了内部裱糊、外部油饰，以及改建门窗和隔扇等工程。维

图1 衍庆宫

修后的衍庆宫从1928年开始至90年代分别举办了多项临时展览和专题展览。1996年以复原陈列的形式对外开放，恢复了皇太极时期衍庆宫的内部原貌。近年来，内部展厅的文物和辅助展品虽然进行了多次调整，但基本面貌和格局一直保存如初。2021年鉴于“台上五宫”的室内复原陈列大体一致，加之展陈多元理念的融会贯通，在保护、保留衍庆宫古建筑的同时，对其内部进行改造，采用“沉浸式动画”的展示方式，将皇太极与后妃间的历史故事详细地做以介绍（图2）。

图2 衍庆宫外屋幻象

此次“沉浸式动画”的内容分别为：“清初宫廷过年筵宴”“皇太极庄妃与宸妃追忆归嫁往事”“皇太极册封宸妃诞育的皇八子为太子”等三个主题情节。

展示方式是将多种新技术制作的“沉浸式动画”与衍庆宫内部环境融合，使参观者进入一个全新创造的半虚拟的情境当中，这里不仅有“声、光、电”的震撼效果，参观者的感官意识也从整体上被充分调动，为参观者提供了身临其境的沉浸式体验过程，整个的观展过程对于参观者来说是深刻而难忘的。

2. 介祉宫

介祉宫（图3）建于乾隆十一年至乾隆十三年（1746—1748），是乾隆皇帝东巡

盛京驻跸期间为其母亲皇太后所修建的行宫，东巡期间，皇帝、后妃每日在此向皇太后问安。现展厅就复原了乾隆时期的原貌，并加入了浸入式多媒体交互技术，采用“第4代AR全息数智人”和“无眼镜无头盔AR全息技术”等方式，深度融合感知的多视点计算机技术和阿尔法显示技术等，实现了全色彩的数字立体显示，打造了国内首座宫廷类博物馆的全息剧院（图4）。

图3　介祉宫

图4　介祉宫西稍间全息剧院

AR技术是指增强现实，通过将三维内容实时投射到某种实物介质上，呈现出真实的人、场景与虚拟物体相结合的效果。利用AR技术可以传递出历史或展品背后的故事，呈现更多更丰富的展示内容。本展览就是通过AR技术将与真人等大的全息历史人物形象投射于纱幕进行演示，其内容再现了乾隆十九年（1754），清高宗弘历第二次东巡谒陵驻跸沈阳故宫期间，他的第二任皇后乌喇那拉氏与令妃魏佳氏向崇庆皇太后钮祜禄氏问安的场景。宫中人物的出现与复原陈列的介祉宫真实的宫廷环境融为一体，形象而真实地再现了历史上的宫廷生活。乾隆、甄嬛、令妃等历史人物的立体动态影像也成为了展览的最大亮点，整体画面清晰、色彩饱满，人物栩栩如生，故事生动形象。展览合理利用复原陈列，将其作为展演舞台，让参观者身临其境地感受到了科技与历史的融合，展示方式也让人耳目一新，打破了古建筑无声展示的历史，丰富了博物馆给参观者带来的真实的参观体验，因此吸引了不同年龄段的参观者。

3. 太庙

太庙（图5），原位于沈阳城抚近门外东五里，供有“肇、兴、景、显”四祖神位。乾隆四十三年（1778）清高宗弘历为恢复沈阳坛庙制度，遂命盛京工部移建太庙于沈阳故宫大清门东侧，由正殿和东、西配殿等组成，乾隆四十五年（1780）建成后只供奉历朝帝后的玉宝玉册。现太庙按照规制进行了复原陈列，正殿恢复了乾隆时期的原貌，东西配殿举办了《清代皇帝的首座家庙》展，采用复原、展板、纱幕投影等多种形式，向参观者讲述太庙历

图5　太庙正殿

史及相关的故事。

“纱幕投影”演示是全息投影的一种形式，通过借助于投影、射灯等投射成像的方式，在纱幕上成像，打造全新的虚拟场景，这种透光性的二次成像，为参观者展现了更加生动立体的影像，也拉近了参观者与历史情景的距离。

此次东配殿就以“纱幕投影”的方式（图6），再现了皇太极改元称帝祭告先祖仪式的场景。皇太极时期的太庙，前殿三间，供奉清太祖努尔哈赤及其太后叶赫那拉氏的神位，开国功臣费英东与额亦都配享两侧；大殿五间，供奉努尔哈赤以上四祖及妣之神位。凡国家重典，四孟时飨、圣诞、忌辰、清明、中元、岁暮等俱至太庙致祭。现今的太庙内，复原了乾隆时期正殿供奉历朝帝后玉宝玉册的面貌，在东西配殿中还能看到以文字和图片介绍太庙初建和迁建的历史内容，同时加之皇太极在太庙改元称帝祭告先祖仪式的投影演示，这种复原陈列与多媒体技术的融合，再现了清初和清朝定都北京后沈阳故宫在两个不同历史时期的历史背景和使用情况，极大地提高了参观者的观展效果，丰富了观展内容，也弥补了展示空间狭小的弊端。

图6　纱幕投影——皇太极改元称帝祭告先祖仪式

二、其他展览与多媒体导入

在沈阳故宫的陈列展览中，除了最具特色的复原陈列展览，还包括常设展览和临时展览两种类型。常设展览是长期性的，院内比较有价值的没有纳入复原陈列展览中的珍贵藏品所组成的长期展览，是复原陈列展览之外的一种补充性展览方式。临时展览则是短期、具有时效性，内容新颖、表现形式多样、无时间限制的小型展览方式。在这两种展览中导入多媒体技术，不仅增加了参观者的观展体验，丰富了展览内容，也均受到了不同参观群体的喜爱和欢迎。

1. 常设展览

（1）清帝东巡展

2021年在沈阳故宫九间殿内举办了“清帝东巡展”，九间殿原为皇帝东巡盛京期间读书的场所，2021年经过改造后，作为综合类文物展厅展示了清代康熙、乾隆、嘉庆、道光4位皇帝东巡盛京期间所举行的各种庆典、祭祀、赏赐、设宴等活动，展览以图板和多媒体展示为主，其中多媒体技术的运用种类多样，分别采用了“全息数字剧场”“长卷立体浮雕画剧屏”“数字画剧宫灯”“数字宴会展柜”“数字油画”“动画地图屏”“交互数字文物展柜”等多媒体技术。

该项展览举办后，采用1∶1真人全息数字剧场技术，将虚拟的乾隆帝和宫女等历史人物的立体动态影像与搭建的乾隆书房场景相融合，复现了乾隆皇帝日常处理朝政的情景。使参观者获得身临其境的临场感（图7）。

同时，还采用了浮雕画剧屏和数字画剧宫灯技术。画剧屏采用了空间再现技术，

图7　全息数字剧场

将《康熙东巡图》平面绘画制作成立体浮雕场景，再现了东巡时皇帝拜祭福陵和在沈阳故宫大政殿前举行朝会的盛大场景。数字画剧宫灯的演示，则是再现了康熙皇帝“隔涧射虎”“江河捕鱼”“视察水师战舰”“赐酒盛京老臣”和乾隆皇帝“御制盛京赋”“看望爱女”“吃福肉”“登兴安岭”八个场景（图8）。

图8　数字画剧宫灯

“数字宴会展柜”“数字油画”和“动画地图屏”则是运用3D浮雕影像显示技术、光影追踪和真人肌理复合技术、动态演示等多媒体方式，再现了清宫筵宴流程，康熙、乾隆、嘉庆、道光4位皇帝的超清晰真人数字油画和历次东巡路线、沿途事件。通过以上立体图像及动态演示等多媒体技术手段，弥补了博物馆展厅传统的展示形式，赋予了展览新的活力和更好的观展效果。

（2）宫中万福——角（lù）端的奇幻世界

该展览展出的位置为沈阳故宫南北小值房。展览的总体策划是以文物中的“角端”为主角，引领参观者穿越时空，带给参观者一场奇幻的文物数字化体验之旅。在交互体验的形式设计方面围绕“多元互动”进行设计，增强展项与参观者个体之间、展项与展项之间、展项与展陈空间陈列装置之间、展项与群体行为之间的互动设计，以“多元互动”带给参观者更新颖的交互体验。在交互内容的设计上跨越时空与现实相联系，以解谜式的参观体验（比如通过初始界面找到机关来开启展项），加强文物空间与现实展陈空间的内容联系，实现数字化展项体验内容的创新突破。

展览中以“角端的梦想”开启奇幻之旅（图9），在整个展览中角端会经常出现，在不同的展项和文物间进行穿针引线，增强展览的整体性和互动联系。由于数字化展项与传统展览内容相比彼此相对独立，因此借助角端的适当连接即可达到展览参观的整体性要求。本展览共展出沈阳故宫院藏的12件文物，运用“三维交互欣赏”和“声、光、电”等技术，通过“数字多宝阁”“互动投影”“游戏过关体验”“空中幻象”“时空穿越”等形式进行互动展示，让参观者真实地进入虚拟画面参观体验。

这种多媒体与沈阳故宫院藏文物相结合的创新展示形式，符合参观者在交互动画中的内容体验感，同时在古建筑狭小空间中利用CAVE搭建了建中的沉浸式展项，增添了古建筑空间场景复原展示的生机。

图9　角端的梦想

（3）宸宫万象——清宫家具与帝后生活展

清宫家具在沈阳故宫收藏的文物类别中是体量最大的，所以大量家具类文物长期收藏于库房，2021年该展馆经过一年多时间改建而成，目的是让更多的院藏文物走出库房、走出“深宫”，更好地“活”起来，被更多的参观者观赏到，让参观者在欣赏宫廷家具珍贵材质和精美做工的同时，更好地了解中国宫廷文化和传统文化。

沈阳故宫现藏有清宫家具与木制陈设品共800余件，多为清中晚期皇家御用。本展览依据史料记载和宫廷纪实画所示，将多种类的家具进行组合，通过“品茗清心”“博古雅趣”“赏玩怡情”“抚琴赋诗”“家具精品”等10个单元，100余件文物，展示清代帝后的生活，展出品类涵盖屏具、坐具、承具、储物具等中国古代家具的主要类型。其设计方面更是匠心独具，展厅中除陈设家具本身外，还借助科技手段，结合多媒体技术、灯光，用多种方式将宫廷生活的多个侧面呈现给参观者。

在“抚琴赋诗”单元，除作为琴桌的“清红木灵芝双钱纹书案”外，还添加了清宫乐器“清乾隆款黑漆七弦琴”、嘉庆皇帝御笔“清颙琰楷书碧峰寺诗轴”等其他符合抚琴、赋诗主题场景的文物。同时，通过3D mapping技术，进行实时的光照渲染，以动态数字活化的方式打造了“弘历观荷抚琴图”的动态画卷，配以视频、音效制作的云彩飞舞、大雁翔集、松树摇动、落叶飞舞、人物摇扇等动态元素及生动的乾隆皇帝形象，丰富多彩的文化生活与宫廷家具的应用场景，为整个展览增添了趣味性和观赏性。

在明清家具科普解读的数字化互动展示中，通过展示系统Unity的系统架构设计，以系统内置的API为基础进行二次开发，以硬木种类、传统工具、制作工艺、榫卯结构、清代家具经典样式、沈阳故宫院藏家具精品六组内容进行演示，给观众以新奇、玄妙的视觉冲击，激发观众的探究欲，加深参观者的观展印象。展示系统突破了传统声、光、电的局限，营造了亦幻亦真的氛围，效果奇特，科技感十足，将美轮美奂的互动体验带到了参观者面前（图10）。

图10　明清家具科普解读数字化互动展示

（4）沈阳故宫宫廷建筑营造的艺术数字互动体验展

数字文物展厅布置于沈阳故宫的北大值房，展厅呈长方形，北侧设计为“不可方物——数字魔盒”展项，东侧设计为“满目琳琅——数字文物墙”展项，南侧设计为“动态画卷”展项，西侧设计为“康熙南巡图——动态画卷”展项。通过物理互动装置、数字屏幕等丰富多样的展陈手段，营造出立体大型文物库的震撼效果（图11）。

2. 临时展览

沈阳故宫临时展览的多媒体应用主要集中于銮驾库和敬典阁两个临时展厅，均由不同尺寸的液晶显示屏组成屏幕显示系统，其功能是面向参观者播放关于古建筑展厅的建造历史及使用功能，以及每次展览策展内容和展出文物的动态视频，此种参观体验，更加丰富了临时展览的展示内容。

同时还采用了数字化文物采集，利用三维激光扫描等技术手段，对沈阳故宫院藏100件精品文物的信息进行采集，此技术可应用到沈阳故宫的各项临时展览中，也可运用于线上云游沈阳故宫，这种互动性、分享性，为展陈文物打造了更加立体饱满的形象，让参观者能更好地感受、融入、体验、参与，沉浸在文物的海洋之中，展示其背后丰富多彩、饱满厚重的历史和

图11　数字文物墙

文化，从而更好地传播传承文化。

三、未来沈阳故宫多媒体技术的应用

目前，沈阳故宫在古建筑展厅内设计了多种体验式、沉浸式、互动式的数字化展览项目，通过带给参观者身临其境的观展体验，增强展览的趣味性和吸引力，真正做到让陈列在广阔大地上的遗产、收藏在博物馆里的文物、书写在古籍里的文字都活起来，让博物馆变得“有趣起来”。多媒体技术在博物馆陈列中的应用，其根本就是将“以人为本”作为出发点和社会服务宗旨，只有秉承“以人为本”“以参观者为中心”的工作原则来融合多媒体技术，才能实现既弱化观众因不同文化结构造成的对展品观赏、认知、理解的差异，将展览的内容及其蕴含的历史、艺术、科学价值尽可能地传递给到访的每一位参观者，提高陈列展览的利用效率，同时将博物馆更充分地融入社会整体的公共服务体系中，更好地实现博物馆的社会职能，因而二者的深度联合，对博物馆而言，具有长远意义的必要性。

同样，多媒体技术在博物馆陈列中的应用，尤其是像沈阳故宫这样具有历史文化遗产属性的博物馆，其运用的可行性不仅体现在多方面的技术层面上，与古建筑及其蕴附的陈列资源互相联合利用，更能凸显沈阳故宫自身的特色和双赢的未来。

结　语

近年来，在国家文物局的大力支持下，沈阳故宫陈列展览的数字化工作取得了长足的进展，对沈阳故宫的研究成果展示、社会服务满意度及公众形象都产生了积极影响。然而，科技在发展，社会在进步，人类文明注定会因为社会科技的前进实现快速甚至跳跃式的进步。博物馆作为社会精神公共产品的重要提供者之一，在这样挑战与机遇并存的形势下，转变观念、提高视野，遵循博物馆工作规律，利用自身的资源优势，与多领域的跨界兼收、融合，是博物馆未来服务公众、回馈社会，同时在行业、领域的竞争中生存不败，甚至独占鳌头的必由之路。我们有理由相信，当多媒体与博物馆结合，多媒体便有了生命的厚度和根基，便影响到了社会中最优质的一部分文化人群；而当博物馆遇见多媒体，博物馆陈列便增添了无尽的灵魂和魅力，从而被赋予了进一步发展腾飞的翅膀和活力。

博物馆工作与研究

试谈引进展览的再创作
——以旅顺博物馆引进“古韵茶香——镇江博物馆藏历代茶具精品展”为例

韩晓洁

旅顺博物馆

内容提要： 博物馆是一座城市展现文化底蕴的会客厅。举办引进展览既有助于各博物馆之间加强馆际交流、进行资源整合，又可以丰富本馆的展览内容，满足广大观众多元化的精神文化需求。对于结构清晰、展品明确又精美的成熟引进展览，是否有必要在展览内容、形式设计、宣传教育等方面对其进行再创作，笔者根据自身的工作实践并学习借鉴各馆的成功案例，得出了肯定的结论——引进展览有必要根据展览引进方的馆情进行再创作。

关键词： 引进展览　再创作　必要

自我国实施博物馆、纪念馆免费开放的政策以来，特别是党的十八大以来，十年间博物馆事业健康蓬勃发展。据统计，2021年全国新增备案博物馆395家，备案博物馆总数达6183家，其中，5605家博物馆实现免费开放。2021年全国博物馆举办展览的总数达3.6万个，累计接待观众7.79亿人次[①]。博物馆的数量十年间增长60%，年度举办展览的总数增长144%，接待观众数量增长119%[②]。从这些数据可以看出，参观博物馆、观看各类展览已成为人民美好生活的一部分，这也为各级、各类型博物馆的展览工作提出了更高要求、更多挑战。

旅顺博物馆自2013年4月实现全面向社会免费开放以来，一直在办好展览、讲好中国故事的路途上努力探索着、实践着。免费开放近十年，在更新、改陈、办好基本陈列的基础上，馆内举办各类临时展览近90个之多，其中引进展览占比34%。[③]（见下表）

① 《人民日报》2022年6月16日，第10版。

② 国家文物局网站：《六图速览！这十年我国文物工作新进展》，2022年7月23日。

③ 根据2013—2021年《旅顺博物馆年鉴》整理。

旅顺博物馆2013—2021年馆内举办临时展览数量统计表（单位：个）

展览类别＼年份	2013	2014	2015	2016	2017	2018	2019	2020	2021	9年总数
原创专题临时展览	4	8	6	6	3	4	5	2	3	41
合作办展（馆内举办）	0	0	0	1	2	1	1	2	2	9
引进展览	3	4	9	4	3	2	3	1	1	30
线上展览	0	0	0	0	0	0	0	8	1	9
年度馆内举办临展总数	7	12	15	11	8	7	9	13	7	89

从这张表中可以清晰地看到：引进展览是我馆临时展览的重要组成部分。相对于基本陈列，临时展览的陈列内容更为丰富、陈列方式更加灵活多样，展厅也更富于变化。但由于各馆馆藏类别及研究力量等方面的局限和瓶颈问题，即使馆藏特别丰富的省级大馆，也不可能在十几年间完全只利用本馆藏品举办展览，很大程度上要依靠引进外馆的展览来补充。我们通常把这样从外馆引进的一些具有浓郁地域特色、文化特色的文物专题展览，称为“引进展览”。引进展览的展期可以根据需要由引进馆和输出馆相互协商而定，从几天到半年不等，一般为三个月左右。引进展览的举办既有助于各博物馆之间的馆际交流及资源整合，又可使广大观众多元化的精神文化需求得到满足，从而增强博物馆对观众的吸引力。而通过这种“引进”“走出”的办展模式，我们既可以讲其他城市、其他地域文化里发生的中国故事，也可以为其他城市讲述大连这座城市里的故事。

一般而言，引进展览大多都是主题鲜明、大纲结构较合理、内容较为完整、展品可看度、观赏性较高的精品展览，甚至每个单元展示哪几件文物展品、做何配套设计都已经由展览输出方设定好了。那么，对于这样的引进展览，策展人是直接“拿来”，还是要对其进行再次梳理、再创作呢？笔者的答案是肯定的，即使再精彩的精品展览也应由展览引进方根据本馆馆情对其进行必要的再创作。

笔者近年有幸参与了馆内一部分展览的策划、筹展、布展工作，积累了少许经验，总结了几点心得，为了使论述更加具体化，此文就以2022年旅顺博物馆引进的镇江博物馆《古韵茶香——镇江博物馆藏历代茶具精品展》（以下简称“古韵茶香”）为例，与同行分享。

一、精准定位，根据本馆馆情，结合重要时间节点，确立引进展览项目

博物馆作为传承优秀传统文化、弘扬人文精神的家园与殿堂，是一座城市展现文化底蕴的会客厅。因地理位置、功能类

型的差异，每一座博物馆都应有自己的精准定位，根据定位，制定年度展览计划，去找寻、引进适合本馆、符合本馆受众群体口味的展览。没有定位，一座城市拥有再多的博物馆也是千篇一律，一座博物馆引进再多的展览也会因繁乱无章而失去办馆特色。

旅顺博物馆是大连市属的历史艺术性博物馆，根据自身定位及馆藏特点，目前，馆内的陈列展览基本以罗振玉旧藏文物、丝绸之路文物、中国历代艺术品、大连本土文物四大系列为主。近年来，利用举办各类临时展览之机，我们在展厅中设置了观众调查问卷，其中，询问观众喜爱哪些类别的展览即为策展人极为重视的一项重要调查内容，这使我们能够在不偏离自身定位的前提下，有针对性地引进、举办广受观众喜爱的展览，“古韵茶香”就是这样在众多优秀的展览中被挑选出来的。

中国是茶的故乡，是世界上最早发现茶树、利用茶叶、栽培茶树的国家，品茶待客自古就是中国人高雅的娱乐和社交活动。令我们自豪的是，发展至唐代，饮茶之风的大盛不仅促进了中国茶文化的形成，而且对后世及周邻国家饮茶风俗、茶道思想的形成也产生了积极影响。中华茶文化是优秀传统文化的重要组成部分，弘扬茶文化也是增强国人文化自信的具体方式。

因为地域的差异，北方人粗犷豪放，南方人清新婉约，在饮茶文化上自然存在着明显的差异。镇江处于长江与运河两条黄金水道的交汇处，水陆交通便利，自六朝以来，即为长江下游的商品中转港口。东南茶叶，南北各窑的茶具经长江和运河抵运镇江，向东入海运往各地。镇江博物馆收藏的茶具除传世的外，历年来，在墓葬、窖藏、城市文化遗址中也出土了大量制茶工具和饮茶用具。因此，引进这项展览，通过展示历代具有代表性和不同品种、不同质地的茶具，可以引领地处北方的大连观众从器物之用、器物之美的角度了解中华茶文化，感受中华茶文化的魅力，从而增强大家对民族传统文化的认同感、自豪感和自信心。

展览项目的引进需要仔细斟酌，展览时间的安排更是不能马虎。合理的展览档期安排，可以为博物馆赢得更多的观众，可以使展览产生更深远的社会影响。我们将该展安排在2022年7月1日—10月9日期间展出，使展览横跨大中小学生的暑假及“十·一”国庆假期，这个时间正是学生观众最多的时段。“传承和弘扬优秀传统文化要从娃娃抓起”，在两个重要的时间节点期间，馆内配合展览举办了新颖的社教活动，小观众们通过广泛地参与，看展览、听讲解、学知识，领略到了中国古代茶具的精美和中国传统文化的博大精深。这也是我们举办展览的初衷。

二、用撰写原创展览的精神对待引进展览的文案

任何一个引进展览的大纲，都会因实际实施展览的时间、空间发生变化，存在进一步提升的必要性。

作为策展人，最基本的专业素养就是不断认真学习，对待任何类型的展览都要有撰写原创展览的精神，全面了解相关的研究成果，充分占有材料，吸取精华，不能满足于引进展览给观众带来了哪些奇珍异宝，而是要将着眼点放在帮助观众了解

这些文物背后的故事和文化，帮助观众汲取优秀传统文化中的养分上来。

在展览正式实施前，要仔细研读既有的大纲，详细了解展品，及时与展览输出方的主创人员就展览细节及相关背景资料进行多次沟通。

“古韵茶香”展览的原大纲文本结构清晰，但略显简单，除基本的前言、单元说明、重点展品说明外，没有过多的文字内容，辅助展览内容稍显单薄。其中，对重点展品的解读大多是尺寸、外观描述及简单的用途介绍，缺乏故事性的解读。因该项展览在旅顺博物馆之前，就已巡展过多家博物馆，通过各家博物馆的展览设计、展品摆放，可以看出各馆对于该展主题的不同理解。

珠玉在前，如何在此基础上办出旅博特色，成为笔者在展前策划、展览筹备直至展览结束都在思考的问题。笔者发现：在空间上，此次是将南方城市的展览引进至北方城市展出，展品又同时涵盖宫廷用官窑瓷茶具与民窑瓷茶具；在时间上，饮茶、品茶的习俗经历了从远古时神农“尝百草”开始，到唐宋饮茶之风大盛，至现代人日常生活中离不开的生活习惯的演化。解读好这些空间和时间上的“并置”，才能使展览更容易为观众所理解和接受，这也应该是此次展览解读的重点——古代人与我们现代人的饮茶方式一样吗？他们所使用的饮茶用具是什么样的？南北方的茶具和饮茶方式有何区别？最终，向观众交代清楚：饮茶方式的演变导致历代茶具的变化。

对于器物类的展示，特别是介绍说明其功用，最有效的方式就是进行历史还原。古代没有相机，不能拍照、录像，要想还原，最好的办法就是利用当时人的书画作品和诗词文献作品，特别是书画作品，它们是当时社会生活的写照，比较真实可靠。而在中国古代绘画中，每个时期都有反映其生活的人物图，通过这些人物图，我们可以直观地看到当时社会历史环境下人们的生活情境，同样通过这些图像，我们可以直观地了解到当时的生活用器及其陈设使用方式。故，此次展览我们在原有大纲的基础上，增加了大量古代书画及古诗词作品作为辅助展览内容。在不侵犯版权、做好出处说明的前提下，我们选取了在中国古代绘画史上可谓大名鼎鼎的数幅绘画作品，这些绘画作品中展现的茶具，都可以在展览中找到对应的实物。

展览所在的展厅，需要设计一个序厅，序厅的文物展品不宜过多。笔者将原本安排在各单元中的历代“执壶”提出，挑选了唐、五代、宋三个时代四把有代表性的执壶，将其放在序厅的同一个展示柜中，柜体采用静电贴布景的方式，既缩小了可视空间，又提升了展品的观赏度。使观众刚踏入序厅，就感受到了浓浓的“茶”意，为接下来的观展做好铺垫。（图1）

对待引进展览的文本，除了像这样适当地增加、删减内容外，还要仔细查找不准确的文本内容，在得到展览输出方认可的情况下进行大胆修改，以免影响最终的展览效果。“古韵茶香”展第一单元的主标题原为“远古旋律”，笔者认为，此标题不太贴切。从第一单元所展示的文物来看，它展示了从新石器时代至隋代的13件展品，更多的是向观众阐释中国人饮茶所用器具在这段时间中的“兼而用之”，故，我们更改主标题为“兼而用之”。

这样，就完成了对原有展览文字内容

图1 “古韵茶香”展览序厅展柜的展示效果

上的再创作，从而使展览解读更加合理。器物类的展品通过书画、诗词来解读，也可以说是这次展览的一大亮点。

三、积极协助形式设计人员提炼设计元素，继续优化展示内容

展览的形式设计是展览内容视觉化、空间化、互动化的过程，也是学术语言向展览语言转化的过程，实质上更是展览内容进一步深化与展览价值进一步放大的过程。

精彩又耐看的展览不仅仅是内容好，形式设计好也占有相当大的比重。这需要内容设计人员与形式设计人员不断地交流、沟通，甚至是激烈地争论，这种交流应该早在筹备展览之时就已经开始并无时不在了。内容设计人员由于掌握了更多的学术动态、研究成果和大量背景资料，更容易提炼出展览的重点，不断地将这些重点告诉形式设计人员，可以帮助他们理解展览，并尽快提炼出展览的设计元素，进而通过设计继续优化展示内容。

就引进展览来说，它通常已在多地巡回展览，已有一系列的成功经验可以吸取和借鉴。但由于各博物馆的展厅情况不尽相同，在具体实践中还需要形式设计者摆脱依赖心理，摒弃一成不变的思维模式，及时依据本馆实际做出调整，才能以高质量的形式设计使展览焕发出新的生命力。

虽然“古韵茶香”展有成型的文本内容，但却没有系列完整的形式设计脚本，我们能参考的仅仅是一张海报设计图及先前各巡展博物馆的部分展览效果图，但经过展前的数次有效沟通，对方馆竭尽所能为我们提供了所有我们所需的器物高清图片及部分书画作品图片，这就为我们在展览形式设计上的再创作提供了更大的空间和可能。我们也确定了由最具特色的茶具“执壶”串起展览，“执壶”也成为了展览设计的重要元素。

展览海报是形式设计的第一项工作成果，海报的风格决定着整个展览的设计风格。此次展览海报的设计，设计师几易其

稿，通过开会讨论，大家畅所欲言，找到了灵感，即将一把倾斜的执壶与两只带托的茶盏作为设计元素，在海报版面上对角呈现，远远看去，仿佛执壶中就要倾倒出热气腾腾的茶汤，茶盏中则刚刚斟满香气四溢的茶水，使静态的海报有了动态的效果，使观众在看到展览海报的那一刻，既初步明确了展览的主题，又产生了强烈的观展欲望。（图2）

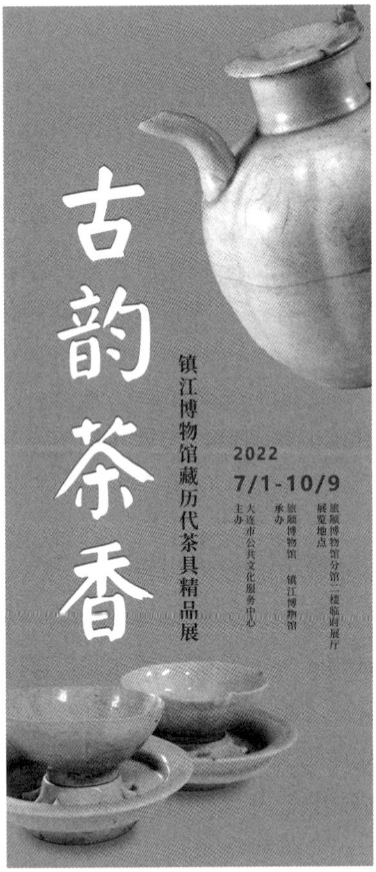

图2 “古韵茶香”展览海报

在展厅氛围的渲染上，采用了清新的茶绿色，配合展览主题，这一色调的选择会给观众带来很强的代入感，使观众在踏入展厅起就有一种“品茶”的愉悦舒心之感。序厅的展标设计，设计师同样用到了展览海报中这把造型秀巧的执壶，由它指向序厅展柜中不同时代的四把精美执壶，清新的观展旅程就这样开始了。（图3）

由于茶具类展品大多小巧别致，大件器物不多，故在辅助图版的设计上，一方面要避免文字多、图片多而导致设计上的喧宾夺主，另一方面也要改变以往方正图版的常规，将大部分图版配图作立体效果处理，使展览更具立体感，增强展览的观赏性。（图4）

通过内容设计与形式设计人员不断地沟通及馆内专业老师的出谋划策，一项具有旅博特色的茶具展终于如期呈现给观众。

四、找准宣传重点，持续提升展览热度

博物馆要很好地为观众服务，其陈列展览必须要以观众为中心，不仅仅考虑“我能给观众什么”，而且要考虑“观众需要什么”①。通过研究观众调查问卷，我们发现大多数观众在肯定展览的基础上，都希望我们加大宣传力度，灵活宣传方式，为他们拓宽了解展览的渠道，多做通俗易懂的展览解读。

的确，展览内容再丰富、设计制作再高大上，不做宣传、不会宣传，“再香的酒也走不出深巷”。通过各种媒体渠道对展览进行预热、宣传、解读，是推广展览的有效手段，更是提升博物馆社会影响力的重

① 单霁翔：《浅析博物馆陈列展览的学术性与趣味性》，《东南文化》2013年第2期，第6页。

图3　清新的茶绿色中由秀巧的执壶串起展览

图4　更具立体感的辅助展示图版

要途径。①

对于引进展览，因展览内容的调整，展示方式和手段的差异，在各馆展览期间的宣传角度一定会有所不同。虽然展览宣传没有一成不变的模版，但所谓会宣传，找准宣传重点是关键。宣传重点找对了，自然就能顺利地使展览热度持续升温。

此次展览的宣传，策展人站在参观者的角度，重点解读饮茶方式的演化导致的历代茶具的变化，近而宣传讲述中国茶文化的形成、发展及影响。同时，对观众特别关注的唐代鎏金双凤纹大银盒、唐代盐台盖、宋代黑釉茶盏、清代盖碗、三清茶诗瓷碗这些具有鲜明时代特征的单件文物展品进行了故事性解读。展览期间，策展人用心、用情撰写的11篇宣传软文在馆内微信公众号、微博上按计划推出，使“古韵茶香”展始终活跃在大众的视野中。

结　语

有一种说法：引进展览，引进的是各博物馆非常成熟的展览，在内容设计、形式设计等方面都有很成功的案例和成熟的方案，出于对展览输出博物馆、对该展览原策展人的尊重，不应该做随意地修改。与此相反，笔者认为，用撰写原创展览的精神对待引进展览，根据各馆馆情，对它做有意义的补充、调整和再创作，才是对展览输出博物馆的充分尊重，才会让曾经已经在多家博物馆展出过的展览再放异彩，获得无限的生命力，赢得更大的社会效益和影响，这对引进方和输出方博物馆提升展览质量和策展水平也都大有裨益。

作为策展人，我们应积极扮演好中国故事讲解员的角色，不断增强思想自觉、行动自觉，始终保有饱含深情的文博情怀，不断在实践中探索，努力提升策展水平，为广大观众奉献更多精彩、生动、鲜活的展览。

① 韩晓洁：《“辽海云帆——元代黄渤海海域贸易瓷器展”展览后记》，《旅顺博物馆学苑（2021）》，科学出版社，2021年，第294页。

浅谈博物馆文物征集与展示利用
——以沈阳故宫博物院为例

付 博

沈阳故宫博物院

内容提要： 博物馆的文物征集工作一直以来都是全国各大博物馆的重点工作之一。馆藏文物的历史文化和艺术特色决定了博物馆对外宣传和交流的主要方向和展示内容。沈阳故宫作为清前期的历史类遗址博物馆，在历史文化、古建筑特色和藏品展示等方面都有着明确的时间和空间要求。近些年，围绕着博物馆的办院方针和馆藏文物性质开展了多渠道的文物征集工作，新征集的文物丰富了陈列展览及多种清代历史文化主题活动，可以更好的服务于公众。

关键词： 文物征集　展示　利用

沈阳故宫博物院自成立以来，文物征集工作一直在持续进行，遵循着“入藏文物需符合院藏文物性质、需求，及补充缺项和完善收藏体系”的原则，经多年积累，文物征集工作取得了较大的成果。本文结合沈阳故宫博物院文物征集工作的实际情况，以及后续如何发挥新征集文物在研究、展示和文化推广等方面的最大价值以更好地服务公众，取得良好的社会效益，做以阐述。

一、文物征集与博物馆藏品体系

对博物馆而言，征集藏品应该与博物馆的原有藏品特色相一致。如遗址类博物馆、军事博物馆、纪念馆、美术馆等，所征集的文物都要从本馆展览的实际需求出发，因此所征集文物会对照馆藏文物，进行广泛查寻，尽量补充馆藏缺项，完善藏品体系。对于综合类博物馆，如省、市级的地方性博物馆来说，因馆藏文物类别多样，文物年代跨度时间长，馆内展览展示主题多样，不受博物馆性质的约束，这样文物征集的范围有所扩大，征集到的文物类别也更加丰富。

沈阳故宫是在古建筑遗址的基础上成立的博物馆。1625年清太祖努尔哈赤将后金都城从辽阳迁至沈阳，开始建立以大政殿和十王亭为主的东路建筑，并围绕其形成了政治中心。此后，经历清太宗皇太极续建和乾隆帝东巡期间对沈阳故宫的增建和扩建，逐渐形成了沈阳故宫现有的累积式建筑群。在沈阳故宫浓郁的历史文化沉淀中，院藏文物同样带有清宫历史文化和满族的民族民俗特色。大量清宫遗物涵盖了陈设、文房、生活、饮食等各种清宫用品，包括瓷器、玉器、珐琅、家具、珠宝、漆器等所有类别的文物。院藏清宫遗珍大多来自沈阳故宫原藏和博物馆成立以来的馆际调拨，这是沈阳故宫博物院藏品的主要组成部分，它们来源清晰，是清代宫廷历史文化的重要代表，具有极强的研究价值。

沈阳故宫的文物征集工作从1927年东三省博物馆筹办处成立以后开始陆续开展起来的。当时由博物馆筹办处向奉天省政府呈报《东三省博物馆征集物品简章》①，并请其转咨吉林、黑龙江两省，面向东北三省民间征集展品。当时对需征集的物品设定了三个标准，1. 适合于陈列的古物；2. 各地方独有的特殊土产；3. 考风资料——包括婚丧祭祀及其他关于社会生活的器物。可见，当时征集的目的主要是用于对外陈列展出。这是沈阳故宫第一次进行对外征集文物，但此次征集仅征集到怀德县（今属吉林省公主岭市）士绅赵晋勋所捐赠的成亲王永瑆帖石作品三十六块半。虽然征集结果收效不大，但开启了沈阳故宫归属地方政府管理之后对文物藏品开始系统并有计划征集工作的先河。

经过几代故宫人对文物征集工作的重视和不懈努力，大量流落民间的明清宫廷文物和明清时期流传的文物重归宫殿，其中明清的绘画藏品收获颇丰，如郎世宁、八大山人等人的作品先后入藏沈阳故宫。目前，沈阳故宫院藏文物达十万余件。

二、文物征集侧重本院特色

沈阳故宫是除北京故宫以外唯一以清宫建筑和清宫历史文物展示清代宫廷生活的博物馆，因此征集明清时期的文物和清宫原藏文物一直是沈阳故宫文物征集工作的重点。

近些年，沈阳故宫的文物征集数量达七百余件，文物类别主要分为明清文物、近现代书画作品和近现代工艺制品。文物征集途径大致分为四种：一为全国各大拍卖行竞拍所得，二为从全国各文物商店购买所得，三为当代书画名家捐赠或个人收藏家收购所得，四为文物管理机构的调拨。沈阳故宫所倾向的明清文物征集主要来自竞拍和文物商店购买，这类文物具有充分的选择性，文物类别集中，档次较高，针对性强，可以结合沈阳故宫现有的文物藏品体系进行选择性补充和完善。在征集过程中，文物鉴定专家在明确文物的历史年代后，会对文物的状况、历史价值、市场价格以及是否适合对外宣传和展示等因素进行衡量和比较。如2019年征集到的清三品、六品文官补服，按照《大清会典》对文武各九品官员以不同等级的禽、兽纹饰作为区分的补服制度，其中文官三品、六品正是沈阳故宫补服或补子藏品空缺的补充，此次征集也使得沈阳故宫的补服收藏系列得以完整。

2018年竞拍征集到的清光绪矾红地双喜字盖盒（图1）。现存世的带有喜字

---

① 铁玉钦：《盛京皇宫》，紫禁城出版社，1987年，第396页。

纹饰的瓷器，大多是同治大婚时期备烧的“十四份和九项花色”中的喜字纹花色，“红地金喜字海碗图样”为单喜字式样，而双喜字图案多属吉语款如“燕喜同和”款。该件新征集的藏品为光绪时期烧制，其底款为“永庆长春”，虽与同治大婚的用瓷纹饰相似，但字迹略显稚拙。原沈阳故宫院藏有的喜字纹饰瓷器有同治款矾红描金喜字碗（单喜字），和宣统款矾红描金喜字碗（双喜字），光绪时期的藏品还属空缺。从新征的光绪时期喜字藏品来看，与同治和宣统时期的藏品在釉料、描金、纹饰等方面都有所不同，特别是在“囍”字的书写规范上，长横和短横的书写形式、短竖的书写方式等不同年间都有所不同，时代特征尤为明显，是重要的文物研究依据。

图1 清光绪珊瑚红釉描金双喜字盖盒

沈阳故宫博物院书画藏品所占的收藏比重最大，种类丰富，但书画类藏品仍然是文物征集工作的重点。沈塘临摹高其佩画像、李世倬补绘而成的《高其佩肖像画》镜心（图2），是新征文物中备受瞩目的藏品之一。虽然国内个别博物馆有过指头画派的展览，但高其佩肖像画仅在上海博物馆藏有一幅《洗聪明图》，沈阳故宫新征集的该藏品对研究指画艺术及其开创者高其佩，填补了更为可靠的实物依据。

征集当代书画名家作品、个人收藏家藏品和名人遗物也是近些年沈阳故宫文物征集的主要方向之一。在沈阳故宫院内曾经举办多项个人和团体书画展览，如哲成书法作品展、宋慧莹书法作品展、陈奇绘画作品展、李仲元书法作品展等个人专题书画展，以及与辽宁省冰雪画研究会合办

图2 清设色沈塘、李世倬合绘的《且园侍郎五十玉照》

的东北地区冬景绘画展等，通过展览征集的众多近现代名家精品，尤为珍贵。此外，还围绕沈阳故宫的历史文化、陈列展览，以举办多种文化活动为契机不断丰富和拓展征集途径。

在沈阳故宫举办的《金玉满堂文化季》《壮美山河》《花好月圆 秋满堂》等文化主题活动得到了辽沈著名书画名家的关注，书画名家李仲元、冯大中、冯朝辉、冷旭先生等专门为活动创作了个人书画作品，并入藏沈阳故宫（图3）。

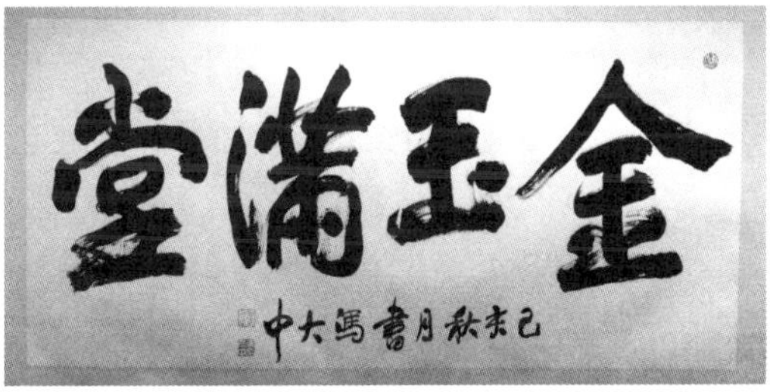

图3 冯大中先生为《金玉满堂文化季》活动创作作品

这些看似与沈阳故宫的历史时期和功能有所差异的新征文物，其形成体系或其中具有一定历史记忆和工艺技术的代表作品都成为了沈阳故宫院藏管理体系和宣教职能中的点睛之笔。

金梁是光绪甲辰年（1904）进士，宣统二年（1910）被授命管理沈阳故宫事务，是提出在沈阳故宫设立“皇室博览馆”对外开放的第一人。民国初年，任逊清皇室总管内务府大臣。东三省博物馆筹备委员会成立后，他主持清点故宫旧藏，布置展览，出版图书等，为成立初期的沈阳故宫博物院作出了巨大贡献。他生前所使用的家具及与故宫相关的珍贵图片，也由其曾孙女捐赠于沈阳故宫，成为沈阳故宫非常珍贵的院史素材。

沈阳故宫开展以来，各大博物馆之间和文物管理机构之间的文物调拨工作主要集中在二十世纪五六十年代。随着博物馆对藏品管理和文物法律法规的逐渐规范，馆际之间的文物调拨情况已不再出现。沈阳故宫作为全国重点文物保护单位，有着重要的文物保管、展示、宣传教育职能。省内文研院、考古所等相关文物机构在文物管理过程中偶有文物调拨的情况。特别是沈阳市考古部门发掘的历史遗物，如2012年、2016年先后考古发掘的汗王宫遗址和沈阳故宫院内工程改造发现的大量清前历史遗物，以及具有重要历史价值、经济价值和艺术价值的近现代工艺制品也陆续入藏沈阳故宫。

三、新征集文物的展示与利用

博物馆是一个为社会发展服务的机构，新征集的文物一旦进入博物馆，实现其教育、研究和观赏价值则成为文物征集工作的最终目标。文物面向大众开放的展示与推广工作就要逐渐展开。

1. 陈列展览

展览是博物馆最重要的文化产品，陈列展览是博物馆对外展示新征集文物的重要手段。目前国内许多博物馆都在积极利用新征集文物举办展览。展览主要以新征集藏品的类别进行区分，如青铜器、瓷器、书画、玉器等。观众可以从这类展览中欣赏到之前展览中从未见到过的古代文物，大有耳目一新之感。同时，通过对新征集藏品的研究，亦给原有文物研究工作带来了新的思路和视角。

中国国家博物馆于2015年举办了新征集文物特别展。展览选出了国博120余件新入藏文物，推出“近藏集粹——中国国家博物馆新入藏文物特展”，包括青铜容器、书画、佛教造像及其他种类的藏品，反响轰动。

2010年，长沙市博物馆精选出350余件新征集藏品，举办“盛世收藏——2005—2010年长沙市文物征集成果精品展”，以反映长沙市厚重的湖湘历史文化和民族民俗，体现了征集工作的成就和重要意义。

2017年南京博物院“量体裁衣”，以展陈需求为尺度征集了大量藏品，推出“缀白裘——南京博物院藏品征集十年”展，突出了征集藏品的缀补和点缀功能，成为南京博物院展览中的一袭白裘。

2019年宁波博物馆举办了“积跬步·至千里——宁波博物馆建馆十周年文物征集成果展”。

陈列展览无疑是目前对新征集文物展示推广最直观、最有效的表现方式。沈阳故宫的近千件新征集文物中，相当一部分文物是通过活动或考古挖掘等方式集中征集而来的。如2018年，经文物管理部门批准，将汗王宫遗址出土的90件文物入藏沈阳故宫。汗王宫是明末清初时期清太祖努尔哈赤将后金都城从辽阳迁至沈阳后修建的寝宫，与沈阳故宫早期修建的大政殿同为后金政权等级最高的建筑。多年来汗王宫的真实面貌一直未被发现，直到2012年，在市政改造时被发现并由考古部门进行发掘，汗王宫的发现成为清初都城规划和满族宫廷建筑等研究的重大突破。“清前三京”展览，就是依据汗王宫的发现，梳理后金政权从建立之初，经过三次迁都，最终建都沈阳城修建汗王宫和大政殿的历史过程展览（图4）。

图4　汗王宫“清前三京”展

因沈阳故宫有对古建筑的保护要求，所以展陈空间和陈列改造严重受限。为了推出更好的藏品展览展示功能，扩大对清宫历史文化的宣传，沈阳故宫决定对民国时期用于东北电信管理处的办公旧址进行陈列改建，使众多院藏清宫家具及陈设类文物能够走出库房展示在观众面前。展览中，位于前厅的一个单元内，陈列着沈阳故宫新征集的民国时期家具及办公用品，还原了民国时期东北电信管理处办公室场所的原貌，体现了原有建筑的时代特征和使用功能（图5）。

图5　复原民国时期东北电信管理处办公室

举办新入藏文物陈列展览，是数十年来博物馆文物征集工作最好的展示。辽沈地区书画名家云集，著名的“关东画派”是辽沈地区鲜明的艺术标识之一，色彩浓烈的艺术表现手法，反映了这一地区人文历史、社会面貌的现实主义艺术创作的艺术特点。在沈阳故宫举办的关东画派作品展览中，很多展品为后期征集所得。此外，京津画派中的晏少翔、钟质夫、季观之、郭西河四位先生在建国初期从北京来到沈阳，成为了鲁迅美术学院国画教学的中坚力量，将后半生奉献给了国画教育事业。这一时期的部分作品现也先后入藏沈阳故宫，策展团队经过研究整理，在《博古新风——沈阳故宫博物院藏京津画派名家绘画展》中将这批新征绘画作品进行了展出。

为了更好地向观众展示沈阳故宫文物征集之路的艰辛与成果，目前，沈阳故宫策展团队正在筹备一项专为文物征集工作所举办的专题展览。从新征文物中撷选精品百余件，以“重拾宫藏”“文人翰墨”“承艺精工”三个维度搭建展览结构，相信不久将会在沈阳故宫展出，向沈阳故宫建成400周年献礼。

博物馆的文物征集工作不仅是对文物进行合理的保护，也是服务于公众最源头的环节，通过不断地征集和保护，可以警醒人们增强对我国文化遗产的保护与传承意识，使这些因国家衰亡、外强入侵、政权旁落等原因造成的文物流散的悲剧不再重演。

2. 文创展示

近几年，文创产品是全国各大博物馆着力打造的公共文化服务体系之一。拥有庞大的清宫历史文化和馆藏文物资源的沈阳故宫博物院，在文创产品研发上有着得天独厚的优势。那么新征文物在文创产品研发和制作中是如何发挥作用的呢？

首先，加强新征集文物在展览中的使用。围绕展览主题或参展文物进行文创产品研发，挖掘其文化内涵，使文创产品成为展览内容的一部分，在丰富展览形式、提升展览活力，满足公众精神文化需求的同时，依托主题展览开发文创产品也成为了文创产品研发的新途径。这些入藏新物让产品研发有了更多的想象空间和创意空间。

2019年，沈阳故宫举办了“百姓最喜爱的三件文物”评选活动，其中沈阳故宫早期征集而来的郎世宁所绘设色《竹荫西狑图》轴也在入选名单。郎世宁是清代盛世时期著名的宫廷画师，以西方透视技法与中国传统绘画相结合的画法倍受统治者喜爱。三件郎世宁的绘画作品，每件都是精品，为配合此次展览，沈阳故宫制作了种类多样的文创产品，以此画为设计元素在文创产品中大量使用，不仅设计出了缩小版的图轴，还制作了大量的便签盒、书夹、笔记本、眼镜布等文具用品（图6）。

其次，将新征集文物的工艺和时代特征与现代人的审美兴趣相融合。

沈阳故宫新征集了一批在东三省博物馆成立初期的老照片，这些照片对沈阳故宫的历史文化研究起到重要作用。沈阳故宫的文创研发团队以这批照片为素材进行产品研发，其中以线描勾勒出的古建筑和院藏文物明信片深受观众的喜爱。

图6　清郎世宁精品绘画镇纸（文创产品）

新征藏品中除部分来自清宫文物以外，民国和近现代文物占据了重要的部分。民国的文物藏品对艺术的表达和呈现更容易被现代人所接受，与现代人的审美智趣更为接近，无疑丰富了文创产品的题材和内容。如“现代溥僩设色官上加官图轴”为沈阳故宫二十世纪征集而来，考虑到画面整体代表的美好寓意，一幅幅做工精致的仿制画卷和各种摆件走进了千家万户，承古传今，载着人们对美好未来的向往和期待（图7）。

图7　来自清朝官员补服的设计元素制作的团扇（文创产品）

3. 文化交流

由于在文物征集的过程中非常注重新征集文物与沈阳故宫文化内涵的关联，近些年沈阳故宫博物院结合自身历史文化特色和大量的馆藏文物，举办了不同题材的文化主题活动，其中新征集文物在文化宣传和利用上起到了重要作用。

“清帝东巡”文化主题活动，是沈阳故宫历史文化研究中重要的组成部分，主题活动包括学术研讨会、清帝东巡展等。主题活动与2019年由文化遗产研究院调拨的《清帝东巡图》等共10幅绘画作品所表达的内容完全一致，新征集到的绘画作品由几位沈阳鲁迅美术学院的老师和同学共同完成，画作完整地呈现出了清帝东巡过程中的主要活动，气势宏大。“清帝东巡”展厅位于乾隆帝东巡期间在沈阳故宫住跸的西路九间殿内，向观众展示了清朝政权迁都北京后四代帝王重返盛京期间的祭祖、赐宴、巡视等活动。经过重新装裱后，这批绘画作品在文化活动的开幕式上进行展示宣传，并做成了数字化动态展项循环播放。观众可以通过这十幅绘画藏品更加清晰地了解清帝东巡对巩固民族团结，稳定东北边疆局势，提升盛京政治和文化地位的重要意涵。

此外，沈阳故宫还利用“宸宫万象——清宫家具与帝后生活”“金玉满堂——沈阳故宫的奢华典藏”“壮美山河——沈阳故宫馆藏山水题材文物特展”等大展览开幕的契机举办了各种相关的文化主题活动，活动现场现代书画名家挥毫泼墨，将自己融入此情此景，每一个笔触都积蓄了迸发的情感，这些作品不仅记录了沈阳故宫文化活动的精彩瞬间，更向人们展示出了现代艺术家眼中不一样的历史风韵（图8）。

图8 壮美山河——沈阳故宫馆藏山水题材文物特展

沈阳故宫作为古建筑遗产保护单位，反映了清前期、中期古代建筑的时代特征，2016年，沈阳故宫在对古建筑维护和修建加固的施工中，发现了大量留存的清宫古建筑构件，如屋脊琉璃构件，砖石、彩画木构件等，这批建筑构件最终被列为三级文物入藏沈阳故宫。而这些古建筑构件的挖掘和发现也揭开了沈阳故宫古建筑研究上的未解之谜，如清宫取暖火地烟道的走向和排烟方式、新发现清帝东巡住跸期间的如厕问题。这批建筑构件也为古建筑专家在古建筑研究、原状陈列研究和学术研究等方面提供了重要的实物依据。

清宫造办处是清代制造皇家御用品的专门机构，推翻帝制以后，造办处的工匠散落民间，北京燕京八绝博物馆是再现清宫八种工艺的艺术性博物馆。沈阳故宫与该博物馆进行了多次合作，并派专人赴北京参观学习清宫的工艺制作方式和流程，身临其境地了解造办处里的各种绝活，感受工匠的精湛技艺。在我们惊叹清宫传统工艺的同时，也得到了非遗传承人的精美作品。燕京八绝博物馆馆长、国家级非遗金漆镶嵌髹饰技艺传承人柏群先生，捐赠了金漆雕填《韶山》插屏入藏沈阳故宫（图9）。

图9　金漆雕填《韶山》插屏

结　语

文物征集是弥补馆内藏品不足，完善藏品体系，建立良好的文物收藏结构的重要方式。如何更好地展示和利用新征文物，充分发挥其更大的展示、教育和研究功能，让新征集文物与藏品相协调、与展览相融合、与文创产品研发和文化活动相促进，是文物征集过程中应着重考虑的问题，也是博物馆在展示推广工作中的重要组成部分。

“后疫情时代”博物馆教育的新思路

——以旅顺博物馆为例

刘　芳

旅顺博物馆

内容提要：突如其来的疫情使博物馆的教育活动面临着复杂而严峻的考验。后疫情时代，博物馆逐步恢复正常开放，线下的教育活动也开始慢慢归位，而线上教育仍然广受欢迎，成为与线下教育共同发展的又一种新的教育方式，为博物馆开展教育活动打开了新思路。在此背景下，本文结合疫情发生以来笔者所在单位开展的教育活动情况，分析所取得的经验，对博物馆教育进行再思考，为博物馆教育的未来发展提供更多的方向。

关键词：后疫情时代　博物馆教育

2020年初以来在全球陆续发生的重大公共卫生事件——新冠肺炎疫情，传播速度之快，影响范围之广，持续时间之长，让国内外都始料未及。而今，“后疫情时代”成为当前出现频率较高的一个词汇。什么是“后疫情时代”？中山大学王竹立认为：“所谓后疫情时代，并不是我们原来想象的疫情完全消失，一切恢复如前的状态。而是疫情时起时伏，随时都可能小规模暴发，从外国外地回流以及季节性地发作，而且迁延较长时间，对各方面产生深远影响的时代。”[①]

疫情既是危机，也是一次抓住机会、转型升级的机遇。突如其来的疫情使博物馆的教育活动面临着复杂而严峻的考验。疫情严重时，许多博物馆关闭了线下之门，打开了线上之窗，观众可以通过各种形式的“云端”参与博物馆的教育体验活动。后疫情时代，博物馆逐步恢复正常开放，线下的教育活动也在慢慢归位，而线上教育仍然广受欢迎，成为与线下教育共同发展的又一种新的教育方式，为博物馆开展教育活动打开了新思路。在此背景下，本文结合疫情发生以来笔者所在单位开展的教育活动情况，分析所取得的经验，对博物馆教育

① 王竹立：《后疫情时代，教育应如何转型？》，《电教化教育研究》2020年第4期。

进行再思考，为博物馆教育的未来发展提供更多的方向。

一、疫情发生前的博物馆教育

教育是博物馆的核心业务，博物馆作为社会教育的重要基地之一，是学校教育和家庭教育的有效补充。在教育的内容上，博物馆教育主要依托馆藏文物，内容丰富，体会直观；在教育形式上，以互动与体验为主，形式多样。近年来，博物馆更加重视教育内容体系的丰富和教育形式的多样，除传统的陈列展览和宣教讲解外，动手体验、讲座、流动博物馆等层出不穷，形成了博物馆的自有品牌项目。

自2015年开始，旅顺博物馆深入解读中学生历史课本，举办了“中学生历史课堂”特展，分别推出“古人的生产与生活”“汉字的故事”“带你看懂二十四节气”等内容。采取教科书与馆藏文物对应的展览形式，以通俗易懂的说明文字介绍展览与展品。中学生参观时，既可以看到熟悉的教材，也可以欣赏到真实的文物。不仅可以让学生们更好地理解、掌握课堂上学到的知识，还可以增长见识，加深学习历史的兴趣，从而更深层次地理解中国的传统文化，热爱并传承优秀的传统文化。又如结合每年固定的传统节日，旅顺博物馆推出了“传统节日动手做”系列活动，目前已涵盖元旦、春节、元宵、清明等全年所有的传统节日，参与活动的观众主要以家庭为单位，在活动过程中家长与孩子一起动手制作带有节日元素的小手工，既获得了节日小知识，又收获了小礼物，还增进了亲子感情，一举多得，受到了广泛好评。

二、后疫情时代的博物馆教育

自2020年疫情发生以来，国家文物局提出了“闭馆不闭展”的倡议，许多博物馆纷纷响应，以最快的速度从线下转至线上，将展览、活动、文化知识上传云端，继续肩负着丰富广大人民群众的精神文化生活的责任。旅顺博物馆倡导“闭馆不闭展，服务不停歇”，利用馆内的文物数字资源，做好线上教育推广。如结合近年举办的线下展览，推出线上导览、展品赏析；推出线上新展览，并推出系列展览解读；结合馆藏精品文物，推出“文物微课堂”“云课堂——博物馆里的二十四节气”“云课堂——文物里的传统节日”“云课堂——成语·文物”等专栏；利用传统节日，推出“活动不打烊”“我们的节日”线上手工体验活动；开展直播“云游博物馆”；充分发挥志愿者的特长，推出“志愿者线上课堂”“志愿者文化站”等多种活动。粗略统计，2020年以来，通过微信、微博等线上平台发布的推送文章千余条，阅读量达500多万。

如此庞大的参与量，是以往的博物馆线下活动无法达到的。既反映了博物馆开展线上教育活动的社会关注度与观众需求度越来越高，也突显了多媒体、互联网技术传播的远大前景，同时也体现了博物馆在超脱实体文物、场馆以外领域的有力尝试，是积极响应“活化文物资源”号召的有力证明。

三、后疫情时代博物馆教育工作的新思路

疫情期间，观众所获得的博物馆体验

主要来自于互联网。通过网络或社交媒体，观众不再受限于空间和时间，也无须遵守博物馆的参观要求，观众可以根据自己的兴趣爱好自由地选择博物馆，自行安排参观路线、参观节奏，挑选感兴趣的展览、展品，甚至可以近距离、多维度“深入”展品内部进行欣赏。博物馆还将更多的教育资源和学习项目上传到网上，观众在观展、学习结束后，还可以在社交媒体上发表意见、交流体会、对博物馆提供的文化服务进行评价等。后疫情时代的博物馆教育是观众适应新冠疫情的一种博物馆新体验，是博物馆运用各种教学方法的教育工作新形态，需要博物馆从教育模式、教育人员、技术手段等多方面进行思路转变，才能更好地发挥博物馆的教育功能，推动博物馆教育的进一步发展。

（一）教育模式创新，更加彰显特色

观众参与线下教育活动时，可以达到沉浸式体验的良好效果。而当疫情出现并且不能短时间结束时，博物馆就应该充分利用线下活动所取得的成果，将教育活动的实施从线下延伸至线上，将二者有效融合，以取得教育效果的最大化。如旅顺博物馆曾于2018年推出“中学生历史课堂——带你看懂二十四节气”展，利用馆藏相应文物，结合二十四节气的民俗、气象、文学等方面的知识，用生动的语言为观众们讲述节气故事，让观众理解节气知识，感受到生活中节气的影响。展览一经推出，广受好评。不但是中学生们从展览中获得了很多知识，就连家长们也是受益匪浅。2020年疫情期间，推出了“云课堂——博物馆里的二十四节气”，继续深挖能够体现相应节气的馆藏文物，更加详细地介绍每一个节气的知识点，在每一个节气到来之时按时上线。2022年，继之前的展览、“云课堂”之后，又推出了“二十四节气在身边”主题教育课程，参与的观众除了可以更全面地了解每一个节气之外，还可以尝试丰富多样的节令美食与趣味十足的传统游戏，以达到深刻理解二十四节气的文化内涵，感受中华民族劳动人民智慧结晶的最终目的。由此可见，“后疫情时代”的博物馆教育项目“线上+线下”的模式将成为未来博物馆教育的主流模式，目标明确、方式多样，内容丰富，受众也更加广泛。同时，2022年，旅顺博物馆还通过微信公众号和官方微博，同步上线了“旅小博送壁纸”系列推文，将馆藏文物与节气相融合，设计出了精美壁纸，焕活文物魅力，给观众带来了惊喜。

（二）呈现形式多样化，对数字化要求更高

博物馆的线下教育主要依靠展览中的展品或借助复制品、教具等进行教学，有着直观体验、视觉冲击的优势。但是不论是复制品、教具还是文物展品，都不便于移动，尤其是文物展品或复制品，在使用时都有着严格的要求。随着信息化技术和互联网技术的广泛运用，博物馆的教育可以通过科技手段呈现在大众面前。线上教育可以通过图片、音频、视频、AR、VR等技术手段，弥补与实物教学之间的差距。而且更有优势的是，线上教育可以实现跨国、跨区域的数字文物资源组合、共享，教育活动策划人员可以整合、编辑更多的文博资源，打造系列教育项目，构建体系化的知识结构。

当然，这也要求博物馆加快数字化

建设。目前，旅顺博物馆充分利用丰富的馆藏文物，通过先进的新媒体技术，从不同角度深入挖掘，全面展示馆藏文物、展览，实现了借助新媒体等技术打造数字化博物馆，形成互联互动的展示平台。目前已开发完成了“文物互动体验”“导览数据查询”“数字博物馆”“智能导览”等功能，其中，“数字博物馆”“智能导览”两项，观众离开博物馆后仍然可以通过手机小程序查找到，随时随地都可以浏览自己感兴趣的展览、展品，并且可以将自己喜欢的展品及相关信息分享给亲朋好友，进一步扩大了文化的传播力和博物馆的影响力，实现了“将博物馆带回家”。

（三）讲解员身份升级，做复合型教育员

博物馆的讲解员承担着教育活动的策划与组织，每个讲解员都需要学习、了解教育学、心理学、语言学、传播学等多学科的基本理论，也需要有一定的活动策划能力、组织能力、面对突发事件的现场应变能力等。当教育活动由线下扩展到线上后，讲解员又摇身一变，出现在镜头前，各种新媒体平台都能够看到博物馆讲解员的身影。2020年以来，旅顺博物馆多次通过网络平台，推出讲解员直播云观展活动。通过旅顺博物馆官方微博、新浪大连平台举办了线上云游《春和·陶瓷物语——旅顺博物馆藏日本古陶瓷云上艺术展》直播活动，讲解员为观众介绍了极具日本本民族文化传统和特色的旅顺博物馆藏日本古陶瓷器。与此同时，还举办了线上教育推广活动——巧手彩绘帆布包。参与由“在艺APP”发起并主办的“首届·云端博物馆周”项目，由讲解员线上带领广大观众参观别具韵味的馆舍建筑，欣赏内容丰富的主题展览，品鉴精品文物，一同领略百年旅博的独特魅力。参与中国丝绸博物馆的丝绸之路周“遗产点亮丝路”直播接力活动，带领广大观众云游旅顺博物馆，欣赏旅顺博物馆的丝绸之路文化特色文物，讲述旅顺博物馆与丝绸之路的不解之缘……这些都是旅顺博物馆讲解员们的大胆尝试与“华丽转身”，以更加贴近实际、贴近生活的方式，拉近博物馆与观众的距离，在疫情时期为观众带去更为安全、更为丰富的观展体验和服务。

同时，随着线上教育呈现形式的多样化，对各种新媒体平台的使用及技术的掌握也尤为重要。因此，讲解员们需要抓紧时间“充电”，阅读专业书籍，扩充知识面，学习、掌握各项技能，学会常用软件的使用。同时，学以致用，将知识与实践不断地碰撞与融合，迸发出更具有生命力的创新火花。2021年，正式上线的“旅顺博物馆对你说”短视频，从撰写方案、录制视频、后期制作到最后上传，宣教部的讲解员们通力合作，同事之间非常熟悉与了解，交流沟通也十分顺畅，往往可以达到事半功倍的效果。视频一经推出，便好评不断，也促使讲解员们更有信心，更加努力。未来，讲解员们都将成为复合型的人才，融合多种展教技能，成为教育活动的多面手，在“讲好中国故事，传播中国声音”的道路上越走越远，越来越好。

结　语

新冠疫情的发生促使博物馆深入思考自身所发挥的作用，随着“后疫情时代”

的到来，博物馆必须及时调整社会教育的内容与方式，深挖馆藏资源，以“互联网+”为支撑，以人为本，精准定位，线上与线下教育协调发展。在未来，数字化、线上线下相融合是博物馆教育发展的必然趋势，只有不断拓展博物馆社会教育的新领域，才能抓住后疫情时代博物馆社会教育发展的新机遇，推动博物馆社会教育走向更高远、宽广的领域，为社会发展贡献力量。

合理利用文化资源加快构建文化旅游链的思考

夏晨光

阜新市博物馆

内容提要：阜新历史悠久，文化丰厚。八千年查海文化、五千年红山文化是古代先民在这片土地上的早期探索。春秋战国时期，阜新为燕国北部边境和东胡族的游牧之地。北方游牧民族匈奴、乌桓、鲜卑先后游牧于此，阜新成为了北方游牧民族活动的大舞台。辽金元三代是阜新地区各民族文化融合、共同发展的重要时期，遗留下的遗址、遗迹都是珍贵的文化资源。阜新要加快旅游事业的发展，必须科学规划旅游线路，突出构建旅游文化链。发展现代旅游业，必须加强对旅游文化市场的管理，创新旅游产品，提供优质的旅游服务。发展现代旅游事业，打造优秀的旅游城市，需要政府加大力度，综合整治。

关键词：文化资源　文化旅游链　思考

旅游业作为一种新兴产业，它是一项关联度大、带动能力强的产业，它对提高城市知名度、树立城市形象、打造文化品牌、拉动消费、促进就业等都具有不可替代的作用。近年来，阜新市的旅游业发展迅速，同时也不可避免地存在一些问题，比如：没有形成综合性的文化旅游观念；对旅游的历史与文化资源的开发、研究、利用程度不够；旅游文化产品的区域性特色不够突出、旅游宣传推介力度不够等等问题。为此，笔者认为阜新市应进一步整合旅游文化资源，提高现代旅游功能，这将极大地促进阜新地区的经济发展与社会进步。

一、阜新文化旅游资源概述

阜新地区的历史源远流长，文物古迹十分丰富。目前发现的有8000年的查海文化遗址，5000年的胡头沟红山文化遗址，4000年的西灰同青铜时代夏家店下层文化遗址，展现了中国北方早期的历史文化的风貌，透露出中华文明的深厚积淀。

1. 历史与考古文化

早在8000多年前，阜新地区就有古代先民在这里栖息繁衍，在查海遗址出土了大量的生产工具、生活用具、龙纹陶片和浮雕蟾蜍陶罐，更出土了世界上最早的真玉制品和石堆塑龙。查海遗址的发掘是在上世纪末，考古成果引起了学界和社会的广泛关注，认为查海遗址“把我国远古时期的农业起源、村落的出现、龙文化的源流用遗迹和实物记录下来”[①]。因此，阜新被誉为“玉·龙故乡”，被认定为中华民族古代文明的发祥地之一。

春秋战国时期，阜新为燕国北部边境和东胡族的游牧之地，今天，燕长城像一条“土龙”蜿蜒于阜新大地之上。北方游牧民族匈奴、乌桓、鲜卑也曾先后游牧于此，阜新成为北方游牧民族活动的大舞台。

阜新地区作为契丹民族活动的早期区域以及辽王朝统治的核心地区，文化遗迹十分丰富。这里是辽代后族萧氏家族墓和“头下军州”的集中分布区。目前已发现的辽代皇族墓有：耶律元妻晋国夫人、耶律奴、耶律休哥、耶律斡特剌墓等；后族墓葬有：萧图古辞、萧仅、萧旻、萧延弼、萧德温、萧德恭、萧知行、萧和、萧知微、萧德让、萧令公、萧相公、萧慎微墓等，其中以关山辽墓群规模最为宏大，最具代表性。阜新地区辽代的“头下军州”主要有：壕州、成州、懿州、徽州、遂州、顺州、闾州、渭州、横州、原州、福州11座，以红帽子成州古城和塔营子懿州古城为代表，此外还有众多辽代州城寨堡遗址。辽代的佛寺、佛塔、铁马蹬、鸡冠壶、玛瑙围棋，契丹文字等遗迹遗物的再现，证明了辽代阜新地区经济的发达和文化的繁荣。因此，可以说“阜新是契丹族的故乡……是契丹族的主要统治中心之一”[②]。金元时期女真人、蒙古人活跃在这一地区，其中懿州古城又历金元，元朝曾三次将辽阳行省的治所移至懿州。

明朝，蒙古兀良哈部开始移牧阜新地区；明廷修筑的防范蒙古、女真的辽西长城有两条从阜新经过。

清朝时期，在蒙古地区实行盟旗制度，于阜蒙县设土默特左旗，彰武县设立皇家的养息牧场。清朝在阜新地区大力推行喇嘛教，有专家考证，仅阜新地区就建有大小寺庙202座[③]，规模较大的有瑞昌寺、瑞应寺、佑安寺、普安寺、广法寺、德惠寺、圣经寺，其中规模宏大、影响较大的是瑞应寺。瑞应寺建成庙宇和房屋三千多间，形成了方圆十华里殿阁楼台、街道纵横、庙门高耸的宗教城。瑞应寺鼎盛时期“有名喇嘛三千六，无名喇嘛数不清”，盛况空前。海棠山风景区，位于辽宁省阜蒙县大板镇境内，是全省五十佳景之一，省级文物保护单位、国家级森林公园和AAAA级风景区。这里集人文景观、自然景观为一体。海棠山是东北著名的佛教名山。这里风光秀丽，景色宜人，以奇峰怪石、古松紫柏、山谷幽深而著称，素有“辽西小华山”之美誉。人文景观以267尊摩崖造像和素有小布达拉宫之称的普安寺闻名，堪称中国一大奇观的摩崖造像群布满全山。海棠山造像的雕功刀法为国内一绝，是中华民族的文化和艺术瑰宝。坐落于此的普安寺始建于清康熙二十二年（1683），历经六代五世活佛，是东方的藏传佛教中心，素有小布达拉宫之称。普安寺大殿建筑宏伟，风格迥异，

① 刘国友：《阜新通史》，吉林大学出版社，2006年。

② 张志勇、黄凤岐：《阜新契丹族史稿》，高等教育出版社，2007年。

③ 石金民、崔嵩：《阜新的佛教文化》，《阜新历史与文化》，科学普及出版社，2003年。

金碧辉煌，是目前东北地区修复建设的最大一座藏传佛教庙宇。殿内复塑的高9.9米的大白伞盖佛母像是全国最大的室内雕塑佛像之一。与海棠山摩崖造像齐名的还有彰武县千佛山的摩崖造像。

2. 工业文化遗产

海州露天矿国家矿山公园，是全国首批、辽宁省唯一的国家矿山公园，又是全国首个工业遗产旅游示范区，是在露天采矿遗址上建立的集旅游观光、商务休闲、科普实践、传统教育、工业忆旧、探险体验于一体的世界现代工业遗产旅游项目，现在已成为阜新市的新地标。矿山公园总占地28平方公里，分为世界工业遗产核心区、蒸汽机车博物馆和观光线、孙家湾国际矿山旅游区和国家矿山体育公园4大板块。在主题公园中间展示的99号电镐，为1952年苏联制造，一直以来就是海州露天矿的标志，曾印在1960年版的5元人民币上。此外，蒸汽机车、潜孔钻机、推土犁等机器设备悉数展现在游客眼前。国家矿山公园博物馆建有20多个功能区，涵盖地球和生命起源、煤矿利用与人类生活、矿产资源与环境保护、岩石与矿物赏析、工业遗产与旅游开发等内容。

3. 民俗文化

阜新蒙古贞文化独具特色，有以“喇嘛炖肉”“蒙古馅饼”为代表的饮食文化；以蒙古男袍、女绣袍、马甲等等为代表的服饰文化；以寺院经典舞蹈查玛舞、蒙古族民间舞蹈为代表的舞蹈文化；优秀的民间艺术有绘画、剪纸、风筝、石刻、刺绣；文体游艺习俗有“跑黄河”、驴皮影、大秧歌等等。以上这些反映了阜新地区各个历史时期各族人们的社会生活、文化创造和精神风貌。这些丰富的旅游资源，为阜新发展现代旅游事业提供了得天独厚的条件。

4. 自然资源

有以大清沟为代表的草原文化。大清沟风景宜人，这里珍、奇、古、怪，植物奇特、景色秀丽，四季常青，花开不断。人们称赞大清沟“大旱不干，大涝不淹，水清如镜，鱼肥肉鲜”。神奇的“粉砂巩坝坝不倒，青蛙不会叫，乌鸦不筑巢”的大清沟，是镶嵌在科尔沁沙地南端的一颗明珠。

有被誉为世界奇迹的科尔沁沙漠绿洲的章古台人工防风林。这一奇异的景观，仿佛一颗绿色的宝石镶嵌在金色的沙海之中，万顷林海，翠色欲滴，鸟语花香，兽走禽飞，松涛如泣如诉。置身其中可以进行沙湖浴、森林浴、日光浴，可以牧牛、牧羊、捡拾红蘑、黄蘑、草蘑等真菌；也可以感悟沙海造林的意境。登临四层防火瞭望塔，举目北望，科尔沁沙漠黄沙漫天，若秋风大作之时，沙涛滚滚，撼人心魄。鸟瞰四周，绿树婆娑，绿海黄沙，交相争辉，登临此塔，发古幽思，叹人之伟力，惊世之奇观。

阜新盛产玛瑙石，成就了以“阜新玛瑙雕”称绝的玛瑙文化，阜新已成为享誉国际的“世界玛瑙之都”。

阜新风力资源丰富，形成了以风力发电为代表的现代生态人文景观。目前阜新建立有“五大三小”八个风场。宏伟壮观，成为一道亮丽的风景线。

二、关于构建阜新文化旅游链的思考

阜新要加快旅游事业的发展，必须科学规划旅游线路，构建旅游文化链。旅游线路规划必须遵循以下原则：（1）顾客导向原则，即考虑顾客的旅游需求。顾客的旅游需求可以分为三类：一类是文化素质较高的专家学者型，他们关注的是文化环境“本体真实”的保存；一类是外地游客，他们关注的是旅游经历的真实感受；一类是本地游客，他们集参观、娱乐、休闲于一体，关注的是本地经济发展和自己生活的丰富与改变。从顾客需求出发，设计旅游线路，能让各类顾客感到游有所值。（2）综合性原则，即在线路设计上要考虑各种旅游文化资源的综合。综合性原则要求在每一条链上，历史的、宗教的、人文的、工业的、农业的、生态的各种景观的综合，还要集参观、游览、休闲、娱乐、饮食于一体。（3）特色性原则。在每一条旅游链上，要有区域文化特色，打造旅游文化品牌、开发特色旅游文化市场。（4）便利性原则。这一原则要求要方便游客，为游客的旅游提供便利；同时考虑交通的便利。（5）经济效益性原则。政府要考虑经济效益，通过发展旅游，对地方经济起到拉动作用，以及给当地居民所带来经济收益。（6）安全性原则。规划旅游线路要把游客的安全放在重中之重，尊重游客的生命价值，这是“以人为本”的体现。（7）管理性原则。依据法律法规，便利于加强对景区、旅游线路、旅游过程、旅游中介、旅游服务人员的管理。（8）服务性原则。以游客为本，为游客提供满意的服务。

以阜新市为中心，形成了几条旅游文化链：

一条是阜新市博物馆——海州庙——海州矿国家矿山公园——矿山博物馆——奇石博物馆——玛瑙城的市内旅游线路。

一条是瑞应寺——佛寺水库——玛瑙城旅游线路。

一条是阜蒙县博物馆——塔子沟——海棠山——宝力根寺旅游线路。

一条是查海——关山辽墓——张三丰故居——塔营子懿州古城（古塔）——大清沟旅游线路。

一条是彰武县千佛山——巨龙湖——皇家牧场旅游线路。

一条是百年赛道——章古台——阿尔乡旅游线路。

一条是王府——红帽子成州古城（古塔）——乌兰木图山旅游线路。

在每一条线上，考虑到各种旅游资源的综合。还可以形成旅游专线：

历史文化旅游专线：阜新市博物馆——阜蒙县博物馆——查海遗址——关山辽墓——懿州古城（古塔）——成州古城（古塔）。

宗教文化旅游专线：海州庙——瑞应寺——海棠山——千佛山。

工艺旅游专线：玛瑙城（玛瑙产品）——十家子镇（中国玛瑙第一乡，玛瑙加工工艺）。

红色旅游专线：万人坑纪念馆——三沟精神纪念馆——乌兰纪念馆——蒙民大队纪念馆——彰武铁路党小组纪念馆。

阜新的文化旅游线路应精心设计，科学规划，线路的选择与时间安排要合理，要符合广大游客的需要。

三、加强旅游文化管理与创新，打造优秀旅游文化城市

发展现代旅游业，必须加强对旅游文化市场的管理，创新旅游产品，提供优质

的旅游服务。打造优秀的旅游文化城市，我们应该做的工作很多，笔者提出以下几个方面的建议与思考：

1. 以科学发展观为指导，树立大旅游文化观念

打造现代优秀旅游文化城市，必须树立现代大旅游文化观念。这一观念强调以科学发展观为指导，以人为本，统筹兼顾，科学规划，全面设计，坚持可持续发展。这一观念要求把发展阜新旅游事业放到国家振兴东北老工业基地、辽宁省实现“突破阜新”战略、实现阜新经济转型的大背景中去考虑。这一观念强调发展阜新旅游业不要仅仅局限于阜新，思路要开阔，眼光要长远。要把阜新与周边地区的旅游景点联结起来，形成以阜新为中心的大旅游文化链。如有的专家、领导建议开发大闾山文化旅游区，整合区域旅游文化资源。大闾山文化区域涵盖北镇、黑山、义县、凌海、阜新蒙古族自治县、北票等三市六县。对阜新的旅游文化线路进行延伸：如宗教旅游专线从海州庙——瑞应寺，延伸至义县奉国寺——万佛堂；自然风光旅游线从塔子沟——海棠山，延伸至北镇的医巫闾山等。这不仅丰富了阜新文化旅游的线路，还增加了旅游文化的内涵。

2. 加强城市综合治理，塑造优秀旅游城市形象

发展现代旅游事业，打造优秀的旅游城市，需要政府加大力度，综合整治。经济是基础，阜新要大力发展现代产业群，上大项目，在此基础上加大对旅游环境与设施改善的投入力度；政治是保证，要完善民主制度，完善法制，加强组织建设；文化是灵魂，要加强文化建设，打造文化品牌；历史是根，要深入挖掘历史文化资源，建设具有深厚历史文化底蕴、有民族特色的优秀旅游城市；建筑是形，要改善城市居民的居住条件；环境是花，要改善城市的环境；人是主体，要注重提高城市人口的整体素质，培养新型市民。只有这样，才能塑造好阜新的城市形象，创造良好的旅游环境，才能吸引人，留住人。

3. 发掘历史文化资源，创新特色文化品牌

对一个城市的旅游业来说，历史是根，文化是魂。阜新有着悠久的历史，光辉灿烂的文化。过去我们研究得不够深入，文化旅游特色不够突出，文化品牌打造得不够鲜明，影响和制约了阜新旅游事业的发展。因此，我们要加强对阜新历史与文化的研究，开展文化创新，打造特色文化品牌。文化和旅游是一个关系密切的产业。“没有文化的旅游没有魅力；没有旅游的文化没有活力。”也就是说，有文化的旅游才有魅力，有旅游的文化才有活力。那么，究竟什么样的历史文化才是区域特色文化，是旅游文化的品牌呢？历史文化，阜新有查海文化、红山文化、契丹（辽）文化、蒙古贞文化；宗教文化有藏传佛教圣地瑞应寺，还有其他民族文化与民俗文化等。查海文化中的“玉”与“龙”我们研究得还不够深入，对这个遗址的保护、开发与周边环境的改善做得还不够好，宣传力度不够大。我们能否在查海遗址周围，建立查海村，让游客感受查海人的生活习俗，模仿查海人的涉猎、捕鱼等习俗？另外，加大对查海遗址和文物的研究和展示，使观众能够更直观生动地看到八千年前人类的生活景象。同时减少对遗址周边原始风貌的影响，使其真正成为考古遗址公园，变成市民休闲旅游的好地方。契丹（辽）文化是阜新的文化品牌，尤其是辽后族——萧氏家族在辽代地位显赫，影响较大。阜新旅游应该打出这一文化品牌。辽代壁画、契丹文字在阜新多有出土，也应该予以考虑。阜新可以建立契丹一条街，建造契丹或辽史博物馆，在塔营子懿州古城或柳河岸边建立契丹民族村，让游客感受契丹民族的生产与生活习俗。瑞应寺周边环境的建设更需要增加文化内涵，周边建筑更应与之相匹配，在保持它的完整性的同时，加大引进文化产业，让瑞应寺逐步恢复清代盛世原貌，成为人们心目中的圣殿，旅游者朝拜的天堂。工业文化遗产海州露天矿国家矿山公园，其历史价值内涵丰富、旅游资源价值特色鲜明、经济价值不可限量。为增加其观赏性、娱乐性，可在露天矿上加一条横跨的索道，开设旅游小火车。阜新还要大力发展生态旅游、绿色旅游。同时进行特色定位，发挥自身的优势，发展文化旅游产业。

4. 以文化活动为载体，拉动经济增长

发展阜新旅游业，要开展丰富多彩的文化活动。通过文化活动，丰富游客的旅游生活。通过文化活动这个载体，搭建平台，招商引资，拉动阜新的区域经济发展。如开展各种规模、各种形式的学术交流活动，阜新曾召开过查海文化国际学术研讨会、玉龙文化学术研讨会、契丹族史国际学术研讨会、全国辽金契丹女真史学术研讨会、阜新蒙古史学术研讨会等，通过学术交流，扩大了阜新的影响力，同时，专家学者对阜新发展旅游文化产业，加强阜新文化力建设提出了很好的建议；召开各种经济贸易洽谈会、招商引资洽谈会。召开各种文化盛会：查海国际文化节、玉龙节、玛瑙节、敖包节、艺术节等。开展多种多样的民俗活动。如春季举办婚礼舞、安代舞等民俗广场活动；夏季让游客逛庙会，观赏祭敖包，祭敖包是蒙古族古老文化的缩影，与此有关的一系列活动和礼仪体现了蒙古民族的创造力。祭敖包作为一种文化空间，包含了许多蒙古族的传统文化和习俗，对研究游牧文化、蒙古民族发展史具有重要价值。发掘、抢救、保护祭敖包，对促进中华民族的文化认同，增强社会凝聚力，增进民族团结和社会稳定也具有重要意义，阜蒙县应该把这一蒙古民族文化传统与习俗做好继承与发扬，做出特色；秋季利用“红玛瑙”文化广场举办各具特色的地域文化活动，冬季举办冰雪运动及东北雪乡文化活动；将历史、文化、宗教、民俗等文化活动与旅游连接起来。在做大做强旅游产业的过程中，拉动阜新的经济增长。

5. 加强旅游文化市场管理，创造安全与和谐的旅游环境

改革开放以后，尤其是近几年阜新的旅游业发展很快，在旅游业发展的过程中，旅游市场上也出现了一些不规范的现象。一些单位和个人无视国家有关法律、法规，扰乱旅游市场秩序，降低服务质量标准，侵犯了合法经营的旅游业和旅游者的权益，损害了旅游业的形象。因此，阜新要发展现代旅游产业，打造优秀旅游城市，必须进一步加大对旅游文化市场的管理的力度。（1）坚持依法治理旅游文化市场。依照国家的法律、法规、规章，依据国家旅游局、公安部、国家行政管理局颁发的《关于进一步加强旅游市场管理的通知》，遵照国家旅游局《创建中国优秀旅游城市工作管理暂行办法》和《中国优秀旅游城市检查标准实施细则》的规定，治理旅游文化市场。（2）加强诚信建设，提高旅游行业和从业人员的道德水准。大力推进旅游诚信建设，建立旅游企业信誉等级评估、公示体系和违规记录公示制度，完善旅行社诚信经营机制。（3）强化安全管理，营造让游客感到安全、舒心、优美的旅游环境。一是加强旅游规划管理。真正科学制定和严格实施旅游发展规划，指导旅游资源的保护和有序开发，实现旅游业全面协调可持续发展，坚持开发与保护齐管，生态效益与经济效益双赢的原则。二是加强旅游景区管理。整治景区及周边环境，切实改变脏乱差现象，美化旅游环境。完善景区服务设施建设，加快景区内交通、通信等基础设施建设，改善景区内的游览条件。三是加强旅游市场管理。加大市场执法检查力度，严厉查处无证经营、宰客、强买强卖等违法行为。整顿旅游市场秩序，维护游客合法权益。切实加强导游管理。四是加强旅游安全管理。坚持以人为本，强化旅游安全管理，构建旅游突发事件快速反应机制，切实保障游客人身安全和财产安全，确保交通安全。加强对旅游企业、车辆和星级宾馆、饭店、娱乐场所的安全检查，落实各项安全防范措施、消除安全隐患。（4）齐抓共管，形成合力。阜新市、各县区、各个职能部门要强化责任意识，加强协作。（5）加强培训，提高执法和从业人员的素质。

通过对阜新旅游文化市场的管理，建立公平合理、竞争有序、健康发展的旅游文化市场，为游客创造安全与和谐的旅游文化环境。

博物馆年鉴编撰的实践与思考
——以《旅顺博物馆年鉴》为例

王卫平

旅顺博物馆

内容提要： 博物馆年鉴全面、客观、准确地记述博物馆的实践、发展历程。本文从博物馆年鉴的功能、原则、编撰要求出发，结合《旅顺博物馆年鉴》的编撰实践，力求解决遇到的问题，提高本馆年鉴专业化水平及编撰质量。

关键词： 年鉴　博物馆　编撰

博物馆年鉴是全面记述博物馆事业年度发展、系统汇集年度重要时事文献信息，逐年编辑、连续出版的资料性工具书，是博物馆事业发展最权威的信息披露、最直接的沟通交流、最完备的资料检索。[①]

一、博物馆年鉴的功能

博物馆年鉴是各馆年度工作的总结和汇编，全面、客观、准确地记述了博物馆的实践、发展历程，其编撰工作越来越受到重视。

1. 存史。博物馆年鉴全面记录年度内的馆情馆貌，展现其业务开展、管理变革等方面的情况。开展博物馆馆史研究，前提条件便是占有丰厚的一手资料，连续出版的博物馆年鉴汇集保存了大量相关信息资料，且年鉴编写的客观性、真实性要求成为这些资料可靠性的保障，从中可以基本完整地追寻博物馆的发展脉络。

2. 查询。资料性是年鉴的根本属性，博物馆年鉴将博物馆年度内的重要信息资料全部收录其中，资料类型齐全，堪称查找资料、汇总数据的工具书。年鉴的收录内容一般经过筛选过滤、编写整合、审查核对等步骤，据实而著，能够满足读者的阅读、检索需求。

3. 镜鉴。年鉴内容宽泛、信息密集，“集万卷于一册、缩一年为一瞬”，是“昨天的史实、今天的镜子、明天的见证”，可“鉴人、鉴世、鉴知、鉴识、鉴别、鉴采等

① 范俊涛：《博物馆年鉴与博物馆档案》，《自然博物》2017年第4期。

等”[①]。读者可以从中获取各自所需要的资料，是“知往鉴来”的重要依据之一。

4. 交流。博物馆年鉴记录年度内的重要信息，包括新展览、新成果、新动态等，是博物馆对外宣传、与外界沟通的一个窗口。以年鉴的形式展现博物馆的发展与成就，可以打造博物馆之间相互了解、学习、交流的“名片”。

二、博物馆年鉴编撰的原则

博物馆年鉴编在撰过程中，除应遵循年鉴编撰的一般性原则外，亦应考虑到博物馆自身的特殊性，需要二者兼顾。

1. 年鉴编撰的一般性原则

政治性、客观性、科学性、实用性、时效性是年鉴编撰必须遵循的重要原则。政治性即指年鉴的内容要符合党和国家路线、方针、政策精神，档案资料的引用要符合国家相关法律法规，注意文件的保密期限，防止发生任何失密违纪事件[②]。客观性即要求年鉴所刊载的资料与数据准确无误。年鉴作为信息载体，具有史料价值，记述应客观、真实，不溢美、不饰非，严谨、审慎地呈现事物的本来面目。科学性即在年鉴编撰过程中要坚持唯物史观，从本质上、整体上、发展上去反映事物；在结构设置、内容筛选、条目编写上科学、明确、合理。实用性即年鉴作为资料性工具书，其编撰需要从有利于读者使用的角度出发。时效性即尽可能缩短年鉴的编撰周期，制定编撰计划，确保编撰进度，使其所承载的信息能够以最快速度传达给读者。

2. 博物馆年鉴的特殊性

博物馆年鉴不同于一般的综合性年鉴，其主体框架是以博物馆基本功能为中心构建的，博物馆基本功能的稳定性决定了这种框架结构的稳定性，这有利于博物馆年鉴体例的延续性，便于实现博物馆各项工作各年度内的纵向对比及不同博物馆机构年鉴内容的横向对比。

国际博物馆协会（ICOM）自1946年成立以来，对博物馆的定义是不断变化的，尽管数次修订，但“展出”或“展示”始终作为其最基本的职能被反复提及。因此，作为“视觉”的圣殿，可视化是博物馆与生俱来的一种基因，藏品的陈列展出便是一种可视化的呈现。这一特性亦应在博物馆年鉴中得到充分体现，通过图片、文字等视觉元素编排组合的方式，实现信息的有效、有趣传递，既能使年鉴的信息承载量更为丰富，又可实现其可读性与亲和力的大幅提升。

三、博物馆年鉴的编撰要求

1. 依据博物馆基本功能设置框架条目

2022年8月24日，国际博物馆协会（ICOM）官网正式公布了博物馆的新定义，即“为社会服务的非营利性常设机构，它研究、收藏、保护、阐释和展示物质与非物质遗产。向公众开放，具有可及性和包容性，博物馆促进多样性和可持续性。

① 曲宗生：《史册·手册·画册——对年鉴“鉴赏性”功能的思考》，《年鉴信息与研究》2003年第2期。

② 范俊涛：《博物馆年鉴与博物馆档案》，《自然博物》2017年第4期。

博物馆以符合道德且专业的方式进行运营和交流，并在社区的参与下，为教育、欣赏、深思和知识共享提供多种体验。”定义中涵盖了博物馆的各项职能，以此为基础设置年鉴的不同栏目，构成了博物馆年鉴的基本框架。同时，随着博物馆事业的不断发展、创新，年度工作的重点也并非一成不变，在保持年鉴总体框架结构相对稳定、统一的前提下，应根据实际情况的变化对框架结构作出适度调整、创新，增加反映年度特色的专题栏目，突出有价值的信息资料。

2. 博物馆年鉴信息收录要全面、准确

年鉴具有“收录广泛、资料密集”①的特点，博物馆年鉴亦应涵盖该馆全方位、各领域的内容，在资料的收集过程中应秉承着求全、求实、求准的原则。“全”则并非事无巨细，需要筛选、甄别，确保所收录信息的价值性，即所谓“大事不漏，小事不凑。”“实”即要求如实记录，述而不作，避免大话、空话、套话。“准”即要求严格把控数据的审核，确保所收录信息前后衔接准确。

3. 博物馆年鉴的规范化处理

前文已提及年鉴的体例结构主要分为三个层次，即栏目（类目）、分目、条目，年鉴的编撰需做到结构栏目化、内容条目化。年鉴的主体内容便是条目，是栏目和分目下的主要内容，是各项工作的实际开展情况。“年鉴的工具书属性，决定了年鉴的内容要采用条目化的形式来表现。所以年鉴的编辑加工过程，其实就是对作者来稿进行条目化的处理。”②因此，条目是否经过了规范化处理决定着年鉴的质量。

条目文体的规范化处理。条目内容记载的是年度内的客观事实，编写的目的在于供人们查阅、检索，基本上采用的是说明体与记叙体，语体风格应简练、严谨、平实，避免使用描写性、抒情性、议论性的语言，写法要求开门见山、直入直出、客观陈述。

条目标题的规范化处理。条目标题是条目记述内容的提炼概括，是读者了解条目基本内容的窗口，条目标题应能够实现正确引导读者查阅信息资料的功能，具备“信息性”“检索性”“新颖性”三个基本特征。编写条目标题时，对条目内容的概括要准确，内涵应适度，避免出现文题不符、标题抽象化概念化、标题大内容小或标题小内容大等情况；条目标题中心词要突出，能够鲜明揭示条目的本质内容。

条目内容的规范化处理。衡量条目内容的规范化需要从考察条目的有效信息容量入手。条目的类型分为综合性条目、单一性条目。综合性条目具有较强的汇总性、概括性，“放在分目之首，用以概括某一领域、部门、行业或事物的全貌，或者说总体情况的条目，”③“承担勾勒全貌，记载主要事实，提供宏观性、综合性信息的任务。”④单一性条目用以记述某一事件或事物的发生、发展、变化，不夹杂与主题无关的其他内容，是年鉴“新颖性”的主要

---

① 许家康：《年鉴编撰入门与创新》，线装书局，2006年，第6页。
② 阳晓儒：《地方综合年鉴条目编写常见问题及编辑处理》，《年鉴信息与研究》2009年第3—4期。
③ 肖东发等：《年鉴学》，方志出版社，2014年，第311页。
④ 杨军仕、王守亚等：《地方综合年鉴编纂教程》，方志出版社，2016年，第117页。

体现，主要分为事件条目、会议条目、机构条目、成果条目、人物条目、资料性条目、文摘性条目等类别。记述要素应包括何时、何地、何人、何因、何事、何果等，不同的题目会有不同的要素要求。

条目语言文字的规范化处理。在条目编写的过程中，须严格执行《中华人民共和国国家通用语言文字法》《中华人民共和国国家标准标点符号用法》《中华人民共和国法定计量单位》等国家颁发的相关法律、规定和标准，规范使用汉字，正确使用标点符号、数字、计量单位等，规范使用称谓及简称。

四、《旅顺博物馆年鉴》的编撰

旅顺博物馆的年鉴编写工作始于2006年，包括特载、概况、业务工作、行政工作、党建工作、光荣榜、大事采撷、重要来宾、年内纪事等九个栏目，内容上多处为材料的简单罗列，包括陈列大纲、请示及批复文件、通知原文等。2014年完成改版，对体例、篇目设置均作出了改进，分为栏目（类目）、分目、条目三个层次，以图、表、专题资料、调研报告等作为辅助表现形式。但这次改版并非终点，在之后的历年编撰过程中，仍然适度调整、拾遗补阙、不断完善、与时俱进，力求全面展现博物馆的新发展。目前的年鉴包含工作概述、陈列展览、藏品管理、文物科技保护、学术研究、宣传教育、图书信息、行政工作、党建工作、文创产业、光荣榜、大事采撷、年内纪事等十三个栏目，各栏目下设分目，分目下以条目为主体内容，是各项具体工作的开展情况。

工作概述篇，对年度内的各项工作进行总结。

陈列展览篇，列出年度内推出或维护的常设展览、举办的临时展览，包括原创展览（含推出展览）、引进展览、合办展览、参与展览、线上展览等。详细记录展览的举办时间、展览地点、展览面积、展线长度、展品数量、主办单位、主要内容等，并将展览效果图、海报图及主要展品图附于其间。

藏品管理篇，记录库房藏品及陈列文物的动态管理、文物保存及展出环境的维护与升级，征集对象的信息搜集、鉴定及入藏等活动。

文物科技保护篇，记录藏品的保护、修复、仿制情况，包括文物保护基地的建设等，文物保护修复相关项目的申报、批复、进度、成果等情况。

学术研究篇，记录举办或参与的业务培训、学术交流活动及各类学术讲座，与其他单位开展的交流与合作，馆内业务人员承担或参与的各级别科研课题的实施进度，馆内业务人员于各级期刊发表的论文及出版的专著等。

宣传教育篇，记录游客的接待及讲解服务、志愿者队伍的建设等工作，年度内举办的线上、线下教育推广主题活动及“流动博物馆”活动，年度内社会媒体及自媒体宣传工作的开展情况等。

图书信息篇，记录年度内信息化建设相关工作的实施、推进情况及取得的成果，图书资料的常规管理及采购、录入情况等。

行政工作篇，记录馆内领导成员、内设机构及人员的变动情况，制度建设、人事劳资、园区馆舍建设及设施设备维护等方面的情况，安保设施、消防设施的建设及维护情况，消防、安防检查及相关的应急预案演练、知识培训情况等。

党建工作篇，记录组织结构建设情况，党建系列活动及理论学习的开展情况，工会活动开展情况等。

文创产业篇，记录年度内文创衍生品的开发情况及参加的相关博览会、研讨会等。

光荣榜篇，记录年度内获得的各项荣誉、奖励。

大事采撷篇，记录年度内的重点事项，包括重要来访、举办或参与的重大活动、发行的重要出版物及获得的奖项、荣誉等。

年内纪事篇，是对年度内发生的各类事项以时间为序进行罗列。

五、《旅顺博物馆年鉴》编撰工作存在的问题及思考

笔者自2014年起参与《旅顺博物馆年鉴》的改版及之后的组稿、编撰工作，作为非编辑出版专业出身的人来说，从事这项专业性很强的工作，面临着许多问题，亟待改进。

1. 重视年鉴编撰人员的队伍建设，加强年鉴编辑与供稿人员的专业培训。《旅顺博物馆年鉴》的编撰人员均为各部门的业务人员，并未经过相关的专业培训且往往忙于自身的业务工作，缺乏对年鉴资料收集与编写等基本知识的了解。只有具备相当程度的专业化水平，年鉴编辑才能依照年鉴的专业要求，规范年鉴的各项工作；供稿人员才能提供符合年鉴要求的资料或稿件。因此，定期开展或参加年鉴编辑与供稿人员的培训、建立稳定的编撰队伍显得尤为重要，以此适应时代进步和社会发展对专业性较强的年鉴编辑工作的要求，推动《旅顺博物馆年鉴》编撰工作的持续发展。

2. 健全年鉴编撰相关制度，保障收集的年鉴资料全面、准确。年鉴编撰工作比较复杂，需要各部门的密切配合及相关人员的大力支持。但在年鉴编撰工作推进的过程中，年鉴的供稿工作经常被忽视，或者不能按时提供资料，或者提供的资料不符合要求。资料的全面性无从谈起，数据不准确、专有名称不规范的情形时有发生，甚至存在前后不一致的情况，给组稿和编撰工作带来了诸多不便，需要反复鉴别、核实。为此，专门设置资料收集表格分别向不同部门收集资料，仍然收效甚微，资料的收集和补充甚至贯穿年鉴编撰的整个过程，影响了年鉴的完成速度与质量。年鉴资料的收集可考虑将原有的年末集中收集改为月结模式，各部门设专人负责，每月定期输送，实现资料收集、整理、编写的常态化与即时化。

3. 完善年鉴框架与内容，推进年鉴的可持续发展。随着博物馆事业的蓬勃发展、不断进步，博物馆年鉴的框架与内容亦应随之完善、丰富。在保证基本框架结构稳定的前提下，或补充、完善之前年度的遗漏内容，或与时俱进地增加新栏目、新内容，确保能够全面地展示博物馆各领域、各方面的内容。但实际上，博物馆年鉴栏目的设置或缺失或呈现出一定的滞后性。如“图书信息”栏目，相关的工作虽一直都在持续开展，但直至2017年才在年鉴中设置这一栏目，“信息化建设”作为博物馆发展的必然选择，其重要性不言而喻，缺失实不可取；“文创产业”栏目，于2016年在年鉴中首次设置，这一年旅顺博物馆文创产品的开发较之前确实卓有成效，则该

栏目的设置虽有迟滞但也算“亡羊补牢”。

4. 强调年鉴校对工作，确保年鉴质量。在历年的年鉴校对工作中，都会发现诸如文字错讹、标点符号错误、版式不统一、标题错漏等情况，甚至会有资料内容错误、图片与简介不符的情况，前者年鉴编辑人员在校对过程中尚可纠正，后者则很多时候超出了编辑人员的专业范围，不易发现。因此，除须强调各业务部门提供资料的准确性外，更需要他们协助完成年鉴的校对，确保不出现“硬伤”。

《旅顺博物馆年鉴》已连续完成16个年度计16册，期间虽经改版、完善，但仍存在诸多缺憾，相关人员须不断学习，在年鉴编撰实践中提高年鉴专业化水平，提高年鉴编撰质量。

博物馆优秀传统文化教育的探索

——以旅顺博物馆“传统节日节气海报”系列海报为例

高　玉

旅顺博物馆

内容提要： 随着近年来的“传统文化热”，旅顺博物馆顺势推出了“旅小博送壁纸”系列传统节日节气海报，取得了较为热烈的反响。本文以已发布的相关内容为研究对象，归纳总结已有工作的成果和不足，从博物馆的角度出发，探索如何更好地进行优秀传统文化教育。

关键词： 博物馆　中国传统节日　二十四节气　微信推送　文创

近年来，传统文化通过各种媒介载体，重新焕发出新的活力，大众对传统文化的关注度日渐提升。2017年1月，中共中央办公厅、国务院办公厅正式公布《关于实施中华优秀传统文化传承发展工程的意见》，明确指出：“加强对传统历法、节气、生肖和饮食、医药等的研究阐释、活态利用，使其有益的文化价值深度嵌入百姓生活，让中华优秀传统文化内涵更好更多地融入生产生活各方面。”

为了更好地传播优秀传统文化，许多博物馆也推出了传统节日节气的相关内容。如故宫博物院编纂出版了《哇！故宫的二十四节气》文化历史通识绘本，敦煌研究院推出了“当壁画遇上二十四节气”智慧展览。中国农业博物馆与北京市文物局更是主办了“二十四节气文化作品设计大赛”，鼓励全社会参与到传统文化的创意创作中。

旅顺博物馆自2015年开始在微信公众平台上发布“传统节日节气”的相关内容。目前已经形成了三项较为固定的栏目，分别为“二十四节气在身边”传统文化课堂（线下社教活动）、“博物馆里的二十四节气”云课堂以及“旅小博送壁纸”系列传统节日节气海报。本文以“旅小博送壁纸”系列传统节日节气海报为例，对于已发布的相关推送内容的数据进行收集，分析内容的传播规律，为进一步创作更多优秀传统文化教育相关的内容提供指导。

一、平台及内容简介

“旅顺博物馆”微信公众平台建立

于2013年6月，为订阅号。截至2022年8月31日，共发布微信文章932篇，累计粉丝数量163020人，年累计阅读量210440次，常读用户[①]6045人，占比约3.7%。“旅顺博物馆”微信账号为lushunmuseum，认证主体为旅顺博物馆（大连市历史文物研究所）。头像使用旅顺博物馆的徽标logo，该徽标以博物馆主馆建筑的北立面为基础加工设计而成，具备较高的辨识度。

2022年1月31日　至2022年8月31日（以下简称采样区间），“旅顺博物馆”微信公众平台共发布推送145条，累计阅读119378人次。其中主要可分为四大类：展览相关，即为与同期展览相关的内容，包含展览的预告、海报、解读等；线下社教活动，一般为线下活动的预告以及活动回顾；线上社教活动，该类别形式多样，内容丰富，传统节日节气海报亦属于此类；相关资讯，即与博物馆相关的新闻、公告、招聘等信息。每类下又可分为多个子类别，详见图1。

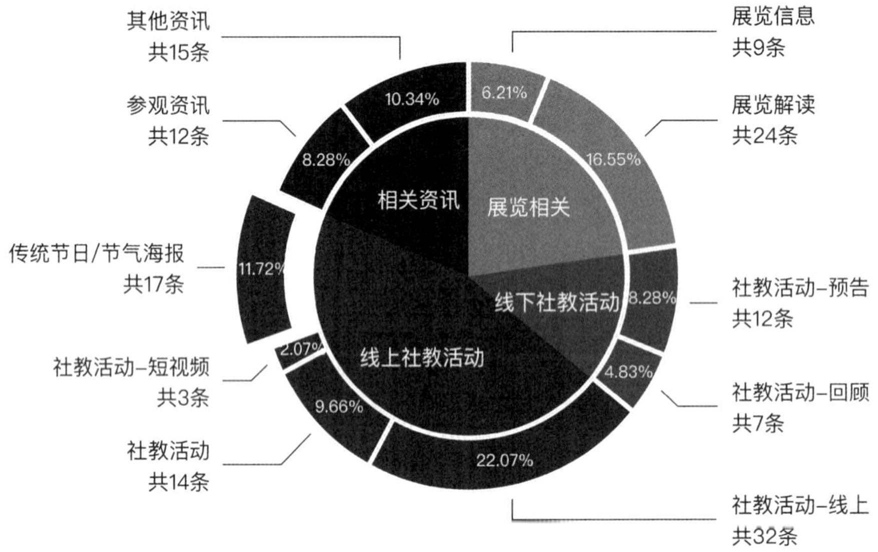

图1　采样区间“旅顺博物馆”微信公众平台推送内容的类别及数量

“旅小博送壁纸”系列传统节日节气海报首发于2022年1月31日。截至2022年8月底，于微信公众平台共发布17条（表1），累计阅读量10720人次，约占采样区间推送累计阅读量的8.98%。为达到更好的传播效果，推送均统一使用“【旅小博送壁纸啦】”前缀，将文创海报与手机壁纸的形式相结合，充分了利用微信公众平台的特性。

二、版式设计解析

由于微信推送限制图片宽度为1080 px，

---

① 常读用户为能在订阅号消息顶部“常读的订阅号”中看到本号的用户。

表1　传统节日/节气海报阅读量及点赞量

发布日期	节日节气	标　题　名	阅读量	点赞量
1月31日	除夕	【旅小博送壁纸啦】除夕	275	10
2月1日	春节	【旅小博送壁纸啦】新春快乐	320	4
2月4日	立春	【旅小博送壁纸啦】立春	329	6
2月15日	元宵节	【旅小博送壁纸啦】元宵节快乐!	903	10
2月19日	雨水	【旅小博送壁纸啦】雨水	641	10
3月5日	惊蛰	【旅小博送壁纸啦】惊蛰	735	7
3月20日	春分	【旅小博送壁纸啦】春分	1022	8
4月5日	清明	【旅小博送壁纸啦】清明	271	4
4月20日	谷雨	【旅小博送壁纸啦】谷雨	915	10
5月5日	立夏	【旅小博送壁纸啦】立夏	331	6
5月21日	小满	【旅小博送壁纸啦】小满	765	12
6月21日	夏至	【旅小博送壁纸啦】夏至	699	9
7月7日	小暑	【旅小博送壁纸啦】小暑	768	15
7月23日	大暑	【旅小博送壁纸啦】大暑	1000	6
8月4日	七夕	【旅小博送壁纸啦】七夕	147	6
8月7日	立秋	【旅小博送壁纸啦】立秋	1213	13
8月23日	处暑	【旅小博送壁纸啦】处暑	386	2

注：表中所列阅读量及点赞量数据统计截至2022年8月31

因此“传统节日节气海报”系列海报均使用了此宽度，以实现点对点的显示效果。初期采用的是16 ：9的比例尺寸，分辨率为1920*1080 px，但在经过实际体验后发现，过长的图片在移动端尤其是非全面屏手机上易发生显示不全的问题，严重影响观看体验。因此从4月5日的清明推送开始，改为3 ：2的比例尺寸，分辨率为1620*1080 px，优化了使用体验。

在展示形式上，主要以单张静态图片为主。在6月21日的夏至推送中首次尝试了动态GIF图片的展示效果，由于展示效果反响较好，陆续应用于小暑、气息、立秋的推送中。在7月23日的大暑推送中，由于选用的文物为旅顺博物馆藏木刻四大天王像，因此使用了四张联排的方式予以展现，也取得了较好的反馈。

为更好地解析“传统节日节气海报”系列海报的设计思路，以下使用7月7日小暑以及8月7日立秋的推送为例，对文物选择、版式设计、信息排布等进行解析。

该系列海报一般由以下部分构成：文物、背景、文物说明、节气、日期，馆徽标记。一般挑选与节气相呼应，造型美观的文物。小暑是二十四节气中的第十一个节气，小暑前后即进入三伏，是一年中最为炎热的时段。因此与其相呼应的文物多与清凉或夏日相关。经过筛选，“清浮雕荷蟹纹端砚”“清铜胎掐丝珐琅开光牡丹纹荷花鸳鸯盆”“清浮雕花卉虫鱼象牙洗”以及“金白玉镂雕荷花冠饰”均符合节气意境。结合具体需求最终选择了“清浮雕花卉虫鱼象牙洗”以及“清铜胎掐丝珐琅开光牡丹纹荷花鸳鸯盆”两件藏品尝试制作两张不同风格的海报。

“清浮雕花卉虫鱼象牙洗”为象牙制，圆雕曲边荷叶形，曲边凹处雕刻有一朵盛开的荷花。水草细长弯曲浮于叶面之上；洗中雕有一蟹衔水草悠然而行，二金鱼凝神于悬浮的水草，成争抢之势，构图静中寓动。荷叶叶脉清晰，水草着青绿色，鱼、蟹亦着色。造型优美，灵动自然，炎炎夏日予人以清凉之感。为了更好地营造氛围，使用了较为清凉配色的浅色背景相衬，并于洗中设置了少许清水和一只动态金鱼，与鱼蟹呼应，彼此成趣，富有生气，充满立体感。

文物与背景确定后，需要确定文物说明、节气、日期等文字信息的字体、字号、形式等。节气字体选取了手札体，该字体大方得体，整洁而不失飘逸。文物说明使用了隶变字体，为文物营造出一定的历史感。日期的字体则根据不同的历法选用了不同的字体：现代常用的公元纪年（格里高利历）部分使用了无衬线的圆体，简洁醒目体现出一定的现代感；中国传统的农历干支纪年法使用了楷体，美观工整，端庄秀丽。该日期的形式设计自首条推送确定后便未曾更改，沿用至今。最后于画面下部居中位置放置馆徽标记，即完成了本张“小暑”节气的海报设计（图2）。

图2　旅顺博物馆“小暑”节气海报一

由于牙洗海报风格稍显活泼，受众群体的覆盖面可能相对较小，因此选用“清铜胎掐丝珐琅开光牡丹纹荷花鸳鸯盆”另作一张。该件文物侈口，鼓腹，施蓝色珐琅釉为地，装饰牡丹纹。盆内所插荷叶、荷花及莲蓬均为掐丝珐琅质地，茎部有倒刺，造型惟妙惟肖，通体鎏金，高贵典雅。花叶高低错落有序，清新雅致，一派生机勃勃。因此背景亦采用夏日荷景相衬，并使用了浅景深的效果凸显文物。

该张海报的氛围与前一张不同，因此使用了不同的字体。节气名称及文物说明均采用了颜楷字体，颜真卿手书楷体笔画浑厚，沉稳大气，与文物雍容华贵的气质相互呼应。字体颜色选用了略浅于背景的绿色。添加馆徽标记后，整张海报略显沉闷，因此在画面右侧添加了文徵明的草书字体“接天莲叶无穷碧，映日荷花别样红”，再次点题，提升整体意境（图3）。

图3　旅顺博物馆“小暑”节气海报二

“立秋”海报的设计思路也大致相同。经过筛选，该节气可供选择的文物分别有“李可染秋风图轴”“汉蝉形青玉琀”。再经过反复斟酌后选用了蝉形青玉琀作为主体进行设计，与古人“夜来一雨将秋至，今晚蝉声始报秋”的意境不谋而合。主体文物确定后，选用何种背景成为了难题。由于文物本身具有典型的汉代玉制品特点，造型简洁，线条利落，如仍选择较为素雅的背景则不易凸显文物。最终确定采取实拍的方式，在旅顺博物馆园区内取景，既符合“秋蝉鸣树间”的意境，又突出了本馆的特色。在实地拍摄时，为了兼顾文物的色调与初秋时节的氛围，特地使用了较低的色温拍照，取得了较好的效果。文物与背景选定后，画面构图美观但缺少一丝灵动，因此使用了动态图像展示蝉的振翅。字体方面，为与文物时代相契合，节气名称和文物说明都选用了隶书，颜色选用了画面中树干的颜色。于画面左上角放置馆徽标记后完成了本张海报的设计（图4）。

图4　旅顺博物馆“立秋”节气海报

通过以上海报设计过程的解析可以看出，优秀文物节日节气海报的设计，并非仅仅将文物和节气名称机械地组合到一起，而是需要将文物内涵与节日节气的文化背景相融合，向观众传递传统文化中蕴含的古代智慧。因此，需要设计者多加思考，从文物出发，深度发掘传统节日节气背后的文化内涵和历史积淀，为观众传达优秀传统文化的精华。

三、内容传播分析

为了更清晰地展现推送内容的传播效果，我们将相关内容的阅读量与点赞量制成了图表（图5）。从图中可以直观地看到，推送内容的阅读量差距较大，可明显以500人次作为分界线区分：数值较低的部分集中于300左右，极端低值不足150；数值较高的部分均高于600。点赞量的数值与阅读量的趋势较为相似，也出现了明显的波动。

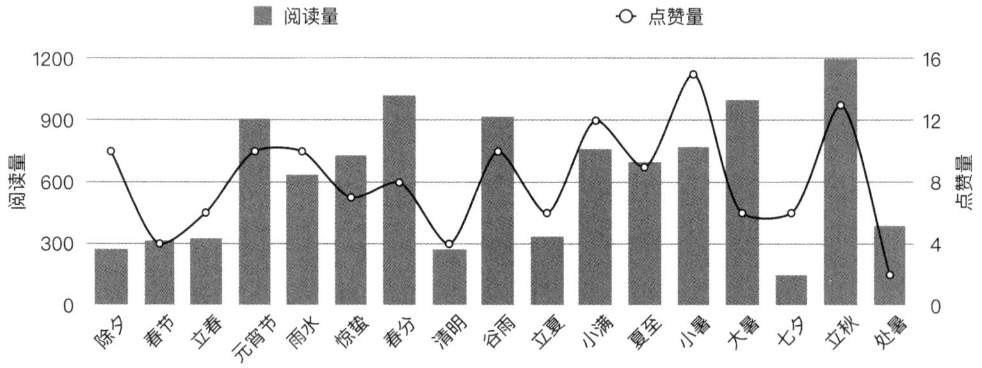

图5　推送内容阅读量及点赞量

经过对内容传播渠道的分析，该状况可能与内容在当日推送中的次序有关。因此又将每条内容的阅读量与该内容位于当日推送中的次序制作成了图表（图6）。可明显看出，二者之间存在较强的相关关系。结合具体操作来看，微信公众号在订阅号消息列表中仅显示前两篇推送，如需查看其他推文需手动点击“余下几篇”按钮展开完整列表，相对繁琐的操作步骤极大地提高了普通用户获取信息的门槛，阅读量的低迷可能与此相关。因此在日后的工作中，如不涉及时效性的相关推送，应尽量安排错时发送，以最大化每篇推送的传播效果。

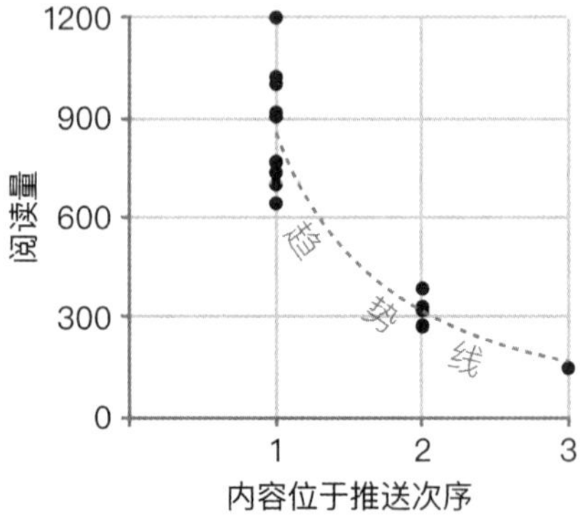

图6　阅读量与次序关系

推送的传播效果与受众群体的性别与年龄层次也存在一定的相关关系。选取全部订阅用户、常读用户与立夏、小暑、立秋的推送数据进行分析比对，其中立夏、小暑、立秋分别代表了阅读量较低、中等、较高的推送，由此生成图7、8。

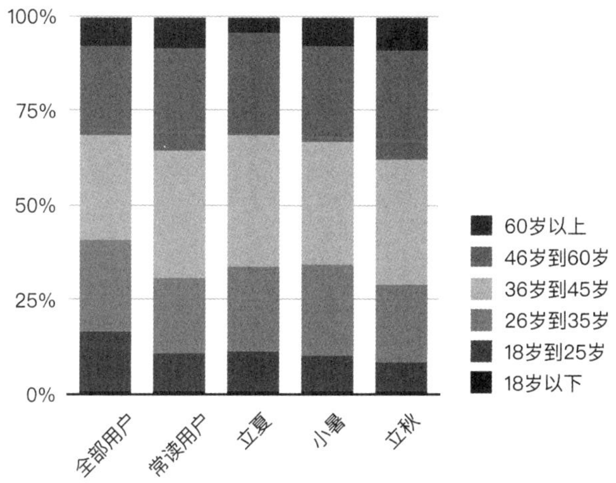

图7 年龄分布图

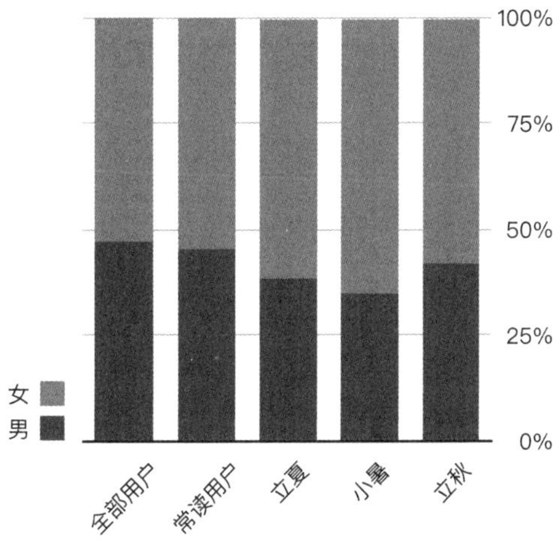

图8 性别分布图

通过对比数据可以看出，相较于全部用户，常读用户中36—60岁群体的比重明显增加，表明该类人群的阅读频次相对更高。结合三次不同阅读量推送的数据来看，阅读量越高与常读用户的群体画像越相似。但低阅读数量时35岁以下群体的比例相对更高，表明年轻群体对于该类推文更感兴趣，即使推文次序靠后也相对愿意点击查看；而60岁及以上人群可能因为操作繁琐而明显减少了对于位次靠后内容的点击阅读。性别数据上，不同性别对于推文的喜好也存在着较大差异，即使与常读用户比例相比，女性群体对于节日节气海报的阅读量也明显高于男性，说明该类内容更加受到女性群体的欢迎。

结 语

旅顺博物馆“传统节日节气海报”系列海报已连续发表多期，作为一项新推出的栏目，还存在诸多缺点和不足。本文仅是过去17期内容的阶段性总结。随着人们对于优秀传统文化需求的日益高涨，更好地创作出优秀的内容也是未来工作的重点。中国传统文化的重大节日及二十四节气，不仅是指导农事的天文历法，更浓缩了中国人的天文观、岁时观、生命观等，反映了中华民族长期以来的文化传统、生活节奏、节俗庆典，体现了文化认同、价值认同和民族认同。只有充分认识到其中蕴含的价值，才能将现代审美、创意设计和艺术创造融入博物馆优秀传统文化的教育中，为增强文化自信做出贡献。

争鸣选登

旅顺"万忠墓"研究新解二则

王珍仁

原大连市近代史研究所

内容提要：中日甲午战争中，日军攻陷旅顺之后制造了震惊世界的"旅顺大屠杀"惨案。1896年11月，时值旅顺同胞遇难两周年之际，清政府对墓地加以修葺并立碑一通，由顾元勋亲笔书写"万忠墓"三个大字，本文试对其来源做出解释。1922年3月旅顺华商公议会再次立碑，并在碑额上题刻"四明公所"四个大字，本文试对其含义给出新的解释。

关键词：中日甲午战争　顾元勋　万忠墓　哀忠墓　四明公所

一、旅顺"万忠墓"之名是由"哀忠墓"衍生而来

1. 关于旅顺大屠杀

1894年爆发了中日甲午战争，日军在攻陷旅顺之后制造了震惊世界的"旅顺大屠杀"惨案。这次屠杀持续了四天三夜，约有二万人卧仆街头，死于血泊之中。

制造这次大屠杀的主犯就是进犯旅顺的日军第一师团长山地元治，这是被日本第二军司令官大山岩所默许下的一次有预谋的屠城暴行。关于这一点，当时参与到战争中的日军谍报人员向野坚一在他个人的《从军日记》中明确记述道："日军在由营城子向旅顺进攻时，有军官向下属下达了'见到敌兵一人不留'的命令。"①战后，1924年9月23日向野坚一在参加由当时金州民政署召集的所谓"纪念日本间谍钟琦三郎等人毙命于甲午战争"活动时，谈话透露："在旅顺，山地将军说抓住非战斗人员也要杀掉"②。参与到这次屠杀的隶属于日军第一师团步兵第二联队的上等兵关根房次郎更是曾清晰地记录称，土城子事件（笔者注：此指1894年11月18日在旅顺土城子中日双方所发生的遭遇战）后，"山地将军曾有过如下命令……从今任

---

①［日］向野坚一：《从军日记》，1933年油印本，大连图书馆藏。引自王子平：《大连近百年史人物·向野坚一》，辽宁人民出版社，1999年，第452页。

②［日］向野坚一：《三琦山追忆》，1932年油印本，大连图书馆藏。引自关捷：《中日甲午战争史鉴》，辽宁教育出版社，2021年，第396页。

后即便是平民，若有妨碍我军者亦格杀勿论”[①]。与关根房次郎同属步兵第二联队的小川幸三郎也在其日记中写道：11月21日下午3时30分以后突入旅顺城区之际，“曾接到命令称，自集结地出发时凡见到成年男性清国人均应当场捉拿并将其处死，以斩杀为宜，兵士们均跃跃欲试”[②]。参与到大屠杀的另一位隶属于第一师团步兵第十五联队第三大队的上等兵洼田仲藏在其《征清从军日记》中描述的就更为详细了，日军士兵“只要见到清军便欲屠为快，在旅顺城区遇见平民也将全部处死，道路上四处堆满了死尸而导致前行不便”。[③]

关于旅顺大屠杀，当年的目睹者曾先后发表了大量的文字记述。这里有英国海员詹姆斯·艾伦的《旅顺落难记》（笔者注：今天所见的译名是《在龙旗下——中日战争目击记》）、美国《世界报》的记者詹姆斯·克里尔曼的《旅顺大屠杀事件》等，就连当年的日本随军记者也毫不掩饰地向国内做了大量的报道。旅顺陷落的消息传到日本以后，日本文坛中深受军国主义浸淫的部分文人竟毫无廉耻之心，写下了大量赞美大屠杀的汉文诗作[①]。这些都让矢口否认有大屠杀存在的日本政府始料不及。

为掩盖其屠杀旅顺人民的罪证，日本侵略者在市区内将尸体集中起来加以焚烧，然后将骨灰埋葬到了旅顺白玉山东麓，在墓前树立一块木牌，书写“清国将士殁亡之墓”以欺骗舆论。而当地的百姓则称此地为“万人坟”。

2. 顾元勋与“万忠墓”题字

甲午战争结束以后，中国政府被迫签署了中日《马关条约》，以割地赔款的方式吞下了战争的苦果。条约签订的第二天即发生了“三国干涉还辽”事件。在俄、德、法三国的干预下，日本政府无奈同中国政府在北京签订了中日《辽南条约》，由中国政府再向日本支付白银三千万两为代价，赎回辽东半岛。1895年11月，中国政府派出候补直隶州知州顾元勋一行官员来到旅顺办理接收事宜。

在历史上，州的设置在周代就有，而到了清代时情况略有不同。州分为直隶州和属州（又称散州）。直隶州的建置始于清代，凡是那些不设府而仍辖有属县的州直接隶属布政司，等级与府相同。直隶州有的是特设，也有的是由府改设，还有的是由属州升为直隶州。按照《光绪会典》的记载，当时全国共设直隶州73个，属州145个。也就是说，在清代光绪朝时知州共有218缺，比府略多但比县要少很多。直隶州知州秩正五品，而此时受命政府接收大任的顾元勋只是一位候补知州，恐非正五品衔。

顾元勋在抵达旅顺之后，了解了到旅顺大屠杀的全过程，对日军的野蛮暴行深

① ［日］关根房次郎：《征清从军日记》，引自［日］大谷正著、刘峰译：《甲午战争》，社会科学文献出版社，2019年，第112页。

② ［日］小川幸三郎：《征清日志》，引自［日］大谷正著、刘峰译：《甲午战争》，社会科学文献出版社，2019年，第112页。

③ ［日］大谷正著、刘峰译：《甲午战争》，社会科学文献出版社，2019年，第112页。

④ 关于这部分内容，可以参见：查屏球编著：《甲午日本汉诗选录》，凤凰出版社，2017年。

恶痛绝，他感受到了当地民众的灾难之重，郁结出壮志未酬之愤。在旅顺同胞遇难两周年之际，根据旅顺民众的意愿，顾元勋率人对遇难同胞的墓地加以修葺，建享殿三间，立碑一通，并亲笔书写下了“万忠墓”三个大字。笔者认为顾元勋所题墓碑之字，并不是一时的心绪难平所致，题字乃是由京城法源寺之“哀忠墓”衍生而来。

北京法源寺，原名悯忠寺。唐贞观十九年（645），有朝鲜半岛与大唐交好的新罗使臣入朝，称新罗此时正受到百济与高丽的联手威胁，欲迫使新罗中断了与大唐的交往联络。唐太宗闻后勃然大怒，即刻发文照命百济、高丽收回对新罗的威胁攻击。如有不遵，大唐定会出兵相助新罗，剿灭百济、高丽。然而当时高丽弑主专权的渊盖苏文并不理会唐太宗的警告。为了树立威望，唐太宗不顾属下的劝阻，决定要亲率大军出征朝鲜半岛。“这一年4月，当各路大军集结于幽州蓟城，也就是今天的北京时，唐太宗下令大飨六军，召开誓师大会。”①唐军在李世民的率领下，踌躇满志，所向披靡，欲一鼓而荡平之。但意想不到的是，此时的高丽举国动员，聚集有十五万之众与唐军展开鏖战厮杀。大战之时，高丽一方实行坚壁清野，几百里内难见人烟，致使唐军的给养难以为继。在受到重创之下，唐太宗无奈悻悻作出了“撤军”之策。“9月，大军开始撤退。经过三个月的长途跋涉，11月，军队撤回到了幽州（今北京）。此时所余的人马，只有出发时的五分之一了。……回想出师之时青山绿水之间，大军气势如虹的盛况，唐太宗不由百感交集，他‘深悯忠义之士殁于戎事’，为了让阵亡将士的亡魂早日超升，安抚他们的亲人，唐太宗下令收集阵亡将士的遗骸，将他们安葬在誓师旧地，名曰‘哀忠墓’。并在这个誓师旧地建造一座庙宇，以超度这些客死他乡的为国尽忠的亡魂。”②

甲午战后，候补直隶州知州顾元勋受朝廷之命抵旅办理接收事宜，见到这里腥膻遍地的一幕，心中必会想起京城之所法源寺中的“哀忠墓”，而乾隆皇帝为其所赋之诗“最古燕京寺，由来称悯忠”更是让其铭记在心。因此，在修葺旅顺遇难同胞墓地时，他才会在墓地的原址上取当地人“万人坟”之称谓，融“哀忠墓”的题名，立碑勒铭“万忠墓”。并在碑阴处撰文阴刻“光绪甲午十月，日本败盟，旅顺不守。官兵商民男妇被难者一万八百（此‘百’恐为‘千’字之误——笔者注）余名口，忠骸火化，骨灰丛葬于此”。为了纪念在战争中死去的亡灵，顾元勋还在墓碑前修建了享殿三间，或许有立寺之意，但因后来有俄国强租旅大一事发生，顾氏匆匆离职，这里的一切又无奈恢复到往昔荒芜的旷野之中。

3. 从“哀忠墓”到“万忠墓”

从京城的“哀忠墓”到旅顺的“万忠墓”，虽只有一字之差，但其背后的境界内涵已有了天壤之别。哀者，睹物伤怀而忧心忡忡，悲痛的心情之中，透出了“白骨纵横，阡陌无主”的凄凉景象。唐朝诗

① 刘东黎：《北京：当历史成为地理》，生活·读书·新知三联书店，2021年，第260页。

② 刘东黎：《北京：当历史成为地理》，生活·读书·新知三联书店，2021年，第261页。

人陈子昂在其《感遇·其三》中就写下了“苍苍丁零塞，今古缅荒途，亭堠何摧兀，暴骨无全躯”的凄凉、索漠、悲惨景象。“哀忠墓”表达的是唐太宗对战死沙场的征人的无限怜悯与同情，其中也透出些许的无奈。而“万忠墓”则不同，这里以量词“万”表述出一种惨烈，更以“万人忠魂”的呐喊，向世人敲响一记警钟。“万忠墓”三个字充满了一种悲壮慷慨之意。在这里，顾元勋面对悠悠的苍天、茫茫的大地而痛苦、呼喊和感叹！顾元勋亲笔手书的“万忠墓”三个大字在工匠的手上被刀砍斧斫成强力的线条勾勒出来，其一横一竖，一撇一捺都向来到此地的人们讲述了不应被忘却的事件图卷。“万忠墓”三个字既有悲慨的凄怆，沉郁的凝重，更有一种悲慨的执着，昂扬的激越。那就是“民族之耻莫忘，烈士之忠可表”。

二、旅顺万忠墓碑“四明公所”新释

1. 旅顺华商公议会所立“万忠墓碑”

1922年，旅顺华商公议会在先前1896年顾元勋立“万忠墓”碑（又被后来人称为“光绪碑”）之事后，又重新立碑。为何此时会有重新立碑之事的出现？这里有两个重要的原因：

（1）1922年时，顾元勋所立的石碑已是下落不明。原因是日本殖民当局看到旅顺市民在每年的清明节和甲午旅顺落难日时都会成群结队地来到万忠墓前，进行祭奠殁于日本侵略者屠刀下的亡灵活动而深感惴惴不安。便在一个漆黑的夜晚，派人把顾元勋所立的“万忠墓”碑盗走，并将其转移到旅顺医学专科学校院内不被人们所注意的犄角旮旯里掩藏起来。旅顺市民对于“光绪碑”的遗失倍感痛心，因此在1922年清明节到来之前，萌发了要重新立碑的意愿。

（2）在1922年年初，旅顺地区开始出现“收回旅大，排斥日货，争取民主自由”的活动。它的起因是按照《中俄订立旅大租地条约》和《中日会议东三省事宜条约》的规定，到1923年3月26日时，旅大25年的租借期届满。旅大应该回归中国。随着这个日期的临近，旅顺市民率先开始了奔走呐喊的积极活动，以促成回归事宜。旅顺华商公议会正是借此东风，亦有了为万忠墓重新立碑的愿望，以达到立碑不忘前事，回应“收复旅大”的目的。

旅顺华商公议会所立石碑的碑身镌刻阴文“万忠墓碑”四字；在其右方刻有“中华民国十一年三月十二日”字样；在左偏下方刻“旅顺华商公议会重建”几字；碑额处阴刻“四明公所”四个字；碑阴处则无任何文字表述。此碑又被后来的研究者称为“民国碑”。

2. 后人对“四明公所”的研究

1949年以后，人们开展了对“万忠墓”墓碑的研究，对石碑上的“四明公所”四个字多持模糊的态度，没有给出任何的解释。1971年，笔者偕一群年龄不到20岁的年轻人被分配到旅顺博物馆工作，处于学习上的需要，我们向年长者询问“四明公所”之含义，这才有了“公所乃商会之意，四明特指宁波，依据是《辞海》中对‘四明’以及对‘四明公所’的注释。‘四明公所’即宁波商会”之说。此说一出，便被收录到了万忠墓的解说词当中，以至迅速地在社会上流传开来。

近日，笔者阅读旅顺博物馆原副馆长、副研究馆员韩行方的《旅顺口往事散记》

一文，文中也是沿用此说，并强调“按《辞海》的解释，就是指宁波会馆”①。为了进一步确正，笔者再次查阅了《辞海》，发现在“四明公所事件”词条中确实存在韩先生的说法。《辞海》的原文表述是：“1874年（同治十三年）5月3日上海人民反对法国侵略者侵占四明公所（宁波商人建成的同乡会馆）的公墓，被法国军警打死八人，打伤多人，激起公愤。宁波同乡会声讨外国侵略者屠杀和奴役上海人民的罪行。法租界公董局被迫暂时停止在四明公所公墓内筑路。1898年（光绪二十四年）7月16日法国侵略者又企图强占四明公所公墓，调法国海军士兵上岸，配合巡捕打死打伤市民多人。上海各行业举行罢市，船坞工人、码头工人船员和手工业工人举行罢工。法国侵略者最后被迫放弃侵占四明公所墓地的企图。”②由此可知在历史上是确有“宁波会馆”存在的。但摆在我们面前的问题是“宁波会馆”在历史上的活动范围有多广？在大连地区是否有宁波会馆的活动？

经查，历史上“宁波会馆”的诞生得益于宁波商帮雄厚的实力和远见。公元1667年（清康熙六年），宁波商人首先在湖北武汉的汉口循礼坊横堤外建立了一个“江浙绸公所”，以此作为同乡同业团拜议事之所。公元1780年（清乾隆四十五年），又在汉口的九如桥创建了“浙宁公所”。公元1911年（清宣统元年），因社会上“公所”所特指的意义发生了变化，为了迎合社会潮流，“浙宁公所”更名为“宁波会馆”。1924年时，“宁波会馆”在位于今汉口前进路111—115号的位置上新建地上三层、地下一层的建筑一幢。而此时社会上因地域同乡、同业而组成的会馆可谓俯首皆是，诸如人们常言的江西会馆、长沙会馆、绍兴会馆、徽商会馆、湖广会馆等等。就北京而言，更是成为了会馆之都，据粗略统计，清中期该地就有会馆1000家以上。从相关文献的记述来看，从清中期至民国初年，宁波会馆主要的活动范围是湖北的汉口一带，至于《辞海》中所列出的“四明公所”就是指宁波会馆一说，笔者以为还是有给予深入探讨的必要，那就是“宁波会馆（商会）”在何时易名为“四明公所”的呢？又是何时在上海立足开展会馆（商会）活动的？其公墓又为何会建在上海？这些都应该有清晰的脉络。在目前，仅从所见的史料而言，我们可以清楚地向人们告知，历史上“宁波会馆（商会）”的活动区域主要是集中在沪、宁及武汉一带。他们的触角在历史的长河之中还远未深入到东北广袤的土地上。因此在大连及旅顺地区也不会有任何他们的活动踪迹。换言之，旅顺在1922年时是没有“宁波会馆（商会）”这么一个团体组织的。我们的前人对于旅顺华商公议会所立石碑上“四明公所”的认识，从一开始就落入到了《辞海》的解释之中而不能自拔，根本的原因就是没有对当时旅顺社会层面的真实状况做到深入的了解与研究，犯了张冠李戴的低级错误。

韩行方先生在文中所言“公所”即

① 韩行方：《旅顺口往事散记》，《旅顺博物馆学苑（2021）》，科学出版社，2021年，第3页。

② 见《辞海》（1979年版缩印本），上海辞书出版社，1980年，第762页。

“会馆”，指旧时同业或同乡组织办公的地方[①]。从历史的发展角度看，早期这种“公所”确实带有“会馆”之意，但到了民国以后，“公所”已经转为各地区、乡、镇、村一级政权机构对外行使办公职能的场所了，从此也不再具有同乡、同业之人结社的性质了。因地域同乡、同业而结成的团体也不再称为“公所”，而多冠以“会馆”“商会”的名号。所以说，在民国以后，“会馆”与“公所”全然不是一码事，1922年时的旅顺地区，同样不会跳出历史的羁绊而另行一套。

3.“四明公所”的真正的含义

要弄清1922年旅顺华商公议会所立“万忠墓碑”上“四明公所”四个字的真正的含义，我们必须从当时的历史条件出发给予解答。

当时的旅顺正处于日本殖民当局的高压统治之下，此时要给万忠墓立碑已是非常困难。如果要在碑上再出现记述甲午战争中旅顺民众所遭到的屠城杀戮之言，日本殖民当局是绝对不会置之不理而让这块石碑堂而皇之出现在公众面前的。在这种情况下，这块“民国碑”的碑阴处就出现了无任何文字表述的特殊现象。旅顺华商公议会集聚了一批当时旅顺地区的才俊，他们一门心思地想把“万忠墓碑”立起来，达到一种祭奠和昭示天下的作用，就只能在斗智斗勇上下功夫。碑额上“四明公所”四个字的出炉，就是一篇最为精彩，最值得人们敬慕的战斗檄文，它犹如一把利剑直刺苍穹，向世人展现出旅顺人民的斗争精神。“四明公所”的真正的含义就是“四方明白公理所在”。当天底下的人们都知道了甲午年时日本侵略者在旅顺所犯下的滔天罪行，那么也就不需要有人在碑阴处再来做任何的文章了[②]。因为公理自在人间，万忠墓就是昭示天下的证据。

其实，旅顺万忠墓碑上“四明公所”四个字的本意还是从1894年8月1日光绪皇帝对日本宣战诏书中的“公理昭然”一词衍生而来的。光绪皇帝的宣战诏书中云：“该国（笔者注：此指日本）不遵条约，不守公法，任意鸱张，专行诡计，衅开自彼，公理昭然。”[③]“四方明白公理所在”与宣战诏书中的“公理昭然”意义相近，毋庸置疑。

此外，我们还可以从当时立碑的执笔书丹者金纯良与日本人的对话中找到证据。在面对日本警署官吏质询“四明公所”的含义时，金纯良当时的回答是：“这里有二层意思，一是此地是士农工商众多死难者的埋葬之所；二是东西南北四方人士都了解这个地方。”[④]日本殖民当局对此回答仍感到不满，坚决要求除掉这四个字，在迫于无奈的情况下，旅顺华商公议会只好用水泥将其填充遮盖了起来。如果当时在旅顺有“宁波会所（商会）”存在的话，相信金纯良绝不会这样遮遮掩掩，顾左右而言他。

再则，从中国传统的立碑格式与规矩中也能找到答案。传统石碑的碑额题字均表达一种立碑人的主观意识，惯例多是

① 韩行方：《旅顺口往事散记》，《旅顺博物馆学苑（2021）》，科学出版社，2021年，第5页。
② 王珍仁：《旅顺万忠墓的四块石碑》，《大连方志》（内部发行），2015年第1期，第19页。
③ 引自金一南：《正道沧桑》，人民出版社，2022年，第11页。
④ 陈守堂：《万忠墓的来历与变迁》，《旅顺大屠杀资料与研究》，辽宁教育出版社，2020年，第549页。

题刻“千秋永存”“万古流芳”“永垂不朽”“彪炳千秋”等词语，起到敬慕先人，诫勉后人的目的。旅顺华商公议会所立之碑上的“四明公所”四字依然没有超越传统的祖制，他所隐喻的铮铮之词乃是民族的仗义执言。同样，我们即便承认当时在旅顺有“宁波会馆（商会）”这一团体的存在，而且也参与到了为万忠墓立碑的活动中了，那么它的署名也应该和旅顺华商公议会一样落在碑的左手处而绝对不会出现在碑额上，因为碑额从来不是立碑者的署名之地。自古以来，中国人对于立碑题字之事是非常严格地按照祖传训制而为的，尤其是在这样一件事关民族大义的活动中又怎么可能出现这么大的疏漏呢？

综上所述，充分说明旅顺本地学者先前对万忠墓“四明公所”的解释存在很大的局限性和错误，而且影响广泛，今天我们有必要给予澄清并予以纠正。这件事也告诉我们，研究历史不能生搬硬套而脱离了当时当地的时代背景以及市井事项，不能违背一些基本的在民间已经是约定俗成的事物规律。只有这样才是尊重历史、敬畏历史的一种态度。

结　语

历史是一面镜子。百余年来，旅顺“万忠墓”所书写的历史，可谓是慷慨悲歌，壮怀激烈，忆昔抚今，一唱三叹。

知史勿忘国耻，兴邦乃需图强。“万忠墓”所记述的历史已经深深地铭刻在了中国人民的记忆之中，它无时无刻不在警示国人不能忘却那段惨痛的历史，更是在时时刻刻召唤国人为了中华民族的腾飞而努力不懈地去奋斗！

《旅顺博物馆学苑》征稿启事

《旅顺博物馆学苑》是由旅顺博物馆编辑出版的学术性书籍。本书以突出学术性和特色性为宗旨，常设地方历史与考古研究、典藏研究、近代学术和文物收藏研究、西域文物与历史研究、文物科技保护、博物馆工作与研究、学术动态与博览等篇章。其中，西域文物与历史研究以丝绸之路探险史及其收集品为研究方向，近代学术和文物收藏研究则涉及中国近代的学人学术及文物流散收藏，对于这两类稿件本书优先采用。来稿注意事项如下：

1. 来稿要求有深度、有新意，字数以4000—10000为宜。请提供200字左右的内容提要和5个以内的关键词。注释均采用页下注形式（书籍标明书名、出版社、出版年月及页码，刊物标明刊名及期刊号）。

2. 来稿请以电子形式，文中插图请以图片形式另行发送。审稿期为三个月，逾期未收到用稿通知，作者可对稿件另行处理。来稿请注明作者姓名、单位、职称、研究方向及电话、电子邮箱等信息，以便联系。

3. 作者保证所投稿件为原创，不存在侵犯第三人著作权的情形，否则产生的责任由作者承担。请勿一稿多投。

4. 稿件一经采用，即按有关规定支付稿酬。截稿日期为每年9月末。

编辑部地址及联系方式：

地址：辽宁省大连市旅顺口区列宁街42号

邮编：116041

联系人：刘立丽

投稿信箱：lsbwgxueyuan@163.com